U0036932

元華文創
卓越文庫 EB013

洪博昇 著

求古與考據

江聲與王鳴盛《尚書》學研究

洪序

《尚書》為中國最古之書，亦第一部史書，為古史之淵藪，亦傳統文化之根源。惟其文，自韓愈已苦其「詰屈聱牙」，至於近世，以王國維先生之博雅，猶嘆「於《書》所不解者，殆十之五」。因有「絕學」、「有字天書」之稱。以此之故，各大學開設《尚書》課者不多，即或開設，亦有因學生視為畏途而停開者。其以《尚書》為專業之研究生，更屬鳳毛麟角，苟非能不畏艱難，不計功利，孰願致力於此？而博昇君即其人。

博昇君為余任教數十年來最得意學生之一。就讀大學本科時，於學術研究即嶄露頭角。大三參加「大學部學生學術論文研討會」，發表〈息嬀事蹟考〉，校外講評教授見其文，驚其資料詳備、證據確鑿、推論綿密、條理秩然，非一般大三學生所能為，以為可造之才，欲網羅至某國立大學就讀研究所而未果，以博昇君情志不移，不願他就。碩士階段，以《段玉裁之《尚書》學》獲碩士學位，論文口試委員咸推為碩士論文之佳構，畀予最高分之榮譽，並於兩岸學界廣為揄揚。博士階段，以《江聲與王鳴盛《尚書》學之比較研究》獲博士學位，論文口試召集人中央研究院陳鴻森先生，以為是擔任學位論文口試委員以來，所見之最佳論文。觀其兩階段學位論文，可見其：學術觀念澄澈，掌握問題核心；既能闊步宏觀，立其大者，復能燭照幽微，探賾索隱；較論異同，別白疑似；取材豐富，矩矱嚴謹。其所以能如此者，因平日即勇於各學報投稿，經嚴格審查而獲刊登，如〈從段玉裁對「讀」字的訓解，談孔安國以今文字讀《古文尚書》的相關問題〉、〈《詩經・商頌・殷武》之「景山」地望說商榷〉、〈江聲、王鳴盛之輯佚思維及其輯《尚書》鄭《注》之若干重要問題〉、〈江聲《尚書集注音疏》對惠棟學術之繼承及開展〉等，皆獨著心得，深具學術價值。蓋其學術養成，淬礪既久，用力既深，然後能有兩學位論文精實之作。余忝為指導教授，亦與有榮焉。

博昇君自大學本科以至碩士、博士，均就讀於世新大學，為該校一手栽培之高才生。余適於博昇君入學本科前數年，自臺灣大學轉至該校任教。於時，該校名師如雲，如鄭清茂、楊承祖、張以仁、張亨、王更生、齊益壽、程元敏、曾永義、黃啟方、許進雄、簡宗梧、洪漢鼎、王國瓔、何大安諸教授皆在該校授課。博昇君優遊其中，除親炙諸大師外，復不辭奔波，至各校旁聽相關課程，廣汲博取，視野愈寬，觀念亦愈通徹。又每聞有學術研討會，幾無不參與，所具追求知識之強烈欲望，實不多覯。抑博昇君之治學，有特值得稱道者：自我挑戰，不畏艱難，明訂目標，規畫進程，循序務實，勵志不懈，是以輒能提前完成規畫，實踐目標，其碩士、博士學位，均較同儕提早卒業，即其明證。

博昇君之學術根柢厚實，其研究範疇，除《尚書》外，並廣及四部。尤難能者，並具古典文學創作之多方才華，自大學本科起十餘年，即屢獲校內外古典詩詞、古文創作獎，實傳統學術之全方位人才。

博昇君性行儒雅溫厚，且重情重義，喜與人交，而皆一本至誠。又對人善能包容，十餘年來，未嘗見其慍怒之色。蓋其學術涵養，已內化成其人格特質，所謂誠於中而形於外者。

近聞有出版社意欲出版博昇君之博士論文，博昇君乃就原書名略作改易，題曰「求古與考據：江聲與王鳴盛《尚書》學研究」，以凸顯主旨，並索序於余。余以為此誠學術界之快事，爰贅數語，以諗讀其書者之知其人也。

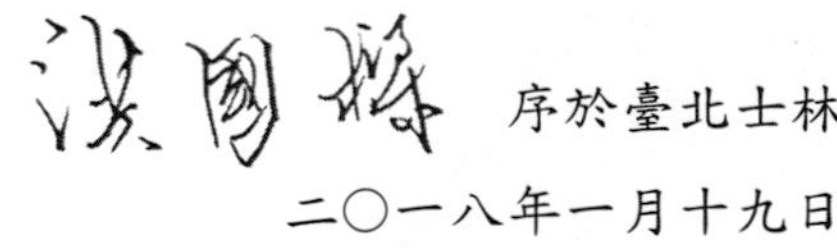
序於臺北士林

二〇一八年一月十九日

自序

《尚書》一經，是中國最古之書，其中多是古代君王的誥書、誓詞、談話紀錄等等。先秦《尚書》本有百篇之多，後由於秦火之故，只剩下二十九篇。而《尚書》流傳的歷史，自戰國晚年已列為六經之一，到漢代立為學官，至後代的經學流傳皆有是書。然而，隨著《古文尚書》五十八篇之起，東晉至清代翕然尊之，直至清初閻若璩、惠棟將《古文尚書》中的二十五篇以及孔《傳》定為偽作，《尚書》學因而有了新的發展，即清人對《尚書》重新進行注解詮釋。其中，江聲（1721－1799）與王鳴盛（1722－1797）二家作為有清一代《尚書》學之先導，其《尚書》學之專著──《尚書集注音疏》與《尚書後案》，足以當乾嘉古文《尚書》學之代表。本書之作也，即研究二家之《尚書》學，內容主要集中在以下四方面：

一、江聲與王鳴盛之生平及《尚書》研究之歷程。本書先概述江、王二家之生平與學術志趣，討論二家之師承及《尚書》研究之淵源及繼承。其次，取二家同采鄭《注》之處進行比較，發現二人說法互有異同，但某些說法則如出一轍。文獻記載王鳴盛「延聲至家，商訂疑義」、「就正于有道江聲」者即此，知江、王於《尚書》研究、成書經過，誠為緊密，無法孤立而觀。

二、江聲與王鳴盛詮釋《尚書》精神之差異。本書分別論述江、王二家重新詮釋《尚書》之精神，呈現二家《尚書》學之差異，並從江、王注《尚書》擇取「古義」之比較，論二家詮釋《尚書》精神之異同。最要者，即是雖同以「古義」作為治經之基礎，但江氏非全然墨守一家之注，而是以訓義之長短作為詮釋經義之標準；王氏則是以鄭《注》作為經義之最高原則，除非經文無鄭《注》，方采他注。最末，論「吳派」以古求是治經之兩種取向，提出惠棟乃至於江、王二家，三者在治經上所表現相同之一面，實朝「求古」方向進行；但從江、王二家對《尚書》詮釋之差異性，即可推知同為吳派經師，於經學實踐上亦自有差異，而此差異，即代表吳派經師對「古」之不同看法。

三、江聲與王鳴盛對《偽孔》經、傳之批評及其經學實踐。論述江、王二家對《偽孔》經、傳之批評，歸納二家之論點，分析江、王對於《偽孔》經、《傳》之批評較有難成立之處。即以學術史之觀點而言，二家之論，大抵作為代表繼承閻若璩、惠棟之說，並加以修正、補強證據效力者，相較於詮釋經義，在辨偽學上可視為《尚書》辨偽學史中的一段歷程，開啟後人對此問題作更深入之研究。

四、江聲與王鳴盛《尚書》著作徵引文獻之內容及注解原則之考索。本書首先分析江、王二家《尚書》著作所徵引文獻之內容及注解原則，即落實析論二家《尚書》學精神之具體實踐。其次，論述江、王《尚書》研究之訓解成就及其商榷，提出江、王輯《尚書》馬、鄭、王《注》之成就，進而再對江、王所輯《尚書》古訓提出七點商榷，目的在於凸顯二家注經上之特色，以期對二家《尚書》學有較為清楚之考察。

昔國學大師王國維說《尚書》他只讀懂了十分之五，無論是否為謙辭，但《尚書》一經之難讀，乃古今公認之事。由於清代樸學之盛，對於《尚書》字辭的解釋，以及制度之考據往往能度越前人，對於後人研究《尚書》作出極大之貢獻。回想粗識《尚書》一經，是大三修習洪師國樑的《尚書》課程，爾後碩、博士階段受業於國樑師，皆以清人《尚書》學作為學位論文。國樑師為台灣《尚書》大師程元敏先生高足，而程先生又為經學大師屈萬里先生嫡傳弟子。我資質愚魯，有幸拜於國樑師門下，國樑師對於我的論文往往不厭其煩細心修改；又於碩士期間修習程元敏先生經學史課程，故時而蒙程先生指點。兩位先生的諄諄教導，使我在未來的學術道路上不敢有任何懈怠之心。本書為我博士論文稍加潤飾而成，大致保留原貌，以江聲、王嗚盛二家《尚書》學為研究對象，不僅是希望能彰顯二家之學，更期許以此揭示清代《尚書》學史、經學史等相關問題。本人學殖荒陋，對學問廣博精深的清儒之說，難免有誤解處，盼各界方家指正。

洪博昇、序於廣州中山大學南方學院

2018 年 5 月 28 日

目次

第一章
導論

自孔子（公元前 551 年－公元前 479）以《尚書》作為授徒之教材開始，歷漢代立為學官，迄今已兩千餘年矣！它記載了中國歷史上堯、舜及夏、商、周的史事，其中多是君王的誥書、誓詞、談話紀錄等等。據傳，先秦《尚書》有百篇之多，後由於秦火之故，只剩下二十九篇；至炎漢之際，《古文尚書》出孔子壁中，[1]《尚書》即有今古文之分。經書雖有今古文之分，但兩漢四百多年中，始終是今文學立於學官；於《尚書》，博士所授、太學生所習，均為《今文尚書》，而有歐陽、大小夏侯《尚書》之學。《古文尚書》除在西漢平帝時短暫立為學官外，[2]欲習者皆為私人授受，官方並不承認此學。至東漢末年，鄭玄（127－200）遍注群經，調和今古文。直到晉朝永嘉之亂，歐陽、大小夏侯《尚書》及《古文尚書》皆失傳；而南北朝之時，北朝崇尚鄭學，南朝自齊梁以後，則偽孔《傳》本《古文尚書》漸行。[3]洎乎唐代，孔穎達（574－648）編《五經正義》，其《尚書正義》則以偽孔《傳》本為底本。自此之後，其本盛行於世，人人皆以其為真《古文尚書》。上自帝王，下至庶民皆習之，遂定於一尊。

---

[1] 漢・班固：《漢書・藝文志・書類敘》：「《古文尚書》者，出孔子壁中。武帝末（昇案：據閻若璩考證，當是孝景前元七年），魯共王壞孔子宅，欲以廣其宮，而得《古文尚書》及《禮記》、《論語》、《孝經》凡數十篇，皆古字也。」（北京：中華書局，1997 年），卷 30，頁 1706。

[2] 《漢書・儒林傳贊》：「平帝時，又立《左氏春秋》、《毛詩》、《逸禮》、《古文尚書》，所以罔羅遺失，兼而存之，是在其中矣。」

[3] 參屈萬里：《尚書集釋・概說》（臺北：聯經出版事業公司，2003 年），頁 28-29。

《尚書》學史上第一聚訟大事，莫過於偽《古文尚書》之起。《四庫全書總目・經部・書類》提要即云《尚書》學上之聚訟諸端，首要者即為「今文、古文」。[4]偽《古文尚書》之起，約於魏、晉之際。[5]懷疑此五十八篇為偽者，劉起釪（1917－2012）認為「自宋代吳棫（約 1100－1154）、朱熹（1130－1200）開始，經吳澄（1249－1333）、梅鷟（約 1483－1553）等不少學者的努力，自北宋末至清初長達五、六百年之久的對偽古文的疑辨運動，已到達成熟的階段了。」[6]而程師元敏（1931－）更將偽《古文尚書》初始辨疑時間定自晉代。[7]可見從偽《古文尚書》始出，便一直有學者疑其偽。

直至清代，閻若璩（1636－1704）《尚書古文疏證》一出，更加確定今傳《古文尚書》二十五篇以及孔《傳》係由偽造。陳壽祺（1771－1834）論《尚書》學界之著者，云：

> 東晉晚出《古文尚書》，自吳才老、朱子始疑之，後之儒者疊加觝排。迨我朝太原閻徵君《疏證》出而其說大昌。惠氏定宇、江氏叔澐、王氏禮堂繼之，討論益精，近日通人碩學，莫不翕然尊信，無異詞；而金壇段氏若膺《古文尚書撰異》一編，尤精且詳，有志乎古者，取數家之書熟玩而博攷之，足以渙然冰釋。[8]

---

4 清・永瑢等：《四庫全書總目》（北京：中華書局，2008 年），卷 11，頁 89。

5 參程師元敏：〈說偽古文尚書經傳之流傳〉，《漢學研究》第 11 卷第 2 期（臺北：漢學研究中心，1993 年 2 月）。

6 劉起釪：《尚書學史》（北京：中華書局，1989 年），頁 344。

7 程師元敏：「晉皇甫謐，傳偽《古文尚書經》、《傳》者也，首疑偽《經》、《傳》，見所著《帝王世紀》。北魏酈道元疑偽孔《傳》晚出，注《水經》，卷末通舉漢魏古文書家，殿（偽）孔安國於馬鄭王之下，蓋已有見於偽《傳》出，誌疑於此也。」見所著《尚書學史》（臺北：五南圖書出版股份有限公司，2008 年），頁 1418-1419。

8 清・陳壽祺：《左海文集・古文尚書條辨序》（上海：上海古籍出版社，2002 年，《續修四庫全書》冊 1496，影印華東師大圖書館藏清刻本），卷 6，頁 86a，總頁 281。

陳氏指出《古文尚書》之辨始於宋代吳棫、朱熹，迄閻若璩《疏證》出而獲得眾學者肯定，故梁啟超（1873－1929）謂閻氏書出，即將「東晉偽《古文尚書》和偽孔安國《傳》宣告死刑」；[9]此外，惠棟（1695－1758）、江聲（1721－1799）、王鳴盛（1722－1797）賡續閻氏之說，討論益審，尤其段玉裁（1735－1815）之《古文尚書撰異》一書尤精且詳，對於分辨《尚書》今古文有相當深入的研究。則諸家著述之所以作，皆導因於偽《古文尚書》之研究而來。梁啟超對此認為：

> 以吾儕今日之眼光觀之，則誠思想界之一大解放。後此今古文經對待研究，成為問題；六經諸子對待研究，成為問題；中國經典與外國宗教哲學諸書對待研究，成為問題；其最初之動機，實發於此。[10]

閻氏《尚書古文疏證》之出是否造成當時「思想界之一大解放」，或可再討論，[11]然自閻若璩、惠棟後，學者莫不繼起攻伐偽《古文尚書》，確為事實。雖然亦有相信偽孔者（如毛奇齡、洪良品等）與之抗衡，但最終仍徒勞無功。

在這種情形下，清代學者紛紛對保存於偽孔本中的真《尚書》篇章進行研究，並著作新注疏，江聲、王鳴盛、段玉裁和孫星衍（1753－1818）之《尚書》研究，都是供給這種需要的應時著述。[12]著眼於此，則欲明清代中葉之《尚書》學，自當留心以下三點：

---

[9] 梁啟超：《中國近三百年學術史》（臺北：里仁書局，2005年），頁255。

[10] 梁啟超：《清代學術概論》（臺北：里仁書局，2005年），頁17。

[11] 葛兆光認為閻若璩《尚書古文疏證》只具有學術史上的意義，而非形成思想的大解放，並謂：「不要把可以引申、解釋和發揮的『學術資源』（如清代考據學）和直接能夠作用于社會政治和生活的『思想觀念』（走出中世紀）畫等號。」參葛兆光：〈清代學術史與思想史的再認識〉，《思想史研究課堂講錄續編》（北京：生活・讀書・新知三聯書店，2012年），頁178。

[12] 梁啟超：《中國近三百年學術史》，頁274。

(一)清儒對《尚書》經文之全面梳理

在閻、惠之論獲得當時學界多數肯定後，清代中葉具代表性之《尚書》新疏，如江、王、段、孫皆不約而同捨棄偽《古文尚書》二十五篇，單就今古文皆有之篇章作為注解對象。然而，這不代表今古文皆有之篇章即沒有問題。從江、王、段、孫之研究可知，此四家於注解過程中，發現了今古文皆有之篇章經文，有不合先秦諸子或史籍所引者，而形成異文，或有衍文、脫文，學者於是或直接據先秦諸子及史籍所引而改經字，或於經文下之注解中析論今本《尚書》經字之是非。清儒之所以如此重視經字之是非，其原因在於經字之是非足以影響詮釋之是非。也因此，在論述之過程中，學者如何判定今本《尚書》經字之是非及其依據，即為清代《尚書》學研究重點之一。

(二)清儒重新詮釋《尚書》經義

清儒對《古文尚書》之辨偽，除確定《古文尚書》二十五篇為偽造外，最值得注意者莫過於確立孔《傳》為偽造，因此清代中葉之《尚書》新疏，大多捨棄偽孔《傳》，而重新注解。觀清代《尚書》新疏之先導──江聲、王鳴盛二家著作之詮釋，咸以馬、鄭《注》為主，並輔以王肅《注》及其他古義，此種觀念及方式，更影響其後之學者，如孫星衍《尚書今古文注疏》即是。換言之，「以古義治經」成為乾嘉時期詮釋《尚書》之重要方法。然何謂「古義」？其內涵為何？學者如何運用？其得失又如何？即成觀察清儒詮釋《尚書》經義得失之要目。又，一家所使用之詮釋「方法」，其背後所蘊含的便是「精神」，研究者應先盡力把握住研究對象之「理念」或「精神」，進而深入探討內容，如此才能凸顯出學術史之進程以及內涵。故研究學術史，除找出研究對象所使用之方法外，尤要者，莫過於掌握其學術精神。清儒如何運用古義以重新詮釋《尚書》經義，誠為研究清代中葉《尚書》學之重點。

(三) 清儒對《古文尚書》辨偽學之再深入

清代《尚書》新疏之起，乃針對偽《古文尚書》及偽孔《傳》之研究而來，這一點應為多數學者所認同。自閻、惠之作問世後，研究《尚書》真偽之學者，莫不引二家之說，如朱師轍（1878－1969）云：

> 清代治《尚書》者浩繇，今古文偽《書》之爭尤盛。自閻百詩《古文尚書疏證》出，而偽《書》灼然，雖以毛西河之辯亦不能推翻鐵證。繼起閻氏者，則有惠棟（1695－1758）、江聲（1721－1799）、王鳴盛（1722－1797）、孫星衍（1753－1818）、段玉裁（1735－1815）、丁晏（1794－1875）、俞樾（1821－1907）、王先謙（1842－1917）諸家，皆攷覈精密，多有心得。[13]

觀閻、惠以後之研究成果，其後之《尚書》辨偽研究，大致可分為兩方面：其一、繼續針對《古文尚書》（含經、傳）辨偽之相關議題，進行專題式之討論，而略《尚書》經義之詮釋，如程廷祚（1691－1767）《晚書訂疑》、宋鑒（生卒年不詳）《尚書考辨》、丁晏（1794－1875）《尚書餘論》等；其二、重新整理《尚書》，即撰著《尚書》「新疏」。此一方式，除詮釋《尚書》經義外，更於注、疏中發表對《偽孔》經、傳之相關意見，並加以考訂，如江聲《尚書集注音疏》（以下省稱《集注音疏》）、王鳴盛《尚書後案》（以下省稱《後案》）、孫星衍《尚書今古文注疏》等。要之，不管為何種形式呈現，此中所凸顯之學術意義，即在於對偽《古文尚書》及偽孔《傳》之辨偽研究，繩繩相繼，不絕如縷。因此，研究清代《尚書》學，對其中學者之辨偽研究，誠無可避免。清代以降至於近世，愈來愈多學者重新對《古文尚書》之辨偽進行檢討，並隨著出土文獻一一面世（如上博、清華簡），其

---

[13] 朱師轍：〈尚書古注便讀跋〉，收入朱駿聲：《尚書古注便讀》（臺北：廣文書局，1977 年），頁 7。

中有許多戰國時期之《古文尚書》原文，為清儒所不及見者，皆可作為今時研究《古文尚書》辨偽學之資糧。

本書之作，即立基於以上三點基礎，選擇清代《尚書》新疏之先導：江聲與王鳴盛之著作為研究對象。其深意，正如錢宗武先生對《尚書》學文獻整理與研究，所云：

> 《尚書》學文獻整理研究應堅持高品質和高品位，應運用各相關學科理論進行各種專題研究，撰寫專題理論研究專著和系列論文，作為《尚書》學文獻閱讀者和使用者的理論指引。整理研究人員不僅應使用文獻學方法，還需要採用思想史、詮釋學、傳播學、考據學等學科的研究方法，論述《尚書》學、《尚書》學史及《尚書》學文獻整理研究的各個專題，梳理其內涵之演變及影響，辨析源流，考證名物，剖析學理，對《尚書》中影響深遠的觀念、範疇和規律進行理論歸納和演繹說明。[14]

本書正是著眼於清代《尚書》學史及專家《尚書》學文獻整理之研究，取江、王之作為對象，並加以比較，探討清代乾嘉時期《尚書》新疏之成果，期對清代《尚書》學有更為完整深入之認識。

一、乾嘉時期《古文尚書》學之發展與特色

黃式三（1789－1862）《尚書啟幪・敘》，對閻、惠後之《尚書》學發展，有相當扼要之論述，說云：

[14] 錢宗武：〈經典回歸的永恆生命張力——《尚書》學文獻整理研究及其當代價值〉，《揚州大學學報（人文社會科學版）》第17卷第4期，（2013年7月），頁49。

> 自太原閻氏、東吳惠氏諸君子出，力庨偽《書》之杜撰，厥後江氏《尚書集注音疏》、王氏《尚書後案》、段氏《尚書撰異》、孫氏《尚書今古文注疏》相踵而出，收輯漢儒散殘之注，補所未備。窮經之儒，漁獵采伐，以為山淵。數千年所謂佶詘聱牙，苦於難讀之書，至此文從字順，各識職矣。[15]

黃氏指出，在閻、惠取得對偽《書》辨偽工作成功後，江聲、王鳴盛、段玉裁、孫星衍四人《尚書》研究之特點，即以蒐輯漢儒散殘之注，進而詮釋。換言之，在屏除作偽之孔《傳》後，學者首先要恢復以伏、孔、鄭氏為主之漢儒古義。[16]對此，江藩（1761－1831）指出：於閻、惠之後，諸儒恢復漢儒古義，其最先者為馬、鄭之學，說云：

> 逮國朝閻氏、惠氏出，而偽古文寖微，馬、鄭之學復顯於世矣。[17]

而後，清末民初學者甘鵬雲（1861－1940）明確指出清初至乾嘉時期《尚書》研究之轉型，云：

> 《尚書》學之衰，至明代而極矣。迨至清代，窮經好古之士特多，風氣始為之一變。如王船山、朱長孺、閻百詩、毛西河、胡朏明、徐位山諸人，其最著者也。但諸人說經，實事求是，雖於漢學為近，然仍漢宋兼采，無所專主。至惠松厓、江艮庭、段懋

---

[15] 清・黃式三：《尚書啟幪・敘》（上海：上海古籍出版社，2002 年，《續修四庫全書》冊 48，影印湖北省圖書館藏清光緒十四年黃氏家塾刻本），頁 1b，總頁 679。

[16] 關於清代新疏與古義的相關問題，請參考張素卿：《清代漢學與左傳學——從「古義」到「新疏」的脈絡》（臺北：里仁書局，2007 年）。

[17] 清・江藩：《國朝經師經義目錄》，收入清・江藩撰，漆永祥箋釋：《漢學師承記箋釋・附錄一》（上海：上海古籍出版社，2006 年），頁 880。

堂、王西莊、孫伯淵諸家出，始專尊漢學，一以馬、鄭為宗。[18]

王夫之（1619－1692）、朱鶴齡（1606－1683）、閻若璩等人，雖已突破明代一尊蔡沈（1167－1230）《書集傳》與《書傳大全》之藩籬，而直指蔡《傳》或《尚書》之誤。然而如王夫之、毛奇齡（1623－1716）之著作中，仍不時可見其理學思想，故可謂「漢宋兼采」。至乾嘉時期，惠棟、江聲、段玉裁、王鳴盛等人則遠祧東漢古文。若與清初學者相較，其著作則專主考證，尤宗馬、鄭，一洗清初兼雜漢宋之風。

爾後，曹元弼（1867－1953）又指出清代《尚書》學研究之派別，云：

《書》伏生今文，孔安國古文，得孔氏之傳者也。今文有歐陽、大小夏侯之學；古文有衛、賈、馬、鄭之學，皆孔氏之傳也。偽孔氏臆造經傳，虛言亂實，背孔氏之傳者也。宋吳才老、朱子，元吳氏澄，明梅氏鷟，國朝閻氏若璩、惠氏棟，辭而辟之。江氏聲、〔王氏鳴盛〕（昇案：四字原脫，據下文補）、段氏玉裁治古文，孫氏星衍兼治今古文，陳氏壽祺父子專治今文，胡氏渭獨精〈禹貢〉，皆紹孔氏之傳於既絕者也。今治《書》當由胡、江、王、段、孫、陳以達伏、孔、鄭氏。[19]

曹氏此論，實能廓清清代各家《尚書》學之特色。在閻、惠之後，各家皆欲恢復漢儒古義，而此時治《書》者，江、王、段為《古文尚書》，孫星衍間治今古文，陳壽祺、陳喬樅（1809－1869）父子治今文。合上述江藩之論，可知在閻、惠確定《古文尚書》為偽作後之《尚書》研究，乃以恢復馬、鄭

---

[18] 甘鵬雲：《經學源流考》（臺北：廣文書局，1977 年），頁 65。

[19] 曹元弼：《復禮堂文集．述學》，收入林慶彰等編：《民國文集叢刊．第一編》（臺中市：文听閣圖書公司，2008 年），冊 100，頁 12b-13a，總頁 26-27。

《古文尚書》之學為主要目的，對古文經學之復興，實起相當大之作用；[20] 而江聲、王鳴盛、段玉裁之作，內容皆遙承馬、鄭，以達古文之學。

由此可見，《古文尚書》學為清代《尚書》研究之重要環節，亦為清代《尚書》「新疏」之始。陳喬樅則指出此時期之《古文尚書》研究，主要代表者為江聲、王鳴盛，說云：

> 近儒如閻徵士若璩之《古文尚書疏證》，惠徵士棟之《古文尚書攷》，王光祿鳴盛之《尚書後案》，江處士聲之《尚書集注音疏》，以叔重《說文》輔以季長傳誼，皆以鄭學為宗，取偽孔之《傳》辭而闢之，黜其贗而存其真，《古文尚書》之學藉以不絕於一綫。[21]

之後，王國維（1877－1927）亦云：

> 今今古文諸家之學並亡，然世之偽孔《傳》，可謂集其大成者也。偽孔之學，經南朝而專行於唐。……然閱歲二千，名家數十，而《書》之難讀也如故。近三百年，閻百詩、惠定宇始確定孔本之偽，江艮庭、王鳳喈後更為馬、鄭之學。[22]

陳、王二說，勾勒出乾嘉時期《古文尚書》學之情形，而均從閻若璩、惠棟之闢偽孔始，其後江聲、王鳴盛間搜馬、鄭逸文，尤以鄭學為宗，並輔以

[20] 如吳通福云：「從閻若璩通過對偽《古文尚書》的考辨，除了完成對偽《書》的辨疑外，其對東漢古文經學在清代的復興，確曾起過一定的作用，從此後的江聲、王鳴盛等的聲言，可以看出這一點。」見氏著：《晚出古文尚書公案與清代學術》（上海：上海古籍出版社，2007 年），頁 106。

[21] 清・陳喬樅：《今文尚書經說攷・自序》（上海：上海古籍出版社，2002 年，《續修四庫全書》冊 49，影印華東師大圖書館藏清刻左海續集本），總頁 1。

[22] 王國維：〈尚書覈詁序〉，收入《觀堂集林》（外二種《觀堂別集》）（石家庄：河北教育出版社，2002 年），頁 868。昇案：〈尚書覈詁序〉又見於楊筠如《尚書覈詁》卷首，然而其中文字與《觀堂別集》所收者有不少出入。《別集》是王國維卒後，由其弟王國華、門人趙萬里整理而收入《海寧王靜安先生遺書》中，民國二十九年由商務印書館出版，當是王氏定本。茲據《別集》本。

《說文》為證。也因如此，馬、鄭《尚書》學，於清代得以復甦，間接推動了對馬、鄭《尚書》之研究，《古文尚書》學之研究亦因之得以深化。

稍晚於王國維，錢基博（1887－1957）所論更明：

> 元和惠棟定宇遂因閻若璩之說，續加考證，成《古文尚書考》二卷，以益闡明鄭玄二十四篇之即孔壁真古文焉。然刊正經文，疏明古注，棟猶未之逮也。由是嘉定王鳴盛西莊搜羅鄭《注》，益以馬、王、《傳》、《疏》，以注二十九篇，又作「案」以釋鄭，于馬、王、《傳》、《疏》之與鄭異者，則條析其非，折衷鄭氏，成《尚書後案》三十卷。吳縣江聲艮庭又廣集漢儒之說以注二十九篇，漢注不備，則旁考他書，精研故訓，成《尚書集注音疏》十二卷，皆因惠棟之說，而以鄭學為宗，證以許慎《說文》，輔以馬融《傳》誼，取偽孔之《傳》，辭而辟之，黜其贗而存其真，《古文尚書》之學乃煥焉重光。[23]

又陳夢家（1911－1966）亦云：

> 王鳴盛《尚書後案》專宗鄭學，江聲《尚書集注音疏》雖然廣集漢儒之說，也是宗鄭，此為「古文學」。[24]

錢基博之論，很清楚指出閻、惠之功在於證今本《尚書》中之偽「古文」，然而在刊正經文，疏明古注方面，則未逮也。錢基博進而指出，王鳴盛之成績在於搜羅鄭《注》，益以馬、王、《傳》、《疏》，以注二十九篇，又作「案」以條析其非，折衷鄭氏；而江聲之成績在於廣集漢儒之說以注二十九

---

[23] 錢基博：《經學通志》（桂林：廣西師範大學出版社，2009 年），頁 68。

[24] 陳夢家：《尚書通論》（北京：中華書局，2005 年），頁 103。

篇，漢注不備，則旁考他書，精研故訓。雖然兩者之作有不同之處，然皆以鄭學為宗，證以許慎《說文》，輔以馬融（79－166）《傳》誼。目的即在對偽孔《傳》，「辭而辟之」，於是「《古文尚書》之學乃煥焉重光」。陳夢家亦直接將江、王歸類於「古文學派」，亦是肯定江、王對《古文尚書》學之貢獻。

後儒多肯定江、王二家對《尚書》研究之貢獻與地位，故每每將二人並列，如嚴元照（1773－1817）《蕙櫋襍記》云：

> 本朝經學之盛，迥出唐宋。《周易》則惠氏棟之《述》；《尚書》則王氏鳴盛之《後案》、江氏聲之《亼（集）注》……斯皆前古所未有者。[25]

又如胡培翬（1782－1849）〈國朝詁經文鈔序〉云：

> 我國家重熙累洽，列聖相承，……二百年來，專門名家者，於《易》有半農、定宇惠氏父子，於《書》有艮庭江氏、西莊王氏。[26]

雖然嚴、胡二氏並未明白道及江、王之作在《尚書》學上之貢獻為何，然由所舉他經所代表學者，於《易》為惠氏父子，可知《書》即以江、王為代表，當是肯定二家在《尚書》研究的成績；而二家對《尚書》之貢獻，即為復興馬、鄭之學，推動《古文尚書》之研究。

---

[25] 清・嚴元照：《蕙櫋襍記》（上海：上海古籍出版社，2002 年，《續修四庫全書》冊 1158，影印國家圖書館藏清勞權抄本），頁 2，總頁 177。

[26] 清・胡培翬撰，黃智明點校：《胡培翬集・研六室文鈔》（臺北：中央研究院中國文哲研究所，2005 年），卷 6，頁 170。昇案：桂文燦《經學博采錄》卷 1 所錄，與此文同，當是采錄胡氏此文。

是江聲、王鳴盛為代表之《古文尚書》學，除足作為清代《古文尚書》學研究之濫觴外，其重要性實為他家《尚書》研究之資糧，如孫葆田（1840－1909）云：

> 聖清之有天下，敦崇經術，遠邁前代，經師宿儒以漢學為宗，獨能發明古義。……言《書》自嘉定王氏、吳縣江氏，……為《書》王氏、江氏之學，則有陽湖孫氏。[27]

孫氏指出，江、王二家之《尚書》研究，除了能發明古義外，更下開孫星衍之《尚書》學。由上曹元弼所論，可知孫氏《書》學兼治今古文，而其所治古文，實多采江、王之作，故欲明清代《尚書》學，尤其對清代《尚書》新疏有深入認識，不可不由《古文尚書》學始，李源澄（1909－1958）云：「古文之學，馬、鄭、王之書，清儒王鳴盛、江艮庭、孫星衍、段玉裁並有采輯，亦所謂存十一于千百耳。然今日不治《尚書》則已，若治《尚書》，則此數家之書，為不可廢也。」[28]知此數家治《尚書》以採輯古注為要，而為後人治《尚書》之資糧。此外，觀嘉、道乃至於晚清時期今文學復盛，魏源（1794－1857）、皮錫瑞（1850－1908）均為今文學，並皆治《尚書》，雖然其立場均不滿古文學，然而其作亦全循乾嘉時期之《古文尚書》學而來。換言之，若欲廓清清代《尚書》學之整體脈絡，《古文尚書》學之研究可說是重要之一環。

---

[27] 清・孫葆田：〈刪定馬氏所輯漢儒經解序〉，轉引自徐世昌編：《清儒學案》（北京：中華書局，2008年），冊8，頁7513。

[28] 李源澄：《經學通論・論讀尚書》，收入《李源澄著作集》（臺北：中央研究院中國文哲研究所，2008年），冊1，頁56。

二、以江、王《尚書》為研究對象之目的及研究進路

昔陳澧（1810－1882）《東塾讀書記》有云：「江、王、段、孫，四家之書善矣。既有四家之書，則可刪合為一書。」[29]誠如陳澧之言，此四家之書可謂清代《尚書》著作之代表。觀今學界，雖不乏研究清代《尚書》學者，然而專門研究此四家《尚書》學之著作則寥寥可數。[30]而清代《尚書》學注疏之作，江聲《集注音疏》及王鳴盛《後案》實為嚆矢，尤其是研究以馬、鄭為主之《古文尚書》學重要之作。然而，今時研究清代《尚書》學者雖漸夥，惟仍不見有關江、王二氏《尚書》著作之相關研究。究其主要原因，依愚所見有三：其一，在於今時學術界對吳中學術不甚重視。蓋自王引之（1766－1834）始以「見異於今者則從之，大都不論是非」，[31]批評惠棟，至民國梁啟超亦言惠棟「愈古愈好，凡漢人的話都對，凡漢以後人的話都不對」。[32]「好古」、「泥古」等負面評價，幾成為吳派學術揮之不去之陰影，相較於戴震（1724－1777）、段玉裁、王氏父子之「實事求是」，且對經學、小學有理論與實踐上之卓越貢獻而言，江聲、王鳴盛之著則顯得較為隱微不

---

[29] 清・陳澧：《東塾讀書記》（臺北：臺灣商務印書館，1997 年 6 月），卷 5，頁 78。

[30] 目前以江、王、段、孫之《尚書》研究為題之專書，依筆者所見，孫星衍《尚書》學研究有：吳國宏：《孫星衍尚書今古文注疏研究》（嘉義：國立中正大學碩士論文，莊雅州教授指導，1994 年 6 月）、尹燁：《尚書今古文注疏訓詁研究》（福州：福建師範大學碩士論文，徐啟庭指導，2008 年 4 月）、鄭心荃《孫星衍與莊述祖尚書學之比較研究》（臺北：世新大學碩士論文，洪國樑教授指導，2011 年 6 月）；有關段玉裁《尚書》學研究有：洪博昇：《段玉裁之尚書學》（臺北：世新大學碩士論文，洪國樑教授指導，2010 年 6 月）。至於江、王之《尚書》學，則未見有以專書或學位論文方式研討者。

[31] 清・王引之：《王文簡公文集・與焦理堂先生書》，收入《高郵王氏遺書》（南京：江蘇古籍出版社，2000 年），卷 4，頁 1a。

[32] 梁啟超：《中國近三百年學術史》，頁 251。

顯。其二，有關江聲之資料過少，[33]成系統著作者惟《集注音疏》十二卷、《論語竢質》三卷、《恆星說》一篇及《艮庭小慧》八篇，較難見其學術之全貌，是以今人之研究付之闕如。其三，有關王鳴盛的具體研究，目前學界多將焦點置於其史學研究上，[34]多認為其史學研究成就較高，以致忽略其經學著作。

然而，由上節可知，江、王《尚書》研究在清人眼中成就甚高，實具有《尚書》學史之研究價值，不應忽視；又江聲為惠棟弟子，而王鳴盛亦與惠棟相善，兩人實為「吳派」經師之著者，治經皆尚漢學。今觀江、王二著，雖裒集馬、鄭、王《注》，然多以鄭《注》為主，如王氏《後案》自言「《尚書後案》何為作也？所以發揮鄭氏康成一家之學也」，[35]江氏《集注音疏》亦稱鄭《注》為「集諸儒之大成矣」，[36]並多從鄭《注》。尤可注意者，王鳴

---

[33] 由江聲〈與孫淵如書〉：「……拙文五篇亦附焉。前呈過兩篇，今又呈此，拙文盡于此矣！」可知江氏作文之少也。見孫星衍《問字堂集．問字堂集贈言》（北京：中華書局，2006 年），頁 7。

[34] 就筆者目前所觀，對王鳴盛史學之研究單篇論文至少近三十篇，學位論文兩本；而經學研究，則僅有施建雄於 2009 年出版《王鳴盛學術研究》之五、六章「王鳴盛的《尚書》學研究」。

[35] 清．王鳴盛著，顧寶田、劉連朋校點：《尚書後案．自序》（北京：北京大學出版社，2012 年），頁 1。昇案：陳文和主編：《嘉定王鳴盛全集》（北京：中華書局，2010 年）所收之《尚書後案》內文有諸多遺漏、訛誤，如頁 469，〈高宗肜日〉「祖己曰：惟先格王，正厥事」條下云「……又以假天文義甚明，《偽孔》改『付』為『孚』，訓為信。」此云「假天文義甚明」者，文義不通；另檢《續修四庫全書》本，實作「〈釋詁〉又以假、格同訓為陞，則亦可同訓為至。……」檢《續修四庫全書》本，「《偽孔》改『付』為『孚』，訓為信」者，乃是後文「天既孚命正厥德」之「案曰」，可見《嘉定王鳴盛全集》本將兩段文字錯為一段，且正文「祖己曰：惟先格王，正厥事」後即接「嗚呼！王司敬民」，中間「乃訓于王……其如台」一段皆未見，知《嘉定王鳴盛全集》本實未善，絕不可用。而顧寶田、劉連朋校點之《尚書後案》》以《續修四庫全書》影印之禮堂本為底本，以《皇清經解》本為校本，並對王氏所引文獻，多有校正，有功於學林，故本書所引《尚書後案》即以北京大學出版社本為主。

[36] 清．江聲：《尚書集注音疏．述》（南京：鳳凰出版社，2005 年《清經解》本），冊 3，卷 13，頁 92b，總頁 3154。昇案：《尚書集注音疏》除了《皇清經解》本外，尚有《續修四庫全書》影印湖北省圖書館藏清乾隆五十八年近市居刻本；而日本名古屋大學圖書館藏近市居刻本書前則有陳琪民國八年之〈序〉，今人許華峰對三種版本之《集注音疏》有比較，見許氏：〈江聲《尚書集注音疏》的版本與異文〉，《儒道國際學術研討會——明清》（臺北：國立臺灣師範大學，2014 年）。本書所引用《集注音疏》，以鳳凰出版社《清經解》本為主，若文字與其他二本相出入，則另附注說明。又江氏《集注音疏》所引《尚書》文字，多據他書，或篆字改字，為了呈現江氏之說法，本書所引《集注音疏》中《尚書》之文字，皆據江氏原本，除了不影響文義之篆字改從楷書外

盛自云《後案》之成，曾「就正于有道江聲，乃克成此編」，[37]可見二家《尚書》研究關係匪淺。然皮錫瑞對此指出：「西莊獨阿鄭君，無關伏義。艮庭兼疏伏、鄭，多以鄭學為宗。」[38]足見二書雖然面貌不同，但本質頗為類似。然而細究二書於輯佚之觀念，乃至於詮釋上，或有不同之處，可見同為吳派學者，治經理念仍有異同，具有研究之價值。由以上論述，本書主要研究目的為以下三大主軸：

一、作為閻、惠之後，清代《尚書》學研究之重要開端，為清代《尚書》新疏之研究，此事，為前人所未論及。筆者欲藉此深化清代《古文尚書》學，以期作為往後通盤疏理清代今、古文《尚書》學，乃至於民國後《尚書》學研究之立基。

二、惠棟為吳派學術之集大成者，是以學界的探討多集中於惠棟。然正如吳應憲所指出：「就吳派發展大勢而言，江聲、余蕭客（1732－1778）顯然是一個極為重要的階段，自江、余之學起，吳派始入專門之學。考察江聲《尚書集注音疏》、余蕭客《古經解鉤沉》，剖析其中所反映的學術思想，有助於深入理解吳派的學術特點。」[39]其實不止江聲、余蕭客，王鳴盛亦為吳派重要學者。有鑑於前人對江聲、王鳴盛之研究成果較少，本書即擴大深入江聲、王鳴盛個案之研究。

三、本書期藉由對江、王二氏之比較，深化「吳派」經學研究之內涵。此正如陳鴻森先生所言「欲考論吳派學術源流，固舍惠、江莫由也」；[40]王鳴盛亦為吳派學術代表，若欲深化「吳派」經學研究，江、王二家實為必當

（如《集注音疏・堯典》「𤇾風靁雨不迷」，本書從楷字作「烈風雷雨不迷」），其餘不另改字，特此說明。

[37] 清・王鳴盛著，顧寶田、劉連朋校點：《尚書後案・自序》，頁 2。

[38] 清・皮錫瑞撰，盛冬鈴、陳抗點校：《今文尚書考證・凡例》（北京：中華書局，2009 年），頁 7。

[39] 王應憲：《清代吳派學術研究》（上海：華東師範大學出版社，2009 年），頁 13。

[40] 陳鴻森輯：〈江聲遺文小集〉，《中國經學》第四輯（桂林：廣西師範大學出版社，2009 年），頁 1。

考察之對象。事實上，若以經學史的角度論吳派經學，則惠棟肇啟以「漢學」解經的治學門徑；在方法上，則博考漢儒古訓，據以訓解經典，其中雖不免有門戶之見，亦不失為乾嘉學者治經之典範。[41]竊謂討論某人或某學派的學術特徵，不應以偏概全，即不應以某學者在研究上的偶一疏失，或其觀念與方法之欠周全，而抹煞其整體，而應落實在其經學實踐上。也就是必須以學術著作為主，並輔以個人治學觀念、方法上之考察，才能對一家、一派之學有完整認識，否則極易偏於一隅，而做出有失公允的論定。誠如陳寅恪（1890－1969）所說：「夫聖人之言必有為而發，若不取事實以證之，則成無的之矢矣。聖言簡奧，若不采意旨相同之語以著之，則為不解之謎矣。既廣搜群籍，以參證聖言，其文之矛盾疑滯者，若不考訂解釋，折衷一是，則聖人之言行終不可明矣。」[42]研究聖人之言當落實於事實之考證，學術史之研究亦當落實於專人專書之經學實踐中。班吉慶論《尚書》學史研究，即云：「專人專書研究應當是專經研究的核心，是宏觀學史研究的基礎，是梳理一代成果的關鍵，沒有專精的專人專書研究，宏觀論述必然流於空泛而言不及要。」[43]本書寫作之目的，正是從實際的學術實踐中，汲取出「吳派」經學之實際面貌，而非人云亦云，陳說相因，期望能呈現扎實、中肯之結論。

在研究方法上，清代乾嘉時期之學術，誠如戴景賢指所出者，其主要方向仍為確立經學作為詮釋儒學之主軸，以及確立以經典詮釋學作為詮釋經學之主軸，考據成為必要之基礎，因此形成考證學昌明之情形。[44]以往有論者認

---

[41] 參張素卿：〈「經之義存乎訓」的解釋觀念——惠棟經學管窺〉，《乾嘉學者的義理學》（臺北：中央研究院中國文哲研究所，2003 年），頁 318。

[42] 陳寅恪：〈楊樹達論語疏證序〉，收入《陳寅恪集‧金明館叢稿二編》（北京：生活‧讀書‧新知三聯書店，2001 年），頁 262-263。

[43] 班吉慶：〈簡論 21 世紀前 10 年大陸學者《尚書》研究的特點〉，收入林慶彰等編：《首屆國際《尚書》學學術研討會論文集》（臺北：萬卷樓圖書有限公司，2012 年），頁 510。

[44] 戴景賢：〈明清學術思想史研究之議題與方法〉，《明清學術思想史論集（上）》（香港：香港中文大學出版社，2012 年），頁 23。

為乾嘉學者只知考據，而無義理，或不知用事；[45]然而，近來有愈多的學者認為乾嘉學者在考證經典的背後是有其思想性及目的性的，[46]絕非無義理，或不知用事。筆者認為：今研究乾嘉考證學，應該以更宏觀的眼光，揭示其考證背後之思想性及方法性。徐復觀（1904－1982）論經學史之研究，即提出經學思想之觀念，云：

> 中國過去涉及經學史時，只言人的傳承，而不言傳承者對經學所把握的意義，這便隨經學的空洞化而經學史亦因之空洞化。……為了經學自身的完整性，也必須把時代各人物所了解的經學的意義，作鄭重的申述，這裡把它稱為「經學思想」，此是今後治經學史的人應當努力的大方向。[47]

意即今學者研究經學史，需將目標學者對經學之意義，作詳細的論述。揭發研究目標或其著作對於經學研究之「價值」與「意義」。[48]黃仁宇（1918－2000）闡述其研究歷史的方法時說：

> 我認為對歷史採取道德詮釋並不恰當，……身為歷史學家的我們，關心的是更直接的問題：「為何以這種方式出現？」如此才能更接近問題的核心。[49]

---

[45] 如陸寶千云：「考據者，術也，非學也。以此治經，求其典章制度名物訓詁，清儒之成績甚偉。求通制作之原，則亭林、梨洲而後，甚尠措意之者。求作聖之道，尤非其力之所及矣。」見氏著：《清代思想史》（上海：華東師範大學出版社，2009 年），頁 191。案：陸氏是說，意為清儒考據不能發揮義理，此實未見清儒治學乃寓義理於考據中，而徒見清儒治學之表象，說未盡公允。

[46] 如張師壽安即提出：「儒學思想在清代的新面貌究竟如何？清儒考證之作背後的目的性與思想性究竟如何？清學是否真如梁啟超所言只有學術而沒有思想？」見所著：《以禮代理——凌廷堪與清中葉學術思想之轉變・自序》（臺北：中央研究院近代史研究所，1994 年 5 月）

[47] 徐復觀：《中國經學史的基礎》（上海：上海書店出版社，2005 年），頁 143-144。

[48] 姜廣輝：〈經學思想研究的新方向及其相關問題〉，收入《義理與考據：思想史研究中的價值關懷與實證方法》（北京：中華書局，2010 年），頁 134。

[49] 黃仁宇：《黃河青山——黃仁宇回憶錄》（臺北：聯經出版事業公司，2001 年），頁 392。

所言雖是歷史研究之方法，然而今日不妨藉此觀念來看待江、王二家之《尚書》研究。比起評斷江、王二家《尚書》研究論述之是非對錯，更值得吾人關心的問題應該是：「為何《集注音疏》、《後案》要以這種方式出現？」筆者以江、王二家之《尚書》學為題，撰寫目的，即欲擴大對二家學術的研究，除了闡述其詮釋《尚書》內容的精彩論點外，並試圖揭示二家對《尚書》研究之方法性與思想性，以及二家著作之「價值」與「意義」。

因此，在專家之學研究的方法上，著名的《史記》研究學者阮芝生先生曾論述其如何研究司馬遷，筆者認為足為研究江、王《尚書》學方法之參考，阮先生云：

> 近人論諸子思想（如孔子），每喜將一家思想，區分為政治、經濟、社會、教育、倫理、宗教、軍事思想等等範疇。這樣的區分與研究，固然比較整齊細密，但極易流於呆板的形式，造成平面的論述，而看不出思想的線索、層次和彼此間的關聯。須知真正的思想家是不會把自己的思想分裂割離為若干部份的，每個思想家也未立意要對政治、經濟、社會、教育、倫理、宗教、軍事等各方面，分別建立一套有系統的思想。但我們知道，每一位思想家都有他的立場，他的思想的出發點和他主要關心的問題。研究者應當摸清他的立場，抓住他的思想的出發點，然後順著他的思想線索去看他對問題所涉及的各方面作如何的看法。這樣才能把握住他的思想。[50]

今時作學人個案之研究，論者多就研究對象予以分類討論，於是形成如阮先生所云「每喜將一家思想，區分為政治、經濟、社會、教育、倫理、宗教、軍事思想等等範疇」，如此一來，雖然內容豐富、細密，但實際上卻是流於

[50] 阮芝生：〈試論司馬遷所說的通古今之變〉，《沈剛伯先生八秩榮慶論文集》（臺北：聯經出版事業公司，1976 年），頁 255。

支離，難以深入挖掘研究對象的學術思維。筆者有鑑於此，故於研究方法之選擇上，首先乃是採取阮先生所云「當摸清他的立場，抓住他的思想的出發點」，此論與上述黃仁宇所云探討歷史應要注意「為何以這種方式出現」之論若合符節。

其次，由上「研究背景」一節可知，江、王二家相善，且其《尚書》研究多被清代學人相提並論。但筆者認為，二家雖同為《古文尚書》學，但於治經方法、觀念，乃至於內容詮釋上多有異同，故有比較之價值。既然筆者選定以上述黃、阮二先生之治史方式以治江、王之《尚書》學，欲釐清二家立場、掌握二家之思想出發點，就必須進一步比較二家之《尚書》著作，而非孤立論二家之學；否則，即無法凸顯二家於學術史上之意義。換言之，本書以研究學術思想史之方式為基礎，先掌握江、王《尚書》研究之思維為出發點，並加以比較，再深入探討其《尚書》著作之內容差異，挖掘二家考證文字背後之價值，析論其特色，並論其於《尚書》學史之意義，即思想與考證並進，期能完整呈現江、王之《尚書》學。

綜合以上之說，本書取法黃仁宇、阮芝生二先生之歷史研究法以研究江、王《尚書》學，所採取之研究進路層次如下：

第一、揭示江、王《尚書》研究之歷程及精神，即釐清江、王治《尚書》之立場，究二家之師承，析論其《尚書》學之淵源及承繼，藉以掌握二家治《尚書》思想之出發點，如此，即可知二家《尚書》著作「為何以這種方式出現」？（黃仁宇語）本書在論述二家之生平經歷外，尤著重二家對惠棟及其他先輩學者之《尚書》論述有何承繼，受何影響；又江、王年齡相近，且互相熟識，時有論學之往來，王氏自云「就正于有道江聲，乃克成此編」(《後案・自序》)，可見對二家《尚書》學之相互影響，亦為探討之重點。其次，本書在上述基礎下，進一步對江、王治《尚書》之精神加以比較，試圖從二家治經實踐上，觀察其治學精神之異同；甚且擴大至「吳派」治經特色之論述，以重新檢視前人之看法，或予以修正、補苴。

第二、從上節所述，可知清代《尚書》學乃導因於對偽孔《經》、《傳》之辨偽而來。而江、王之所以作為清代《尚書》新疏之前導，亦為對偽孔之反動與修正。故本書在釐清二家《尚書》學之基本立場，理解其治《尚書》之思想出發點後，即進一步探討二家對偽孔《經》、《傳》之辨偽比較。蓋江氏治《尚書》，從其自云「年三十五，師事同郡惠松崖先生。見先生所著《古文尚書攷》，始知古文及孔《傳》皆晉時妄人偽作，於是搜集漢儒之說，以注二十九篇」，[51]以及李果序王氏《曲臺叢稿》云：「（王鳴盛）逾弱冠，纂次已數百卷。疾梅賾古文之偽，作《尚書從朔》攻之。」[52]可知，江、王之治《尚書》，對偽孔《經》、《傳》之辨偽乃其《尚書》學之重點。因此，繼上一層次之後，即析論二家對偽孔《經》、《傳》辨偽之討論，並加以評議；進而析論二家之同說者，是否源於先輩學者？又有何擴展，並從中論述其學術意義。

第三、析論江、王二家對偽孔《經》、《傳》之辨偽後，方可進一步討論二家如何重新對《尚書》加以詮釋。二家因不信偽孔《傳》，故遍尋經籍，蒐集馬、鄭遺說，重新為《尚書》注解。前人對江、王此舉，認為功勞止於輯佚，對其輯佚內容未重視。然而綜觀清代治經，多將「輯佚」落實於治經上，成為「新疏」者，《易》有惠棟《周易述》；《書》有江聲《集注音疏》、王鳴盛《後案》、孫星衍《尚書今古文注疏》；《詩》有王先謙《詩三家義集疏》等，皆先建立於對漢儒經說之蒐討上，而後進一步發揮詮釋。換言之，「輯佚」成為此類著作的基石，經師對佚文的蒐集、判別、綴合等等，皆足以影響其經義詮釋，「輯佚」於治經之重要性，可見一斑。既然江、王二著皆以輯佚為基礎，再行詮釋，今欲研究此二家之著，首當對其輯佚之內容、方法、思想深入探討，才能對其後之詮釋有較中肯之論述。本書即以二書所輯之《注》為研究對象，以見二家輯佚內容、方法、觀念之異同，內容包涵

---

[51] 清．江聲：《尚書集注音疏》，《清經解》，冊 3，卷 1，頁 1a，總頁 2976。

[52] 轉引自陳鴻森：〈王鳴盛年譜（上）〉，《中央研究院歷史語言研究所集刊》，第 82 本第 4 分，頁 696。

二家輯《尚書》古訓之特色，並與前人比較，觀察其度越前人者何在；其次，析論江、王徵引《尚書》古訓之體例及內容，並檢討其得失，以論述二家於《尚書》學史上呈現之意義。此外，江、王除輯佚《尚書》古訓外，對《尚書》逸文亦有相當程度之研究，尤其江氏對於《尚書》逸文之蒐討，更下開孫星衍、簡朝亮之研究，實多貢獻。

其四、既析論江、王蒐集《尚書》古訓之異同後，基本上對二家注解《尚書》立場已有一定認識。因此，可進一步對江、王疏通《尚書》古訓進行比較，從中明白二家之詮釋方法、觀念、思想；又於詮釋上，分別呈現何種學術意義？此目的，即上文阮芝生先生所云：「順著他的思想線索去看他對問題所涉及的各方面作如何的看法。這樣才能把握住他的思想。」

三、相關重要文獻評述

本書以江聲與王鳴盛《尚書》學為研究主軸，期藉此研究，對江、王二家之學術有更深一步之認識。然翻檢林慶彰先生所編《乾嘉學術研究論著目錄》、[53]《經學研究論著目錄》，[54]或瀏覽「全國博碩士論文資訊網」、[55]「漢學研究中心典藏目錄及資料庫」、[56]「臺灣文史哲論文集篇目索引系統」、[57]「中國期刊網」[58]等較為人所熟知之研究目錄網站，對此二家《尚書》學之研究著述極少。雖然，鑑於學術進步乃建立於前人之研究基礎上，本書盡量

---

[53] 林慶彰主編：《乾嘉學術研究目錄》（臺北市：中央研究院中國文哲研究所籌備處，1995 年 5 月）

[54] 林慶彰主編：《經學研究論著目錄 1912-1987》（臺北市：漢學研究中心，1989 年）；林慶彰主編：《經學研究論著目錄 1988-1992》（臺北市：漢學研究中心，1995 年）；林慶彰、陳恆嵩主編：《經學研究論著目錄 1993-1997》（臺北市：漢學研究中心，2002 年）

[55] http://etds.ncl.edu.tw/theabs/index.html

[56] http://ccs.ncl.edu.tw/data.html

[57] http://memory.ncl.edu.tw/tm_sd/index.jsp

[58] http://caj.ncl.edu.tw/

蒐集前人相關研究成果。於研究文獻回顧上，選定之標準為：

一、以江、王二家為研究主體對象，且涉及《尚書》學研究者。

二、以《尚書》學為研究主體，且涉及江、王二家《尚書》學研究者。

三、對江、王二家治經觀念與方法具有開創性者。

以上三點，為本書對前人研究評述之標準，不在標準內者，則不予論述。以下所評述者，以時間為序，用意在於透顯學術研究之流傳脈絡；於內容敘述方面，除指出其論著之特點外，亦嘗試論列得失，希能由此方式而獲研究從入之途。

(一) 橋本成文《清朝尚書學》[59] 1934年

日人橋本成文所撰之《清朝尚書學》，為較早研究清代《尚書》學之著作。該書將研究清代《尚書》之學者，分為「古文派」、「今文派」、「漢宋兼采派」、「無法分今、古文和偽古文派」[60]、「偽古文派」。作如此分派之優點，在於能使讀者明瞭有清一代學者研究《尚書》之分野，其缺點則是強作分派，並缺乏時間概念，未能使讀者理解清代《尚書》研究之源流與更迭。在內容敘述上，橋本氏敘述各家《尚書》學，能扼要點出各家研究之重點所在；然而此書雖名《清朝尚書學》，仍有許多學者之著作並未納入，無法釐清清代《尚書》學的全貌。

橋本成文論江、王二家之《尚書》研究，大抵將《集注音疏》、《後案》中江、王自序引出，以說明江、王治《尚書》之態度與方法。然本書尤值得一觀者，在於橋本氏介紹王鳴盛《後案》之後，對江、王之《尚書》學並作簡單之比較。橋本氏認為，二家雖皆尊鄭說，但江聲能採伏生、《史記》等西漢諸儒之說；王氏則不採西漢之前諸儒之說。[61]又謂二家對偽孔《傳》與

---

[59]〔日〕橋本成文：《清朝尚書學》，收入《漢文學講座》第5卷（東京：共立社，1934年）。

[60]原文為「今古文と偽古文を分たざる派。」

[61]原文作：「二氏共に鄭說を主とすと雖も、江聲は伏生史記の如く西漢諸儒の說も採用せるに反

王肅說之態度差異，在於江氏以為偽孔《傳》與王肅說合於經義者則採之；王氏則無馬、鄭之說可採時，則全無條件採納偽孔《傳》與王肅之說。[62]此說實能精要論述二家之差異，作為比較江、王《尚書》學之重要觀點。

(二) 古國順《清代尚書學》[63] 1981年

古國順《清代尚書學》一書，是在其碩士論文《清代尚書著述考》[64]之基礎上擴充而成。古氏先將清代《尚書》著述分為訓詁義解、通論及雜纂、辨正、考證、文字音義五類，再將這五類分為九章。以時間為經，主題為緯，頗能概述有清一代《尚書》學之全貌。

古氏對江、王之論述，乃將二家置於〈遠祧東漢之古文尚書學〉一章，當是見於二家對《尚書》注解尊馬、鄭，乃清代《古文尚書》學之先導，能對二家《尚書》學做出平允定位。於內容方面，則作學案式之論述，將二家之生平、著作版本等略作介紹，而尤可觀者，乃古氏費時蒐集清代以至於近時各家對江、王二家《尚書》著作之批評，使研究者能瞭解江、王《尚書》學之特色、得失，沿此而作進一步之研究，具有學術史上之意義。

(三) 來新夏〈王鳴盛學術述評〉[65] 1982年

來新夏為清代學術史專家，本篇為兩岸較早對王氏生平、著作作全面式

し、王氏は絶えて西漢に溯らず。」見橋本成文：《清朝尚書學》，頁 22 見。昇案：艾爾曼（Benjamin A. Elman）引橋本氏此書，謂王氏「充分利用西漢史料」，並謂「這是江聲的疏忽之處」，又謂《後案》是「清代漢學從東漢經學向西漢經學轉變的重要標志」，疑不識日文，導致錯讀原文，其實與橋本氏之意相反。見〔美〕艾爾曼著、趙剛譯：《從理學到樸學——中華帝國晚期思想與社會變化面面觀》（南京：江蘇人民出版社，2011 年），頁 161。

[62] 原文作：「江氏は止むを得ざるに非ざれば偽孔傳及び王肅說を采らざるも、王氏は馬鄭說無き時に於ては、全く無條件に偽孔傳及び王肅說を采れり。」

[63] 古國順：《清代尚書學》（臺北：文史哲出版社，2010 年）。

[64] 古國順：《清代尚書著述考》（臺北：政治大學中國文學研究所碩士論文，胡自逢教授指導，1975 年），又載於《臺北市立女子師範專科學校學報》第 10 期、第 11 期。

[65] 來新夏：〈王鳴盛學術述評〉，《南開史學》1982 年第 2 期，後收入《三學集》（北京：中華書局，2002 年）。

評述之文，雖未論及王氏全部著作，但仍具有開創之功。

本文大抵對王氏《尚書後案》、《十七史商榷》、《蛾術編》加以評論，將三書之內容、特色、貢獻作一述評，雖未見深刻，但能引用時人與後人之說，對揭示三書之特點、著述思維頗具功勞。如其論《尚書後案》一書之成就在於「輯佚」，此說雖未盡公允，但不失為《後案》特色之一；又如論《十七史商榷》之內容，撮其三大要點，為該書作提要式之說明；又如論《蛾術編》，點出該書為王氏對生平著述之補苴、訂誤之作，且提出該書三大學術價值，皆值得學人參考。

此外，本文除評述王氏此三作外，亦對王氏之人格特質有精要之評述。如指出王氏「目無餘子，狂妄自恃的言詞在許多地方可以見到」、「《蛾術編》也依然明顯地表露出王鳴盛在學術上的狂傲」等等之論，這些言論姑且不論是否公允，但亦就其個人之觀察而發，可作為學者之參考。此外又如論王氏不僅能文，且少有詩名，並就王氏詩作，論其為人與人格思想，謂「他（王氏）的詩應當是研究他思想的重要參考資料」，此論誠為中肯，具有提點後人研究之功。

(四) 劉起釪《尚書學史》[66] 1989年

劉起釪為古史研究大家顧頡剛之弟子，繼承其師《尚書》研究計畫，作《尚書學史》一書。將《尚書》之起源至現代之《尚書》整理與研究，作一通史性考察。

在本書第八章〈清代對尚書的考辨研究〉第四節〈清學主力對今文尚書的研究整理與清代一般尚書著作〉，循章太炎（1869－1936）「吳、皖」分派之說，將江聲、王鳴盛置於吳派《尚書》學研究成果中，並大致介紹江、王《尚書》著作之成書時間、特色等。此種方式，優點在於建立於傳統清代學術史之分派架構，有益研究者分判「吳、皖」《尚書》學之特色；缺點則是

[66] 劉起釪：《尚書學史》（北京：中華書局，1989 年 6 月）。

未能凸顯二家於《尚書》學史上之定位，且內容較不深入，無法論述江、王二家之治經思維，以及二書之諸多問題。

(五) 孫劍秋《清代吳派經學研究》[67] 1992年

本作是兩岸就「清代吳派經學」為題，深入研討之首本學位論文。本書作者不僅就東吳三惠作為觀察對象，且將許多前人未曾論及之學人皆納入「吳派」之中，共列十九家，[68]擴展吳派學術之研究。此外，本書最可觀之處，在於作者特別注意及吳派經學家之輯佚與校勘工作，並對惠棟、余蕭客之作加以論述，今人朱淵清即言「清代輯佚學之盛，與吳派考據學密切相關」，並稱惠棟、余蕭客等為「輯佚學派」。[69]可見，輯佚、校勘確為吳派經師所長，本書作者能就此點深入研究，實具學術眼光。

第六章〈吳派之尚書學成就〉，作者除考察惠棟《古文尚書考》外，亦對江聲《集注音疏》做一定程度之探討。然而，就內容而論，實稍簡略，大致僅就《集注音疏》前、後〈述〉之言進行翻譯，作為江氏此書之特色，除外未對《集注音疏》之內容有深入析論。然而，本書作為早期研究清代吳派經學之專論，亦有參考價值。

(六) 張惠貞《王鳴盛十七史商榷研究》[70] 1997年

張惠貞乃兩岸首位研究王氏《十七史商榷》之學者，本作為張氏之博士論文。分九章，首章就王氏之生平、學術背景及著作加以述評；二至五章分

---

[67] 孫劍秋：《清代吳派經學研究》（臺北：國立政治大學中國文學研究所博士論文，呂凱教授指導，1992 年）。

[68] 分別為：(一)惠周惕、(二)惠士奇、(三)惠棟、(四)江聲、(五)余蕭客、(六)朱敬輿、(七)江鏐、(八)徐頲、(九)鈕樹玉、(十)江藩、(十一)鍾懷、(十二)顧廣圻、(十三)江沅、(十四)徐復、(十五)李鍾泗、(十六)江懋鈞、(十七)黃奭、(十八)阮福、(十九)雷浚。

[69] 朱淵清：《書寫歷史》（上海：上海古籍出版社，2009 年），頁 230。

[70] 張惠貞：《王鳴盛十七史商榷研究》（高雄：國立高雄師範大學國文學系博士論文，周虎林教授指導，1997 年）。

別就王氏之史學思想、治史目的、史學方法、文獻學加以討論；六至九章則就《十七史商榷》之內容加以析探，分為典章制度、輿地沿革、論史實與史書、《十七史商榷》之特色評價等加以研究，可說是兼具廣度與深度之作。本書成書較早，雖然對王氏生平、學術背景多循前人之說，並無特別論點及新材料，但亦具開創之功。

本書最大特點，在於對王氏之史學思想做深入之研究，結合王氏之作，條分縷析，頗見功力。對王氏而言，治經與治史差異不大，謂「讀史之法與讀經小異而大同」(《十七史商榷・序》)，兩者當皆從考據文字入手。且《尚書》本即為上古史料，具有歷史意義，故研究王氏《尚書》學，自須明其史學思想，否則理解即欠全面。此外，《十七史商榷》亦有涉及《尚書》部份，如果偏就《後案》論述，則無法對王氏《尚書》學有深入的研究。張氏論文，正可彌補此缺憾。

(七) 王欣夫《蛾術軒篋存善本書錄》[71] 2002年

王欣夫先生（1901-1966），蘇州吳縣人，名大隆，字欣夫，號補安、補庵。室名學禮齋、抱蜀廬、蛾術軒，以字行。蛾術軒為他晚年所用，殆取自《禮記》「蛾子時術之」，而內存學習清代樸學之意；而王鳴盛亦有書曰《蛾術編》，王先生名軒為「蛾術」，亦有景效先賢之心。先生為近代文獻學大師，著名藏書家，師從吳派經學大師曹元弼，故其學蓋源於吳中。此書乃王先生生前未經整理之稿，後經先生入室弟子鮑正鵠、徐鵬整理出版。

本書錄有王先生所藏《尚書集注音疏》，乃陳奐手校，王仁俊跋，而此本今不可見。王先生對其藏《集注音疏》有簡易之提要，所記皆為其書之重點，對研究《集注音疏》具有貢獻。如云江氏本書「所用《說文》乃徐鉉本，有從而誤者。後得段懋堂示以徐鍇本，遂追改，附識于後」，以見江氏初用《說文》大徐本，後得段玉裁所示，乃改用小徐本。此外，王先生所藏

---

[71] 王欣夫撰，鮑正鵠、徐鵬標點整理：《蛾術軒篋存善本書錄》（上海：上海古籍出版社，2002 年）。

此本《集注音疏》，卷中有考證語，疑為江氏孫江沅所校，而王先生皆錄之，實有功於江氏《尚書》學之研究。如《集注音疏．堯典》「平章百姓，百姓昭明」，江聲疏有「《國語．楚語》子期對昭王曰」句，江沅眉批「案《國語》是觀射父語，非子期」，則訂其祖引書之偶誤。又王先生自云所藏此本，葉腹內有草稿一紙，列考證語十一條，皆對《集注音疏》內容之糾誤，實具學術價值。

除《集注音疏》外，王先生亦對王鳴盛《後案》錄有提要。王先生所見《後案》，為乾隆庚子王氏禮堂刊本，盧文弨手校並有跋語。王先生所錄《後案》提要中，對《後案》與《集注音疏》之差異做出精闢之見解，如云：「江氏《尚書集注音疏》先成，雖以鄭《注》為主，而於《注》義隱奧難明者，或改從他說。而西莊則一一引據古書，疏通其旨，蓋尤能確守師法。」此論清楚將江、王《尚書》學之差異道出，誠為卓識。

蓋論者雖將江、王同視為吳派經師，然而二人在治經思維與實踐上，實相迥異。多數學者不明其差異，以為兩家治學多符同，若此論說，陳陳相因，二家學旨差異遂不為學者所見，甚至將王氏之學等同於惠氏一派。而王先生此論，正落實於二家學術實踐上而發，就研究江、王之學，乃至於吳派學術，甚為重要。

(八) 許華峰〈王劼《尚書後案駁正》對王鳴盛《尚書後案》的批評〉[72] 2006年

王劼生卒年不詳，為嘉慶十八年舉人，《尚書後案駁正》乃其批判王鳴盛《尚書後案》所作。

王劼此書力主東晉梅賾所獻非偽書，並責王鳴盛「譬入魔趣，不辨昏曉」（該書〈自序〉）。書分兩卷，上卷為二十六條批評王氏《後案》；下卷則

[72] 許華峰：〈王劼《尚書後案駁正》對王鳴盛《尚書後案》的批評〉，中央研究院中國文哲研究所「四川學者的經學研究第二次學術研討會」（2006年11月）。

評述顧炎武、閻若璩、惠棟、江聲、段玉裁、孫星衍、焦循等人之意見。許華峰先生本篇文章，主要對《尚書後案駁正》之內容分作兩部分評述：一、對漢代《古文尚書》傳承之討論。二、對漢代《古文尚書》篇目卷數之討論。其先列出王鳴盛之意見，復引《尚書後案駁正》批評王鳴盛之說，略加論述。觀許先生此文，大抵將《尚書後案駁正》批判王鳴盛之說略加整理，對後人研究西莊《尚書後案》，或王劼《尚書後案駁正》皆有開創之功。

(九) 張惠貞〈王鳴盛經學思想探析〉[73] 2009年

張氏於 1997 年以《王鳴盛十七史商榷研究》為題完成博士學位，對王氏之史學有深入的探析。本文則以王鳴盛之經學為研究主題，認為王氏治經求古，以漢儒為宗；且治學從小學考證入手，重視《說文》，得以略明王氏經學思想。

然觀其文，多屬泛論，蓋既以「經學思想」為題，然未以王氏《尚書後案》為論述對象；且論「治學方法」一節，亦多與經學思想無關。此外，張氏云「王鳴盛其學出於惠棟，在治經上談古文《尚書》，以奉鄭玄為宗旨，作《尚書後案》亦以發揮鄭玄一家之學」，此說大致無誤，但若細探惠棟與王鳴盛在治經上之實踐，實相異也。蓋惠棟治經大抵以「融貫」為要，王鳴盛則一尊鄭玄，其異於鄭說者，皆非之；此惠、王治經之異，而張氏未予指出。要之，張氏此文雖能略明王鳴盛之治經思維，但未能細論，發明不大，較為可惜。

(十) 王應憲《清代吳派學術研究》[74] 2009年

該書為作者於華東師範大學歷史系之學位論文，雖以「清代吳派」作為研究範圍，但觀其目錄，主要仍就東吳三惠多所著力，而後雖列一章探討江

---

[73] 張惠貞：〈王鳴盛經學思想探析〉，《成大宗教與文化學報》第十二期（2009 年 6 月），頁 1-10。

[74] 王應憲：《清代吳派學術研究》（上海：華東師範大學出版社，2009 年）

聲、余蕭客學術，但內容實為淺略，只費十八頁筆墨論述二家之學，且許多吳派諸儒（如朱敬輿、顧廣圻、江沅、黃奭等等）皆未觸及，實不如孫劍秋之《清代吳派經學研究》。

本書第四章〈吳派學術專門化〉之第一節，作者約略探討江氏《集注音疏》，就內容論述上基本不脫前人觀察，然亦分述《集注音疏》之學術特點：一、考辨東晉《古文尚書》之偽。二、改易、增補《尚書》經文。三、引用、採納學界研究成果。四、兼采今古文之說，分述兩家源流。以上四點，大致皆觸及《集注音疏》之內容特點，雖未見深入，但亦能津逮讀者，給予研究上之啟示。

(十一) 施建雄《王鳴盛學術研究》[75] 2009年

施建雄之《王鳴盛學術研究》，係兩岸第一部對王鳴盛所有學術著作有較為全面研究之作。本書由施氏於北京師範大學攻讀博士學位時之論文基礎上修改而成。分九章，分別就王氏所有學術著作：《十七史商榷》、《蛾術編》、《尚書後案》加以研討；另外，更論述王鳴盛之學術思想與治學方法，並與錢大昕作比較，凸顯其治學特色。

本書第五、六章為〈王鳴盛的尚書學研究〉，施氏研究之特點為：詳細論述王氏對《古文尚書》及孔《傳》考辨之意見，以及對今、古文《尚書》篇章及傳承之考辨。然綜觀其內容，多是針對王氏《尚書後辨》之意見而發，對《尚書後案》中之注解、詮釋《尚書》之內容，幾乎未提，可見本章雖以「王鳴盛的尚書學研究」為題，但實不夠全面，只偏就一隅而論，無法完整呈現王氏之《尚書》學。雖然如此，但施氏論述王氏《尚書後辨》之內容頗見用心，雖不深入，但規模已具，當可作為後人研究王氏《尚書》辨偽學之基礎。

此外，施氏論述王鳴盛之學術思想及其治學方法，乃建立於對王氏學術

---

[75] 施建雄：《王鳴盛學術研究》（北京：中國社會科學出版社，2009 年）

著作之全面研究上。雖然各著之研究不見深入，但皆從宏闊之視角切入，故論點頗為中肯，能從學術實踐中汲取出王氏之學術思維，尤其對王氏史學思想上之研究論述最多，學者多可參考。

(十二) 陳鴻森〈江聲遺文小集〉[76] 2009年

陳鴻森先生為研究經學史、清代學術史之專家，於清代學人年譜之研究及蒐羅遺文之上，用功極精勤。有關江聲學術之具體研究，目前學界尚付之闕如，主要原因，已如上文所云，一者在於今時學術界對吳中學術不甚重視；二者在於有關江聲之資料過少。然正如陳先生所言：「欲考論吳派學術源流，固舍惠、江莫由也」[77]，故陳先生檢閱群書，輯得遺文二十四首，實有功於吳中學術之研究，學人自可由陳先生此輯，窺得江聲學術之一斑。

惟近市居本（《續修四庫》本）《集注音疏》書前有江氏〈募刊尚書小引〉一文，書以篆文，《皇清經解》本未收。此文為江氏於乾隆五十八年（1793）七十三歲時作，其云「得成此刻，不敢忘諸君子樂成人美之德，故詳識之。乾隆五十八年（1793）歲在昭陽（癸）赤奮若（丑）畢陬月（正月）甲酉朏（三日）江聲記。時年七十有三。」按此，乃江氏於《集注音疏》刻成後作。觀其文內容，首先精要論述由漢至清之《尚書》學史；次記《集注音疏》乃接受眾人金援資助方得刊刻，並紀錄資助者之名。而由「乾隆四十有九年（1784）歲在焉逢（甲）執徐（辰）則余月（四月）癸巳江聲纂」，知《集注音疏》之刻成，乃自 1784 至 1793，歷時九載；然《集注音疏》卻未見此記載，足見本文對於瞭解《集注音疏》之成書歷程甚為重要，而陳先生此輯未見，今記於此。

---

[76] 陳鴻森輯：〈江聲遺文小集〉，《中國經學》第四輯（桂林：廣西師範大學出版社，2009 年），頁 1-28。

[77] 陳鴻森輯：〈江聲遺文小集〉，《中國經學》第四輯，頁 1。

(十三) 陳鴻森〈王鳴盛年譜(上)、(下)〉[78] 2011-12年

王鳴盛之學行事蹟，舊有黃文相《清王西莊先生鳴盛年譜》。[79]此書成於板蕩之際，多有闕略，不足怪也。今陳鴻森先生費時五、六載作〈王鳴盛年譜〉，蒐集兩岸相關資料，補苴罅漏，其中或有善本古籍，如長沙湖南圖書館藏王鳴盛之弟鳴韶《鶴谿文編》稿本、北京國家圖書館藏王西莊家譜等，誠為可貴，陳先生此譜一出，而王氏世系、生平、學術之全貌方明。

本譜對理解王氏之學術思想貢獻至大，如云：「學者率以學有義理、辭章、考覈三科之說創自戴震，曾國藩益之以『經濟』；實則四科之說始見西莊乾隆二十四年〈崇雅堂稿序〉。」是「四科」之說昉於王氏明矣！此外，對王氏各學術著作之治學方法、觀念等等，皆有所揭露，無論是王氏自述或為時人所評，多節錄要語，而不以鈔綴繁重為貴。本譜不惟關注王氏之學術著作，並采王氏創作之長，及其文學思維，此為前人少關注者。蓋王氏於彼時特以文學見長，與錢大昕、曹仁虎、王昶、趙文哲、吳泰來、黃文蓮並稱「吳中七子」，然今之研究者多關心其經史著作，對王氏之文學鮮有關注。本譜之出，不惟對王氏經史著作之研究有所助益，更能使今人研究乾嘉時期文學有指津之效；亦對吾人理解王氏人格、學術等方面多有啟發。惟陳先生謂梅鷟《尚書考異》「當時不甚著，故王氏恐未之見」，[80]但《後案》末所附〈尚書後辨〉〈胤征〉「聖有謨訓」下之「辨曰」有王氏自注「說本梅鷟」。檢內容與梅鷟《尚書考異》卷二〈胤征〉相同，[81]可見王氏見過《尚書考異》，此或可補陳先生之說。

---

[78] 陳鴻森：〈王鳴盛年譜（上）〉，《中央研究院歷史語言研究所集刊》第 82 本第 4 分（臺北：中央研究院歷史語言研究所，2011 年 12 月），頁 679-754；〈王鳴盛年譜（下）〉，《中央研究院歷史語言研究所集刊》第 83 本第 1 分（臺北：中央研究院歷史語言研究所，2012 年 3 月），頁 122-184。

[79] 黃文相：《清王西莊先生鳴盛年譜》（臺北：臺灣商務印書館，1986 年）。

[80] 陳《譜》（上），頁 713。

[81] 明・梅鷟著，姜廣輝點校：《尚書考異》（上海：上海古籍出版社，2014 年），卷 2，頁 170。

(十四) 陳志輝〈江聲恆星說考論——西方天文算學對乾嘉吳派學術之影響〉[82] 2012年

上文述及有關江聲學術之具體研究，目前學界尚付之闕如，然陳志輝〈江聲恆星說考論——西方天文算學對乾嘉吳派學術之影響〉一文，則是迄今唯一研究江氏學術之文，就研究江氏學術，乃至吳派學術而言，實為可貴。

本文作者選定江氏〈恆星說〉為研究對象，並運用今時之算術，謂江氏〈恆星說〉雖用當時認為最精確之西法算差數值，推算《禮記・月令》成書年代天象，重新論證東漢鄭玄關於〈月令〉源於《呂氏春秋》之命題，然江氏於論證過程中忽略西法之適用條件，造成論證之缺陷。陳氏此文除指出江氏〈恆星說〉之缺點外，尤其值得注意者有二：一為從江氏之推論中，汲取出其治學上承襲惠棟以漢儒為尊之泥古思維，導致說法上之矛盾，為科學研究問題自設障礙。二為指出乾嘉漢學至江聲所發生重要的變化，即當時被認為最精確之學問——西方天文算術元素之加入，成為治經之手段之一。

要之，本文能從鮮為人注意之方向切入，落實於實際論證，故所論確實。尤其學者更可利用陳氏之考證成果，旁通江氏之《尚書》研究，並擴展於清代《尚書》學中對於恆星之考論。

(十五) 許華峰《蔡沈《朱文公訂正門人蔡九峰書集傳》的注經體式與解經特色》[83] 2013年

本書第一章〈緒論〉「陳澧對江聲排斥《書集傳》的評論」一節，論清人陳澧指出，江氏《集注音疏》有襲蔡沈《書集傳》之說，而未明言者。對

[82] 陳志輝：〈江聲恆星說考論——西方天文算學對乾嘉吳派學術之影響〉，《科學與管理》（2012 年第 4 期）。

[83] 許華峰：《蔡沈《朱文公訂正門人蔡九峰書集傳》的注經體式與解經特色》（臺北：臺灣學生書局，2013 年）。

此問題，在許華峰先生之前，尚未有專論者，而許先生獨能著眼於此，實對研究江氏《書》學有一定貢獻。許華峰先生考索此陳澧所舉之七例，謂此七例所引蔡《傳》之解，在蔡沈之前皆已有說，並非蔡沈之創見；又云江氏集注之原則，最重要者為馬融、鄭玄之說，以及《尚書大傳》、《五經異誼》之相關內容；其次為先秦兩漢諸書中，與《尚書》相關之意見。至於魏晉時期之王肅注、偽孔《傳》，則在不得已情況下，才謹慎地採用。除此之外，則不在江氏之取材標準中，故雖有采《書集傳》，亦可「不直接引用」。就許先生之觀點，筆者在全面考察《集注音疏》中引用古義之原則，以及陳澧對江聲指控之例後，認為許先生所論不無可商之處，相關討論，請見本書第五章。

(十六) 許華峰〈江聲《尚書集注音疏》的版本與異文〉[84] 2014年

許先生此文取《皇清經解》本、《續修四庫全書．經部．書類》冊 44，清乾隆五十八年近市居刻本（簡稱《近一》本），以及日本名古屋大學圖書館藏近市居藏版（簡稱《近二》本），三種版本互校，指出三種《集注音疏》版本文字之異同，確認《皇清經解》本與《近二》本的相承關係。除了指出《皇清經解》本在篆體轉寫為楷體之錯誤外，還有十二處文字因句子中出現相同文句，整理者不慎跳接漏失之情況。

許先生此文對理解《集注音疏》版本具有極大貢獻。透過此文，讀者可注意引用《集注音疏》之文字；此外，對江聲以及《集注音疏》內容之研究，更為詳盡。但許先生此文偶有校對未盡處，《續修四庫全書》本《尚書集注音疏》卷一題「江聲學」下自注：「江聲，字赤溎，江南蘇州府吳縣人也。……數奇不偶，動與時韋，因取《周易》艮背之誼，自號艮庭。」而《皇清經解》本則漏「奇」字；又如《皇清經解》本《集注音疏．太誓上》

[84] 許華峰：〈江聲《尚書集注音疏》的版本與異文〉，《儒道國際學術研討會——明清》（臺北：國立臺灣師範大學，2014 年）。

「維三月」，對照《近一》、《近二》本皆作「維三（四）月」，檢許先生此文皆未指出。然類此小疵，未減許先生此文之貢獻。

上述所列十六篇專論，為筆者認為觸及江、王《尚書》學研究之有關專著，以及對江、王學術發明特有見識者；然亦即此可見：有關江、王《尚書》學之研究猶多不足，且各家對江、王《尚書》學皆未有全面、深入、系統性之探討，多僅就江、王之書一、二處稍加述評而已，無法凸顯二家《尚書》學之全貌，遑論深化「吳派」經學。此為本書所以撰著之重要原因。

除上論之外，據林慶彰先生所編《乾嘉學術研究論著目錄》，記載日人鈴木奎吾於 1933 年所著《江艮庭の尚書研究に就て》[85]。然筆者曾遍尋國家圖書館、國立臺灣大學圖書館、中央研究院傅斯年圖書館，及國內其他較為大型圖書館，皆無收藏此書；透過網路瀏覽相關資料庫，亦未尋得。若未來得以尋獲此書，必定將其中精彩論述，加以吸收闡述。謹先識於此，以待後續努力。

---

[85]〔日〕鈴木奎吾：《江艮庭の尚書研究に就て》（東京：東京帝國大學文學部支那文學科卒業論文，1933 年）

第二章
江聲、王鳴盛之《尚書》研究歷程及關聯

江聲、王鳴盛作為清代《尚書》新疏之前導，並同為《古文尚書》之學，後儒雖有針砭其部分缺失者，然亦肯定江、王二家對《尚書》之貢獻與地位，故每將二人並列，此已見上節所引。誠如前章〈緒論〉所指出，自閻若璩、惠棟對偽《古文尚書》的辨偽研究取得成功後，清人之《尚書》學即以馬、鄭遺說為基礎而開展，而江、王二家則對《古文尚書》學提供了極大的貢獻。又江、王同為吳派經師之著者，年齡相仿，亦多有往來。如江藩《漢學師承記》述江聲「交游如王光祿鳴盛」[1]，又述王鳴盛「光祿在艮庭先生家……」[2]；此外，王鳴盛於《後案・自序》云：「就正于有道江聲，乃克成此編。」均可見二家相善，共與論學。

然而，今時學界卻未見對二家《尚書》學作全面研究，不可不說為清代《尚書》學，乃至於經學史研究之缺憾。本書既為填補此空缺，故首先就江、王治學歷程及《尚書》研究加以探討。尤其重要的是考察二家在治學經歷上，對其《尚書》研究有何影響。欲解決此問題，當側重於幾方面的觀察：一、二家治《尚書》之動機為何？受何人影響？二、二家受影響所及，體現於著作哪些方面，即其側重點為何？蓋一家之學之形成，自有其脈絡源

---

[1] 清・江藩著，漆永祥箋釋：《漢學師承記箋釋》（上海：上海古籍出版社，2006 年），卷 2，頁 246。

[2] 清・江藩著，漆永祥箋釋：《漢學師承記箋釋》，卷 3，頁 268。

流。本文由此兩方面切入，正為釐清二家《尚書》學之脈絡，藉以廓清二家《尚書》學之源頭與樣貌，為往後深入研究二家《尚書》著作之內容立基礎，並從中瞭解二家乃至於乾嘉《尚書》學所關注的焦點。

一、江聲生平及其《尚書》學之淵源

有關江聲學術的具體研究，目前學界尚付之闕如。主要原因，依愚所見，一者在於今時學術界對吳中學術不甚重視；二者在於有關江聲之資料過少，[3]成系統著作惟《集注音疏》十二卷、《論語竢質》三卷，《恆星說》，其他如《艮庭小慧》僅八篇，難考見其學。陳鴻森先生檢閱群書，輯得遺文二十餘首，[4]然正如陳鴻森先生言：「欲考論吳派學術源流，固舍惠、江莫由也。」[5]今欲考江聲事蹟，其弟子江藩《漢學師承記》所載江聲本傳、友人孫星衍〈江聲傳〉[6]述之最詳，而互有詳略。今以《漢學師承記》及〈江聲傳〉為主，並刺取他說予以補充，述江聲生平如下：

(一) 江聲生平概述

江聲，本字鱷（鯨）濤，改字叔澐，[7]晚號艮庭。[8]清康熙六十年

---

[3] 由江氏〈與孫淵如書〉：「……拙文五篇亦附焉。前呈過兩篇，今又呈此，拙文盡于此矣！」可知江氏作文之少也。見孫星衍《問字堂集．問字堂集贈言》（北京：中華書局，2006 年），頁 7。

[4] 陳鴻森輯：〈江聲遺文小集〉，《中國經學》第四輯（桂林：廣西師範大學出版社，2009 年），頁 1-28。

[5] 陳鴻森輯：〈江聲遺文小集〉，《中國經學》第四輯，頁 1。

[6] 清．孫星衍：〈江聲傳〉，《平津館文稿》（臺北：臺灣商務印書館，1967 年《四部叢刊》影印《孫淵如詩文集》），卷下。

[7] 見《漢學師承記》卷 2、徐世昌《清儒學案》卷 76；而孫星衍《平津館文稿．江聲傳》、《清史稿．儒林列傳》則未見「本字鯨濤」。

[8] 《續修四庫全書》本《尚書集注音疏》卷一題「江聲學」下自注：「江聲，字ホ澐，江南蘇州府吳縣人也。……數奇不偶，動與時韋，因取《周易》艮背之誼，自號艮庭。」知江氏號乃取自

（1721）生。[9]祖籍本居安徽休寧縣梅田鎮，後遷蘇州，又遷無錫，復歸吳門，遂為吳縣人。[10]江聲自言其先祖為東漢孝子江革，[11]其六世祖為明代江禹奠，自休寧遷吳門；曾祖江大浙，祖江文懋，父江黔，[12]黔生聲。聲有兩兄一弟，其一兄名筠，字震滄，[13]時人稱之「休寧二江」。[14]聲幼年聰慧，七歲問其師：「讀書何為？」師答：「取科第。」故聲即以科舉為志業。後因父黔治業折閱（經商虧損）之故，遷居無錫，聲遂與其兄授徒以養雙親。二十九歲，父黔遘厲虐疾，聲夙夜奉侍床前，並視穢以驗疾。及父死，哀毀三年，其容亦如新喪者。後母疾居喪，亦如父歿時。其孝行純至如此，若先祖江巨孝（江革）也。又因父母皆亡，江聲遂不復進求科舉，而潛心研究經義古學；[15]不慕榮利，授徒為養，以布衣終生。孫星衍嘗數貺聲，[16]足見聲於

《周易・艮卦》云：「艮其背，不獲其身，行其庭，不見其人，無咎。」又《皇清經解》本則漏「奇」字。今觀《史記・李將軍列傳》：「以為李廣老，數奇。」古人認為單數不吉，指命運不好，事多不順利。《續修四庫全書》作「數奇不偶」是也。

[9] 清・孫星衍：〈江聲傳〉：「嘉慶四年（1799）九月三日卒，年七十有九。」據以逆推，江聲生年為康熙六十年（1721）。

[10] 參清・江藩著，漆永祥箋釋：《漢學師承記箋釋》，卷2，頁235。

[11] 江聲〈雨香集敘〉：「江子雨來者（案：即江藩），予同宗子也，支派遼遠，譜牒散殊，幾難排次。詢其上世，則自東漢巨孝公諱革者而下五十八世也，予則巨孝公五十七世孫。」轉引自陳鴻森〈江聲遺文小集〉，頁19。

[12] 清・孫星衍：〈江聲傳〉：「六世祖禹奠，自休寧遷吳門，有孝行，載在方志。曾祖大浙，祖文懋，父黔。」案：另檢《千頃堂書目》卷二十六「江禹奠，《玄館詩集》」下：「字其永，休寧人，僑居吳縣，國子監生。」見清・黃虞稷：《千頃堂書目》（臺北：臺灣商務印書館，1983年，景印文淵閣《四庫全書》本），卷26，頁41b。

[13] 《漢學師承記》載江聲與其兄江筠「少與兄震滄孝廉同學」；又《漢學師承記》述其以目疾教讀，與余蕭客並稱「盲先生」。《經學博采錄》卷一亦載：「江氏名筠，字震蒼，江蘇長洲人，乾隆壬午以第二舉于鄉，艮庭徵君之兄也。」

[14] 清・陳康祺《郎潛紀聞・二筆》「休寧二江」條：「江筠、江聲兄弟，並學問浩博，精詣古人，時有『休寧二江，無雙有雙』之譽。（按：二江籍吳縣，曰休寧者，其祖貫也）聲字艮庭，尤負絕質，時又援何山大小之例，稱曰『小江』。」見氏著：《郎潛紀聞・二筆》（上海：上海古籍出版社，2002年，《續修四庫全書》冊1182，影印清光緒刻本），卷14，頁17b，總頁453。

[15] 江氏曾自云：「余年三十，屏棄時學，從事群經。……四十後，邃精于《尚書》。」見〈論語竢質自敘〉，轉引自陳鴻森：〈江聲遺文小集〉，頁15。

[16] 〈與孫淵如書三〉：「接奉手函及〈明堂考〉，且承厚惠十金，竊念閣下愛我，謝非筆所能罄也。

生計之事，實多困也。然其交游如王鳴盛、王昶（1725－1806）、畢沅（1730－1797）等皆重其品藻。嘉慶元年（1796），詔開孝廉方正之士，孫星衍與阮元（1764－1849）交薦江聲，然聲固不知。及安徽布政使陳奉茲（1726－1799）請見，聲又請辭勿見，其性耿介如此。後費淳舉聲，賜六品頂帶。[17]嘉慶四年（1799）九月三日，卒於里舍，年七十有九。[18]

江聲一生最為人所病者，即生平不作楷書，尋常書札皆以篆書書之，於此，亦可見江氏有所堅持之人格特質。時人記其事者，如其弟子江藩云：

> （江聲）即與人往來筆札，皆作古篆，見者訝以為天書符籙，俗儒往往非笑之，而先生不顧也。[19]

友人孫星衍〈江聲傳〉亦謂：

> 世人訾朱學士筠及江徵君作字兼篆體，蓋少見多怪耳。[20]

又焦循（1763－1820）《雕菰集．江處士手札跋》云：

> 處士兩書，皆用許氏《說文》體手自篆之，工妙無一率筆，尤足見其德性之醇穆。[21]

計閣下貺我於今四次矣，……乃今又蒙惠賜，譬猶處涸轍之中，蒙被雨澤，焉能不承受。然心實歉仄，感愧交併也。」轉引自陳鴻森〈江聲遺文小集〉，頁 23-24。

[17] 有關舉江聲孝廉及封六品一事，見《漢學師承記》本傳、孫星衍〈江聲傳〉。

[18] 《漢學師承記》本作「年七十八卒」，誤，漆永祥辨之甚詳，參《漢學師承記箋》，卷 2，頁 247，注 6。

[19] 清．江藩著，漆永祥箋釋：《漢學師承記箋釋》，卷 2，頁 245。

[20] 清．孫星衍：〈江聲傳〉，《平津館文稿》，卷下，頁 38b。

[21] 清．焦循：《雕菰集》，收入劉建臻點校：《焦循詩文集》（揚州：廣陵書社，2009 年），頁 326。

又李斗（生卒年不詳）《揚州畫舫錄》云：

> 艮庭，名聲，元和人，為惠定宇高弟子，守許、鄭之學最堅，……生平不為楷書，雖日用記賬皆小篆。[22]

又錢泳（1759－1844）《履園叢話》云：

> 讀者輒口噤不能卒也。……畢秋帆尚書聞其名，延至家校劉熙《釋名》，亦用篆書刻之。[23]

又云：

> 老友江艮庭徵君常言：「隸書者，六書之蝨賊也。」[24]

知江氏對篆書之愛好，更有記載江氏採購藥物，所書之藥方，皆以篆字書之，程瞻廬（1879-1943）〈紀江艮庭遺事〉云：

> （江聲）生平不做楷書，手札皆用古篆，雖草草涉筆，非篆即隸也。一日，書片紙付奴子至藥肆購藥物，字皆小篆，市人不識，卻之，更以隸書往，不識，復卻之，奴子徒手往返者數次。艮庭拍案詈曰：「隸書本以便徒隸，若輩并徒隸不如邪？」[25]

---

[22] 清・李斗：《揚州畫舫錄》（上海：上海古籍出版社，2002 年，《續修四庫全書》冊 733，影印上海圖書館藏清乾隆六十年自然盦刻本），卷 10，頁 28b，總頁 695。

[23] 清・錢泳：《履園叢話》（上海：上海古籍出版社，2002 年，《續修四庫全書》冊 1139，影印華東師大圖書館藏清道光十八年述德堂刻本），卷 6，頁 24a，總頁 97。

[24] 清・錢泳：《履園叢話》，卷 11，頁 4b，總頁 166。

[25] 程瞻廬：〈紀江艮庭遺事〉，《進步》第 1 卷第 1 期（1911 年），頁 112。

此段記載互見《清代名人笑史》，云：

> 蘇州江艮庭先生善篆書，兼知醫理，性奇癖，常為人開藥方，輒書篆字，藥肆每致錯誤，先生怪之；或曰藥肆人不識篆字，無怪其誤！先生曰：「不識篆隸，那便開藥肆耶！」[26]

之後，晚清若汪鋆（1816－？）、[27]俞樾皆有類似記載，[28]足見江氏將篆書融入其日常生活，不顧他人非笑之。

江氏對篆書之喜好，亦直接表現於其經學著作中，錢泳《履園叢話》云：「余嘗雪中過訪，見先生著破羊裘，戴風巾，正錄《尚書集注音疏》，筆筆皆用篆書，雖尋常筆札登記，亦無不以篆。」[29]今所見近市居本《集注音疏》、《恆星說》、《艮庭小慧》皆以篆書書之。而江氏之好篆書，既為「好古」思維之體現，亦與其崇《說文》有關，其友錢泳記江氏嘗自言：

> 許氏《說文》為千古第一部書，除九千三百五十三字之外無字，除《說文》之外為亦無學問也。[30]

---

[26] 轉引自董志仁：《醫賸瑣探・江艮庭之篆字藥方》，收入《廣濟學刊》第 11 卷第 2 號（1934 年），頁 87。

[27] 清・汪鋆《十二硯齋隨錄》卷四：「江先生艮庭聲，邃於小學，不為行楷書者數十年。凡尺牘名刺，率皆依《說文》書之，不肯用俗字。」轉引自張舜徽：《清人筆記條辨》（武漢：華中師範大學出版社，2004 年），頁 312。

[28] 清・俞樾《春在堂隨筆》卷一：「江艮庭先生生平不做楷書，雖草草涉筆，非篆即隸也。一日，書片紙付奴子至藥肆購藥物，字皆小篆，市人不識，更以隸書往，亦不識。先生慍曰：『隸書本以便徒隸，若輩并徒隸不如邪？』余生平亦有先生之風，尋常書札，率以隸體書之。湘鄉公述此事戲余，因錄之以自嘲焉。」見氏著：《春在堂隨筆》（上海：上海古籍出版社，2002 年，《續修四庫全書》冊 1141，影印清光緒二十五年刻春在堂全書本），卷 1，頁 12b，總頁 6。

[29] 清・錢泳：《履園叢話》，卷 6，頁 24a，總頁 97。

[30] 清・錢泳：《履園叢話》，卷 6，頁 24a，總頁 97。

又江氏於〈經義雜記敘〉云：

> （臧琳）於六書，則正畫審音，必以許祭酒《說文解字》為則，斯與聲深相契合者。[31]

可見江氏治學、書字均以《說文》為準則，周春（1729－1815）對此指出「江君通《說文》、工隸篆，手寫付梓，古色斑駁」[32]，知江氏因深好《說文》之故，影響其書字皆以篆書書寫。並在《集注音疏》成書後，著手研究《說文》，撰《說文解字考證》，爾後更將此書稿贈與段玉裁。[33]

然日人本田成之（1882－1945）則云：

> 論者謂王鳴盛自知其作《後案》，不及江聲的《音疏》，故勸聲用篆文來寫，以致一般人不能識讀云。[34]

本田氏所述之「論者」，不知何據？就余所見，未有此記載。且從上文可知，江氏對篆體之愛好其來有自，豈因王鳴盛之建議才用篆文書寫？且衡以江、王二人交往之篤，此說有誣陷王氏人格之嫌，實不可信。

要之，江氏好以篆書書寫乃為實情，從此亦可見其性之好古，故或有以

---

[31] 清・江聲：〈經義雜記敘〉，轉引自陳鴻森〈江聲遺文小集〉，頁 17。

[32] 清・周春：〈古文尚書冤詞補正自序〉，見陳鴻森、潘妍豔輯：〈周春遺文小集〉，《中國文哲研究通訊》第 22 卷第 4 期（2012 年 9 月），頁 137。

[33] 孫星衍〈江聲傳〉云：「（江聲）為《說文解字考證》，及見段大令玉裁所著，多自符合，遂輟筆，并舉稿本付之。」案：據陳鴻森先生所考，後段玉裁作《說文解字注》，多有襲江聲之意見。見陳鴻森先生：〈段玉裁《說文解字讀》考辨〉，《第四屆中國經學國際學術研討會論文集》（臺北：國立臺灣大學文學院，2011 年），頁 64-65；又見陳鴻森先生：〈段玉裁《說文注》成書的另一側面〉，《中國文化》第 41 期（北京：中國文化雜誌社，2015 年）。

[34] 〔日〕本田成之著，孫俍工譯：《中國經學史》（臺北：廣文書局有限公司，2000 年），頁 271。昇案：江俠庵所譯本田成之《經學史論》與孫俍工譯本大致皆同。

此而譏江氏者，如夏炯（1795－1846）云：「生今反古，以篆代真。」[35]意謂語言具有社會性，實不需尊古、泥古如此，然亦正可由此以推想江氏之為人。而此種「尊古」思維，亦影響其學術表現，前人多有病江氏《集注音疏》好為改字，即為「尊古」思維所使然。（有關江氏改字之相關論述，見後文）

(二) 江聲《尚書》學之淵源及其繼承

江氏之治《尚書》，就其自云「年三十五，師事同郡惠松崖先生。見先生所著《古文尚書攷》，始知古文及孔《傳》皆晉時妄人偽作，於是搜集漢儒之說，以注二十九篇」，[36]知其《書》學實淵源於其師惠棟。本小節即考察惠棟對江氏學術上之影響，可略分為：一、「對惠棟《周易述》撰著方法及體例之繼承」，二、「對惠棟不信《偽孔》及信西漢〈泰誓〉為真觀念之繼承」，三、「對惠棟說解《尚書》意見之繼承」。以下，即由此三方面加以論述。

1. 對惠棟《周易述》撰著方法及體例之繼承

江氏治《尚書》之法，實本之於其師惠棟。觀江氏自述其注解《尚書》之法云：

> 搜集漢儒之說，以注二十九篇。漢注不備則旁考它書，精研故訓，以足成之，并為之音，且為之疏。（卷1，頁1a，總頁2976。）

其注解的基本方法為「搜集漢儒之說」，此因「漢注」足以「發古誼、存絕學」；[37]而漢注不備者，則「旁考它書，精研故訓，以足成之」。

---

[35] 清・夏炯：〈乾隆以後諸君學術論〉，轉引自蕭一山：《清代通史》（臺北：臺灣商務印書館，1985年），冊2，頁594。

[36] 清・江聲：《尚書集注音疏》，《清經解》，冊3，卷1，頁1a，總頁2976。

[37] 清・江聲：《尚書集注音疏・述》，《清經解》，冊3，卷13，頁93b，總頁3155。

又此種注解方式，必有所據，江氏云：

> 聲淵源惠氏，津逮閻書，故能兆彼薰蕕，因而自忘愚魯，卟（稽）古書所稱引，刊正經文，酌故訓于文辭，用袪俗解。文改則恐迂儒目眙，必標所本，以識繇來；解異則虞初學心疑，必詳于《疏》，以申恉趣。書成一十二卷，文約四十萬言，題曰「尚書集注音疏」，豈敢曰有功，庶可告無辠爾。[38]

江氏此云其治《尚書》，於文字上，刊正經文；於注解上，必考古書出處，標明所本，言必有據。就消極意義言，蓋懲於偽《古文尚書》之「剽竊」；就積極意義言，則是師法其師惠棟的作法。江氏在《集注音疏・後述》所論尤明：

> 古人之文，古人之常言也。道之于口，聞者靡不知；筆之于書，讀者靡不解，無庸傳述為也。乃音以方俗而殊，言以古今而異，或一字而解多涂，或數名而同一實，聖賢懼後學之河漢前言也，于是《爾雅》有作，而故訓興焉。兩漢諸儒或據之以解群經，由是傳注迭興，而經誼賴以明矣。于時風氣醇古，語雖達而未詳，意雖摘而未皀，後之學者欲為引申其說，故自南北朝以至唐初，誼疏迭出，而傳注又賴以證明矣。凡此，皆後人疏前人之書，未有己注之而即己疏之，出于一人手者；有之，自唐明皇帝之《道德經注疏》始。吾師惠松崖先生《周易述》，融會漢儒之說以為注，而復為之疏，其體迺固有自來矣！（卷13，頁93b，總頁3156）

古人述學，本道之於口，筆之於書，但語言文字卻因古今、地域的不同而有

[38] 清・江聲：〈募刊尚書小引〉，《尚書集注音疏》（《續修四庫全書》本），頁2b。

所變異，故有一字多音、一字多義等現象，使後人對經書理解多有窒礙，於是便有如《爾雅》、毛《傳》等訓詁字義之作，令讀者能依故訓解經，《傳》、《注》之作亦由是而興。然以時空改易之故，後之學者對古人之《傳》、《注》已多難解，則加以疏通、或引申其義，此義疏之所由起，南北朝至唐尤盛。而江聲考察，唐玄宗《道德經注疏》乃第一部自注自疏之作，[39]則惠棟《周易述》之例其來有自矣。然觀唐玄宗此作，分《注》、《疏》為二，《續修四庫全書・御製道德真經疏提要》云：「蓋御《注》既成，頒諸天下，遍令士子傳習，恐《注》簡義深，故詳疏之也。」[40]可見玄宗起初並未有意自注自疏；而惠棟作《周易述》，則是自覺性的自注自疏，並將《注》、《疏》併於一書之中，此乃與玄宗之別。而此文最重要的，莫過於江氏明確指出其師治《易》之法，乃「融會漢儒之說以為注，而復為之疏」，故治經的第一步，當先蒐集古注，尤其是漢儒之說。可見，江氏撰《集注音疏》，其自注自疏之作法，乃受其師惠棟《周易述》之影響而作，江氏亦謂《集注音疏》「竊比先師之《周易述》也」。[41]李慈銘（1830－1895）《越縵堂讀書記》亦云：「自注自疏，古所罕見，江氏蓋用其師惠定宇《周易述》家法。」[42]明確指出江氏《集注音疏》體例淵源於惠棟。（江氏《集注音疏》體例關乎江氏治經之精神，詳見第三章）

2. 對惠棟不信《偽孔》及信西漢〈泰誓〉為真觀念之繼承

孫星衍〈江聲傳〉：「三十師事同郡惠徵君棟，質疑難，居門下，學日以進。年四十一，始為《尚書》之學。」[43]按此，江氏受惠棟影響最深者當為《尚書》之學，孫氏所謂「年四十一」，殆指撰《集注音疏》之年（案：江

---

[39] 案：江聲此謂《道德經注疏》者，當為《御註道德真經》、《御製道德真經疏》。

[40] 中國科學院圖書館整理：《續修四庫全書總目提要》（濟南：齊魯書社，1996 年），冊 13，頁 769。

[41] 清・江聲：《尚書集注音疏・後述》，《清經解》，冊 3，卷 13，頁 93b，總頁 3156。

[42] 清・李慈銘：《越縵堂讀書記》（北京：中華書局，2009 年），頁 109。

[43] 清・孫星衍：《平津館文稿》，卷下，頁 36a。案：江氏《集注音疏》卷一題「江聲學」下自注：「年三十五，師事同郡惠松崖先生。」可知孫氏此云「年三十」者，不確。

氏生於康熙六十九年，1721）。然論其研究《尚書》之發端，當可推及少時。江氏自云：

> 少讀《尚書》，怪古文與今文不類，又怪孔《傳》庸劣且甚支離。謂安國所為，不應若此。年三十五，師事同郡惠松崖先生。見先生所著《古文尚書攷》，始知古文及孔《傳》皆晉時妄人偽作，於是搜集漢儒之說，以注二十九篇。（卷1，頁1a，總頁2976）

知江聲著此書之遠因，乃少時疑古文與今文不類，又疑孔《傳》之庸劣、支離，謂非孔安國所為。其近因則受其師惠棟《古文尚書攷》之啟發，於是屏棄偽古文篇章及孔《傳》而自注之。

又〈募刊尚書小引〉所云更詳：

> 聖朝有文，賢才應運，則有太邍閻氏、先師惠君，各閉戶而著書，（自注：閻若璩著《尚書古文疏證》，惠先生纂《古文尚書攷》），如造車之合徹，皆能據逸篇之目，顯偽纂之乖章；采往籍之文，抉剽竊之穴堀。至若白魚入舟之瑞，赤烏銜穀之祥，閻氏尚猶過疑，先師獨標真見。[44]

江氏指出閻若璩、惠棟對《偽孔》之辨偽工作，並自述其《尚書》之學實淵源惠棟，且受閻氏著作影響。其影響首見於辨偽方面，江氏認為閻、惠皆能據逸篇之目以辨《偽孔》；[45]其次，閻、惠皆能找出《偽孔》襲經籍舊文以

---

[44] 清．江聲：〈募刊尚書小引〉，《尚書集注音疏》（上海：上海古籍出版社，2002 年，《續修四庫全書》冊 44，影印湖北省圖書館藏清乾隆五十八年近市居刻本），頁 2b。案：此文見《續修四庫全書》本卷首，《皇清經解》本未收。

[45] 如閻氏《尚書古文疏證》卷一「言兩《漢書》載古文篇數與今異」條、「言鄭康成注古文篇名與今異」，可參戴君仁：《閻毛古文尚書公案》（臺北：中華叢書委員會出版，1963 年）〈第四章《尚書古文疏證》之內容〉；惠棟《古文尚書攷》卷上「鄭氏述古文逸《書》二十四篇」、「證孔氏逸

造《古文尚書》之證據。[46]而此二項實為閻、惠判別《古文尚書》作偽最主要之依據，所以能「顯偽纂之乖韋」、「抉剽竊 之穴堀」；此正如段玉裁云：「偽古文自有宋朱子刱議於前，迄我朝閻氏百詩（自注：有《尚書古文疏證)、惠氏定宇（自注：有《古文尚書考》）辭而闢之，其說大備。舉鄭君逸篇之目，正二十五篇之非真，析三十一篇為三十三篇之非是。鑄鼎象物，物無遁情，海內學者，家喻戶曉。」[47]因有閻、惠導於前，故江氏才能踵武二家，分判真偽，對《古文尚書》進行詮釋。今檢《集注音疏》，江氏多有批判《偽孔》之說，如謂其「亂經」、「亂經欺世」、「謬說滑經」、「滑亂經誼」、「誕妄」、「《尚書》之辠人也」等說，然此說實承繼其師惠棟而來，觀惠棟《讀說文記》「粤」字下云：「賈侍中逵，朩重之師也。所引《尚書》乃孔氏真古文，偽孔氏亂經，與王弼皆孔門辠人。」[48]足見江氏不信《偽孔》，指陳《偽孔》亂經實受惠棟之影響。

另外，江氏更進一步指出閻氏不信西漢〈泰誓〉，而其師惠棟則獨有真見，認為西漢〈泰誓〉之真，與《偽孔》不同。江氏此說，殆指閻氏《尚書古文疏證》第七條「言晚出〈泰誓〉獨遺《墨子》所引三語為破綻」條；而所謂「先師獨標真見」者，指惠棟於《古文尚書攷》則對閻氏所論之批評：

> 西漢之〈大誓〉，博士習之，孔壁所出，與之符同，是孔子所定之舊文也。自東晉別有偽〈大誓〉三篇，唐宋以來，諸人反以西漢

《書》九條」等，可參趙銘豐：《惠棟古文尚書考研究》〈第三章《古文尚書攷．卷上》的考辨方法〉（臺北縣：花木蘭文化出版社，2008 年）。

[46] 如閻氏《尚書古文疏證》第三十一條「言人心惟危道心惟微純出《荀子》所引《道經》」、第六十四條「言〈胤征〉有玉石俱焚語為出魏晉間」等；惠棟《古文尚書攷》卷下則隨文錄出《古文尚書》文句之源。案：惠棟考《古文尚書》文句之源者，可參趙銘豐：《惠棟古文尚書考研究》〈附錄一．辨偽條目的「典源」暨「按語」〉，頁 157-179。

[47] 清．段玉裁：《古文尚書撰異．序》（上海：上海古籍出版社，2002 年，《續修四庫全書》冊 46，影印華東師大圖書館藏乾隆道光間段氏刻經韻樓叢書本），頁 1b。

[48] 清．惠棟撰，清．江聲參補：《惠氏讀說文記》（上海：上海古籍出版社，2002 年，《續修四庫全書》冊 203，影印上海辭書出版社圖書館藏清嘉慶刻借月山房匯鈔本），卷 7，頁 4b，總頁 506。

> 之〈大誓〉為偽。閻氏既知東晉之〈大誓〉是偽作，何并疑西漢之〈大誓〉亦偽邪？此其謬也。[49]

案西漢〈泰誓〉為偽之說，首發自馬融，[50]爾後學者對此多有所論。由惠氏此說，可知他不認同西漢〈泰誓〉為偽的觀點；而江氏繼承其師對〈泰誓〉之態度，於《集注音疏．泰誓中》「附下而罔上者死」條下，自疏云：

> 〈泰誓〉，今古文皆有之，漢儒皆誦習之，馬、鄭皆為之注。自東晉偽古文出，則有〈泰誓〉三篇，世無巨眼人，遂翕然信奉，以為孔壁古文；因目此為今文，且反疑其偽，以故寖微而至於亡。（卷5，頁36a）

可見江氏亦認為西漢所傳〈泰誓〉為真，而對馬融之說多有所辨。江藩即謂江氏之說「閻、惠二君所未及也」，[51]知江氏在〈泰誓〉的研究上，亦導源於惠棟，然多有開展。（江氏對〈泰誓〉研究之相關問題，詳見第肆章）

3. 對惠棟說解《尚書》意見之繼承

江氏除了對《偽孔》之辨偽以及注解方式受惠棟影響並加以繼承外，《集注音疏》之中，多可見江氏引惠棟之說，就筆者統計，約三十三處，[52]若以內容加以分類，大致可分作「經字考訂」、「文字校勘」、「經注輯佚」、「字義訓詁」、「制度考證」等，則江氏繼承惠棟之學明矣。

---

[49] 清．惠棟：《古文尚書攷》（上海：上海古籍出版社，2002 年，《續修四庫全書》冊 44，影印北京國家圖書館藏清乾隆五十七年宋廷弼刻本），卷上，頁 24a，總頁 69。

[50] 馬融說見唐．孔穎達：《尚書注疏》（臺北：藝文印書館，2001 年），卷 11，頁 2b，總頁 151。

[51] 清．江藩著，漆永祥箋釋：《漢學師承記箋釋》，卷 2，頁 243。

[52] 案：王應憲統計為 20 餘處，見氏著：《清代吳派學術研究》（上海：華東師範大學出版社，2009 年），頁 133，注 5。

(1)「經字考訂」類

江氏在「文字考訂」一類，多參惠棟《九經古義》之說，其目的乃欲借其師之研究成果，企圖恢復《古文尚書》之用字。如《集注音疏・堯典》「在旋機玉衡」下，江氏云：

> 旋機，《偽孔》本作璿璣。惠先生曰：「〈周公禮殿記〉云『旋機離常』；〈孟郁修堯廟碑〉云『據旋機之政』，則此當作旋機。」聲案：依伏生《大傳》亦當作旋機。（卷1，頁5a，總頁2984）

檢江氏引「惠先生曰」者，為惠棟《九經古義・尚書古義》說，又頗有省改。[53]惠棟依《易略例》及〈周公禮殿記〉、〈孟郁脩堯廟碑〉所載，定作「旋機」，《集注音疏》則依之而改《偽孔》本「璿璣」字，此既透露出江氏不信《偽孔》之思維，且透顯出其於考訂經字，若有古本可依，則勇於改字之態度。

又如《集注音疏・堯典》「辯于群神」，江氏自注「辯，古徧字。一說：辯讀為班。」而江氏自疏云：

> 《義（儀）禮》及《禮記》「徧」字輒作「辯」。鄭注〈鄉歓酒禮〉及〈燕禮〉並云「今文辯皆作徧」，是「辯」爲古字，「徧」乃今字，故云「辯，古徧字」。云「一說辯讀爲班」者，《史記》「辯于羣神」，徐廣《音義》云「辯音班」。惠先生云：「後漢〈建

[53] 清・惠棟：《九經古義》：「案京房《易略例》及〈周公禮殿記〉、〈孟郁脩堯廟碑〉，皆作『旋機』（自注：〈孟郁碑〉作㫌與旋同）伏生《書傳》曰『旋機者何也？《傳》曰：旋者，還也；機者，幾也、緻也；其變幾微，而所動者大，謂之旋機。是故旋機謂之北極。』其說與京房及漢碑字合。」見氏著：《九經古義》（清光緒中吳縣朱氏槐廬家塾刻本），卷 3，頁 5b。本文引《九經古義》皆從此本。案：「緻也」，陳壽祺《尚書大傳輯校》本作「微也」。見清・陳壽祺：《尚書大傳輯校》（臺北：漢京文化事業有限公司，1980 年，《皇清經解續編》本），卷 1，頁 4a，總頁1146。

> 武刻石文〉及《黃圖・元始儀》皆云『班于羣神』，又〈樊毅修西嶽廟記〉云『辨于羣神』，辨亦音班也。」聲案：鄭注《義禮・士虞記》云「古文班或爲辨」，「辨」、「辯」同字。然則古或以辯爲徧，或以辯爲班，于此經則二誼皆通。末學闚測聖經，恐不得實，姑備存二誼，必有一是矣。（卷1，頁5b，總頁2985）

今《尚書・堯典》「徧于群神」，江氏據《儀禮》、《禮記》，而云「今文辯皆作徧」，認為「辯」爲古字，「徧」乃今字，而《集注音疏》從「辯」，足見其考定經字從古之思維。而江氏又云「一說辯讀爲班」者，除了引徐廣《音義》為說外，又引惠棟之說。檢惠氏云「後漢〈建武刻石文〉及《黃圖・元始儀》皆云『班于羣神』」者，不見於《九經古義》及惠氏其他著作；然「〈樊毅修西嶽廟記〉」云云者，則見於《九經古義》。[54]其前一條，無論是否為惠氏遺文，又或江氏所見版本與今異，或江氏親聞惠氏口述，不得而知，然江氏為惠氏弟子，必有所本。就此可知江氏於經字考訂上，所受惠棟之影響。

江氏引惠棟說而改定經字，除不信《偽孔》本外，更多的是明顯透露出其「從古」之思維。如《集注音疏・堯典》「揖五瑞」下，江氏云：

> 揖，旋入反。《正義》本作「輯」。惠先生曰：「《史記》作『揖五瑞』，魏修〈孔子廟碑〉亦云『揖五瑞』，蓋古字皆以『揖』為『輯』。」聲案：《漢書・郊祀志》亦引作「揖五瑞」，師古曰「揖與輯同」，茲从古作「揖」。（卷1，頁5b，總頁2985）

江氏不從今本作「輯」而從古作「揖」者，其引「惠先生曰」者，為惠棟

54 《九經古義・尚書古義》：「《史記》徧作辯，漢〈樊毅脩西嶽廟記〉云『辯于羣神』；《儀禮・鄉飲酒禮》云『眾賓辯』，鄭康成云『今文辯皆作徧』，是辯為古文，徧為今文也。」見《九經古義》，卷3，5b-6a。

《九經古義》之說，[55]然稍有省略。惠棟舉《史記》、〈魏修孔子廟碑〉皆作「揖」，而江氏繼之，改「輯」作「揖」，可見其考訂經字從古之思維。又惠氏云「古字皆以『揖』為『輯』」者，據段玉裁所考，《唐石經》以下作「輯」，當是衛包改也，今檢敦煌本作「楫」者，[56]應是从手之譌，亦可證成段氏所謂衛包改字之說。[57]

又《集注音疏・書序》「仲丁栖于囂作〈仲丁〉」條，江氏自注「囂，地名也，讀若《詩》云『搏狩于敖』之敖。」其下自疏云：

> 惠先生曰：「『狩』本古『獸』字。何休《公羊・桓四年・注》云『狩猶獸也』，《淮南・覽冥訓》曰『狡蟲死』，高誘《注》云『蟲，狩也』。蓋《毛詩》作『狩』，故鄭氏《箋》云『田獵搏獸也』，若《詩》作『搏獸』，則鄭君之《箋》不已贅乎？」聲案：〈張遷碑〉云：「張釋之建忠弼之謩，帝游上林，問禽狩所有。」據《史記・張釋之列傳》帝實問禽獸，《漢書》亦然，是碑亦以「狩」爲「獸」也。然則今《詩》作「搏獸」者，俗儒所改，古本本實作「搏狩」，吾从古可也。（卷11，頁83a，總頁3136）

江氏引惠棟之說，乃出於《九經古義・毛詩古義》，然稍有省文。[58]惠棟據何休《公羊注》、《淮南子》高誘《注》，認為今〈小雅・車攻〉「搏獸于敖」

---

[55]《九經古義・尚書古義》：「《史記》作『揖』，〈魏脩孔子廟碑〉亦云『揖五瑞』，〈秦本紀〉曰『摶心揖志』，義作『輯』，漢碑皆以揖為輯，馬融曰『揖，斂也』，與孔訓同而字異。」見《九經古義》，卷3，6a。

[56]顧頡剛、顧廷龍輯：《尚書文字合編》（上海：上海古籍出版社，1996年），冊1，頁73。

[57]段玉裁對衛包改字之相關討論，可參拙作：《段玉裁之尚書學》（臺北：世新大學中國文學系碩士論文，2010年，洪國樑教授指導）。

[58]《九經古義・毛詩古義》：「《水經注》引云『薄狩于敖』，〈東京賦〉同，徐堅《初學記》引作『搏狩』。棟案：『狩』本古『獸』字，故鄭《箋》云『田獵搏獸也』。何休《公羊注》云『狩猶獸也』；《淮南・覽冥》云『狡蟲死』，高誘曰『蟲，狩也』；〈漢石門頌〉云『惡虫䔞狩』，婁壽曰『義作斃』。獸若經文作搏獸，鄭氏之《箋》不已贅乎！」

之「獸」，本應作「狩」，故鄭《箋》云「田獵搏獸也」。段玉裁《詩經小學》即采惠氏之說云：「見惠定宇《九經古義》引徐堅《初學記》作『搏狩』，為玉裁所遺；又引何邵公《公羊注》、《淮南》高誘《注》、〈漢石門頌〉證『狩』即『獸』字，而云『若經文作搏獸，鄭氏之《箋》不已贅乎！』玉裁始曉然於經文本作『薄狩』。」[59]近人潘重規則云：「經文作獸，則非誤字，……蓋狩獸古本同字，經文作獸或作狩，均無不可。《箋》以『田獵搏獸』釋獸者，謂此薄獸之獸乃動詞。」[60]巴黎藏伯 2506 號《毛詩詁訓傳小雅殘卷》即作「薄獸」，[61]知江氏《集注音疏》以惠棟之說，謂古本本實作「搏狩」者，猶待商酌。又從江氏云「吾从古可也」，知其考訂經字之原則為從古，這也是《集注音疏》經字多與今本《尚書》不同最主要之因。

從上述所引四例，可知江氏在考訂《尚書》經字上，多參其師惠棟之《九經古義》之說，然亦有疑似引師說，卻未見於今《九經古義》或惠棟其他著作中者，如《集注音疏・堯典》「艾不假𢘓（姦）」下，江氏云：

> 「艾」，《偽孔》本作「乂」。惠松崖先生曰：「楊孟文〈石門頌〉曰『烝烝艾』，是本諸《尚書》，則古《尚書》作『艾』也。」（卷1，頁4b，總頁2983）

此條江氏所引「惠松崖先生曰」云云，一如上引〈堯典〉「辯于群神」條引「惠先生云」，極似惠棟《九經古義》語，然未見於今本，檢惠棟其他著作亦未見。而本條所載，亦同上文所舉之例，以漢代碑文為證，謂古《尚書》作「艾」不作「乂」。案：惠氏此說亦可商。「艾」、「乂」雖音近可通，然古

---

[59] 清・段玉裁：《詩經小學》（臺北：大化書局，1977 年，《段玉裁遺書》影印道光乙酉年春鐫抱經堂藏板），卷 17，頁 9a，總頁 505。

[60] 潘重規：《敦煌詩經卷子研究論文集》（香港：新亞研究所出版，1970 年），頁 159。

[61] 潘重規：《敦煌詩經卷子研究論文集・巴黎藏伯 2506 號毛詩殘卷》，頁 182。

《尚書》未必作「艾不格姦」，檢敦煌本伯 3015、內野本、足利本等古寫本，皆作「乂」非「艾」，可見惠氏此說實缺乏相關證據，而江氏用其師之說，亦見其考訂經字過度從古之弊，此亦吳派治經為人所病者。

(2)「文字校勘」類

江氏於「校勘文字」一類，亦同上「考訂文字」類，透露出從古之思維，並吸收惠棟之說。如《集注音疏・皋陶謨》「亦言其有德」條下，江氏云：

> 俗本作「亦言其人有德」，《史記》无「人」字。惠先生曰：「《唐石經》初刻有人字，後刪去。」聲案：《唐石經・尚書》即《偽孔》本也，有而後刪，明有者誤矣。是知古本无「人」字，《偽孔》本亦然。（卷2，頁10b，總頁2995）

此條江氏所引「惠先生曰」，亦不見於今《九經古義》或惠棟其他著作中。惠棟謂《唐石經》「其有」上本有「人」字，而後磨滅重刻則無；又《史記・夏本紀》所引亦無「人」字，故江氏認為有「人」字者誤矣，無論是古本或《偽孔》本《尚書》當皆無「人」字，後段玉裁《撰異》、[62]錢大昕（1728－1804）《唐石經考異》說同。[63]案：惠棟、江氏之說誠是。《史記・夏本紀》作「亦行有九德，亦言其有德」，正錄〈皋陶謨〉文，知漢代《尚書》無「人」字。惟江氏謂「古本无『人』字，《偽孔》本亦然」者，則未

[62] 段玉裁《撰異》：「亦言其有德」條云：「今各本『有德』之上有『人』字，非也。攷《唐石經》每行十字，獨此『行其有德乃言曰載采采』九字。諦視則『有德』二字初刻本是三字，『人』字居首，波撇尚可辨。然則『亦言其人有德』唐時有此本，唐玄度覆定石經乃刪『人』字重刻，今注疏本則沿襲別本也。唐石摩去重刻者多同於今本，此獨異於今本。〈夏本紀〉云『亦言其有德』，則《今文尚書》亦無『人』字也。」見《古文尚書撰異》，卷 2，頁 4a，總頁 68。案：阮元《尚書校勘記》完全同段氏之說，知阮氏用段說也。

[63] 錢大昕云：「岳本、今本『其』下有『人』字，石刻先有『人』字後磨改。」見氏著：《唐石經考異・尚書一》（上海：上海古籍出版社，2002 年，《續修四庫全書》冊 184，影印清袁廷檮抄本），頁 6b，總頁 156。

必。蓋《唐石經》初刻本有「人」字，可見唐時有此本，不得謂《偽孔》本同漢時古本亦無「人」字也。

又如《集注音疏・禹貢》「雲夢土」條下，江氏云：

> 俗本「夢」在「土」下，據《史記》、《漢書》皆「土」在「夢」下。惠先生曰：「鼂公武據《蜀石經》云『夢土作』。」又聲謂據偽孔《傳》，似《偽孔》本亦「土」在「夢」下。（卷3，頁20a，總頁3014）

此條江氏所引「惠先生曰」，亦不見於今《九經古義》或惠棟其他著作中。江氏據《史記》、《漢書》，并引惠棟據晁公武說，認為古本皆「土」在「夢」下，又推測《偽孔》本亦同。案：此條實涉及版本問題。王叔岷先生（1914–2008）云：「《考證》：『張文虎曰：「雲土夢，柯、凌本與《索隱》本合。」錢大昕《三史拾遺》引淳熙耿秉本同。館本作雲夢土。辨見《撰異》。（自注：館本即殿本）』案：黃善夫本亦作『雲夢土』。景祐本作『雲夢土』，『夢土』二字之間右旁加一符號，以示當乙作『雲土夢』耳。」[64]按此，唐代司馬貞《索隱》與宋代景祐本、耿秉本、明代柯維熊、淩稚隆本皆作「雲土夢」；宋黃善夫本、清代館本（殿本）則作「雲夢土」，而段玉裁則認為是今古文之分。[65]以王先生所考，知江氏所見《史記》版本猶不足，未可作為校勘之確證；就實際地理而論，作「雲土夢」則較合事實，所謂「雲土夢」者，雲澤、夢澤中有諸多沙洲，澤洲連屬，故合稱「雲土夢」。[66]而江氏謂「據偽孔《傳》，似《偽孔》本亦『土』在『夢』下」者，檢偽孔

---

[64] 王叔岷：《史記斠證》（北京：中華書局，2007年），頁65。

[65] 段玉裁《撰異》：「作『雲夢土』者，《古文尚書》也；作『雲土夢』者，《今文尚書》也。」見《古文尚書撰異》，卷3，頁35b，總頁106。案：若以王叔岷先生所考之《史記》板本，則或作「雲土夢」，或作「雲夢土」，是知不必若段氏之說，視之為今古文也。

[66] 詳見屈萬里：《尚書集釋》（臺北：聯經出版事業公司，2003年），頁59。

《傳》云：「雲夢之澤在江南，其中有平土丘，水去可為耕作畎畝之治。」[67]知江氏以偽孔《傳》之行文語序為據。然偽孔《傳》解經，實不必隨經文語序詮釋，其云「其中有平土丘」者，亦可視為跨雲、夢二澤，作「雲土夢」之證。要之，此條可見江氏承繼惠棟校勘經字之說，並加以闡揚。

(3)「經注輯佚」類

江氏於「經注輯佚」繼承惠棟者，首先當為對馬、鄭《尚書注》之輯佚。惠棟曾自云：「《尚書》後出，古今通人皆知其偽，獨無以鄭氏二十四篇為真古文者，余撰《尚書攷》，力排梅賾而扶鄭氏。」[68]知「扶鄭氏」為惠棟辨偽古文後之要務。然惠棟並未對《尚書》重新詮釋，江氏則繼惠棟之思維，故《集注音疏》所蒐集之注，即以鄭《注》為主。（有關江氏蒐集鄭《注》之問題，詳後文）其次，江氏以惠棟所錄古《注》之說以注《今文尚書》二十八篇。如《集注音疏・堯典》「剛而无虐」，江氏注：

> 馬融曰：「剛毅而不害虐也。」（卷1，頁8b，總頁2991）

又同篇「簡而无㬥」，江氏注：

> 馬融曰：「簡約而无㬥嫚也。」（卷1，頁8b，總頁2991）

案以上兩條江氏所輯之「馬融曰」者，江氏於「簡而无㬥」條疏中云：

> 以上二條馬《注》，惠先生手錄于《尚書疏》，聲尟見寡聞，未詳先生何自采取。（卷1，頁8b，總頁2991）

---

[67] 唐・孔穎達：《尚書注疏》，卷6，頁15a，總頁84。

[68] 清・惠棟：《松厓文鈔・沈君果堂墓志銘》，收入漆永祥點校：《東吳三惠詩文集》（臺北：中央研究院中國文哲研究所，2006年），頁345。

今惠棟著作未見其引此二條馬《注》，又檢各家輯本、注本，均未有錄此二條馬《注》。另檢他書，此二條馬《注》實為《漢書‧禮樂志》顏師古《注》，[69]知惠棟之說實非。而江氏不察，雖於疏中交代惠棟言及未詳何處，然亦取以作注，見其對師說之尊崇如此。

其次，江氏承繼惠棟「輯佚」一類之說並受其影響者，又見於對《古文尚書》之研究。如《集注音疏‧五子之歌》經文下，江氏自疏云：

> 《墨子‧非樂篇》引此文偁「于〈武觀〉曰」云云，惠先生曰：「此逸《書》，敘武觀之事，即〈書敘〉之五子也。《周書‧嘗麥》曰『其在夏之五子，忘伯禹之命，假國无正，用胥興作亂，遂凶厥國，皇天哀禹，賜以彭壽，思正夏略。』五子者，武觀也；彭壽者，彭伯也。《汲郡古文》曰『帝啟：十一年，放王季子武觀于西河』、『十五年，武觀以西河叛，彭百壽帥師征西河，武觀來歸』。《注》云：『武觀即五觀也。』〈楚語〉『士娓曰：启有五觀』，《春秋傳》曰『夏有觀扈』。〈五子之歌〉，《墨子》引其遺文，《周書》錄其逸事，與《內、外傳》所偁无殊。且孔氏逸《書》本有是篇，漢儒習聞其事，故韋昭注《國語》，王符纂《潛夫論》皆依以為說，安有淫泆作亂之人，述戒作歌，以垂後世者乎？梅氏之誣，不待辯而明矣。」案《汲郡古文》雖偽書，此條則有徵可信，故惠先生采用其文。（卷3，頁25b，總頁3024）

江氏《集注音疏》除了注解今、古文皆有之二十八（九）篇外，棄梅本《古文尚書》，而從經傳子史中另蒐集真《古文尚書》之經文，並加以注解，企圖恢復《古文尚書》之全貌。本條江氏吸收了惠棟之說，引用《古文尚書

[69] 漢‧班固撰，唐‧顏師古注：《漢書》（北京：中華書局，1997 年），卷 22，頁 1040-1041。

攷》卷上「證孔氏逸《書》九條」以證梅本〈五子之歌〉之非。[70]按惠棟之說，梅本〈五子之歌〉與《墨子·非樂》之「〈武觀〉」、《周書·嘗麥》之「夏之五子」云云、《汲郡古文》之「武觀（五觀）」、[71]《國語·楚語》之「五觀」、《春秋傳》之「夏有觀扈」等皆不同，故韋昭注《國語》，王符纂《潛夫論》皆依以為說，晚清孫詒讓（1848－1908）《墨子閒詁》亦採納惠棟意見，[72]知惠棟所考確實有徵。也因惠棟此辨，故江氏屏棄《偽孔》本，而采《墨子·非樂》所錄「武觀」云云之文，按此，則可見惠棟對江氏輯佚《古文尚書》之影響。

復觀《集注音疏·五子之歌》「启乃淫溢康樂」，江氏自注云：

> 「启乃」當為「启子」，字之誤也。（卷3，頁25b，總頁3024）

江氏自疏云：

> 注云「『启乃』當為『启子』，字之誤也」者，亦惠先生說也。启是賢王，何至淫溢？據〈楚語〉「士娓比五觀於絑、均、管、蔡」，則五觀是淫亂之人，故知此文當為启子，「乃」字誤也。（卷3，頁25b，總頁3024）

江氏謂《墨子·非樂》「启乃淫溢康樂」應為「启子淫溢康樂」之誤，而此說亦引自惠棟《古文尚書攷》。[73]按惠棟雖認為「启乃當作启子」，但未有進

---

[70] 清·惠棟：《古文尚書攷》，卷上，頁 8b，總頁 61。

[71] 案：此《汲郡古文》乃《今本竹書紀年》文。王國維認為「此以五觀為武觀，乃雜采二書（昇案：《國語》、《墨子》）為之。」見王國維：《今本竹書紀年疏證》（上海：上海古籍書店，1983年，影印商務印書館《王國維遺書》本），冊 12，頁 8b。

[72] 清·孫詒讓撰，孫啟治點校：《墨子閒詁》（北京：中華書局，2007 年），卷 8，頁 261-262。

[73] 清·惠棟：《古文尚書攷》：「启乃當作启子。」卷上，頁 8b，總頁 61。

一步說明；而江氏則繼承惠棟之說，闡揚其意，認為啟乃一代賢王，何至淫佚？江氏此說，孫詒讓則非之。[74]姑且不論作「乃」、「子」之是非，本條可見江氏對《古文尚書》之研究，乃接踵其師惠棟，且更進一步深化其師之說。然江氏對師說，並非盲從接受，如同《集注音疏・五子之歌》「湛濁于酒」，江氏自注云：

> 湛濁，沈湎也。言飲酒无度。（卷3，頁25b，總頁3024）

江氏自疏云：

> 湛者，沈休；濁者，昏亂，故云「湛濁，沈湎也」。（卷3，頁25b，總頁3024）

觀惠棟於「湛濁于酒」下自注：「湛與耽同。耽，淫；濁，亂也。」[75]對此，江氏不可能不見，然卻不用而另云：「湛濁，沈湎也」，孫詒讓《墨子閒詁》即用江氏之說，云「湛、沈通，江說得之。」[76]案：〈大盂鼎〉「」隸定作「」，王國維即認為是「醓」之異體，經籍作「湛」，[77]與「沈」同屬侵部，故可通。可見江氏不泥於師說，而能另有發明，此即江氏對清代《古文尚書》研究之有具體貢獻的原因。

---

[74] 惠棟、江氏此辨，孫詒讓不從，孫氏云：「案：此即指啟晚年失德之事，『乃』非『子』之誤也。《竹書紀年》及《山海經》皆盛言啟作樂，《楚辭・離騷》亦云『啟九辯與九歌，夏康娛以自縱，不顧難以圖後兮，五子用失乎家巷』，並古書言啟淫溢康樂之事。『淫溢康樂』即〈離騷〉所謂『康娛自縱』也。王逸《楚辭注》云『夏康，啟子太康也』，亦失之。」見《墨子閒詁》，卷8，頁262。

[75] 清・惠棟：《古文尚書攷》，《續修四庫全書》本，卷上，頁8b，總頁61。

[76] 清・孫詒讓撰，孫啟治點校：《墨子閒詁》，卷8，頁263。

[77] 說見劉翔等編：《商周古文字讀本》（北京：語文出版社，1996年），頁80。

⑷「字義訓詁」類

江氏《集注音疏》既采自注自疏形式，自然對古注字義之訓詁詮釋有其心得。而其對古注字義之訓詁，亦有受惠棟之影響者，如《集注音疏・禹貢》「厥土赤戠墳」，其自注云：

> 鄭康成曰：「戠讀為熾。熾，赤也。」聲謂「戠，黏也。讀如脂膏敗殖之殖，殖亦黏也。」（卷3，頁18b，總頁3011）

江氏自疏云：

> 鄭《注》見《釋文》及《文選・蜀都賦・注》。云「熾，赤也」者，熾是火盛皃，火色赤，故熾爲赤也。鄭欲解「戠」爲「赤」，而「戠」無「赤」誼，故讀爲「熾」，以「熾」字从「戠」聲故也。聲不从之者，以「赤戠」連文，若「戠」亦爲「赤」，於誼重繁。且「赤」已言色，「戠」當言其性，故訓爲「黏也」。《周禮・攷工記》「用土爲瓦，謂之摶埴之工」。彼鄭《注》云「埴，黏土也」。此經「戠」或爲「埴」，則「戠」、「埴」字同，是「戠」得爲「黏也」。《易・豫・九四》云「朋盍戠」，虞《注》云「戠，叢合也」。松厓先生云「以土合水爲培，謂之摶埴。〈豫〉[78]坤爲土，坎爲水，一陽倡而眾陰應，若水土之相黏著，故云『朋盍戠』。」是以「戠」爲黏也。（卷3，頁18b-19a，總頁3011-3012）

---

[78] 案：今本《周易述》作「坤爲土，坎爲水」，無「豫」字。見清・惠棟撰，鄭萬耕點校：《周易述》（北京：中華書局，2010），卷 3，頁 51。又案：江氏云〈豫〉卦「坤爲土，坎爲水，一陽倡而眾陰應」，今檢〈師〉卦卦象為地水師，均「一陽倡而眾陰應」。〈師〉卦意為用兵當運籌帷幄，與〈豫〉卦論述豫備、豫防、豫謀概念相應，故此云「以土合水」，又云「坤為土，坎為水」，或為〈師〉。然「朋盍簪」又為〈豫・九四〉語，江氏殆據「朋盍簪」而增「豫」字。謹識所疑於此。

江氏於「䢃土赤戠墳」下云：「戠，《偽孔》本作『埴』，《釋文》云『鄭作戠』，兹从鄭本。」知於經字考訂上，江氏從鄭本，此自然與其治經「尊鄭」及「從古」思維有關。雖然其考訂經字「尊鄭」、「從古」，於經義詮釋上，江氏若認為鄭說未善，則斷然改用他說，而非固於鄭說。此條江氏不從鄭說，乃因鄭《注》讀「戠」為「熾」，訓「赤也」，則「赤戠」義同，故江氏認為「於誼（義）重緐」，二字不應同義，故另尋他說。江氏引《周禮·攷工記》「搏埴」，鄭《注》云「埴，黏土也」，知「埴」有「黏」義；又謂〈禹貢〉之「戠」或作「埴」者，當指《史記·夏本紀》與《偽孔》本〈禹貢〉引作「埴」，知「戠」與「埴」同，故「戠」亦可訓作「黏也」。此外，江氏又以《易·豫·九四》「朋盇戠」為證，謂「戠」可訓為「黏」。其引「松厓先生云」者，乃惠棟《周易述》之說。惠棟認為《易·豫·九四》「朋盇簪」，應作「朋盇戠」，其對「戠」訓「黏」有較為詳細之論述，云：

> 《九家·說卦》曰「坎為蕠棘」，故為蕠；「坤為合」，故曰戠。蕠，合也；戠猶埴也。鄭氏〈禹貢〉曰「厥土赤戠墳」，今本作「埴」。〈考工記〉「用土為瓦，謂之搏埴之工」。〈弓人〉云「凡昵之類，不能方」。先鄭云「故書昵作樴」。杜子春云：「樴，讀為不義不昵之昵，或為䵒。䵒，黏也。」鄭氏謂「樴，脂膏敗膱之膱，膱亦黏也」。《說文》引《春秋傳》曰「不義不䵒，䵒猶昵也」。故先鄭讀膱為昵。若然，樴讀為戠，膱讀為埴，《易》作「戠」，《書》作「埴」，〈考工〉作「樴」，訓為「膱」，字異而音義皆同。……以土合水為培，謂之搏埴。坤為土，坎為水，一陽倡而衆陰應，若水土之相黏著，故云「朋盇戠」。[79]

姑且不論「朋盇簪」，是否作「朋盇戠」，然惠棟論「戠」字義，首先認為

---

[79] 清·惠棟撰，鄭萬耕點校：《周易述》，卷3，頁51。

《九家・說卦》之「戠」猶「埴」，如同〈禹貢〉之「戠」，今本作「埴」。其次，〈弓人〉之「昵」，故書作「樴」，義為「黏也」，而鄭玄又謂「樴」義同「脂膏敗殖之殖」，「樴」、「殖」義咸為「黏也」。由此可見，「戠」、「埴」、「昵」、「樴」義同為「黏也」，只是諸書用字不同，如《易》作「戠」，《書》作「埴」，〈弓人〉作「樴」（「昵」），此乃「字異而音義皆同」。由惠棟所考，可確定「戠」確有「黏」義，而江氏引之以注〈禹貢〉，可見其受惠棟說法之影響。

又惠棟之訓詁經義，頗有發揮言外之意處，江氏亦加以吸收，如《集注音疏・梓材》「若作梓材，既勤樸斲，惟其斁丹雘」，其自注云：

> 言治梓材以爲器，既斫治其素質，當加以采色，以諭國既治理，更須修明制度、典章，使粲然可觀也。梓字或作杍，聲聞之師曰：杍者，子道也。樸斲、丹雘喻父子繼業，故篇名〔取〕[80]誼焉。（卷6，頁51b，總頁3076）

江氏自疏云：

> 云「聲聞之師曰」者，聞之惠先生也。云「杍者，子道也」者，《大傳・杍材傳》文也。樸斲、丹雘事有相須，猶父之業待子而成，故云諭父子繼業。云「故篇名取誼焉」者，杍材是叚諭之言，而以名篇，是必有取乎父子相繼之意也。（卷6，頁51b，總頁3076）

所謂梓材者，治梓為器也，而江氏認為，梓木成器後還須塗上顏料，使之有

[80] 昇案：《皇清經解》本漏「取」字，由下疏文「故篇名取誼焉」可知；檢《續修四庫全書》本即有「取」字，當補。

文采，猶治理國家，還須典章制度。事實上，江氏已將本篇之名「梓材」之義述明，然後又引惠棟之說，云「杍（梓）者，子道也。樸斲、丹雘喻父子繼業，故篇名取誼焉。」案：「杍者，子道也」為《尚書大傳》之說，[81]而「父子繼業」云云，檢臺灣國家圖書館藏惠棟鈔集《尚書大傳》，卷二〈杍材〉篇名下自注云「杍，木名。杍者，子道也。經『既勤樸斲，惟其塗丹雘』，以諭父子繼業，故篇名取義焉。」[82]知江氏所引即此。而惠棟依《大傳》之說，以為篇名〈杍（梓）材〉為子道之意，無論是否傅會，但既為《尚書》宗師伏生所傳，實頗有發揮經義之處，亦可見江氏於詮釋《尚書》經義對惠棟說法之繼承。

(5)「制度考證」類

清代乾嘉時期考證學昌明，加上禮學復興，連帶影響對禮制、典章等之考證，然而考證背後，實有呈現思想的企圖，[83]而非單純只為考證而考證。清儒對禮之制度考證，所隱含的消息為：禮制重建，張壽安師即指出：「清儒期望通過禮制的重整，禮制的重建，以恢復國家典制、宗族組織、社會禮俗，並由此敦厚人倫、端正風俗、重建社會秩序。我們翻閱清代乾嘉學者的文集，不難發現考證明堂、辟雍、昏、喪、祭、軍、鄉飲、鄉射諸典禮的文字，比比皆是。」[84]換言之，考證乃是手段，透過嚴密的考證而透顯出經書之道，進而改變社會、國家，此乃清儒特異於前人解經之處，戴震云「賢人

[81] 《尚書大傳》：「商子曰：『南山之陽有木焉，名喬。』二、三子往觀之，見喬實高高然而上，反以告商子。商子曰：『喬者，父道也。南山之陰有木焉，名梓。』二、三子復往觀焉，見梓實晉晉然而俯。反以告商子，商子曰：『梓者，子道也。』」見清．陳壽祺：《尚書大傳輯校》，卷 2，頁 23a，總頁 1172。昇案：惠棟校《尚書大傳》，改「梓」為「杍」，段玉裁《撰異》對此認為惠棟改字非也。見《古文尚書撰異》，卷 18，頁 4a。

[82] 舊題、伏生撰，清．惠棟輯：《尚書大傳》（臺北：臺灣國家圖書館藏惠棟鈔本），卷 2，頁 9b。案：惠棟曾客寓盧見曾（字抱孫，1690-1768），為其刊行《雅雨堂叢書》。《雅雨堂叢書》收書十二種，中有《尚書大傳》一書，余嘉錫《四庫提要辨證》即引嚴元照《蕙櫋雜記》說「盧本乃惠定宇所輯」。說見余嘉錫：《四庫提要辨證》（昆明：雲南人民出版社，2004 年），卷 1，頁 26。

[83] 此點，參張壽安師：《十八世紀禮學考證的思想活力》（北京：北京大學出版社，2005 年），頁 20。

[84] 張壽安師：〈清儒的考證經世與禮制重建〉，收入賀照田主編：《在歷史的纏繞中解讀知識與思想》（長春：吉林人民出版社，2003 年），頁 239。

聖人之理義非它，存乎典章制度者是也」，[85]義即在此。

在眾多古制中，「明堂」之制，眾說紛紜，直至清代乾嘉時期達到高峰。誠如王國維云：「古制中之聚訟不決者，未有如明堂之甚者也。」[86]而眾家所爭論不休的主要內容，在於明堂結構之考證，諸家據不同材料，自有心得，相互駁難。但清儒廣泛討論明堂古制與廟制間的關係及意涵，實為典章制度的問題，花費許多精神考證明堂古制的背後，其實蘊涵的是古制中的王政大道，也就是古代天子禮儀與國家典禮所內含之「禮意」，能否於當代實踐？[87]而欲實踐明堂之「禮意」，首先當考證出明堂正確之制度。《尚書》乃記載了中國歷史上最早的三個時期──夏、商、周三代的史事，而其中所載之制度、地理多已難考，但觀乾嘉時期《書》學實多用力於此。今檢閱江氏《集注音疏》，江氏多引惠棟《明堂大道錄》以解《尚書》之典禮、制度，知江氏欲藉由「明堂」彰顯出《尚書》中典禮、制度之內涵。

惠棟認為，上古明堂為大教之官，而禘祀之禮行於明堂之中，其制備於三代，而詳載於《周禮・冬官》，〈冬官〉亡而明堂之法失，然尚寓於〈說卦〉及漢儒解《易》書中，是所謂「明堂大道」者，即「取諸〈禮運〉，蓋其道本乎《易》而制寓於明堂」，[88]聖人「以立明堂，為治天下之大法」；[89]又惠棟因得明堂之法而知禘之說，於是剌取六經作《禘說》。二書乃鈎稽明堂之法與禘祀之制以證《易》為軍國大政之用，[90]可見惠棟之治《易》學，並非單純輯佚、考證古說，而是欲藉《易》以達通經致用之道，是惠棟或透

---

[85] 清・戴震：〈題惠定宇先生授經圖〉，《戴震全書》（合肥：黃山書社，2010年），冊6，頁498。

[86] 王國維：〈明堂廟寢通考〉，《觀堂集林》（石家庄：河北教育出版社，2001年），卷3，頁73。

[87] 此點，可參胡明輝：〈法天之宮：清儒考証明堂的政治文化史意涵〉，收入劉鳳雲等編：《清代政治與國家認同》（北京：社會科學文獻出版，2012年），頁532～541。

[88] 清・惠棟：《明堂大道錄・明堂總論》（上海：上海古籍出版社，2002年，《續修四庫全書》冊108，影印上海辭書出版社圖書館藏清乾隆畢氏刻經訓堂叢書本），卷1，頁2b，總頁546。

[89] 清・惠棟撰，鄭萬耕點校：《周易述》，卷20，頁372。

[90] 此段有關《明堂大道錄》及《禘說》之敘述，本《漢學師承記箋釋》，卷2，頁172，漆永祥之注語。

過《易》闡釋明堂，或藉由明堂闡釋《易》。而江氏《集注音疏》多有采惠棟明堂之說解《尚書》者，其中所透顯之學術意義，在於：其一、江氏對《尚書》制度之考證多資取惠棟，即此可見惠棟對江氏《書》學之影響。其二、惠棟既以明堂通《易》，欲明軍國大政，則江氏以惠棟「明堂」說通《尚書》，似可說明江氏欲就師說以顯《尚書》制度之道，此不僅有《尚書》學史上之意義，亦具清代學術文化史上之意義。以下即略舉數例，以明江氏之說。

如《集注音疏・堯典》「賓于四門，四門穆穆」條，江氏自注云：

> 馬融曰：「四門，四匚（方）之門。」聲謂：「四門，明堂四門。」（卷1，頁5a，總頁2984）

江氏自疏云：

> 馬《注》見〈五帝本紀〉注。四匚諸矦來朝，各從其匚之門而入，故以四門爲四匚之門。但未詳言四門所在，故聲增成之。云「明堂四門」，《逸周書・明堂解》及《禮記・明堂位》皆云：「九夷之國，東門之外；八蠻之國，南門之外；六戎之國，西門之外；五狄之國，北門之外，此明堂四門也。」又云「九采之國，應門之外」，則應門在四門之內也。而《周書・明堂》又有闕文，引見于《御覽》五百三十二卷者，云「東應門、南庫門、西臯門、北雉門」，應門當在南，蓋引者錯誤東南二字也。然則應、庫、臯、雉在東門、南門、西門、北門之內，亦明堂之四門，明堂蓋有重門矣。諸矦朝于明堂，故「賓于四門」，蓋迎于外四門，而導以入內四門也。此說本諸先師《明堂大道錄》。先師惠先生名棟，字定宇，號松崖，博極羣書，箸述等身，其最鉅者則《周易述》及《明堂大道錄》及《禘說》也。（卷1，頁5a，總頁2984）

案江氏認為馬融「四門」為「四方之門」之說未竟，故以惠棟《明堂大道錄》之說補之。首先江氏以《逸周書・明堂解》及《禮記・明堂位》為據，考訂四門方位分為東南西北，為不同諸侯來朝所入之門。其次，又據《太平御覽》所引，認為除了東南西北四門之外，另有應、庫、皋、雉四門，而此四門在東南西北四門之內，故云「明堂蓋有重門」。江氏此說，乃本《明堂大道錄》卷四〈明堂四門〉之說。惠棟云：

> 明堂有四門，四方諸侯朝覲所入。唐虞建官，四嶽主之，〈堯典〉「詢于四嶽，闢四門」是也。周時分陝，二相主之，〈顧命〉太保率西方諸侯入應門左，畢公率東方諸侯入應門右是也。言東西則當兼南北也。三公在中階，侯在阼階，伯在西階，子男在應門內之東西，九采在應門外之西，九夷、八蠻、六戎、五狄皆在四門之外，〈明堂位〉述之詳矣。六服承德，四夷賓服，則禮樂刑政四達而不悖。[91]

又云：

> 《禮記・明堂位》曰：「大廟，天子明堂。庫門，天子皋門。雉門，天子應門。」案：應、庫、皋、雉，明堂之重門也。《爾疋・釋宮》曰：「正門謂之應門。」李巡注云：「宮中南鄉大門，應門也。」據此知應門當在南，《周書》殘闕故有誤尒。然應、庫、皋、雉實皆明堂之門，故《周書》、《禮記》列之〈明堂篇〉也。[92]

惠棟本之《禮記・明堂位》，公、侯、伯、子、男分別位於應門之內，而九

---

[91] 清・惠棟：《明堂大道錄・明堂四門》，卷 4，頁 4b，總頁 575。

[92] 清・惠棟：《明堂大道錄・明堂四門》，卷 4，頁 6b，總頁 576。

夷、八蠻、六戎、五狄皆在四門之外，知所謂的明堂四門分內外也。而其內門除了應門外，尚有庫、皋、雉之門。其次，江氏引《周書・明堂》「東應門、南庫門、西皋門、北雉門」，謂「應門當在南，葢引者錯誤東南二字」之說，實本之惠棟。

又如《集注音疏・堯典》「禋于六宗」條，江氏自注云：

> 馬融曰：「禋，精意之言也。萬物非天不覆，非地不載，非春不生，非夏不長，非秋不收，非冬不臧，此其謂六也。」歐陽及大小夏矦說六宗者，「上不謂天，下不謂地，傍不謂四匚，在六者之閒，助陰陽變化，實一而名六」。聲聞之師曰：「六宗，明堂六帝也。」（卷1，頁5b，總頁2985）

江氏自疏云：

> 馬《注》見《釋文》及《正義》。……伏生《大傳》云：「萬物非天不生，非地不載，非春不動，非夏不長，非秋不收，非冬不臧，禋于六宗，此之謂也。」馬說六宗之誼本諸伏生，不可易也。故高誘注《呂氏春秋・孟冬紀》引此六宗以解天宗，亦謂天地四時，說與此同。歐陽及大小夏矦說出《五經異誼》，見《正義》。云「在六者之閒，助陰陽變化，實一而名六」者，似與馬說不同，而意實相符合。葢「六者之閒」，謂上下四匚，卽天地四時也；「陰陽變化」，卽天覆地載，春生、夏長、秋收、冬臧也。其所以覆、載、生、長、收、臧，實有主宰乎其閒者。總而言之，一天之爲也；分而言之，其功用實各不同，故曰實一而名六。葢歐陽及大小夏矦三家之學，皆出于伏生，故其六宗之說與《大傳》合。據其說，則六宗是明堂六帝，但未明言《大傳》，故聲述師說以增成其誼。「聞之師」者，聞之惠先生也，說詳先生所箸

《明堂大道錄》。六帝者，蒼帝靈威卬，赤帝赤熛怒，黃帝含樞紐，白帝白招拒，黑帝叶光紀，并北辰燿魄寶也。其祀之皆于明堂，故曰明堂六帝。帝卽天也，亦偁六天，天實一也，故今文家言實一而名六也。其餘諸儒說六宗者，紛紛不一，皆不得實，故皆不取。（卷1，頁5b，總頁2985）

「六宗」之義說者夥矣，據清人蔣湘南（1795－1854）〈六宗述〉所輯，就有數十家，且學者間多互相駁難，莫衷一是。[93]江氏認為，馬融、歐陽及大小夏侯皆本諸伏生《大傳》，《大傳》、馬融之說乍看與歐陽及大小夏侯不同，其實同也，即「天覆地載，春生、夏長、秋收、冬臧」皆上天六帝之所為。然而，江氏認為雖然馬融、歐陽及大小夏侯之說同出《大傳》，但皆未對「六帝」內容加以詮釋，故引惠棟之說補之。案：惠說「六宗，明堂六帝也」者，出於《明堂大道錄》卷四「明堂六天」。惠棟云：「明堂有六天，則天子覲諸侯則有六宗。六宗即六天之神。」[94]又謂「鄭氏以為天皇大帝者，北辰耀魄寶也。……鄭以為青帝靈威卬，赤帝赤熛怒，黃帝含樞紐，白帝白招拒，黑帝汁光紀五天也，由是有六天之說。」[95]惠棟引鄭玄之說分別出於《禮記・月令》「以共皇天上帝，名山大川，四方之神」與《周禮・春官・小宗伯》：「兆五帝於四郊」之注。尤可注意者，鄭玄注〈舜典〉「禋于六

[93] 清・蔣湘南：《七經樓文鈔》（上海：上海古籍出版社，2002 年，《續修四庫全書》冊 1541，影印復旦大學圖書館藏清同治八年馬氏家塾刻本），卷 1，頁 19a-25b，總頁 241-244。案蔣氏所錄，計有：「四時、寒暑、日、月、星、水旱」說；「天地四時」說；「天地四方之間」說；「乾坤六子說」；「天宗三、地宗三」說；「天宗」說；「星、辰、司中、司命、風師、雨師」說；「三昭三穆」說；「地為六數」說；「天宗、地宗、四方宗」說；「遊神」說；「六氣之宗」說；「六天」說；「六代帝王」說；「天宗、地宗、河宗、岱宗、幽宗、雩宗」說；「日、月、星、辰四宗、，司中司命、風師雨師二宗」說；「日月二宗，星辰四宗」說；「五人帝」說；「天地四嶽，六府」說；「六物」說；「方明」說。

[94] 清・惠棟：《明堂大道錄・明堂四門》，卷 4，頁 9b-10a，總頁 578。

[95] 清・惠棟：《明堂大道錄・明堂四門》，卷 4，頁 10a，總頁 578。

宗」，謂六宗為：「星、辰、司中、司命、風師、雨師」，[96]與其注《禮記・月令》與《周禮・春官・小宗伯》不同，而惠棟采《禮記・月令》與《周禮・春官・小宗伯》之《注》，而不取鄭〈舜典〉「禋于六宗」之《注》，可知惠氏自有其判斷，而江氏從其師說，不取鄭《注》，一者可見惠棟對江氏注解及詮釋《尚書》之影響；二者可知惠氏、江氏于「六宗」皆從伏生之說，其餘諸說皆不取也。

又如《集注音疏・堯典》「惟旹諒天功」條，江氏自注云：

> 聲謂「諒，相；功，事也」。敕命二十二人皆在明堂，明堂天灋，故曰天事。（卷1，頁9a，總頁2992）

江氏自疏云：

> 「諒天功」，《史記》作「相天事」，故云「諒，相；功，事也」。云「敕命二十二人皆在明堂」者，此以上皆假于文祖時事，文祖卽明堂。天法者，《大戴禮・盛德篇》文。劉歆《七略》曰「王者師天地，體天而行，是以明堂之制內有太室，象紫微宮，南出明堂，象大微」，故云明堂天灋。〈盛德篇〉云「明堂，天灋也；禮度，德灋也。所以御民之耆欲好惡，以慎天法，以成德法也。」明堂政令必容天法，故以天功爲言。此說本諸惠先生《明堂大道錄》。（卷1，頁9a，總頁2992）

江氏據《史記》「相天事」，故云「諒，相；功，事也」，此乃舜假（昇案：今本作「格」，《集注音疏》改字作「假」）于文祖時，敕命大臣，冀群臣輔

---

[96] 孔《疏》：「鄭玄以六宗言『禋』，與祭天同名，則六者皆是天之神祇，謂『星、辰、司中、司命、風師、雨師。星謂五緯星，辰謂日月所會十二次也。司中、司命文昌第五第四星也。風師，箕也。雨師，畢也』。」

佐政事。然為何稱「天事」？江氏解釋，文祖即明堂。而據劉歆《七略》，知王者師法天地而行，明堂內之太室，象紫微宮，紫微宮即太帝室也；南出明堂，則象大微，大微，即天帝南宮也，[97]是「明堂」乃取象於天而建，故云「天法」；而王者在明堂任命群臣，故云「諒天功」、「相天事」。江氏此說，乃本諸惠棟《明堂大道錄》卷三「明堂天灋」。惠棟引《大戴禮・盛德篇》、《禮記・明堂陰陽錄》、蔡邕《明堂月令論》、劉歆《七略》、《三輔黃圖》、《夏小正》等論「明堂天灋」之道。[98]江氏用以注《尚書》，不僅承繼惠棟之說，更重要的是以「明堂」通諸《尚書》，姑無論其說是否為確詁，要之，其擴大、深化了《尚書》經義上之詮釋。

由以上三例，可知江氏於說解《尚書》經義多承繼惠棟《明堂大道錄》之說，藉由解釋「明堂」以通乎《尚書》經文。除了以上三例，又如《集注音疏・皋陶謨》「庶頑讒說」條、「七始詠」條，皆可見江氏引用《明堂大道錄》詮釋《尚書》之情形，為減省引文繁瑣，玆不錄。然而，江氏除了以惠棟「明堂」之說詮釋《尚書》經文外，江氏更藉著〈顧命〉一篇，解釋「明堂」建築之制。尤可注意者，乃江氏承繼惠棟之說外，又自有其看法，而非全襲師說。

請先述惠棟論「明堂」建築之制，云：

> 明堂為天子大廟，禘祭、宗祀、朝覲、耕籍、養老、尊賢、饗射、獻俘、治〔曆〕、[99]望氣、告朔、行政，皆行于其中，故為大教之宮。其中有五寢五廟、左右个、前堂後室。室以祭天，堂以布政。上有靈臺，東有大學，外有四門，四門之外有辟廱，有四郊及四郊迎气之兆，中為方澤，左有圜丘，主四門者有四嶽，外

[97] 昇案：《文選・魯靈光殿賦》李善注引《春秋合誠圖》曰「紫宮，太帝室也」；《史記・天官書・索隱》引宋均曰：「大微，天帝南宮也。」

[98] 清・惠棟：《明堂大道錄・明堂天灋》，卷 3，頁 1a-b，總頁 561。

[99] 昇案：《續修四庫全書》本因避諱省「曆」字，今據《皇清經解續編》本補。

> 薄四海，有四極。……三代以前，其灋大備，詳於《周禮》之〈冬官〉，〈冬官〉亾而明堂之灋遂不可攷，略見于六經而不得聞其詳。說經者異同閒出，惟前漢之戴德、戴聖、韓嬰、孔牢、馬宮、劉歆；後漢之賈逵、許慎、服虔、盧植、潁容、蔡邕、高誘諸儒，猶能識其制度，惜為孔安國、鄭康成、王肅、袁準四人所亂。安國以禘止為審諦佋穆，故漢四百季無禘礼。康成以文王廟如明堂制，謂國外別有明堂。王肅又以禘嚳為后稷之所自出，非配天之祭。及袁準作《正論》，謂明堂大廟，大學各有所為，排詆先儒，并及六經，于是明堂之灋，後人無有述而明之者矣。[100]

案惠棟此說，首先謂明堂建築之功用，如禘祭、宗祀、朝覲等等；第二，論述明堂之建築結構，有五寢五廟、左个右个、前堂後室，此外尚有靈臺、大學、四門、辟廱等等建築。第三，惠棟指出明堂之制，本詳載於《周禮》之〈冬官〉，隨〈冬官〉亡佚，明堂之制亦不可考矣。之後，惟漢代之戴德、戴聖、韓嬰、孔牢、馬宮、劉歆、賈逵、許慎、服虔、盧植、潁容、蔡邕、高誘諸儒所述明堂之制能合情實，此外孔安國、鄭康成、王肅、袁準等人所述皆非也。知惠棟肯定《大戴禮記》與蔡邕《明堂月令》等「九室十二堂」說，而非鄭玄「五室十二堂」說。[101]惠棟尤其服膺蔡邕《明堂月令》，有

---

[100]清・惠棟：《明堂大道錄・明堂總論》，卷 1，頁 1a-b，總頁 545-546。

[101]《大戴禮記・明堂篇》：「明堂者，古有之也。凡九室：一室而有四戶、八牖，三十六戶、七十二牖。以茅蓋屋，上圓下方。」見清・王聘珍撰，王文錦點校：《大戴禮記解詁》（北京：中華書局，2008 年），卷 8，頁 149；而蔡邕云：「明堂者，天子太廟，饗功養老，教學選士，皆於其中，九室十二堂。」見清・嚴可均編：《全上古三代秦漢三國六朝文・全後魏文》（北京：中華書局，1985 年），冊 4，卷 39，頁 1b，總頁 3707。又蔡邕《明堂月令論》云：「其制度之數，各有所法。堂方百四十四尺，坤之策也。屋圜屋徑二百一十六尺，乾之策也。太廟明堂方三十六丈，通天屋，徑九丈，陰陽九六之變也。圜蓋方載，六九之道也。八闥以象八卦，九室以象九州，十二宮以應十二辰。三十六戶，七十二牖，以四戶八牖乘九室之數也。戶皆外設而不閉，示天下不藏也。通天屋高八十一尺，黃鍾九九之實也。」見《蔡中郎集》（上海：中華書局，1989 年，《四庫備要》本），卷 10，頁 99；而鄭玄之說，云：「周人明堂五室，是帝各有一室也，合於五行之數，《周禮》依數以為之室，德行於今。」見清・陳壽祺《五經異義疏證》（上海：上海古籍出版社，2012 年），卷中，頁 85。

云：「中郎此論四代明堂之灋，辯晰分明，大義已了，乃當時康成之徒猶侵蔽，冒為首鼠兩端之說，續以王肅、袁準，著論亂經，于是明堂之灋明而復晦，此三君者不能無罪焉。」[102]

惠棟上溯伏羲制《易》，並以八卦、九宮卦氣來解釋明堂，為漢代《易》學思想的反映。其考證明堂之說，提供我們對周秦歷史文化的重要參考資訊。一方面可以視為惠氏考據學的主張，也可以視為惠氏將《易》有關元素會通的思想。[103]於惠棟之後，戴震作《考工記圖》，於「周人明堂，……五室」，注云：

> 明堂，法天之宮。五室十二堂，故曰明堂。[104]

戴震雖與惠棟同將明堂視作法天之宮，但謂明堂結構為五室十二堂，[105]則與惠棟九室十二堂說異，戴震對此亦批評惠棟「好古太過耳」。[106]按此，可知對於明堂之考證，戴震重視《考工記》及鄭玄之說，而惠棟則肯定漢代戴

---

[102]清．惠棟：《明堂大道錄．諸儒論明堂》，卷 1，頁 13b，總頁 551。昇案：惠棟雖肯定《大戴禮記》及蔡邕《明堂月令》所記之「九室十二堂」，然而於《周易述》則又謂明堂為「五室四堂」，云：「明堂者有五室四堂，二、九、四、七、五、三、六、一、八，四正四維皆合於十五。室以祭天，堂以布政。王者承天統物，各於其方以聽事謂之明堂。」見《周易述》，卷 20，頁 372；又云：「五室，謂中太室，東青陽，南明堂，西總章，北玄堂。四堂各有室，兼中央為五，故有五室四堂也。」見《周易述》，卷 20，頁 375。但似乎又肯定「九室十二堂」說，如其於云：「明堂者，古有之，凡九室」；又云「十二堂法十二月」，惠棟並未詳論此二者之別為何，惠棟到底是主「五室四堂」，抑或「九室十二堂」，今人研究亦未對此加以解釋。（如陳伯适《惠棟易學研究》雖謂惠棟述明堂為五室四堂，然其文末繪惠棟明堂圖卻為九室十二堂；胡明輝則直接認為惠棟主「九室十二堂」）

[103]惠棟以八卦、九宮卦氣來解釋明堂之說，可參陳伯适：《惠棟易學研究．第六章．明堂與易學的重要相繫關係》（臺北：國立政治大學中國文學系博士論文，2005 年，呂凱教授指導），頁 819。

[104]清．戴震：《考工記圖》，收入《戴震全書》，冊 5，卷下，頁 431。

[105]有關戴震對明堂之考論，見沈信甫：〈論戴震《考工記圖》的明堂形制及其意義〉，《中國學術年刊》第 34 期（臺北：國立臺灣師範大學國文學系，2012 年 9 月），頁 57-82。

[106]清．吳修：《昭代名人尺牘小傳》，收入周駿富編：《清代傳記叢刊．學林類》（臺北：明文書局，1986 年），冊 31，頁 511。

德、蔡邕等之說。

就上論可知，惠棟所主為蔡邕九室十二堂說；而江聲作《集注音疏》，於明堂之制，卻不從惠棟之說，江氏弟子江藩即說，云：

> 惠徵君從蔡邕《章句》，輯為《明堂大道錄》。古農、艮庭二先生頗疑之，藩申後師之說，不敢苟同於先師云。[107]

由江藩此說可知，惠棟之弟子余蕭客、江聲二人對其師惠棟《明堂大道錄》之說頗疑之。案現存江氏遺文中並未見其對惠棟《明堂大道錄》的有關論述，但《集注音疏・顧命》一篇，江氏則詳考周代明堂宮制，對「九室十二堂」抑或「五室十二堂」做出判斷。《集注音疏・顧命》「狄設黼扆、綴衣」條，自疏云：

> 《大戴禮・盛德》曰：「明堂者，古有之也。凡九室：一室而有四戶、八牖、三十六戶、七十二牖，以茅蓋屋，上圜下匚。」〈考工記・匠人〉云：「周人明堂，度九尺之筵，東西九筵，南北七筵，堂崇一筵，五室，凡室二筵。」此二書說明堂之制，或言九室，或言五室，不同者何也？案明堂之制始于神農，蓋初時九室，後王以九密比，奱其四面之正室爲堂，故五室爾。〈考工記〉說夏后氏世室已云五室，世室、明堂異名同實。然則自夏以來，明堂皆王室矣。今說〈周書〉，當从周制，依〈考工記〉說可也。明堂中央爲太室，太室之四面爲堂，四隅爲夾室，是爲五室。其東堂東向，曰青陽太廟；南堂南向，曰明堂太廟；西堂西向，曰總章太廟；北堂北向，曰元堂太廟。夾室之前爲左右个，太室之南戶外

[107] 清・江藩著，漆永祥整理：《江藩集・隸經文・明堂議》（上海：上海古籍出版社，2006 年），卷 1，頁 6-7。

> 卽明堂太廟，天子覲諸侯時所立之位也。（卷9，頁68b，總頁3109）

對比惠棟，江氏之說顯然較為圓融。認為明堂之制，或言九室，或言五室之別，在於隨時代不同，制度亦有變異，故云「初時九室，後王以九密比，斆（案：除去之意）其四面之正室爲堂，故五室爾」，即「九室」、「五室」皆實際存在於歷史中。然而，今既說〈周書〉，則當從周制，故依〈考工記〉作「五室」，並略述其所考之明堂結構為何。是知江氏此說已不同於其師《明堂大道錄》所崇之蔡邕「九室十二堂」說，而是著眼於經書之內容，判斷出符合其時代之制度。

今由江氏對〈顧命〉明堂制度之考證，一則可知江氏治《尚書》雖多從惠棟之說，並加以發揮；但也有對其師說存疑，進而做出自己的判斷。其次，姑不論其說是否正確，至少在《尚書》學史上，江氏對〈顧命〉一篇之制度有了更深入的研究，蓋不明周代明堂宮室建築之方位，則無以明〈顧命〉之制。今附江氏繪〈顧命〉明堂圖如下（均見《集注音疏・顧命》附圖），以見其研究之成果。

左：「明堂上圜下方傍列二十八柱之圖」

右：「明堂南堂布席設几陳寶之圖」

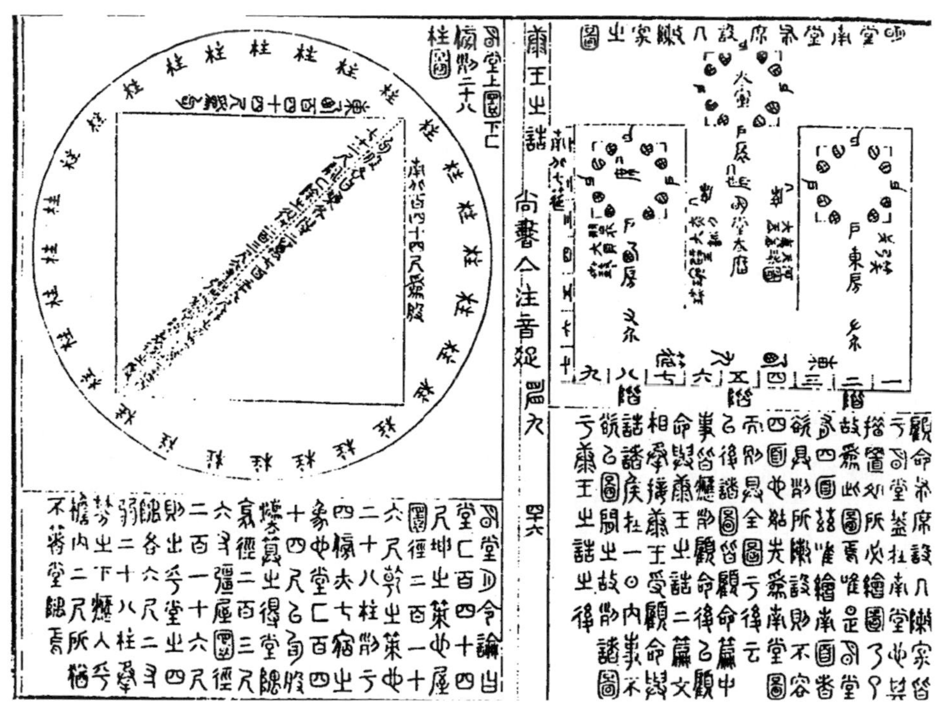

左：「明堂五室圖」　　右：「明堂九室圖」

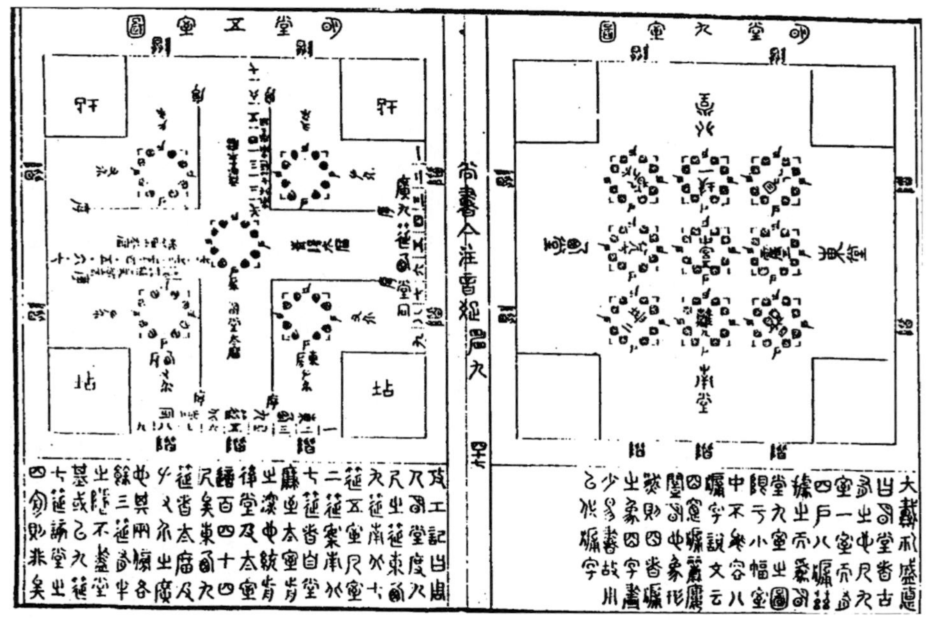

「殯宮出路陳兵衛受顧命圖」

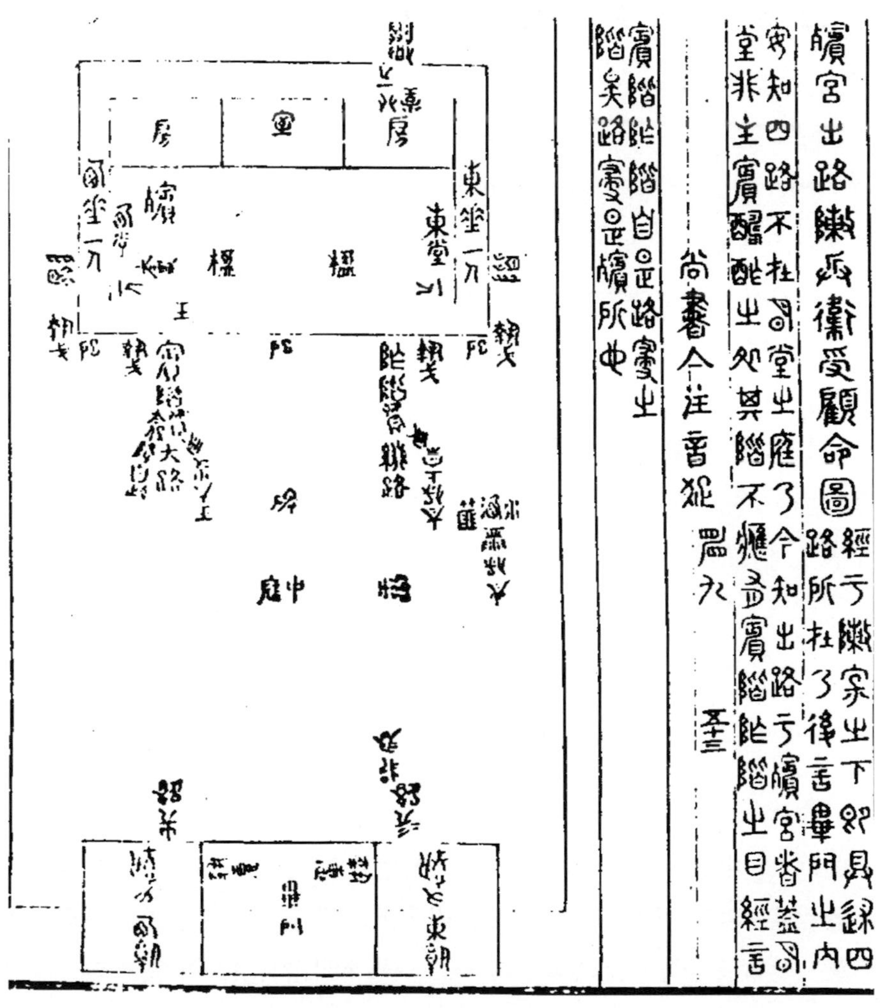

二、王鳴盛生平及其《尚書》學之淵源

有關王鳴盛的具體研究，目前學界多將焦點置於其史學研究上。[108]專書方面，張惠貞《王鳴盛十七史商榷研究》是兩岸第一本對王氏史學研究之專著；[109]繼而施建雄於 2009 年出版《王鳴盛學術研究》，則是迄今唯一對王鳴盛學術作整體研究之專著，對王氏所有著作均有評述。[110]於王氏生平之考索上，前二書多就王昶〈王鳴盛傳〉、錢大昕〈西沚先生墓誌銘〉、江藩《漢學師承記．王鳴盛傳》及近人黃文相《清王西莊先生鳴盛年譜》[111]（下省稱黃《譜》）為說。黃《譜》雖對王氏生平研究有其貢獻，然此書蓋成於時局動盪之際，是多有闕略；至 2011 年、2012 年間陳鴻森先生作〈王鳴盛年譜〉[112]（下省稱陳《譜》），費時五、六載，蒐集兩岸相關資料，補苴罅漏，於王氏世系、生平、學術之全貌益明。以下即略本陳《譜》之說，概述王氏生平。

(一) 王鳴盛生平概述

王鳴盛，字鳳喈，一字禮堂，自號寶髻頭陀，又號西莊，晚年更號西沚，嘉定人，其妹順瑛嫁予錢大昕。王氏生於康熙六十一年（1722），生而敏慧，至七歲隨祖父王焜（字大生，號卓人）居丹徒（江蘇鎮江）學署，被目為神童，是歲遷居嘉定清鏡塘。年十二，為《四書》文，才氣浩瀚，已有名

---

[108]就筆者目前所觀，對王鳴盛史學之研究單篇論文至少三十餘篇，學位論文一本。

[109]張惠貞：《王鳴盛十七史商榷研究》（臺北縣：花木蘭文化工作坊，2005 年）

[110]施建雄：《王鳴盛學術研究》（北京：中國社會科學出版社，2009 年）

[111]黃文相：《清王西莊先生鳴盛年譜》（臺北：臺灣商務印書館，1986 年）

[112]陳鴻森：〈王鳴盛年譜（上）〉，《中央研究院歷史語言研究所集刊》第 82 本第 4 分，頁 679-754；〈王鳴盛年譜（下）〉，《中央研究院歷史語言研究所集刊》第 83 本第 1 分，頁 122-184。

家風度。年十七，補諸生，屢試第一，鄉試中副榜，才名藉甚。江蘇巡撫陳文肅公大受，招入蘇州紫陽書院，院長歸安吳大綬、常熟王峻皆賞其才。年二十六，鄉試以五經中式，會試不第，客遊蘇州，與王昶、錢大昕、吳泰來、曹仁虎、趙文哲、黃文蓮相唱和，年三十三，舉進士第二名及第，授翰林編修。年三十六，助秦蕙田修《五禮通考》。年三十八，擢侍講學士，充日講起居注官，是年十一月二十九日，江南道監察御史羅典參奏王氏任福建鄉試主考官時，於途中置妾，交部議處，罷官。年四十，任光祿寺卿。年四十三，因母喪回鄉，自此定居吳門，不再為官。嘉慶二年（1797），年七十六，卒。

觀王氏生平，知其天生聰慧，極具才氣，尤擅詩文，據王鳴盛於後定本《王西莊詩文集》總目後自記「右斷自癸未以前，合少作及宦稿共詩九百二十七首、文二百十八首」[113]；《西沚居士集》載詩一千一百九十二首，間有與《西莊始存稿》重複者，然亦可見王氏詩作之多，實乾嘉時期經史學家所罕見。尤難能可貴者，王氏之作除集部外，於經部有《尚書後案》，於史部有《十七史商榷》，於子部有《蛾術編》，可知其學絕不止偏於一隅，可謂之通儒，王氏亦對此十分自負，[114]後人如雷國楫亦有詩作讚譽王氏之學術與文采。[115]或有評王氏「目無餘子，狂妄自恃的言詞在許多地方可以見到」、

[113]《王西莊詩文集》即《西莊始存稿》，見陳文和主編：《嘉定王鳴盛全集．前言》（北京：中華書局，2010 年），冊 1，頁 9。昇案：據陳《譜》之〈著述考略．西莊始存稿〉云：「按此書有前後兩本，乾隆三十年初刻本四十卷，末卷為家傳十六首，未刻。此本除先生歷年所為詩文外，卷十九、二十為〈洪範後案〉，卷二十一至二十三為〈周禮軍賦說〉，《續修四庫全書》影印者即此本。此書三十四年重編定，刪去前述經說五卷及應制、服闋後之作，合為三十卷，卷一至十四為詩，卷十五至三十為文；末附〈謝橋集〉詞四十一首，《續修四庫提要》冊四著錄者是也。」見〈王鳴盛年譜（下）〉，《中央研究院歷史語言研究所集刊》第 83 本第 1 分，頁 167-168。

[114]沈懋德跋《蛾術編》引王氏自云：「我于經有《尚書後案》，于史有《十七史商榷》，于子有《蛾術編》，于集有詩文，以敵弇州四部，其庶幾乎！」見《蛾術編．跋》，《嘉定王鳴盛全集》，冊 7，頁 38。

[115]雷國楫〈奉贈王光祿西莊先生〉：「昭代文壇主，高名四海馳。固知飽經術，詎止擅鴻詞。典窜風騷內，追隨魏晉時。平生深仰止，何幸奉光儀。」轉引自來新夏：〈王鳴盛學術述評〉，《三學集》，頁 247。

「《蛾術編》也依然明顯地表露出王鳴盛在學術上的狂傲」等等之論，[116]雖屬個人之評，然其中透露出王氏十分肯定自身學術之貢獻，當無疑也。

特王氏治學，務為經史有用之學，[117]故多有關懷社會之思維，反映於詩作中，如〈猛虎行〉藉寫虎以寫人與人之間爾虞我詐之心；又如〈響盞謠〉借京師賣涼盞之情景以諷刺奔走權貴者；又如〈采煤嘆〉表現同情西山煤工之辛勞。[118]此外，表現於學術著作者，如其〈東晉南北朝輿地表序〉云「予譔《十七史商榷》百卷，一切典故無所不考，而其所尤盡心者地理也。蓋人欲考古，必先明地理，地理既明，於古形勢情事皆如目睹。然後國運之強弱，政治之得失，民生之利害，人才之賢否，皆可口講指畫，……此其所以為通儒也」，[119]見王氏雖治古史，目的則在於今用，此誠為通儒，而非斤斤於考據者比。故其謂治學當以義理為準的，考據只是手段，云：

> 予惟天下有義理之學，有考據之學，有經濟之學，有詞章之學。譬諸木然，義理其根也，考據其幹也，經濟則其枝條，而詞章乃其花葉也。譬諸水然，義理其原也，考據其委也，經濟則疏引溉灌，其利足以澤物；而詞章則波瀾淪漪，瀠洄演漾，足以供人翫賞也。……孰為重？義理為重，天下未有無根之木、無原之水而能久長者也。[120]

是知王氏治學，乃以通義理為本源，蓋考據為彰顯義理之手段，進而發揮經

---

[116]來新夏：〈王鳴盛學術述評〉，《三學集》，頁 232、244。

[117]陳《譜》「乾隆十四年己巳（1749）二十八歲」：「曹仁虎亦於是年，入紫陽書院就讀，與先生及王昶、錢大昕同舍，食同爨，晨夕切磋，務為經史有用之學。」

[118]參來新夏：〈王鳴盛學術述評〉，《三學集》，頁 249。

[119]轉引自陳《譜》「乾隆五十二年丁未（1787）六十六歲」，見〈王鳴盛年譜（下）〉，《中央研究院歷史語言研究所集刊》第 83 本第 1 分，頁 139。

[120]王鳴盛〈王戇思先生文集序〉，轉引自陳《譜》「乾隆二十四年己卯（1759）三十八歲」，見〈王鳴盛年譜（上）〉，《中央研究院歷史語言研究所集刊》第 82 本第 4 分，頁 725。

典中有用世間之學（經濟），而詞章則為其外在之表現，猶如木之花葉，水之波瀾淪漪，供人所賞。蓋乾嘉學術向來為人所病者，在於學者只知考據，而無義理，或不知用事；則王氏此說，不啻代表乾嘉學者不止於考據而已，其治學思維，實涵括義理、經濟、詞章之學等關懷，只是這些關懷隱藏於眩人耳目之考據下而已。又王氏此以學問分義理、考據、經濟、詞章四科，實較曾國藩（1811－1872）早，故陳《譜》特表出之，以見王氏為通儒之學。因此，今見王氏經史之著，多為制度、地理上之考證，當憭王氏從考據以通乎義理、經濟之用心。

(二) 王鳴盛《尚書》學之淵源及其繼承

王氏治《尚書》學，撰《後案》始起於乾隆十年乙丑（1745），時年二十四。《後案・自序》云：「草創于乙丑，予甫二十有四，成于己亥（乾隆四十四年，1779），五十有八矣。」而由李果序王氏《曲臺叢稿》，知王氏治《尚書》，始著眼對《偽孔》之辨偽，云：

> （王鳴盛）逾弱冠，纂次已數百卷。疾梅賾古文之偽，作《尚書從朔》攻之。[121]

《尚書從朔》一書，據陳《譜》所考，蓋即《後案》書後所附《尚書後辨》初稿，又王氏〈石鼓歌〉「我方欲辨壁書偽，傳鈔禿筆勞秋毫」下自注「予撰《尚書從朔》，辨晚晉古文之謬。」[122]按此，可知王氏自二十餘歲研究《尚書》，乃始於對《偽孔》之辨偽。又王氏雖亦問學於惠棟，但其《尚書》研究實受多方影響。

本小節考察王氏《尚書》學之淵源及其繼承，略分為：一、《後案》以

---

[121] 轉引自陳鴻森：〈王鳴盛年譜（上）〉，《中央研究院歷史語言研究所集刊》第 82 本第 4 分，頁 696。

[122] 清・王鳴盛：《西莊始存稿・石鼓歌》，《嘉定王鳴盛全集》，冊 10，卷 8，頁 135。

鄭玄為宗之注釋體例。二、於治經方法上對惠棟之繼承及取捨。三、對閻若璩、惠棟不信《偽孔》及信西漢〈泰誓〉為真觀念之繼承。四、對前人《尚書》經注研究之繼承。

1.《後案》以鄭玄為宗之注釋體例

王氏治經之法，據蔣師秋華指出有「讀注疏」、「尊家法」、「通小學」、「精校書」、「重目錄」。[123]於「尊家法」一項，特宗鄭玄，此乃王氏治經思維之具體實踐。今觀《後案》，於體例上，王氏首先羅列鄭《注》、馬《注》、孔《疏》等注，繼而於注下作「案曰」發揮意見。審視「案曰」內容，大致有三：一、疏通所羅列之注，尤其是針對鄭《注》內容或加以發揮，意在發揮鄭氏之學。二、或舉他例證成、補充鄭說。三、對反對鄭說者，以及與鄭說不同者，予以辨正。而此種作法，實乃王氏延續其《周禮軍賦說》時所創之體例，

觀王氏於《周禮軍賦說．自序》云：

> 《周禮》一經，體大思精，最為難通。……漢杜子春、先、後鄭皆說此經，惟鄭氏康成會通眾家，後定為注，無遺憾焉。賈公彥《疏》雖尚麤略，要為有功。趙宋以下諸儒，能發揮注疏者頗少，而妄加駁難不知而作，顧所在多有，予恒病之。曩官翰林，錫山秦文恭欲輯《五禮通考》，猥以軍禮見屬。予閉戶讀此經《注》、《疏》數月，乃得其端緒，削稿以復於公。意在以鄭《注》為宗，而步賈氏之後塵者也。凡宋以後人妄駁鄭者，辨正之；能發明鄭義者，采而列之。[124]

---

[123]蔣師秋華：〈求古？求是？──王鳴盛的治經方法〉，收入《明清文學與思想中之主體意識與社會：學術思想篇》（臺北：中央研究院中國文哲研究所，2004 年），頁 396。

[124]清．王鳴盛：《周禮軍賦說．自序》，《嘉定王鳴盛全集》冊 3，頁 1435。

秦蕙田曾屬王氏修《五禮通考》之〈軍禮〉一門，而據陳《譜》所考，王氏任翰林院編修為乾隆二十三年（1758），則王氏分纂〈軍禮〉當在乾隆二十二年（1757）至二十三年間。又王氏所纂〈軍禮〉，見《五禮通考》卷二三三至二四五，而後王氏歸田，此書單刻別行，即《周禮軍賦說》，然而次序、文字與《五禮通考》不盡同，蓋單刻本為王氏原稿也。[125]觀王氏此段序文，首先肯定鄭玄注《周禮》「會通眾家，後定為注，無遺憾焉」，其功大焉；其次，王氏謂賈公彥以下，宋、明諸儒「妄加駁難，不知而作」，當指宋以下諸儒，或不信鄭說，或對鄭說妄加批判，實不可取；其三，王氏乃以鄭玄為宗，對前儒所聚訟者，一一疏通，亦對宋以後人妄駁鄭者加以辨正，同時發明鄭義，對有益於鄭說者，采而列之；不信鄭說者，辨正之，意在發明鄭氏一家之學，此其作「案曰」之意。按此，王氏不僅治《尚書》，全宗鄭玄，其治《周禮》亦同，實乃其治經理念「定從一師，而不敢佗徙」之具體實踐，與惠棟、江聲擇取諸說的作法大相逕庭。

2. 於治經方法上對惠棟之繼承及取捨

王氏親炙惠棟，與之相善，多問道於惠氏，[126]故於治經方法、觀念上實與江氏同導源於惠棟。[127]據王氏弟王鳴韶（1732－1788）代王鳴盛撰〈江慎修先生墓誌銘〉云：

> 予少治經訓，即思討論其疑義，不為世俗之學。而居處荒遠，無老師宿儒可為質問，抄撮雖勤，無所得也。年二十後，得交元和

---

[125]有關王氏修《五禮通考》之〈軍禮〉一門以及《周禮軍賦說》之考證，見陳《譜（上）》，頁 720。

[126]江藩《漢學師承記．惠棟傳》：「受業弟子最知名者，余古農、同宗艮庭兩先生。如王光祿鳴盛、錢少詹大昕，皆執經問難，以師禮事之。」案此「師禮」者，非謂王氏拜師於惠棟，而是客氣、禮貌之語。王氏著作中，多見「亡友惠定宇」、「吾友惠徵士棟」，可知王氏對惠棟實以友輩視之。

[127]此點，前人多有指出，如杜維運云：「大抵王氏之經學，循吳派惠棟之藩籬，以漢儒為宗，去此不敢稍有所縱橫。」見氏著：〈清乾嘉時代之歷史考證學〉，收入黃進興、杜維運編：《中國史學史論文選集》（臺北：華世出版社，1976 年），冊 2，頁 864。

惠定宇、吳江沈冠雲，而後洞悉其源流，而學始得其要領。[128]

又錢大昕〈西沚先生墓誌銘〉云：

與惠徵君松厓講經義，知訓詁必以漢儒為宗。[129]

又王昶〈王鳴盛傳〉云：

（王鳴盛）與元和惠棟、吳江沈彤研經學，一以漢人為師，鄭玄、許慎尤所墨守。[130]

合此三段記載，知王氏治學，在於二十歲後得交惠棟、沈彤，並知治學之法為：「知訓詁必以漢儒為宗」、「一以漢人為師，鄭玄、許慎尤所墨守」，乃是受惠棟之啟發。

但從上文論江氏《集注音疏》之著述方法及體例可知，江氏明確指出其師治《易》之法，乃「融會漢儒之說以為注，而復為之疏」，此意謂惠棟治《易》，雖以「漢儒為宗」，但絕不定從一師，而重於「融會」；然復觀王氏《十七史商榷・序》云：

治經豈特不敢駁經而已，經文艱奧難通，若於古傳注憑己意擇取融貫，猶未免於僭越。但當墨守漢人家法，定從一師，而不敢佗徙。[131]

---

[128]清・王鳴韶：《鶴谿文編・江慎修先生墓誌銘》，轉引自陳《譜》（上），頁 694

[129]清・錢大昕：《潛研堂文集・西沚先生墓誌銘》（上海：上海古籍出版社，2009 年），卷 48，頁 839。

[130]清・王昶：《春融堂集・王鳴盛傳》（上海：上海古籍出版社，2002 年，《續修四庫全書》冊 1438，影印上海辭書出版社圖書館藏清嘉慶十二年塾南書舍刻本），卷 65，頁 8b。

[131]清・王鳴盛：《十七史商榷・序》，《嘉定王鳴盛全集》，冊 4，頁 2。

此雖為史部著作之序，但王氏此說不啻可視為其治經宣言。事實上，綜觀王氏經學著作：《後案》、《周禮軍賦說》，王氏全以鄭玄為宗。蓋王氏認為治經當定從一師，不應從古傳注中憑己意擇取融貫，否則即是「僭越」。此說若與惠氏治《易》、江氏治《書》之方式相較，知惠、江不定從一師，而是於古傳注中憑己意擇取融貫。竊謂王氏治經，其「知訓詁必以漢儒為宗」，確實承之惠棟，惠棟本人治經亦「以漢儒為宗」；然卻絕不「定從一師，而不敢佗徙」，否則《周易述》一書何以「融會漢儒之說以為注，而復為之疏」？此為論述王氏治經方法與惠、江異同上必為廓清之處。由此知王氏治經思維、方法雖承自惠棟，卻非完全接受，而是有其取捨，不可一概論之。（有關王氏治經思維之精神，第後章將有詳論）

3. 對閻若璩、惠棟不信《偽孔》及信西漢〈泰誓〉為真觀念之繼承

王氏對《尚書》之研究，實始於辨偽，並多受閻若璩、惠棟影響。錢大昕〈西沚先生墓誌銘〉云：

> 與惠徵君松厓講經義，……服膺《尚書》，探索久之，乃信東晉之古文固偽，而馬、鄭所注，實孔壁之古文也；東晉所獻之〈太誓〉固偽，而唐儒所斥為偽〈太誓〉者，實非偽也。古文之真偽辨，而《尚書》二十九篇粲然具在，知所從事矣。[132]

此文指出王氏從惠棟問學，故對《尚書》產生興趣並探索久之，而認為：一、今所傳《古文尚書》篇章皆為偽篇，而馬、鄭所注，實為真古文。二、王氏認為，唐儒（案：指孔穎達）所斥為偽〈太誓〉者，實非偽也。以上兩點，實完全同於上小節論江聲對《偽孔》以及西漢所出〈太誓〉之態度，從此亦可推測王氏所受惠棟之影響。

此外，據葉昌熾（1849－1917）《緣督廬日記鈔》卷四載「抄本《尚書

---

[132]清・錢大昕：《潛研堂文集・西沚先生墓誌銘》，卷48，頁839。

古文疏證》四冊，王鳴盛鳳喈藏」，[133]亦見王氏對閻氏之著有所披覽，自當受其影響。故王氏於《蛾術編．尚書古今文》云：

> 唐貞觀以後，無一人識破。直至近時太原閻先生若璩、吳郡惠先生棟始著其說，實足解千古疑團，予小子得而述之。既作《後案》，遂取《注疏》、《釋文》及《史記》、《漢書》等臚列于卷首而辨之。[134]

古文之辨，自宋吳棫、朱熹，至元吳澄、明梅鷟而愈備，王氏云「唐貞觀以後，無一人識破」並非實情，且王氏《後案》末所附〈尚書後辨〉，其中〈胤征〉「聖有謨訓」一條之「辨曰」末即自注「說本梅鷟」，檢內容與梅鷟《尚書考異》卷二〈胤征〉相同，[135]可見王氏對《古文尚書》之辨偽，除了閻、惠，亦受梅鷟影響。因此對王氏而言，對《偽孔》之「辨偽」成了他研究《尚書》之首要任務，故於弱冠時便作《尚書從朔》（即《尚書後辨》）以攻《偽孔》，於《後案》中亦時有對《偽孔》之辨，由此可見王氏《尚書》學，攻偽孔《經》、《傳》之非為一大節目。今《後案》以及卷末附〈尚書後辨〉，多處多可見王氏引述閻若璩之說，更時有陰襲閻說者，由此可見閻若璩在《尚書》辨偽學上對王氏之影響甚鉅。（王氏對《偽孔》辨偽之相關研究，詳見第四章）

4. 對前人《尚書》經注研究之繼承

王氏治經，力主鄭氏之學，故無論作《周禮軍賦說》、《後案》，雖匯集漢人乃至於唐、宋諸儒之說，仍於「案曰」內折衷鄭玄。故觀《後案》一書「案曰」部分，或疏通鄭說，或補充鄭說，或辨正反對鄭說者，要之，皆以

---

[133] 轉引自陳《譜》（上），頁 694。

[134] 清．王鳴盛：《蛾術編．尚書古今文》，《嘉定王鳴盛全集》，冊 7，頁 90。

[135] 明．梅鷟著，姜廣輝點校：《尚書考異》（上海：上海古籍出版社，2014 年），卷 2，頁 170。

鄭玄為宗。（說已見前）其中，多可見王氏徵引前輩學者之意見，尤其在辨偽方面，實多引用、甚至因襲梅鷟、閻若璩之說；[136]除辨偽之外，王氏對經文之考證，更廣引宋、元、明儒之說，並參同代前輩學者之論，皆可視為王氏治《尚書》之淵源。

(1) 對明代以前《尚書》學之繼承及其轉變

從目前王氏所存稿中可知，乾隆三十年（1765）初刻四十卷本《西莊始存稿》（即《續修四庫全書》本），卷十九、二十之〈洪範後案〉（以下稱《始存稿・洪範後案》）應為《後案》中〈洪範〉一篇之初稿，除了在案語部分，《後案・洪範》作「案曰」，而《始存稿・洪範後案》作「按」外，二書體例幾乎一致，然內容則詳略互異。茲取之與《後案・洪範》略加比較，發現或有不同，尤其是對於宋明文獻之引用，當可從此明王氏《尚書》學之淵源及其轉變。

(A)《始存稿・洪範後案》與《後案・洪範》「案曰」之意義

取二書比較，內容較顯著差異者，即「案曰」部分不同，有《後案・洪範》有「案曰」，而《始存稿・洪範後案》未見者，如：「箕子乃言曰……汨陳其五行」條、「帝乃震怒……彝倫攸斁」條、「初一曰五行」條、「言曰從」條、「思曰睿」條、「斂時五福……庶民」條、「惟時厥庶民于汝極」條、「無偏無頗遵王之義」條、「無偏無黨……王道平平」條、「無反無側王道正直」條、「二曰剛克三曰柔克」條、「立時人作卜筮」條、「五者來備……無凶」條、「曰休徵……時風若」條；反之，有《始存稿・洪範後案》有「案曰」，而《後案・洪範》未見者，如：「水曰潤下」條、「木曰曲直」條、「四曰五紀……三曰日」條、「凡厥庶民……惟皇作極」條。進一步觀《始存稿・洪範後案》有「案曰」，而《後案・洪範》未見之條目，多只是單引〈洪範五行傳〉之文，作為對此句之注解，王氏對此並無特別之討論。

---

[136]如程元敏師云：「事實上乾嘉學者像惠棟很少辨偽古文，王鳴盛雖較細密，但很多都是抄閻若璩的。」見〈「清乾嘉學術研究之回顧」座談會紀要〉，《中國文哲研究通訊》第 4 卷第 1 期（臺北：中央研究院中國文哲研究所，1994 年 3 月），頁 30。

按此，《後案・洪範》增加「案曰」部分多於《始存稿・洪範後案》，亦可知從《始存稿・洪範後案》至《後案・洪範》，王氏對於〈洪範〉有更多之思考。

(B) 就《始存稿・洪範後案》與《後案・洪範》引馬融說，見其詮釋思維之轉變

除了「案曰」部分之有無，二書不同外，於注解之詮釋上，二書亦有差異，彼此詳略不一。然相較之下，於治經思維、論點上有顯著不同者，可見其《尚書》學之進程以及《後案》成書之轉變。如「沈潛剛克，高明柔克」條，《始存稿・洪範後案》引馬融《注》云：

> 沈，陰也；潛，伏也。陰伏之謀，謂賊臣亂子非一朝一夕之漸，君親無將，將而誅。[137]

其下「案曰」云：

> 按馬說非是。……《左傳》甯嬴引〈商書〉云云，杜預云：「沉漸，猶滯溺也；高明，猶亢爽也。言各當以剛柔勝己本性，乃能成全也。」據杜意，是言滯溺之人易至優柔，故須以剛自克；亢爽之人易為剛斷，故須以柔自克。承上文言「彊弗友」、「燮友」，各有所宜。人君既已因其時地而用之，又言出治之人，當使自治其氣質而矯其偏以歸于中正，《詩》所謂「不剛不柔，布政優優」也。[138]

馬《注》意為有陰伏之謀者，當誅之，此即「沈潛剛克」，換言之，馬

[137] 清・王鳴盛：《西莊始存稿・洪範後案》（上海：上海古籍出版社，2002 年，《續修四庫全書》冊 1434，影印國家圖書館藏清乾隆三十年刻本），卷 20，頁 14a，總頁 211。

[138] 清・王鳴盛：《西莊始存稿・洪範後案》，卷 20，頁 14a，總頁 211。

《注》乃治人之道。然王氏否定馬融之說，轉引杜預之說，認為所謂「沈潛剛克，高明柔克」，乃君人自克之法，即：性滯溺者以剛自克，性亢爽者以柔自克，此與前文「彊弗友剛克，燮友柔克」之治人之法為一脈絡，即：國有「彊弗友」、「燮友」之人，君人者當以「剛克」、「柔克」治之；而治人者，亦當以剛克己之滯溺；以柔克己之亢爽，方能轉變本性，此為王氏云「人君既已因其時地而用之，又言出治之人，當使自治其氣質而矯其偏以歸于中正」之意。

然王氏於《後案・洪範》同條「案曰」云：

> 馬《注》主治人言，與上文鄭《注》一貫，當是也。……文五年《傳》甯嬴引〈商書〉云云，杜預云：「沉漸，猶滯溺也；高明，猶亢爽也。言各當以剛柔勝己本性，乃能成全也。」據杜意，是言滯溺之人易至優柔，故須以剛自克；亢爽之人易為剛斷，故須以柔自克。但上文鄭《注》以剛克、柔克主治人，杜乃以為自克，既與鄭違；且鄭以剛克、柔克為剛而能柔、柔而能剛，是已成之德。今言滯溺者、亢爽者云云，是其德未成，猶待修治，非經稱「三德」之意。（卷12，頁337）

王氏此云馬《注》「當是也」，立場顯然已改變。關鍵在於，王氏以馬《注》之說與前文「平康正直，彊弗友剛克，燮友柔克」之鄭《注》一貫，意即：「平康正直，彊弗友剛克，燮友柔克」之鄭《注》主治人之道，後「沈潛剛克，高明柔克」也應主治人之道，而非自克之法。因此王氏雖與上文同引杜預之說，然而在此卻加以否定，理由是「與鄭違」。前後文相比，王氏尊鄭的立場顯然更為堅定。

又如「曰皇極之敷言」條，《始存稿・洪範後案》引馬融注與偽孔《傳》云：

〔馬曰〕：王者當盡極行之，使臣下布陳其言。〔傳曰〕：曰者，大其義。言以大中之道布陳其教。[139]

王氏對此二注之按語為：

馬說非也，《傳》是。[140]

王氏對此並未說明「馬說非也」之理由。然而，復觀《後案・洪範》「曰皇極之敷言」下，王氏對經文有一段案語，云：

〔案曰〕篇中「皇極」字，《大傳》作「王極」，《史記》則皆作「皇極」，而于此獨作「王極」，則此「王極」，與上「皇極」不同。且據馬《注》，「王」不連「極」為義，自當从《史記》作「王」，《偽孔》作「皇」，非也。（卷12，頁334）

同樣的注文下，王氏於「案曰」則云：

馬云「王者當盡極行之」，不以「極」字連「王」為解者，以下文言「凡厥庶民，極之敷言」，與此「王極之敷言」語意相似，則此「王」與下民對，故以為「王者當盡其極行之」，不作「九疇」之「皇極」解也。（卷12，頁334）

合經文及注之「案曰」，可知：王氏認為《史記・宋世家》載〈洪範〉文，通篇作「皇極」，此獨作「王極」（昇案：《史記》作「王極之傳言」）；又馬

[139]清・王鳴盛：《西莊始存稿・洪範後案》，卷 20，頁 10b，總頁 209。

[140]清・王鳴盛：《西莊始存稿・洪範後案》，卷 20，頁 10b，總頁 209。

《注》顯然以「皇」作「王」，可見《史記》、馬融所見之本皆作「王極」，同時也否定《偽孔》之作「皇」字。按此，王氏既否定《偽孔》經文作「皇」，其實間接也就否定了偽孔《傳》以「皇」為「大」之說，只是王氏未於《後案》明言孰是孰非，轉而單純論述馬《注》之思維出發點而已。

(C)《始存稿・洪範後案》與《後案・洪範》對宋明儒資料引用之異同及其意義

從《始存稿・洪範後案》至《後案・洪範》，在引用文獻上，王氏轉而更為尊漢，且似有意於《後案》不註明宋、明人之說。如「次五曰建用皇極」，王氏於《始存稿・洪範後案》云：

> 朱子作〈皇極辨〉，「皇」為「君」，「極」為「至」，「極」非「中」也。按《漢書・五行志》「皇，君；極，中；建，立也」，〈五行志〉說本伏生〈五行傳〉。蓋〈五行傳〉直以「皇」作「王」，鄭《注》云「王，君也」，朱子訓「皇」為「君」本之鄭氏，謂「皇」為「大」，則下文「惟大作極」、「大則受之」皆不可解，此其說是也。[141]

「皇極」之訓，偽孔《傳》訓為「大中」，而王氏引朱熹〈皇極辨〉文，謂朱子以「皇」為「君」者，乃本諸伏生〈五行傳〉以及鄭《注》；又謂如偽孔《傳》以「皇」為「大」，解釋本經「惟皇作極」、「皇則受之」則不辭之甚，故贊成朱子將「皇」訓作「王」。

《後案・洪範》則云：

> 《傳》以「皇極」訓「大中」者，《漢書》八十一卷〈孔光傳〉，光日蝕對曰：「《書》曰『建用皇極』，如『貌、言、視、聽、思』失，大中之道不立，則咎徵薦臻。」又八十五卷〈谷永傳〉，永待

[141] 清・王鳴盛：《西莊始存稿・洪範後案》，卷 19，頁 18a，總頁 190。

> 詔公車，對曰：「明王正五事，建大中，以承天心，則庶徵序于下，日月理于上。五事失於躳，大中之道不立，則咎徵降而六極至。」應劭《漢書》注亦云：「皇，大；極，中。」《文選》四十九卷干令升〈晉紀論〉注引宋均注《尚書考靈曜》並同，此漢人詁訓也。……惟「皇」字漢人有異解。〈五行志〉：「皇，君；極，中；建，立也。」〈五行志〉本諸伏生〈五行傳〉。蓋〈五行傳〉直以「皇極」作「王極」，故鄭彼注云：「王，君也。」然《白虎通．號篇》云：「皇，君也，美也，大也。天之總，美大稱也。」《詩》「皇矣上帝」，又「皇王惟辟」，《傳》並云：「皇，大也。」《箋》云：「言大王者，武王事益大」，是「皇」有「大」訓也。伏生乃今文之學，非古文，其說不盡可從。鄭注《傳》與注《經》異義者多，彼《傳》以「皇」作「王」，自當訓「君」。此經作「皇」，鄭必不訓君也。（卷12，頁310）

與《始存稿．洪範後案》相比，《後案》已不見朱子之說，而代以〈孔光傳〉、〈谷永傳〉、應劭《漢書》注、宋均注《尚書考靈曜》以證「皇極」作「大中」之訓。然而，〈五行志〉乃本諸伏生〈洪範五行傳〉，而伏生為《尚書》學之祖，於版本依據上應從〈五行志〉訓「皇」作「君」。然王氏卻認為「伏生乃今文之學，非古文，其說不盡可從」，可見其墨守古文之立場。甚者，王氏認為鄭玄因為注解《大傳》，故訓為「王」，若是訓〈洪範〉本經，則必訓「大」也。

將上述加以比較，可明確發現王氏立場之轉變：於《始存稿．洪範後案》，王氏認同朱子據〈五行傳〉訓「皇」作「君」；然而於《後案．洪範》，則力主「皇」作「大」之訓。再從引用材料而論，《始存稿．洪範後案》引用朱子〈皇極辨〉之文；而《後案．洪範》，則未見王氏復引，反之代以更多的漢代材料，更稱伏生今文家說不可信，推知從《始存稿．洪範後案》至《後案．洪範》，王氏早年認同朱子之說，而後於《後案》所表現之學術思維似乎更為尊漢，且尊古文之意味更為濃厚。

又如「次五曰建用皇極」條，王氏於《始存稿．洪範後案》解釋「極」字義，云：

> （朱子）以「極」為非「中」，必改古訓則誤矣。蓋《說文》「極，棟也。從木，亟聲。」徐氏云：「極者，屋脊之棟也。今人謂高及甚爲極，義出於此。」是以《廣韻》亦兼「中」與「至」二訓。然于「皇極」，則先儒皆以為「中」，蓋「中」足以該「至」。堯、舜、禹相授受皆以「執中」，《中庸》曰「時中」，曰「用中」，未聞「中」之或有流弊，而必待「至極」之義以補其闕也。朱子惟恐後人誤認「中」為含糊苟且、不分善惡，故謂人君必當卓然，立至極之標準使環觀者，於是取則。不知「中」言執，則確有可執；「極」言建，則確有可建，原有一定不可移易者，彼含糊苟且、不分善惡，乃鄉愿之調停於過、不及之間，竊「中」之似而本非「中」也。……朱子以此剖析「至極」之義，以為異於「大中」，而不知此正所謂「大中」也。蓋「中」無定在，但以「至極」即為中，若謂不著邊際，但固守中間，便為子莫之中矣。朱子詮理極精，但不必改訓極為「至」，「中」之所在，即為至善，如謂「中」猶有誤，反足滋學者之惑。[142]

王氏首先就《說文》、《廣韻》解釋「極」之義，有「中」與「至」二訓，但就「皇極」而言，王氏謂先儒皆以「極」為「中」。其次，王氏提出堯、舜、禹相授之「執中」、《中庸》之「時中」、「用中」以解說義理，認為「中」足以該「至」之意，不必另作一訓。朱子雖然以為「至」不同於「中」，實際上就是所謂「中」。而《後案．洪範》云：

---

[142]清．王鳴盛：《西莊始存稿．洪範後案》，卷 19，頁 18b-19a，總頁 190-191。

> 考「極」之訓「中」，經典屢見。本《疏》引「莫匪爾極」，〈周頌・思文〉文。毛《傳》云「極，中也」；「以為民極」，《周禮》六官〈序〉首皆有此文，鄭《注》與毛同。又〈商頌〉「四方之極」鄭《箋》，文六年《左傳》「陳之藝極」、十年「以謹罔極」杜預解，並同。《說文》卷六上木部：「極，棟也。从木，亟聲。」徐氏云：「極者，屋脊之棟也。今人謂高及甚爲極，義出于此。」是以《廣韻》亦兼「中」與「至」二訓，然于「皇極」之「極」，則先儒皆以為「中」，無二訓也。（卷12，頁310）

王氏於《後案・洪範》解釋「極」為「中」，此與《始存稿・洪範後案》同；且引《說文》、《廣韻》之說，亦完全同於《始存稿・洪範後案》，足見其說法未變。然而，將兩書相比，王氏於《後案・洪範》完全捨棄了否定朱子〈皇極辨〉之說法，另外增加了《詩經》、《周禮》、《左傳》中「極」訓為「中」之證據，以為「先儒皆以為『中』，無二訓也」。姑且先不論王氏未見《詩經・殷武》「四方之極」，《後漢書・樊準傳》作「四方之則」，可見「極」漢人亦有訓為「則」者，非「無二訓」；然王氏於《後案・洪範》中，似有意不引朱子之說，而單就漢代文獻加以解釋。

又如《始存稿・洪範後案》「恭作肅……睿作聖」條，王氏云：

> 蓋五行之氣，降生五材，為味、色、聲、臭以養人之欲者，凡民莫不用之，聖人亦不能去。然此氣之麤者也，聖人終不以為用也。其不離乎氣者，木神則仁，金神則義，火神則禮，水神則信，土神則知，故貌、言、視、聽、思，所謂有物，所謂形色也。恭、從、明、聰、睿，所謂有則，所謂天性也。肅、乂、晢、謀、聖，踐其形、盡其性也。凡民莫不有五事，而但用之於食味、別聲、被色之間。至於恭、從、明、聰、睿，固有之才，則不能盡，是「不誠無物」，而五事皆虛器矣！（自注：此段後半

> 截參取陳大猷及《會選》所載朱氏，本朝胡氏渭說）[143]

此云人稟五氣而生，從而表現於外在形色者為「貌、言、視、聽、思」，又進一步表現為「恭、從、明、聰、睿」，此為「五事」之性者；若進而踐其形、盡其性，則為「肅、乂、晢、謀、聖」。人若不能盡性，則是「不誠無物」也。王氏此說，由自注可知乃參取宋陳大猷（生卒年不詳）[144]《尚書集傳》，以及明劉三吾（1313－？）《書傳會選》所載朱子之說，以及胡渭（1633－1714）《洪範正論》而成。然觀《後案・洪範》「睿作聖」條下最末之「又案曰」，內容全同，而未載出處，或有意乎？同此條，《始存稿・洪範後案》又云：

> 蘇氏轍云：「脾之發為貌，而主土；肺之發為言，而主金；肝之發為視，而主木；腎之發為聽，而主水；心之發為思，而主火。」此說因五藏所屬推得，本之《內經素問》，乃醫家之言，非〈洪範〉義。[145]

王氏此辨蘇轍（1039－1112）〈洪範五事說〉，[146]謂蘇氏以五事以配人之五臟，此乃醫家言，非〈洪範〉義。《後案・洪範》之文字幾同，然「蘇氏轍」三字則易為「俗儒又別造一說」云云，而不著姓名。同此條，《始存稿・洪範後案》又云：

---

[143] 清・王鳴盛：《西莊始存稿・洪範後案》，卷 19，頁 36b-37a，總頁 199-200。

[144] 有關陳大猷生卒年說法之分歧，可參陳良中：〈《書集傳》作者陳大猷籍里及學派歸屬考論〉，《揚州大學學報（人文社會科學版）》2013 年第 17 卷第 4 期，頁 64-76。

[145] 清・王鳴盛：《西莊始存稿・洪範後案》，卷 19，頁 38b-39a，總頁 200-201。

[146] 見宋・蘇轍：〈洪範五事說〉，收入《三蘇全書》（北京市：語文出版社，2001 年），冊 18，頁 230。

> 王氏樵云：「相配與相屬不同，〈洪範〉以其形象之相配者言，醫經以其氣質之相屬者言。……」王氏此說是。[147]

王氏引明王樵（1521－1601）之說者，為《尚書日記》卷九之文。[148]內容乃王樵詳辨蘇轍〈洪範五事說〉，可推測王氏上引蘇轍〈洪範五事說〉者，當亦轉引自《尚書日記》。然《後案・洪範》之文全同，亦獨不見「王氏樵云」，不知者或即以為此說乃王氏之見，蓋王氏有意隱之歟？要之，王氏確實有用宋、明人之說，絕非如某些學者說《後案》「唐宋諸儒之說，一概不取」。[149]

由此可顯見王氏治《尚書》之觀念及引用文獻上之轉變；亦從此可明《後案》之成書，並非一次完稿，而是有其進程，而此進程，藉《始存稿・洪範後案》乃可見，其書之可貴也可知。雖今所見王氏《尚書》著作，除《後案》外只存〈洪範後案〉一篇，但從此或可推知，王氏於其他篇章，亦應有如〈洪範後案〉之初稿，惜今均無存。從上述諸例，明顯可見王氏之《尚書》學確有得諸宋明儒，而後著《後案》，乃略宋明儒之名氏，此種轉變，亦為研究王氏《尚書》學所當留意之處。

⑵ 對胡渭、閻若璩〈禹貢〉學與歷史地理研究之繼承及批評

《四庫全書總目・經部・書類》提要云：《尚書》自古諸家聚訟有四端，其一即「禹貢山水」。[150]〈禹貢〉作為歷史上第一篇具有系統性的地理專著，二千多年來研究成果豐碩，綜觀而言，這些研究不外乎「解經」與「釋地」，[151]且歷代各朝之〈禹貢〉學，所呈現之面貌、側重之方向亦不

---

[147]清・王鳴盛：《西莊始存稿・洪範後案》，卷 19，頁 39b-40a，總頁 201。

[148]明・王樵：《尚書日記》，《文淵閣四庫全書》本，卷 9，頁 51a。案王樵《尚書日記》原文作：「蘇氏又欲以〈洪範〉之說合醫經之說，亦有所難合。何也？蓋不知相配之與相屬不同也。〈洪範〉以相配言者也，……此〈洪範〉五事配五行之序也，醫經以相屬言者也。」

[149]吳雁南等：《中國經學史》（福州：福建人民出版社，2001 年），頁 525。

[150]清・永瑢：《四庫全書總目》（北京：中華書局，2008 年），卷 11，頁 89。

[151]李勇先主編：《禹貢集成・序》（上海：上海交通大學出版社，2009 年），頁 4。

一。據近人王重民（1903－1975）統計清代學者關於〈禹貢〉之論文目錄有一百五十六篇；[152]而今人所編之《禹貢集成》，有清一代之〈禹貢〉專著有四十一種，孔祥軍統計則達八十七種，[153]成果十分豐碩。而類型上，李勇先認為，清代〈禹貢〉學主要分為兩類：一是「對《尚書》中〈禹貢〉篇的註釋、訓詁和考證」，二是「專門研究〈禹貢〉的著作」，並以王鳴盛《尚書後案》作為前一類之代表著作。[154]檢王氏《後案》一書，據《續修四庫全書》本計之，〈禹貢〉一卷多達五十頁整，為全書三十卷中最多者，可見王氏對於〈禹貢〉山水十分重視。

事實上，王氏對〈禹貢〉之重視，由其重視經史有用之學而來。王氏〈東晉南北朝輿地表〉云：

> 予譔《十七史商榷》百卷，一切典故無所不考，而其所尤盡心者地理也。蓋人欲考古，必先明地理；地理既明，于千古形勢情事皆如目睹，然後國運之強弱、政治之得失、民生之利害、人才之賢否，皆可口講指畫，不出戶庭而知四海九州之遠，立乎今日而知數千百年之久，皆在是矣，此其所以為通儒也。[155]

此雖王氏對《十七史商榷》撰著思維之揭示，然從此可知王氏治史所以重視地理，乃因地理與一代之形勢相關。故地理既明，則千古形勢情事皆如目睹，一國一代之國運、政治、民生等，亦得以明矣，此即顧炎武（1613－1682）《天下郡國利病書》、顧祖禹（1631－1692）《讀史方輿紀要》之遺意。又〈禹貢〉雖列為經部，但正如唐曉峰指出：「〈禹貢〉的最高意義不是

---

[152]王重民：〈清代學者關于〈禹貢〉之論文目錄〉，收入顧頡剛編：《禹貢半月刊》（揚州：花山文藝出版社，1994 年），第 1 卷第 10 期，頁 22-27。

[153]孔祥軍：〈試論清代學者禹貢研究之總成績〉，《清史研究》2012 年第 1 期，頁 100。

[154]李勇先主編：《禹貢集成・序》，頁 6。

[155]轉引自陳鴻森：《王鳴盛西莊遺文輯存》，《嘉定王鳴盛全集》，冊 11，頁 433。

具體的治河或山川的記名，而是其中顯示的大地域王朝版圖的結構性價值、華夏整體觀念、領土的政治文化禮教意義。……闡釋〈禹貢〉，就是闡釋這些地理事物大局的社會歷史意義。」[156]王氏曾自云讀史之法「與讀經小異而大同」，[157]且此篇為中國史上第一篇系統性的地理著作，王氏自然不會隨意敷衍，而是費心研究，對〈禹貢〉所記山水詳加考證，此乃其作為通儒之明證。

今觀王氏之〈禹貢〉研究，多有引前人之說，而加以辨證。考其所辨，尤多為閻若璩、胡渭之論。按此，足見王氏多受閻、胡二影響，亦可從此明王氏〈禹貢〉研究之特色、淵源與開展。如《後案・禹貢》「沿于江、海，達于淮、泗」條，王氏於「案曰」指出禹時江、淮未通，禹必沿江入海之後，再自海入淮，自淮入泗。下「又案曰」又云「通江、淮之迹，亦不可不考」，先引《左傳》、《國語》，云「自吳人爭霸上國，始通江、淮」，辨《孟子》以為禹「決汝、漢，排淮、泗，而注之江」之失；王氏又指出「考水道之變改，實起于隋」，並引宋程大昌（1123－1195）之論。觀王氏所考「通江、淮之迹」，實源於閻、胡二家，王氏於此文末云：

> 近儒閻若璩、胡渭長于考據，為詳著之。而此道之非禹迹乃明，禹所以必沿江、海達淮、泗之故亦益明。（卷3，頁137）

按此，王氏指出在他之前，閻若璩、胡渭已詳著之。而閻、胡氏之說分別見於《四書釋地》、《禹貢錐指》，尤其《禹貢錐指》一書除了詳載閻氏之論外，更徧舉宋人陳大猷、林之奇、朱熹之論。[158]對照《後案》，王氏之論實皆由此出，可知閻、胡二家帶給王氏〈禹貢〉研究之影響。

---

[156]唐曉峰：《從混沌到秩序：中國上古地理思想史述論》（北京：中華書局，2010 年），頁 285。

[157]清・王鳴盛：《十七史商榷・序》，《嘉定王鳴盛全集》，冊 4，頁 2。

[158]說見清・胡渭著，鄒逸麟整理：《禹貢錐指》（上海：上海古籍出版社，2007 年），卷 6，頁 192。

除了〈禹貢〉的地理考證外，又有王氏用閻氏之說，而未引其名者，如《後案・盤庚上》「盤庚遷于殷」條下「又案曰」，王氏謂皇甫謐云「景亳」為「北亳」，在蒙地，後人更以蒙地有景山為證。王氏對此辨曰：

> 皇甫謐乃以景亳為北亳，在蒙，後人遂以蒙有景山為證。不知「陟彼景山」，毛《傳》訓「景」為「大」，是升彼大山，非山名。即屬山名，而取松柏以成寢廟，何必在近郊之間？下文「是斷是遷」，謂斷之于生植之處，遷之于造作之所。〈魯頌・閟宮〉「徂來之松，新甫之柏，是斷是度，是尋是尺。」徂來在今泰安縣，新甫在今新泰縣，去魯都曲阜尚遙，未嘗不可掄其材木以成魯新廟。侯國既然，天子可知。而必以就始得者，書生寒儉之語，可發一笑耳。至「景員維河」，鄭氏讀「員」為「云」，「河」為「何」，以〈頍弁〉、〈既醉〉言，「維何」皆是設問之辭，此「維何」當與彼同，不得為水傍河也。「維何」既是問辭，則「大員」是「諸侯大至口之所云」，亦不得如毛《傳》為「大均」，且古文「員」、「云」同字耳。（卷6，頁240）

《詩經・商頌・殷武》末章之「景山」一地，從漢至民國以來，討論未定，以筆者所見，至少有七說。[159]王氏所謂「後人以蒙有景山為證」者，應指如《括地志》所謂蒙城有景亳，乃因景山而得名。然而王氏認為所謂「景」，當如毛《傳》訓「大」；又認為取松柏成寢廟，不必就近郊而取，此情形同於〈魯頌・閟宮〉，謂徂來在今泰安縣，新甫在今新泰縣，去魯都曲阜尚遙，若必以距離之近為取木成寢廟之證，是「書生寒儉之語，可發一笑耳」。其次，王氏舉〈頍弁〉、〈既醉〉皆有「維何」之文例，認為〈玄鳥〉之「景員維河」當作「景員維何」，意為「（諸侯）大至口之所云」。

---

[159]有關「景山」之相關討論，可參拙作：〈《詩經・商頌・殷武》之「景山」地望說商榷〉，《世新中文研究集刊》第9期（2013年7月），頁137-158。

然王氏以上所論，實陰襲閻若璩《尚書古文疏證》卷四第六十條而來。閻說云：

> 又按或者聞余，謂武丁都西亳，引《詩・玄鳥》「景員維河」，〈殷武〉「陟彼景山」，以為都當在景亳。景亳者，北亳。是以《括地志》、《寰宇記》、《玉海》為證，詞甚辯。余曰：此第讀朱子《詩集傳》熟耳。《集傳》兩處並云「景，山名，商所都也。」不知毛《傳》訓「景」為「大」，「陟彼景山」是使人升彼大山之上。姑勿論，而即真屬山名，取彼松柏成茲寢廟，何必近在郊之間？下文「是斷是遷」，說者曰：斷之於生植之處，遷之於造作之所。一「遷」字非無謂，證以《魯頌・閟宮》「徂來之松，新甫之柏，是斷是度，是尋是尺」。徂來在今泰安州，新甫在今新泰縣。余屢經過之，去魯都曲阜尚遙，未嘗不可掄其材木以成魯新廟。侯國既然，天子抑又可知。而必以就近始得者，書生寒儉之語，可發一笑耳。至「景員維河」，《集傳》始云「未詳」下方有「或曰景，山名」一段，此惟孔穎達《疏》最合，云：「鄭氏轉『員』為『云』，『河』為『何』者，以〈頍弁〉、〈既醉〉言，『維何』者，皆是設問之辭，與下句發端。此下句言『殷受命咸宜』，是對前之語，則此言『維何』當與彼同，不得為水傍河也。故知『河』當為『何』。『維何』既是問辭，則『大員』是『諸侯大至口之所云』，亦不得如毛《傳》為『大均』，且古文『員』與『云』同字耳。」[160]

以筆者所框之文句與上述王氏之論比較，兩者除了若干字小異外，其論點、

[160] 清・閻若璩著，黃懷信等點校：《尚書古文疏證》（上海：上海古籍出版社，2010 年），卷 4，頁 181-182。本文所引《尚書古文疏證》皆據此本。

行文、語氣幾乎一致，可知王氏實陰襲閻氏之論。尤其論「景員維河」為「景員維何」，訓為「諸侯大至口之所云」之論，雖有增字解經之弊，但從閻氏此文，當知說源於孔穎達《疏》，然而王氏《後案》卻未提來源。按此，王氏對於歷史地理之考證，受到閻氏影響，自可明矣。

雖然王氏在〈禹貢〉，乃至於歷史地理之研究，確有肯定閻、胡二家者，然而檢視《後案》，更多的是批駁閻、胡之說，尤其是胡渭。究其內容，有因胡氏說不從鄭玄者，如《後案·禹貢》「嶓冢導漾，東流為漢」條，王氏引鄭注梁州「沱潛」云「潛蓋漢西，出嶓冢」，[161]認為潛水出於嶓冢山，而潛水又合流於漢水，並云：

> 近儒號精地學者，並主魏收及李吉甫、杜佑說，各出論著，動輒數千言，無非反覆駁難班〈志〉、鄭《注》，依俗學改古義，果可為典要耶？且班、鄭斷不可駁。倘按之于經，似有不合，無已則闕疑可也。（卷3，頁200）

王氏此云「近儒號精地學者」，乃指胡渭。檢《禹貢錐指》卷十四上「嶓冢導漾，東流為漢」條，胡氏先引偽孔《傳》、〈地理志〉、《水經注》之說，並認為〈地理志〉定嶓冢山位於隴西，誤，故云「當盡廢諸說，而一之以經文」；又引魏收（507－572）《魏書·地形志》、李吉甫（758－814）《元和郡縣圖志》、杜佑（735－812）《通典》之說，定華陽郡嶓冢縣（即沔陽嶓冢縣）為〈禹貢〉之嶓冢山所在。[162]從《後案》此段文字可知，王氏不從魏收等說，而以〈地理志〉、鄭《注》為是。尤可注意者，王氏將魏收等人之論視為「俗學」，而〈地理志〉、鄭《注》之說為「古義」，以為「斷不可駁」也。（此涉及王氏治經思維，詳第三章）

---

[161] 鄭《注》見《尚書正義》引。又段玉裁認為「潛蓋漢西」當作「潛蓋西漢」，《尚書正義》倒爲漢西，非也。段說見《說文解字注》（臺北：洪葉文化事業有限公司，1998 年），卷 11 篇上，頁 527。

[162] 胡渭說見《禹貢錐指》，卷 14 上，頁 531。

又如《後案・禹貢》「覃懷底績，至于衡漳」條，王氏首先引鄭《注》：「覃懷為縣名，屬河內。〈地理志〉云：漳水出上黨沾縣大黽谷，東北至安平阜城入河，行千六百八十里。衡漳者，漳水橫流入河。」後於「又案曰」云：

> 酈氏既不從鄭，而以濁漳為主，敘至「斥漳縣南」之下，即云「《尚書》所謂『覃懷厎績，至于衡漳』者也。」其下又敘至東北過曲周、鉅鹿，則云：「〈地理志〉云：『絳水發原屯留，下亂章津，是乃與章俱得通稱。故水流間關，所在著目，信都復見絳名而東入于海。』」考班〈志〉上黨屯留縣下云：「桑欽言絳水出西南，東入海。」酈意以絳下流與漳得通稱，而又以絳水即降水，故以斥漳以下之漳水稱為漳絳，當經「冀州」之「至于衡漳」，并即以當「導河」之「北過降水」。又班〈志〉信都國信都縣下云：「故章河在北，東入海。〈禹貢〉絳水亦入海。」故酈又據以為即降水之復見者。但班〈志〉言古文者，是古《尚書》說，此條無古文字，則俗說。其實〈禹貢〉無絳水，不當以〈禹貢〉繫之。況鄭注導河以降水，是河內郡共縣北山所出之共水，即淇水也。故其注云「《地說》云『大河東北流，過降水千里，至大陸為地腹。』」〈地理志〉大陸在鉅鹿，絳水在安平信都。如〈志〉之言，鉅鹿與信都相去不容此數，是鄭原不謂信都無絳水也。特以信都絳水之去鉅鹿不合《地說》千里之數，而知其非「導河」之降水。且導河之降水，从阜旁夅音，讀如夅，下江反，與信都之絳，从糸旁，音居巷反者絕異。鄭既據道里之差，又辯音讀之異，區而別之，精且確矣。酈既合漳降為一，又以絳為降，是固鄭所嗤也。近儒偏據酈注，增衍支離，顯違鄭義，皆非也。（卷3，頁99-100）

總結王氏此段案語要點為：一、酈道元《水經注》謂降水與漳水合流，故得以通稱；又謂「降水」即〈地理志〉之「絳水」，而王氏否定此說。二、班〈志〉是古《尚書》說，但此條無古文字，則為俗說，故不當以〈禹貢〉繫之。三、〈地理志〉記大陸在鉅鹿，絳水在安平信都，兩者相差甚遠，故絳水不應是〈禹貢〉之降水，自然也非漳水。四、鄭玄謂導河之降水，為共縣北山所出之共水，即淇水也，从阜旁夅音，讀如夅，下江反，與信都之絳，从糸旁，音居巷反，可見鄭玄認為降水與絳水是兩條河。五、王氏所謂「近儒偏據酈注」者，當指胡渭。綜以上五點，除了第二點王氏所云此條為俗說之證為「無古文字」，實為牽強，且無必然邏輯可言，此外，三、四兩點實本鄭玄之說。尤其第五點，王氏批評胡渭之原因為「顯違鄭義」，可見王氏一本鄭玄之態度。只要是不合鄭玄說法，或批評鄭說者，皆維護鄭說，而否定他論。

三、江聲、王鳴盛《尚書》學著作之撰著歷程及其關係

江氏《集注音疏》與王氏《後案》作為清代乾嘉時期重要新疏，二家《尚書》學之淵源亦有所承，已如上述。本節即論《集注音疏》及《後案》之撰著歷程，以更清楚江、王二氏《尚書》學之脈絡。

(一) 江氏《尚書集注音疏》成書歷程

江氏對《尚書》之研究，可推自少時，從自云「少時疑古文與今文不類」可知，然正式提筆著書，已四十一歲。江氏《論語竢質・自敘》云：

> 四十後，邃精于《尚書》，凡再易稿，至五十三而書成。[163]

[163] 清・江聲：〈論語竢質自敘〉，轉引自陳鴻森〈江聲遺文小集〉，頁 15。

此說與孫星衍〈江聲傳〉「年四十一，始為《尚書》之學」[164]一致，然細究江氏《集注音疏》之成書，乃為一「集注」至自「疏」之過程。而此歷程，江氏於《集注音疏》卷末之〈述〉、〈後述〉二文有詳細交代。觀《集注音疏・述》云：

> 自重光大荒落之秋，以迄元弋敦牂之冬，成〈堯典〉、〈咎繇謨〉、〈禹貢〉、〈甘誓〉、〈湯誓〉諸篇，臮百篇之〈敘〉；至〈般庚〉則以漢注絕少，而中輟者久之。旣念一匱之覆，終不足以發古誼、存絕學，乃復以己見搜討經誼，精掔詁訓。又自柔兆閹茂之夏，迄彊圉大淵獻之夏，周一歲而成〈般庚〉以後二十餘篇之注，并前所緝者亦重加釐正。其亡篇之遺文有散見它書者，則并其原注采之，各隨其篇弟而傳廁其閒；其无篇名者，總列于後。爲書十卷，并百篇之〈敘〉一卷、逸文一卷，凡十二卷。而「疏」則猶未皇也，將更須三載，庶幾卒業矣乎。若夫幽莠亂苗、武夫類玉，必區兆而庌之，蓋袪異端、闢衺說，所以尊聖經也。紹前哲，開來學，莫大于是。聲雖不敏，敢不力焉，是爲述。乾隆三十有二年歲在彊圉大淵獻相月乙丑朏，粵五日己巳，江聲撰。旣旁生霸，粵六日癸未疏訖。（卷13，頁93b，總頁3155）

從文末江氏所記，知此文為乾隆三十二年（1767）相月（7 月）己巳（7 日）作；又癸未（21 日）完成本文之「疏」。本文云「重光大荒落之秋」為乾隆二十六年（1761），「元弋敦牂」為乾隆二十七年（1762），換言之，江氏一年內完成〈堯典〉、〈咎繇謨〉、〈禹貢〉、〈甘誓〉、〈湯誓〉諸篇，臮百篇〈敘〉之「注」；而〈盤庚〉以下，乃因漢注絕少，而中輟者久之，直到柔兆閹茂之夏（乾隆三十一年，1766）始，迄彊圉大淵獻之夏（乾隆三十二

[164] 清・孫星衍：〈江聲傳〉，《平津館文稿》，卷下，頁 36a。

年，1767）一年完成〈盤庚〉以下二十餘篇之注，並對之前所輯者加以釐正。[165]又對散見它書之亡篇遺文，加以注解，隨篇次順序列之；其無篇名者，則總列於後，成書十二卷。而此時只是集注而已，「疏」部分未及完成。

復觀《集注音疏．後述》，內容則是完成「疏」之部分而作，內容完整陳述了「疏」之成書歷程，云：

> 歲在彊圉大淵獻之六月，《尚書集注》始成，擬更三載而成「疏」。乃距今昭陽大荒落之五月，六周寒暑而卒業焉。……乾隆三十有八年歲在昭陽大荒落臯月既望，粵三日丙子，江聲纂並疏；五十七年涂月壬申重書。（卷13，頁93b，總頁3156）

從文末江氏所記，知此文及注、疏完成於乾隆三十八年（1773）五月丙子（18 日），且於乾隆五十七年（1792）十二月重書。江氏自云乾隆三十二年（1767）《尚書集注》始成後，擬再三年成「疏」之部分；然最後「疏」成，則是花費六年時間，於乾隆三十八年（1773）完成。

上述大抵為《集注音疏》注、疏部分之成書歷程。此外，《集注音疏》於卷十二〈尚書逸文〉後，附有〈尚書補誼〉、〈尚書續補誼〉，合〈述〉、〈後述〉共一卷。江氏於〈尚書補誼〉自云：

> 余纂《尚書集注音疏》既成，刊卽過半，諸同人閱之，輒或相況

---

[165]江氏乾隆二十七年（1762）為何不接著輯〈盤庚〉以下注，要等到乾隆三十一年（1766）才開始蒐集〈盤庚〉以下注？對此，陳鴻森先生認為與余蕭客有關，云：「江聲采輯《尚書》佚注，〈般庚〉以下中輟者，蓋是年（1762）古農《鉤沈》刊布，江氏見古農所輯不無遺漏，仍復續輯成之。」見陳鴻森：〈余蕭客編年事輯〉，《中國經學》第十輯（桂林：廣西師範大學出版社，2012年），頁 79。案：味陳先生言，以為江氏於乾隆二十七年（1762）因余蕭客刊《古經解鉤沈》之故，故未集〈盤庚〉以下之注；然而江氏後見《鉤沈》所輯不無遺漏，因此復續輯。陳先生此論雖為推論，但仍提供後學一思考方向。

> 以誨言，足以匡余之不逮。余不能追改，旣刊之版，爰緝爲〈補誼〉若干條于卷後云。上章閹茂之歲則涂之月十三日己未江聲識，時年七十。（卷13，頁91a，總頁3151）

此文是《集注音疏》付梓刊行後，江氏諸友提出指正，無奈此時已不能追改，故另附一卷於書後。此時為乾隆五十五年（1790）年則涂之月（12月）十三日，江氏七十歲。觀〈尚書補誼〉所補條目以及所引「同人」者為：〈甘誓〉「左不功于左女不龔命」；〈九征〉逸文，引徐頲（？－1823）之說；〈酒誥〉「弗惟德馨香祀」，引徐承慶（生卒年不詳）之說；〈無逸〉「厥兆天子爵」，引顧廣圻（1770－1839）之說；〈無逸〉「疏」三宗字，引徐頲之說；〈君奭〉「甘般」，引程世詮之說；〈顧命〉「左孰右孰」，引錢大昕之說；〈湯征．敘〉「疏」，引徐頲之說；〈說命．敘〉「注《尸子》」，引徐頲之說。共計九條。又文末有「附識寫尚書誤字」一條，下云：「余寫《尚書》所用《說文》乃徐鉉本，有从徐鉉而誤者，承段君若膺教而始知，不能追改，恐詒誤後學，故附識于此。」可知，江氏作《集注音疏》所用《說文》乃徐鉉本，或有所誤，故段玉裁對此提出指正。[166]

復觀江氏於〈尚書續補誼〉下云：

> 余《尚書》告成後頗有滲漏，乃纂〈補誼〉數條傅于卷後。旣刊印矣，玆又獲聞所未正者，復爲〈續補〉焉，于以知學問无竟功，安知不復有遺誼邪？昭陽赤奮若之歲窒相之月六日丁酉江聲又識，時年七十有三。（卷13，頁91b，總頁3152）

據文末記年月，為乾隆五十八年（1793）窒相之月（7 月）六日作，江氏七

[166] 案：劉盼遂《段玉裁先生年譜》記乾隆五十五年庚戌（1790）：「江艮庭著《尚書集注音疏》，所據《說文》祇大徐本，往往有誤。」見《段玉裁遺書》，頁 1278。

十三歲。觀〈尚書續補誼〉所補條目以及所引「同人」者為：〈堯典〉「女尻稷」條，引顧廣圻之說；〈禹貢〉「雲土瞢作乂」條，引顧廣圻之說；〈無逸〉「祖甲」條，引洪适《隸釋》之文；〈呂刑〉「湎湎紛紛」條，引顧廣圻之說；〈大誥・敘〉「將黜殷命」條，引袁廷檮說。共計五條。

除上述所論外，近市居本（即《續修四庫全書》本）《集注音疏》書前有〈募刊尚書小引〉一篇，惟以篆文寫成，不便閱讀，但對明白《集注音疏》之成書有重要之文獻價值，茲轉以楷體載之如下，云：

> 今將登諸梨棗，必先謀厥資財，以蒙先達慨賜肇其耑，猶冀同人協贊集厥事。儻能醧金相助，俾得鏤版以傳，上紹前賢，下開來學，功由眾舉，事藉人為，敢不備列芳名，式昭盛德。乾隆四十有九年歲在焉逢執徐則余月癸巳江聲纂。

按此，江氏於乾隆三十八年（1773）《集注音疏》「疏」部分完成後，直到乾隆四十九年（1784）四月才始得以刊刻，此時江氏六十四歲。據友人王鳴盛云：「江著述未流布」[167]一句，知在此之前，《集注音疏》實少有人見。下文繼詳列醧金襄助刊刻《集注音疏》之名單及其過程，云：

> 拙製蒙少司寇王述闇先生見賞，謂宜刊布，爰始解囊；既而畢制府弇山先生聞之，亦捐資相助，最計所賜得三分之一，于是勾工興事，而更求將伯，乃纂〈募刊小引〉，以廣勾同人，遂有言：高雲朝標、湯士超倍煇、楊二樹烘基、彭尺木紹升、汪宇春為仁、段茂堂玉裁、徐復堂應階、徐謝山承慶、蔣霽光寅、李槐江大夏、程念鞠士銓、汪竹香元諒、嚴豹人蔚、王揚孫煦、鈕匪石樹玉、李鐵珊元德、黃堯圃丕烈；遠者有閩粵徐賀甫顯璋；及門有

[167]清・王鳴盛：《十七史商榷・尚書古文篇數》，《嘉定王鳴盛全集》，冊 4，卷 22，頁 238。

> 楊生偕時安行、謝生大年杙，後先相助，計六分有其五。自興工以來，九年于茲矣！九年之中，資或不繼，輒渴己力以補續者，約有六之一焉。凡用銀四百五十兩，然後得成此刻，不敢忘諸君子樂成人美之德，故詳識之。乾隆五十八年歲在昭陽赤奮若畢陬月甲酉朏江聲記，時年七十有三。

文末記乾隆五十八（1793）年正月三日，江氏七十三歲。由本文知《集注音疏》之刻，乃先受王昶賞識而捐資相助，之後畢沅聞之，亦解囊捐資，得三分之一，才得始興事刊刻。此外，更廣求同處於吳門之諸友協助，有：高朝標、湯倍煇、楊供基、彭紹升、汪為仁、段玉裁、徐應階、徐承慶、蔣寅、李大夏、程士銓、汪元諒、嚴蔚、王煦、鈕樹玉、李元德、黃丕烈；又有居於閩粵者徐顯璋，及門弟子楊安行、謝杙；以上共助江氏六分之五之資金。《集注音疏》之刊刻所費之九年（乾隆四十九年～乾隆五十八年），資金並非一時齊具，而是斷續積累。江氏除受諸友生之助外，亦自備六分之一資金，對生活窮困、不善生計之江氏而言，更顯艱鉅。

今為更清楚《集注音疏》之成書歷程，茲製簡表如下：

《尚書集注音疏》成書歷程簡表

時間	成書內容	江聲年歲
乾隆二十六年（1761）～乾隆二十七年（1762）	完成〈堯典〉、〈咎繇謨〉、〈禹貢〉、〈甘誓〉、〈湯誓〉諸篇，曁百篇〈敘〉之「集注」	江聲 41 歲～42 歲
乾隆三十一年（1766）～乾隆三十二年（1767）	完成〈般庚〉以下二十餘篇之注，並對之前所輯者加以釐正	江聲 46 歲～47 歲
乾隆三十二年（1767）七月己巳（7 日）	完成《集注音疏・述》	江聲 47 歲

時間	成書內容	江聲年歲
乾隆三十二年（1767）七月癸未（21日）	完成《集注音疏・述》之「疏」	江聲47歲
乾隆三十八年（1773）	完成《集注音疏》十二卷之「疏」	江聲53歲
乾隆三十八年（1773）五月丙子（18日）	完成《集注音疏・後述》及「注」、「疏」	江聲53歲
乾隆四十九年（1784）四月	《集注音疏》始刻	江聲64歲
乾隆五十五年（1790）十二月十三日	完成〈尚書補誼〉	江聲70歲
乾隆五十七年（1792）十二月	重書《集注音疏・後述》	江聲72歲
乾隆五十八年（1793）正月三日	《集注音疏》刻成，並作〈募刊尚書小引〉	江聲73歲
乾隆五十八年（1793）七月六日	完成〈尚書續補誼〉	江聲73歲

(二) 王氏《尚書後案》之成書歷程

王氏對《尚書》之研究，據《後案・自序》云：「草創于乙丑（乾隆十年，1745），予甫二十有四，成于己亥（乾隆四十四年，1779），五十有八矣。」王氏雖自謂《後案》寫作時間長達三十四年，但事實上是經過由「辨偽」《偽孔》至「注解、疏通」漢《注》的過程。此成書歷程，陳《譜》所論翔實，提供文獻資料豐富，筆者酌參陳《譜》加以鋪陳論述。

又前文引李果序王氏《曲臺叢稿》，謂王氏於弱冠時作《尚書從朔》，知王氏之《尚書》研究乃始於辨偽。而《尚書從朔》一書，王氏〈石鼓歌〉「我方欲辨壁書偽，傳鈔禿筆勞秋毫」下自注「予撰《尚書從朔》，辨晚晉古文之謬」[168]，知此時略已具稿，陳《譜》即將此書具稿繫於乾隆十九年（1754），即今《後案》末所附之《尚書後辨》一書，此時王氏三十三歲。

[168] 清・王鳴盛：《西莊始存稿・石鼓歌》，《嘉定王鳴盛全集》，冊10，卷8，頁135。

王氏既對《尚書》辨偽有得，遂進行《後案》之寫作計畫。《蛾術編・光被》條云：

> 乙亥歲，予官京師，作《尚書後案》。[169]

乙亥歲即乾隆二十年（1755），此時王氏三十四歲。而《後案》一書，亦漸次成稿，陳《譜》據《西莊始存稿》卷十二張汝霖〈西莊寄紀恩詩次和奉簡六首〉其五下注云：「《尚書古文後案》聞亦脫稿矣。」此詩作於乾隆二十四年（1759），是知王氏《後案》之作，雖離完稿尚遠，但已稍有所具。而從乾隆三十年（1765）所刻成之四十卷本《西莊始存稿》，卷十九、二十為〈洪範後案〉可推知，王氏對〈洪範〉之研究為其《尚書》學中較先者，然著《後案》時又與先前觀點有所轉變，此已見前述，茲不復論。

又陳《譜》據上海圖書館藏本《尚書後案》之王氏手跋，知乾隆四十二年丁酉（1777）三月十八日，王氏閱《隸釋》，采數條入《後案》。[170]復兩年，乾隆四十四年己亥（1779），《後案》三十卷告成，距乙丑草創，寢食三十四年。隔年，乾隆四十五《後案》刻成。

復觀王氏之《蛾術編》，某幾處觀點已與先前著《後案》時不同，而加以自注者，如卷二十八〈說字十四〉「心」字條，有：「予《尚書後案》誤以為不同，未及追改也」、卷三十〈說字十六〉「㱿」字條「予《尚書後案》回護《說文》，……不及追改，附見于此」，皆可見王氏思維之轉變也。為更清楚《後案》之成書歷程，茲製簡表如下：

---

[169]清・王鳴盛：《蛾術編・光被》，《嘉定王鳴盛全集》，冊 7，卷 4，頁 95。

[170]陳鴻森：〈王鳴盛年譜（下）〉，《中央研究院歷史語言研究所集刊》，第 83 本，第 1 分，頁 123。

《尚書後案》成書歷程簡表

時間	成書內容	王鳴盛年歲
乾隆十年，1745	始作《後案》，先作《尚書從朔》	王鳴盛 24 歲
乾隆十九年（1754）	《尚書從朔》略成，即《尚書後辨》	王鳴盛 33 歲
乾隆二十年（1755）～乾隆二十四年（1759）	作《尚書後案》，已漸次成稿	王鳴盛 34 歲～38 歲
乾隆三十年（1765）	四十卷本《西莊始存稿》刻成，卷十九、二十為〈洪範後案〉	王鳴盛 44 歲
乾隆四十二年（1777）三月十八日	王氏閱《隸釋》，采數條入《後案》	王鳴盛 56 歲
乾隆四十四年（1779）	《後案》三十卷告成	王鳴盛 58 歲
乾隆四十五年（1780）	《後案》刻成	王鳴盛 59 歲

(三)《集注音疏》與《後案》成書關聯考述

江、王二家同問學於惠棟，在治《尚書》上亦多有關聯。孫星衍〈江聲傳〉云：

> （江聲）輯鄭康成殘注及漢儒逸說，附以己見而為之疏，以明其說之有本。……時王光祿鳴盛撰《尚書後案》，亦以疏通鄭說，考究古學為書，延聲至家，商訂疑義，始以行事焉。[171]

孫氏云王氏「延聲至家，商訂疑義」之說，蓋取源於王鳴盛《後案・自序》[172]：

---

[171]清・孫星衍：《平津館文稿・江聲傳》，卷下，頁 171。

[172]案：孫氏〈江聲傳〉作年無考，但《平津館文稿・序》刊於嘉慶十一年（1806），知〈江聲傳〉

> 草創于乙丑，予甫二十有四，成于己亥，五十有八矣。寢食此中，將三紀矣。又就正于有道江聲，乃克成此編。(《後案·自序》)

此外，《十七史商榷》亦云：

> 江之學甚精，予多從之，而間或辨之者，足辨也，重其學也。江著述未流布，予為辨之，使後人觀之則經益明。[173]

除了知江、王皆以鄭《注》為注解《尚書》的主要對象，更值得注意的是，王氏曾就江氏共商疑義，王氏《後案》之成，乃是與江聲討論過後才成書，錢穆亦據《後案·自序》疑王書頗受江書影響，[174]可見二書有其相關性。江、王所處時空既同，亦同時問學於惠棟，其共論疑義實常情也。然二人所共商者為何，則未見任何文獻紀錄說明，以余觀之，僅曹元弼謂王氏此舉「或更補其未逮」，[175]即認為以江聲意見補苴。

今案：王氏《後案》之作始於乾隆乙丑（19 年，1745），成於乾隆己亥（44 年，1779）；《音疏》則始於乾隆二十六年（1761），成於乾隆三十八年（1773），知王氏作《後案》雖早於江氏，其成書則晚於《音疏》。然而細檢兩書引用的材料，卻未出現過稱及彼此的著作或姓名。今就同采鄭《注》之處進行比較，可發現二人說法互有異同。本來詮釋意見相近誠不足怪；然而若是在敘述語氣、用字遣詞、行文順序上幾乎相同，則某方即有襲彼方之可

作成早於嘉慶十一年；而錢儀吉《碑傳集》則全載孫氏〈江聲傳〉，吳德旋《初月樓續聞見錄》卷十載王鳴盛「撰《尚書後案》，延艮庭於家，商訂疑義焉。」《初月樓聞見錄》成於嘉慶二十三年（1818），亦晚於孫氏〈江聲傳〉。知孫氏〈江聲傳〉「延聲至家，商訂疑義」之說，蓋取於王鳴盛《後案·自序》。

[173] 清·王鳴盛：《十七史商榷·尚書古文篇數》，《嘉定王鳴盛全集》，冊 4，卷 22，頁 238。

[174] 錢穆：《中國近三百年學術史》（北京：商務印書館，2005 年），頁 354。

[175] 曹元弼：《古文尚書鄭氏注箋釋·序》（上海：上海古籍出版社，2002 年《續修四庫全書》影印復旦大學圖書館藏稿本），總頁 453。

能。檢江、王二著，兩人說解幾同者，皆為對鄭《注》之詮釋，頗疑所謂「延聲至家，商訂疑義」、「就正于有道江聲」、「江之學甚精，予多從之」者即此。以下略錄二著詮釋鄭《注》幾相同者，以見二著對鄭《注》詮釋的見解，以及成書之關係。

● 〈堯典〉「僉曰伯禹作司空」條

《集注音疏》【注】:「鄭康成曰：初，堯冬官爲共工。舜舉禹治水，堯知其有聖德，必成功，故改命司空，以官名寵異之，非常官也。至禹登百揆之任，舍司空之職，爲共工與虞，故垂作共工，益作朕虞。」【疏】:「……案《周禮》司空主事，故百工屬司空。若山虞、澤虞皆屬司徒，非司空之屬，鄭並言共工與虞者，禹初時隨山刊木，暨益奏庶鱻食，則禹實兼虞，益但左禹而以。禹既宅百揆，舍其舊職，自然虞與共工皆舍，故更命垂。益分任其職，不得以《周禮》為難。」（卷1，頁7b）

《後案》【鄭曰】:「初，堯冬官爲共工。舜舉禹治水，堯知其有聖德強法，必有成功，故改命司空，以官名寵異之，非常官也。至禹登百揆之任，捨司空之職，爲共工與虞，故曰垂作共工，益作朕虞是也。」【案曰】:「云『舍司空爲共工與虞』者，《周禮》司空主事，故共工屬司空。若山虞、澤虞皆屬司徒，非司空。鄭以虞與共工並言者，以禹隨山刊木，暨益奏庶鮮食，則禹實兼虞，益但佐禹而已。禹既宅百揆，舍其舊職，知虞與共工皆舍，故更命垂。益分任其職，不得以《周禮》為難也。」（卷1，頁42-43）

江、王二書鄭《注》皆采自《周禮注疏・序》，雖文字上有小異，如《集注音疏》「堯知其有聖德」，《後案》作「堯知其有聖德強法」，今檢《周禮注疏・序》無「強法」二字，王氏乃據《周禮・冬官・考工記》《疏》「堯知其有強法」，故合而為一。復觀二氏對鄭《注》的詮釋，皆謂禹「隨山刊木，暨益奏庶鮮食」，本兼共工與虞。之後捨司空之職為百揆，故分命垂與益為共工與虞，並謂不得以《周禮》之制難鄭《注》也。然而江、王除了在行文順序上相似，皆先舉《周禮》之制，再詮釋鄭玄之說，就連敘述文字也幾同，如「……故更命垂。益分任其職，不得以《周禮》為難。」足見二人不僅對這段文字的理解一樣，且必然是某方采某彼方之說，否則不可能如此近似。

● 〈皐陶謨〉「夔曰於予擊石拊石百獸率舞」條：

> 《集注音疏》【注】:「鄭康成曰：磬有大小。夔語舜曰：予擊大石磬，拊小石磬，則感百獸相逵而舞。」【疏】:「……案康成注〈太師職〉不从先鄭誼，而別爲解云『拊形如鼓，以韋爲之，箸之以穅。』注此經上文『搏拊』亦爲是說，而于此言『拊小石磬』者，葢此拊若亦是所擊之物，而總蒙擊文，不當厠于兩石之閒言之。自是以拊與擊對舉，而著其攷擊之異，故解有不同。」（卷2，頁15b）
>
> 《後案》【鄭曰】:「夔語舜云，磬有大小，予擊大石磬，拊小石磬，則感百獸相率而舞。言聲音之道與政通焉。」【案曰】:「……康成注〈太師〉不从先鄭說，而云『拊形如鼓，以韋爲之，著之以糠。』注此經上文『搏拊』亦云然。而于此言『拊小石磬』者，以此拊若亦是小鼓，而總蒙擊文，不當厠于兩石之間。明是以擊與拊對舉，拊从手，固有考擊之義，故解不同也。」（卷2，頁89）

江、王二書鄭《注》皆采自《周禮．大司樂．疏》，而文字語序小異耳，惟王氏云「言聲音之道與政通焉」者，為王氏私語，不應置於鄭《注》。二氏詮釋鄭《注》，皆先著眼於鄭玄注〈太師職〉不從鄭眾說，而另云「拊形如鼓，以韋爲之，著之以糠」，然於〈皐陶謨〉此處則言「拊小石磬」，明以拊作動詞，與擊對舉。此條江、王無論在舉證及解釋文字極似，語序更完全相同，惟最末江氏云「著其攷擊之異」，而王氏云「固有考擊之義」，要之，皆謂擊與拊義稍異也。

● 〈召誥〉「王朝步自周則至于豐」條：

> 《集注音疏》【注】：「鄭康成曰：從鎬京行至于酆，就告文王廟。告文王則告武王可知。步，行也。堂下謂之步。酆、鎬異邑，而言步者，告武王廟即行，出廟入廟不以遠，爲文恭也。」【疏】：「經言『步自周，則至于酆』，若出廟入廟甚近便，不見異邑相遠之文者，以成王恭于父祖，奔告速疾，告武王廟即行，不俟車駕，故錄書者不以異邑相遠爲文，以見成王之恭也。〈魯世家〉注引此注『爲文』，誤作『爲父』，茲據〈曲禮〉《正義》改正之。」（卷7，頁52a）
>
> 《後案》【鄭曰】：「于此從鎬京行至于豐，就告文王廟。告文王則告武王可知。步，行也。堂下謂之步。豐、鎬異邑，而言步者，告武王廟即行，出廟入廟不以遠，爲文恭也。」【案曰】：「……云『步自周，則至于豐』，一似出廟入廟，甚為近便，不見異邑相遠之文者，成王恭于父祖，奔走速疾，告武王廟即行，不俟車駕，故錄書者不以異邑相遠爲文，以見成王之恭也。〈魯世家〉注引此注『爲文』，誤作『爲父』，茲據〈曲禮〉、《爾雅》《疏》改正之。」（卷18，頁427）

本條江、王解釋鄭《注》，從「出廟入廟」至於「〈魯世家〉注引此注『爲文』，誤作『爲父』」云云，除了少數字句相異外，及《後案》文末王氏更益《爾雅》《疏》，此為《音疏》未見者，其餘敘述無論內容、語序幾同。

● 〈召誥〉「太保乃以庶邦冢君出取幣乃復入錫周公」條：

《集注音疏》【注】:「鄭康成曰：召公見眾殷之民大作，周公德隆功成，有反政之期，而欲顯之，因大教天下，故與諸侯出取幣，使教成王立于位，以其命賜周公。所賜之幣，蓋璋以皮及寶玉、大弓。」【疏】:「鄭《注》見《正義》。云『所賜之幣，蓋璋以皮及寶玉、大弓』者，《春秋．定八年經》云:『盜竊寶玉、大弓。』《公羊傳》云:『寶者何？璋判白，弓繡質，龜青純。』是魯有此璋及寶玉、大弓也。定四年《左傳》云:『分魯公以大路、大旂、夏后氏之璜、封父之繁弱。』則璋與寶玉、大弓非封魯公之分器，當是此時所賜于周公者，以无正文，故云『蓋』以疑之。云『以皮』者，《周禮．小行人》『合六幣璋以皮』，是璋必配以皮也。案《公羊傳》，璋卽寶玉，鄭以璋與寶玉、大弓殊言之者，何休注《公羊》云:『半圭曰璋，白藏天子，青藏諸侯，魯得郊天，故錫以白。不言璋言玉者，起圭、璧、琮、璜、璋五玉盡亡之也。《傳》獨言璋者，所以郊事天尤重。』然則《春秋》所言玉，不止于璋，以璋是禮天之玉，特尤異，故鄭別言之。」(卷7，頁52b)

《後案》【鄭曰】:「所賜之幣，蓋璋以皮及寶玉、大弓，此時所賜。」【案曰】:「云『幣，蓋璋以皮及寶玉、大弓』者，《春秋．定八年經》:『盜竊寶玉、大弓。』《公羊傳》云:『寶者何？璋判白，弓繡質，龜青純。』是魯有此璋及寶玉、大弓也。定四年《左傳》:『分魯公以大路、大旂、夏后氏之璜、封父之繁弱。』則璋與寶玉、大弓非封魯公之分器，當是此時所賜與周公者。以無正文，故云『蓋』以疑之。璋必云『以皮』者，《周禮．小行人》『合六幣璋以皮』，是用璋為幣，必以皮配合之也。考《公羊傳》，璋卽寶玉、大弓之玉，鄭以璋與寶玉、大弓殊言之者，何休注《公羊》云：『半圭曰璋，白藏天子，青藏諸侯，魯得郊天，故錫以白。不言璋言玉者，起圭、璧、琮、璜、璋五玉盡亡之也。《傳》獨言璋者，所以郊事天尤重。』然則《春秋》所言玉，不止于璋，以璋是禮天之器，當尤異，故別言之。」（卷18，頁434）

〈召誥〉這段文字，江、王對鄭《注》及經文的綴合不同。在經文上，《集注音疏》作「太保乃以庶邦冢君出取幣乃復入錫周公」；《後案》作「太保乃以庶邦冢君出取幣乃復入」，「錫周公」屬下讀。在注解上，《集注音疏》將「召公見眾殷之民大作……以其命賜周公」，與「所賜之幣，蓋璋以皮及寶玉、大弓」合為一段；而《後案》作「所賜之幣，蓋璋以皮及寶玉、大弓，此時所賜」，「召公見眾殷之民大作」云云則屬下段經文。雖然兩者在經文、鄭《注》上稍異，但對鄭《注》的詮釋，皆為「所賜之幣，蓋璋以皮及寶玉、大弓」而發，[176]《集注音疏》對「召公見眾殷之民大作……以其命賜周公」則未解釋。在材料上，江、王皆引用《春秋》、《公羊傳》、《左傳》、《周禮》；在內容詮釋上，皆解釋璋及寶玉、大弓，再進一步解釋璋以皮配合之意，最末則解釋鄭玄以璋與寶玉、大弓殊言之，乃因璋是禮天之器，較為特別之意。雙方不僅在材料、內容詮釋皆同，在行文順序、甚至單純的敘述用語，如「以無正文，故云『蓋』以疑之」、「璋是禮天之玉（器），特（當）尤異，故鄭別言之」亦幾同。

- 〈洛誥〉「周公拜手稽首曰王命予來承保乃文祖受命民粵乃光烈考武王弘朕恭」條：

《音疏》【注】：「鄭康成曰：文祖者，周曰明堂，以偁文王。烈，

[176]《後案》「所賜之幣，蓋璋以皮及寶玉、大弓。此時所賜。」謹案：「此時所賜」應是孔《疏》文，非鄭《注》。

威也。」【疏】:「鄭《注》見《詩・維天之命》及〈雝〉《正義》。云『文祖者,周曰明堂』者,《尚書帝命驗》云:『帝者,奉天立五府,以尊天重象也。五府者,五帝之廟,蒼曰靈府,赤曰文祖,黃曰神斗,白曰顯紀,黑曰元矩。』《注》云:『赤帝熛怒之府,名曰文祖。火精光明,文章之祖,故謂之文祖。周曰明堂。』鄭注〈堯典〉亦云:『文祖者,五府之大名,猶周之明堂是也。』云『以偁文王』者,下文『乃單文祖德』,直謂明堂爲文祖。此言『乃文祖』,則是偁文王,以文王于成王爲祖也。〈釋訓〉云:『烈烈,威也』,故云『烈,威也』。案〈雝〉詩云『旣右烈考』,亦謂武王,與此經同。鄭彼箋用〈釋詁〉誼,訓烈爲光,此訓爲威者,以此經光烈聯文,不得以烈爲光,故訓有異,誼亦得兩通也。」(卷7,頁55b)

《後案》【鄭曰】:「文祖者,周曰明堂,以偁文王,是文王德稱文祖也。光烈考,烈,威也。」【案曰】:「鄭云『文祖,周曰明堂』者,《尚書帝命驗》云:『帝者,承天立五府,以尊天重象也。五府者,蒼曰靈府,赤曰文祖,黃曰神斗,白曰顯紀,黑曰元矩。』《注》云:『赤帝熛怒之府,名曰文祖。火精光明,文章之祖,故謂之文祖。周曰明堂。』鄭注〈堯典〉亦云:『文祖者,五府之大名,猶周之明堂也。五德運代,皆取相生。周木德,生木者殷水德,生水者夏金德,生金者虞土德,生土者唐火德。明堂之制,唐虞三代皆有之,而名則異。堯火德,合稱文祖,而夏世室,殷重屋,周明堂。名不相襲,要其制是一,故云文祖,周明堂也。』鄭又云『以稱文王』,是文王德稱文祖者。下文『乃單文祖德』,直謂明堂爲文祖。此言『乃文祖』,又與文王並稱,則是稱文王,以文王有文德,合于火精,故即以文祖稱之也。〈釋訓〉云『烈烈,威也』,故云『烈,威也。』〈雝〉詩云『旣右烈考』,亦謂武王,與此經同。彼《箋》用〈釋詁〉義,訓烈爲光,此訓爲

> 威者，以光烈連文，不得以烈爲光，故訓有異，亦得兩通也。」（卷19，頁451）

江、王所輯鄭《注》文字稍異。兩書皆采自《詩・維天之命、雝》《疏》。惟《後案》作「是文王德稱文祖也」者，應為孔穎達語，非鄭《注》。而在鄭《注》的詮釋上，雙方首先同引《尚書帝命驗》、〈堯典〉鄭《注》，釋文祖之義，意為文祖為周之明堂，惟王氏引〈堯典〉鄭《注》內容詳於江氏。其次，對「乃文祖」的解釋，江氏云「『乃文祖』，則是偁文王，以文王于成王爲祖也」；王氏則云「此言『乃文祖』，又與文王並稱，則是稱文王，以文王有文德，合于火精，故即以文祖稱之也。」知雙方雖以文祖為文王，但江氏的理由為「文王于成王爲祖」，王氏則以《尚書帝命驗》《注》「火精光明，文章之祖，故謂之文祖」為據，以解釋文祖者主火精光明，文王合于火精，故稱文祖。可見在有襲自彼方意見的狀況下，還是有解釋互異的情形。最末，雙方同引〈釋訓〉，謂「烈，威也」，並辨不得以〈雝〉「既右烈考」鄭《箋》「烈，光也」以訓〈洛誥〉此文。本條在解釋上雖稍有不同之處，但在引用材料、行文次序、解釋文字如「故訓有異，（誼）亦得兩通也」之語皆幾同，亦足見雙方在鄭《注》的詮釋上有緊密的關係。

以上五條，足見江、王在鄭《注》的輯佚、對鄭《注》的詮釋上，確有相同意見的現象，但重要的是二人在詮釋上，無論引證、行文順序及用字遣詞皆幾同，若非有共同商討，甚至參考彼此著作的情形，實難以如此近似。由此可見，王氏作《後案》確實受江氏影響。所謂「延聲至家，商訂疑義」、「就正于有道江聲」等，或可從此得到解釋。雖如此，卻較難以此認定為某方相襲，而應為互有影響，原因在於：

其一，無論是「就正于有道江聲」或「延聲至家，商訂疑義」，有可能只是交換意見，即為共同意見而加以寫定；而《十七史商榷》云「江之學甚精，予多從之」，即或為二家交換意見之結果。

其二，據王氏《十七始商榷》云：「江著述未流布，予為辨之，使後人觀之則經益明。」《十七始商榷》成於乾隆五十一年（1787），此時《集注音疏》尚未成書；據江氏〈募刊尚書小引〉「得成此刻，不敢忘諸君子樂成人美之德，故詳識之。乾隆五十八年（1793）歲在昭陽赤奮若畢陬月甲酉朏江聲記，時年七十有三」，知《集注音疏》刻成於乾隆五十八年（1793），而王氏《後案》則刻成於乾隆四十五年（1780）。換言之，王氏或可能引用《集注音疏》之稿本；而《集注音疏》乾隆四十九年（1784）才付梓，故江氏於付梓之前，亦有可能已見到《後案》，可見江氏亦可能取王氏之意見。

其三，二人著作中，僅江氏《集注音疏・康誥》「若保赤子」條，疏曰「王光祿鳴盛嘗曰〈康誥〉『若保赤子』須用《孟子》誼，乃始允合」[177]，出現過一次王氏之名，極可能是二人共商疑義之論，故江氏加以引之。而檢王氏《後案》，則未見江聲之名或著作，或因江氏著作尚未脫稿，故王氏雖就正於江聲，則未著其名也。

其四，《後案・自序》既已著「就正于有道江聲」語，無異對內容若有與江氏相同者做出說明，故文中不復一一著出。乾嘉時期樸學家著述雖力求言必有據，但古代時空環境與今時不同，不可以今度古，而用人格來臆度其人之學術良心。在資料不足的情況下，本文無意過度深究二書是否有相襲上的問題，但就目前所呈現的證據下，以及兩人的交往情形、學術討論關係，認為兩人在《尚書》研究、成書經過，誠為緊密，無法孤立而觀。

[177] 清・江聲：《尚書集注音疏》，《清經解》，冊 3，卷 6，頁 48a，總頁 3069。

第三章
江聲、王鳴盛詮釋《尚書》精神之異同

江、王二家之生平及治《尚書》之淵源，既已如上章所論，但尚不足廓清二家《尚書》學，何則？蓋「精神」與「方法」未明也。昔黃侃（1886－1935）論治小學，有云：

> 夫所謂「學」者，有系統條理，而可以因簡馭繁之法也。明其理而得其法，雖字不能徧識，義不能徧曉，亦得謂之「學」。不得其理與法，雖字書羅胸，亦不得名學。[1]

黃侃此論雖為治小學而發，然其中所謂「明其理」、「得其法」，亦可轉釋為「精神」及「方法」也。換言之，若欲掌握某學術之「學」，當掌握此學術之精神與方法。

又竊以為，論某學術、某家之學，以「精神」尤為重要，而探究一家、一時代「精神」，「思想」不啻為一重要觀察要點，昔馮友蘭（1895－1990）論中國哲學的精神，首論思想之重要性，認為：

> 哲學家必須進行哲學化；這就是說，他必須對於人生反思地思想，然後有系統地表達他的思想。[2]

---

1 黃侃講、黃焯記：《文字學筆記》，收入《黃侃國學講義錄》（北京：中華書局，2006 年），頁 40。

2 馮友蘭：《中國哲學簡史》（北京：新世界出版社，2004 年），頁 3。

馮氏論哲學乃對人生進行反思，並從中產生系統性的思想。沒有思想就不可能產生精神，故馮氏論中國哲學的精神，先從思想闡述，此為人文學科之研究者須當深入挖掘者。又林毓生（1934－）論中國人文之重建，對文學之研究有云：

> 我們從事人文工作的時候，必須注重思想，以思想做為基礎。……如果我們對於作家，尤其是偉大的作家的思想背景和創作時的感受與關懷，沒有深切的了解的話，我們對於作品的了解往往要流於武斷與牽巧。[3]

林氏此雖就文學之研究而發，謂研究者當注重作家之思想。然經學、經學史亦為人文學科中極重要之一環，其研究方法又何嘗不是如此？清代經學家之考證、考據經典，有個人之精神與思想在背後支撐。竊謂今時研究乾嘉考證學已不能再套用過去的思考模式，而是應該以更宏觀的眼光，從各方面揭示其考證背後的思想、態度，[4]進而發揮一家之治學精神，如此才能揭示某家之「學」。

既然「思想」、「精神」或「態度」乃研究人文學術之核心，故欲比較江、王之《尚書》學，首當比較二家治《尚書》之「精神」。而欲揭示研究對象「精神」之法，即〈緒論〉所引阮芝生及黃仁宇兩位先生所云：「當摸清他的立場，抓住他的思想的出發點」、「為何以這種方式出現」。而此種方式之內在意義，近似余英時（1930－）論蘭克（Leopold von Ranke, 1795－1886）史學之內涵：

---

[3] 林毓生：《中國傳統的創造性轉化》（北京：生活・讀書・新知三聯書店，2011 年），頁 36-38。

[4] 王汎森說：「我們現代學術中所謂的『學』，基本上是以客觀的、研究的角度，把我們研究的東西客觀化，然後取一『研究的態度』。」見氏著：《執拗的低音：一些歷史思考方式的反思》（北京：生活・讀書・新知三聯書店，2014 年），頁 14。筆者認為，王氏所說的「態度」，近類於「精神」、「思想」。

> 蘭克決不承認史學祇是事實的收集，也不主張在歷史中尋求規律。相反地，他認為歷史的動力乃是「理念」(Ideas)，或「精神實質」(spiritual substances)……史學的目的首先便是要把握住這些「理念」或「精神」。[5]

既然研究史學，要把握住「理念」或「精神」，「經學史」作為史學之一環，故其研究亦當如是。研究者應先盡力把握住研究對象之「理念」或「精神」，進而深入探討內容，如此才能凸顯出歷史的動力。昔賢將江、王二家同目為吳派經師，治經又深受惠棟影響，但兩者治《尚書》之精神、觀念，或有相異之處。藉由比較二家之分歧點，乃是探討二家《尚書》學必須進行的工作，進而清楚理解吳派經學之精神，此即如朱維錚（1936－2012）論經學史之研究，當須「就史論史地剖析經學史行程中的形態差異及其內部聯繫」。[6]

也因此，為了更準確理解江、王在《尚書》學上之「形態差異及其內部聯繫」，本章比較江、王二家詮釋《尚書》之精神，有幾個關鍵性問題：就二家著作精神相同部分而論，首先，江、王同為批判《偽孔》及唐以後治《尚書》學者之誤，並加以針砭。前文已論江、王之作，乃自閻、惠取得對《偽孔》辨偽之成績而來，但細究二家之作，其實不只批評《偽孔》，更對唐以後治《尚書》學者之論多有批判。換言之，二家《尚書》學共同精神之一，即對《偽孔》及唐以後儒者《書》說之撥正，目的在呈現一部不同於前代之《尚書》學著作。其次，二家同為「吳派」經師代表，並以《尚書》作為經學研究之志業：在經義詮釋上，皆以輯古義為主，其中透顯出之精神，皆是以蒐集「訓」並發揮經書、聖人之義為主，且不約而同尚主古文之學。然而，進一步深入探討二家之詮釋向度，則有顯著之差異。本章期望藉由比

---

[5] 余英時：《歷史與思想．自序》（臺北：聯經出版事業有限公司，2006年），頁11。

[6] 朱維錚：〈我看經學與經學史──《中國經學史十講》小引〉，《走出中世紀二集》（上海：復旦大學出版社，2008年），頁278。

較二家詮釋《尚書》方式之差異，以論述二家治經精神之全貌。

今人理解清代中葉學術史，尤其論「吳、皖」兩派之學術精神，多沿前賢如章太炎、梁啟超之說。蓋自王引之始以「見異於今者則從之，大都不論是非」[7]批評惠棟，繼晚清章太炎云江聲、余蕭客「篤于尊信，綴次古義，鮮下己見」、[8]「蘇州學派篤信好古」，[9]又梁啟超亦言惠棟「愈古愈好，凡漢人的話都對，凡漢以後人的話都不對」，[10]「好古」、「泥古」似乎即成為吳派學術特徵，今人甚至將其視同為吳派治經精神。不可否認的，今時研究學術史，前賢之觀察，對後人認識一家一派之學，多有裨益，但卻也可能帶來所謂的「消耗性轉換」。王汎森（1958－）認為：

> 近代學科建置的過程中產生了許多「創造性轉化」，不過用歷史研究的角度看，原來人們以為很多傳統學問在轉化成現代學科的過程中功能會得到繼承或改善，其實並不一定如此。有很多東西在轉化的過程中被人們遺忘，或是變成低音。盡管學問轉換得更科學、更現代，但也有些複雜細微的成分被摒去了。……我們今天所熟悉的東西，也有許多經過晚清民國以來的「替換」、「轉譯」，它們開啟了新的思想世界，但是從歷史的眼光看，它們同時也產生了一些消耗性。[11]

王汎森並以梁啟超解釋「學案」為例，謂梁啟超說「學案者，學史也」，釋「學案」為學術的歷史。但若就《明儒學案》原來之宗旨而論，「學案」不

---

[7] 清．王引之：《王文簡公文集．與焦理堂先生書》，收入《高郵王氏遺書》（南京：江蘇古籍出版社，2000 年）卷 4，頁 1a。

[8] 章太炎著，徐復注：《訄書．清儒》（上海：上海古籍出版社，2008 年），頁 142。

[9] 章太炎：〈清代學術之系統〉，收入傅傑編校：《章太炎學術史論集》（昆明：雲南人民出版社，2007 年），頁 401。

[10] 梁啟超：《中國近三百年學術史》，頁 251。

[11] 王汎森：《執拗的低音：一些歷史思考方式的反思》，頁 23。

只是「學史」，還有許多實踐生活之層面，並非只有知識。然而經由梁啟超之「創造性轉化」後，原本「學案」內涵中的一些層面卻遺失了，如今講「學案」，多指「學史」而已，此即「消耗性轉換」。若以此理路重審章太炎、梁啟超論吳派學術之說，是否即如梁氏釋「學案」一般，產生了某些「消耗性」之層面呢？例如，前賢論吳派學者之學術特色為「好古」、「泥古」，但今人之研究結果，惠棟並非全然「泥古」、「好古」，[12]亦有採用宋人之說，研究者又該如何解釋惠棟「好古」、「泥古」又或非全然「泥古」、「好古」之一面？吳派經師不「泥古」、「好古」之一面，是否被遮蔽了？又從上章可知，王鳴盛《始存稿・洪範後案》多有用宋人之說，則梁氏「凡漢人的話都對，凡漢以後人的話都不對」之論，該如何詮釋？吳派經師用宋、明儒說法之一面，是否被遮蔽了？今人論江、王之學，甚至吳派經學，能否循前人（如太炎、任公）之說，一概視之？換言之，今人在接受前賢之論時，除了接受其「創造性轉化」外，應注意還有哪一些「消耗性轉換」被蒙蔽了。本章所作之次要目的，即欲藉由觀察江、王治《尚書》之精神，完整地闡釋吳派學術之精神。

一、論江氏著《集注音疏》重新詮釋《尚書》之精神

惠、江同以輯古義以通經，此如張素卿先生所指出乾嘉經師多表彰「漢學」，並據訓解以通經，進而成為一種治經典範，實為有清一代輯「古義」而撰「新疏」潮流下之成果。[13]而從惠棟以至江、王所輯「古義」之學術傾向，最明顯的是以東漢古文學為主，故將江、王視作《古文尚書》學自無不

---

[12] 如張素卿：《清代漢學與左傳學——從「古義」到「新疏」的脈絡》（臺北：里仁書局，2007年），頁71。

[13] 有關清代新疏之「古義」內涵以及相關討論，張素卿討論甚詳，見氏著：《清代漢學與左傳學——從「古義」到「新疏」的脈絡》。

可。但綜觀二家注《尚書》之目的，二家或有不同。本節之作，旨在先由宏闊之視角考察江氏著《集注音疏》之目的以及方式，以顯江氏治《尚書》之精神，而此精神所呈現之詳細之內容與相關問題，則待後文詳論。

(一)對《偽孔》及唐以後《尚書》學者之批判

江氏著《集注音疏》之目的，概括言之，實不滿《偽孔》(包括經、《傳》，尤其是《傳》，下同)及唐以後學者之說，而重輯「古義」以重新詮釋《尚書》。按今、古文《尚書》說，自魏晉以來漸已失傳，自唐代以《偽孔》為令甲，深刻影響了《尚書》學之發展，而後雖有蔡《傳》之起，亦難以撼動《偽孔》之地位。直至清代閻、惠辨偽後，江、王以不同於前代思維對《尚書》之經、《傳》重新整理詮釋，才成為清代《尚書》新疏之代表。由此可見，廓清《偽孔》以及唐以後學者《書》說，乃江氏治《尚書》精神一大關目。

有關江氏對於《偽孔》之不滿及其釐正，因涉及辨偽之內容，故留待下章再詳論。本小節所關注者，乃江氏指陳兩漢以後《尚書》學之弊病，從中可見江氏《尚書》學之精神。《集注音疏．述》首先敘述兩漢《尚書》學，次總結東漢及魏之《尚書》學後，乃云：

> 康成作注，可謂亼(集)諸儒之大成矣。……乃有王肅者，後鄭君而起，嫉鄭君之名而欲弇之，輒爲異說以詆毀，多見其不知量尔，鄭君庸何傷哉！(卷13，頁92b，總頁3154)

並自疏云：

> 王肅，魏人。當時鄭君名重海内，肅生稍後，心忌其名，而欲與衡。因亦廣注羣經，力求與鄭韋異，雖離經叛道，所不顧也。又作《聖證論》以極詆康成，而如其學實不及康成遠甚，終不足以

> 爭勝也。于是又造《家語》、《孔叢子》二書，託諸孔子之言，以與鄭牴牾，意謂鄭不合于孔子，則其非見矣。然而後世卒知二書之出于僞造，而不以此短鄭，是于鄭君无損，而肅適成其爲小人也。（同上）

江氏指出鄭玄注《尚書》為集大成者，自然是著眼於鄭玄融合今古文之特色，接著指出王肅為了與鄭玄爭勝，不但創為異說以詆毀鄭玄，更偽造《孔子家語》、《孔叢子》托諸孔子聖言。雖現今學界對《孔子家語》、《孔叢子》是否真為王肅偽造有不同意見，但於此，明顯揭示江氏「尊鄭」以及「排王」之思維。

而王肅之後，東晉梅賾上《古文尚書孔氏傳》，則是《尚書》學史上最關鍵的問題。江氏云：

> 逮東晉元帝時，梅賾奏上《古文尚書孔氏傳》，析二十八篇爲三十三，增益二十五篇，以傳合于劉向《別録》五十八篇之目，散百篇之〈敘〉引冠篇耑，其亡篇之敘列次其間。雖末由知爲之者爲誰，而其說輒與王肅合，竊以爲當作俑于肅也。于時師資道喪，哲人云亡，學者既无卓識，且喜新異，遂翕然信奉，以爲孔氏古文于今乃出。（同上）

江氏此論梅賾本析二十八篇爲三十三、增益二十五篇等論，實循宋人乃至於閻若璩、惠棟之辨偽而來。除了篇數分合之問題外，江氏對於《偽孔》中之經、《傳》問題，如經文及《傳》解釋之誤，多有論說，包涵重新釐訂《尚書》經文與作新注，意味著江氏所欲恢復者，乃《偽孔》以前的《尚書》原貌，這也是江氏敢於更異經字之主因，意同惠棟改《易》經字，故前人對此多有批評。（有關江氏改字相關問題，詳下章）江氏斥梅賾之作偽書，並斬釘截鐵認為偽孔《傳》作者為王肅，原因是孔《傳》之說「輒與王肅合」。

江氏此說於《集注音疏》中多有發揮，如〈堯典〉「采在朔易」條，江氏云：「案肅僞造《孔子家語》及《孔叢子》，輒與《僞孔》書應合，則《僞孔》書直是肅所爲爾。」按此，江氏幾乎完全認定《僞孔》為王肅所造，足見「斥偽」、「排王」之思維更發鮮明。

接著，江氏述東晉以後至唐代之《書》學，云：

> 自是而西漢之古文浸以衰微矣，然猶未絕也。南北兩朝之時，鄭所注者與後出之《傳》迭爲盛衰。至唐貞觀，詔儒臣纂《五經正義》，孔穎達輩誤以梅賾所上之書爲壁中古文，而爲之《正義》，反庌鄭氏所述之二十四篇爲張霸僞造，斡棄周鼎而寶康瓠，由是孔氏之古文亡，而鄭氏三十四篇之《注》亦與之偕亡矣。於戲！《尚書》之阨一至此哉。（卷13，頁92b，總頁3154-3155）

江氏認為東晉至南北朝時雖有偽《傳》流行，但古文並未絕也，鄭《注》與偽《傳》迭爲盛衰。然至唐貞觀之時，《五經正義》出，遂立偽孔《傳》為官方版本，孔穎達更斥鄭玄所述二十四篇古文為張霸偽造，於是在官方的否定下，古文二十四篇與鄭玄之三十四篇注偕亡矣。至此，江氏才發出「《尚書》之阨一至此哉」之嘆。由此亦可知，江氏所感嘆的，乃是兩漢以來《尚書》統緒之衰亡，尤其是馬、鄭所傳之《古文尚書》。

不惟《集注音疏・述》，江氏於晚年所著之〈募刊尚書小引〉，亦云：

> 逮晉永嘉，以鄭聲而亂疋樂；至唐貞觀，棄周鼎而寶康瓠。先儒之大誼胥亡，羣瞽之謬說斯偏，綵來已逾千載，妄作奚啻百家，皆苗莠之不分，豈誼理之能闡。[14]

[14] 清・江聲：《尚書集注音疏・募刊尚書小引》，《續修四庫全書》本，頁1b，總頁345。

此段大意，與上文同。可注意者，為江氏謂「先儒之大誼胥亡」，分明指以兩漢今古文說，尤其是鄭玄之《注》；而下「羣瞽之謬說斯徧」、「妄作奚啻百家」云云，除了指王肅、孔穎達之徒外，其實更包涵了宋元明儒，此為《集注音疏・述》未述及者。江氏繼云：

> 才老能疑其偽，不得要領以洞徹根由。晦翁既識非真，乃其著述仍奉為圭臬，致使續貂之偽籍卒歷久而橫行，附驥之庸流且代興而益熾，簧鼓于昔，誤詒于今矣。若夫元之草廬吳公、明之京山郝氏皆知二十五篇之偽作，亦知二十八字後加，乃吳抙㡿（斥）夫二十四篇，而郝致疑于六十七〈敘〉，是其品騭，仍有紕繆，至其解說，究無發明。[15]

江氏於此評述宋之吳棫、朱熹及元之吳澄、明之郝敬（1558－1639）之《尚書》學。所謂「才老能疑其偽，不得要領以洞徹根由」者，乃指吳棫雖能從文辭語氣懷疑偽古文，但未能有系統地提出明確證據；[16]爾後，朱熹疑偽古文及孔《傳》之論更加全面，且比吳棫來得精確。除了如吳棫從文辭語氣疑《古文尚書》外，再如論〈小序〉不於經文之前，以及懷疑孔《傳》、〈書大序〉等等，[17]故江氏云「晦翁既識非真」，實為肯定朱子於辨偽方面的成

[15] 清・江聲：《尚書集注音疏・募刊尚書小引》，《續修四庫全書》本，頁 1b，總頁 345。

[16] 吳棫《書裨傳》今不傳，吳氏疑偽古文之說，見閻若璩《尚書古文疏證》卷八第一百十三條所引，云「伏生傳於既耄之時，而安國為隸古，又特定其所可知者，而一篇之中，一簡之內，其不可知者蓋不無矣。乃欲以是盡求作書之本意，與夫本末先後之義，其亦可謂難矣。而安國所增多之《書》，今書目具在，皆文從字順，非若伏生之《書》屈曲聱牙，至有不可讀者。夫四代之書，作者不一，乃至二人之手，而遂定為二體乎。其亦難言矣。」又元吳澄《書纂言》亦引述其說：「增多之書，皆文從字順；非若伏生之書，詰屈聱牙。夫四代之書，作者不一；乃至一人之手，而定為二體，其亦難言矣。」按此，可見吳棫疑偽古文是以文辭語氣與《今文尚書》篇章之異為切入點。

[17] 有關朱熹《尚書》學之辨偽成就，可參陳良中《朱子尚書學研究》（北京：人民出版社，2013 年），頁 121-134。

就；然而朱子卻為了維護六經地位，仍有意為《古文尚書》辯護，[18]此乃江氏所云「乃其著述仍奉為圭臬」之因，可見朱子未能全然對偽《書》加以否定。江氏繼論元代吳澄、明代郝敬，「皆知二十五篇之偽作，亦知二十八字後加」者，乃指吳澄《書纂言》、郝敬《尚書辨解》皆屏棄古文篇章，專釋今文；又二家之書將《偽孔》本〈舜典〉「慎徽五典」之上「曰若稽古帝舜，曰重華，協于帝。濬哲文明，溫恭允塞，玄德升聞，乃命以位」等二十八字刪除，可見吳、郝皆知此二十八字為後加，故不取焉，此為江氏肯定吳、郝之處；但江氏亦指出二家之紕繆者，為「吳幷庌夫二十四篇，而郝致疑于六十七〈敘〉」。前者所指，乃吳澄不信漢代之古文，《書纂言．目錄》云：

> 孔壁真古文《書》不傳，後有張霸偽作〈舜典〉、〈汩作〉、〈九共〉九篇、〈大禹謨〉、〈益稷〉〈五子之歌〉、〈胤征〉、〈湯誥〉、〈咸有一德〉、〈典寶〉〈伊訓〉、〈肆命〉、〈原命〉、〈武成〉、〈旅獒〉、〈冏命〉二十四篇目為古文《書》。《漢．藝文志》云：「《尚書》經二十九篇，古經十六卷。」二十九篇者，即伏生今文《書》二十八篇，及武帝時增偽〈泰誓〉一篇也；古經十六卷者，即張霸偽古文《書》二十四篇也。漢儒所治，不過伏生書及偽〈泰誓〉共二十九篇爾。[19]

[18] 江氏此論，實承閻若璩而來。閻氏謂朱子有意調停《古文尚書》，云：「朱子於古文嘗竊疑之，至安國《傳》則直斥其偽。不知經與傳固同出一手也。其於古文似猶為調停之說。」並舉朱熹之論「或者以為記錄之實語難工，而潤色之雅詞易好，故〈訓〉、〈誥〉、〈誓〉、〈命〉有難易之不同，此為近之」；又云：「《書》有二體，有極分曉者，有極難曉者。又曰：《尚書》諸〈命〉皆分曉，蓋如今制誥，是朝廷做底文字。諸〈誥〉皆難曉，蓋是時與民下說話，後來追錄而成之。」見《尚書古文疏證》卷 8〈言朱子於古文猶為調停之說〉。劉起釪即循閻氏此論，謂朱子有意調停，「把自己給偽古文找出來的破綻又找理由給它彌縫上。他的真正用意只是如他所說的『《書》中可疑諸篇，若一齊不信，恐倒了六經』，他必須維護六經的權威地位」。見氏著：《尚書學史》（北京：中華書局，1983 年），頁 282。

[19] 元．吳澄：《書纂言》，《通志堂經解》本（揚州市：江蘇廣陵古籍刻印社，1996 年），冊 6，總頁 459。

吳澄謂孔壁真古文《書》不傳，而張霸偽作〈舜典〉、〈汩作〉等二十四篇者，實承孔《疏》「張霸之徒，于鄭《註》之外，偽造《尚書》，凡二十四篇，以足鄭《註》三十四篇為五十八篇」而來。[20]孔《疏》將古文《尚書》二十四篇誤以為是張霸所造，清儒（如閻若璩、惠棟）多有所辨，今幾成定論，[21]知吳澄是說實不然。

而江氏云「郝致疑于六十七〈敘〉」者，乃指郝敬疑〈書序〉之說。此點，郝氏《尚書辨解》多有論，茲略舉數條。郝氏云：

> 讀《易》先讀〈序卦〉，讀《詩》古〈序〉，〈書序〉無足觀。[22]

又云：

> 夫序者，直也。作者有未明之志，序以直之。《易》無〈序卦〉，則不知演《易》之意；《詩》無古〈序〉，則不知美刺之由，皆篇中所未傳，懼來者之無稽，故著為〈序〉，所以不可廢也。如〈書

---

[20] 唐．孔穎達：《尚書注疏》，卷 2，頁 2b，總頁 17。按：劉小嬿《吳澄尚書學研究》雖指出吳澄此說之謬，但未指出吳說之誤乃源於孔《疏》。

[21] 案：近人如張西堂《尚書引論》、蔣善國《尚書綜述》皆指出孔《疏》此謬，可知皆贊同清儒之說。今人張岩有《審核古文尚書案》（北京：中華書局，2006 年）一書，對閻說重作審視，恐亦難以動搖閻氏之結論。如何銘鴻有〈《審核古文尚書案》述評——兼談《古文尚書》之真偽問題〉一文，即針對張岩之論加以評述，認為張氏無論在證據、方法上均不足辯駁閻氏；又如房德鄰：〈駁張岩先生對《尚書古文疏證》的『甄別』〉亦云張岩「對閻氏的批評雖然有某些正確的地方，但總體上是錯誤的」，可見關於《古文尚書》真偽問題，今時猶難以斷言。何銘鴻文見林慶彰編：《經學研究論叢》第十七期（臺北：臺灣學生書局，2009 年 12 月），頁 87-118；房德鄰文見《清史研究》第 2 期（2011 年 5 月），頁 1-21。又劉人鵬據清人張崇蘭之說，謂「張霸之徒」意為：「像張霸這一類的人。……所謂張霸之徒並不等於張霸。……孔穎達本來就沒有說十六篇是西漢偽造百兩篇的張霸所為，後代先誤解了孔穎達，說成是張霸所偽，而後再反駁這個誤解，卻把錯誤歸于孔穎達，而達到論證十六篇為真的目的。」見劉人鵬：《閻若璩與古文尚書辨偽：一個學術史的個案研究》（臺北：國立臺灣大學中國文學研究所博士論文，1991 年，梅廣教授指導），頁 78-81。

[22] 明．郝敬：《尚書辨解．卷首》（上海：上海古籍出版社，2002 年，《續修四庫全書》冊 43，影印湖北省圖書館藏明萬曆郝千秋郝千石刻九部經解本），頁 4a-b，總頁 116。

> 序〉，秖依篇中文義，重複演說，不用固無傷，此真贗之分也。[23]

合上述兩段文字，知郝敬不信〈書序〉，故對六十七條〈書序〉多有所辨。今觀程師元敏《書序通考》，多有辨郝敬論〈書序〉之說，由程師所辨，可知郝氏疑〈書序〉，頗有曲說，多不可信。茲謹依程師所論，略引數例如下：

如郝敬論〈書序〉，謂一目多篇共序可疑者，如〈汩作〉、〈九共〉、〈槀飫〉之序「帝釐下土方，設居方，別生分類。作〈汩作〉、〈九共〉九篇、〈槀飫〉。」郝氏云：

> 十一篇共為一序，〈九共〉九篇是一事，作典九，終四代書無此體，豈唐虞之際多文乃爾邪？且九篇何至偕亡？[24]

郝氏以為〈汩作〉、〈九共〉（九篇）、〈槀飫〉計十一篇共為一序，〈書序〉並無此體，故疑為偽爾。按：郝說誤以為〈九共〉、〈槀飫〉與〈汩作〉同序，實非。屈萬里先生即云：「〈槀飫〉，久亡。〈九共〉及〈槀飫〉之序亦佚，而附載其篇題於〈汩作〉之後；非此三篇共一序也」。[25]是也。又一目多篇共序者，四代《尚書》一目多篇例非一，[26]不惟〈九共〉，〈盤庚〉亦如此，何以云「終四代書無此體」？郝說誤。

又如〈盤庚・序〉「盤庚五遷，將治亳殷，民咨胥怨。作盤庚三篇」，郝氏云：

> （〈盤庚〉）三篇一事，故為一篇，孔書割為三，與〈太甲〉、〈說

[23] 明・郝敬：《尚書辨解》，卷 9，頁 9a-b，總頁 262。

[24] 明・郝敬：《尚書辨解》，卷 9，頁 10b，總頁 263。

[25] 屈萬里：《尚書集釋》（臺北：聯經出版事業有限公司，1983 年），頁 289。

[26] 參程師元敏：《書序通考》（臺北：臺灣學生書局，1999 年），頁 144。

> 命〉、〈泰誓〉同湊百篇之數而已。[27]

郝氏意謂：〈盤庚〉上中下三篇乃為一事，故為一篇，不當割為三；然今本《尚書》分為三篇，〈書序〉亦言「作〈盤庚〉三篇」，可見〈書序〉為偽也。按：郝說非也。上例已言四代《尚書》一目多篇例非一，絕非作偽者有意割裂，而是本為多篇。程師元敏云：「〈盤庚〉誠一敘遷都殷事，惟分別誥告庶民、貴戚大臣、一般官員，今文本（如《漢石經》）分為三大段，上大段與下大段間空一字，一若分篇，班固〈漢志〉、鄭玄《書注》都徑作三篇，非《偽孔》割裂湊百數。」[28]程師之言是也，蓋〈漢志〉、鄭玄《書注》皆明〈盤庚〉三篇，郝何由疑哉！

又如〈湯誥〉一篇，〈書序〉云：「湯既黜夏命，復歸于亳，作〈湯誥〉。」而郝氏直斥篇目為偽譔，云：

> 伏《書》無，孔《書》有。司馬遷作《史記》載〈湯誥〉，與孔《書》異。其詞曰……伏生《書》無此篇，司馬遷何從得此？其辭義散漫無味，而孔書〈湯誥〉又與此殊，可知當世偽書甚多，皆因〈序〉目杜撰，不獨張霸〈武成〉、孔安國古文而已。[29]

郝氏此說，實臆測之辭。《偽孔》本所載〈湯誥〉為後人偽譔，不足信。《史記》載〈湯誥〉，正為《古文尚書》佚文，[30]史籍明載司馬遷從孔安國問故，傳《古文尚書》學，郝氏何由疑史遷？又《史記・殷本紀》「（湯）既絀夏命，還亳，作〈湯誥〉」，乃述〈書序〉而省「湯」字，又省「復歸于」為

---

[27] 明・郝敬：《尚書辨解》，卷 9，頁 13a，總頁 264。

[28] 程師元敏：《書序通考》，頁 146。

[29] 明・郝敬：《尚書辨解》，卷 9，頁 11b，總頁 263。

[30] 有關〈湯誥〉佚文等相關問題，可參程師元敏《尚書學史》，頁 202。

「還」，蓋司馬遷作《史記》因襲〈書序〉，改寫如此而已，不足怪。[31]

由以上三例，可知郝敬疑〈書序〉者，多不可信；併前文論吳澄不信漢代古文之說亦非，以見江氏「是其品騭，仍有紕繆，至其解說，究無發明」之評甚為中肯。綜此論之，從宋至明對《尚書》之注解、辨偽之考證雖有進步，但仍有不少缺點，故江氏一一指陳，目的就在補苴從唐以後學者之缺點，破除唐以後詮釋《尚書》之病，重新詮釋《尚書》，此正為江氏治《尚書》精神之要義。

(二)以「集注」融會訓解，發揮《尚書》經義

「輯古義以成新疏」為有清一代經學特徵，已為學界共識。然而所謂「古義」，清代以來各家解釋或有不同。[32]今特以惠棟《九經古義》所彰顯之學術史意義而言，惠棟確定之「漢學」，基本上是以「古義」通經，而所謂之「古義」，誠有如劉文清先生所定義：「『古義』當指聖人、經書之古義而非漢儒訓詁之義，亦即其著書的宗旨本在闡發經典原意而非僅止於漢儒之學。」[33]而所謂「聖人、經書之古義」，多藉由「訓」之手段加以闡發，此為「經之義存乎訓」之意義。而所謂「訓」之內涵，劉文清先生詳考《九經古義》之內容後做出翔實之結論：泛指一切訓詁，時代可以涵蓋自先秦至清代之諸家說，以及一已之訓解，唯其中特為注重漢儒古訓耳，故以漢儒古訓為

---

[31] 《史記》因襲〈書序〉之論證，參程師元敏《書序通考》，頁 80。

[32] 清儒對「古義」之解釋，有針對惠棟《九經古義》而發者，如《四庫全書總目．九經古義提要》：「曰『古義』者，漢儒專門訓詁之學，得以考見於今者也。」又洪榜〈戴東原行狀〉云：「東吳惠定宇先生棟，自其家三世傳經，其學信而好古，於漢經師以來賈、馬、服、鄭諸儒，散失遺落，幾不傳於今者，旁搜廣摭，裒集成書，謂之『古義』。」此外，孫星衍將經學分為「古義」、「雜說」，對「古義」之解釋為：「漢魏人說經出於七十子，謂之師傳，亦曰家法，唐人疏義守之不失。以及近代，仿王氏應麟輯錄古注皆遺經佚說之僅存者，學有淵原，謂之古義。」見孫氏：《五松園文稿．孫忠愍侯祠堂藏書記》（臺北：臺灣商務印書館，1967 年《四部叢刊》影印《孫淵如詩文集》），卷 1，頁 8b，總頁 99。

[33] 劉文清：〈從惠棟《九經古義》論其「經之義存乎訓」的解經觀念〉，《臺日學者論經典詮釋中的語文分析》（臺北：臺灣學生書局，2010 年），頁 277。

最多。[34]張素卿亦云：「『訓』兼指古訓和訓解。古訓，尤指漢儒古訓。」[35]換言之，惠棟雖多用漢儒古訓，乃因漢儒近古之故，但也未必非漢儒之訓而不用，只要合乎「聖人、經書之古義」，皆可用以解經，此從惠棟《九經古義》即可證之。

除了《九經古義》外，惠棟《周易述》一書乃其以輯古義治經的經學實踐中最為重要者。惠棟此書之注，以荀爽、虞翻說為主，另博引先秦典籍、漢儒之說，[36]並融合經說的解經方式，即是惠棟解《易》之法，其重點在融合前人之訓並加以詮釋。如《周易述》〈乾卦〉「元、亨、利、貞」條，惠氏先為之注云：

> 元，始；亨，通；利，和；貞，正也。乾初為道本，故曰元。息至二，升〈坤〉五，〈乾〉〈坤〉交，故亨。〈乾〉六爻二、四、上匪正，〈坤〉六爻初、三、五匪正。「乾道變化，各正性命，保合大和，乃利貞。」《傳》曰：利貞，剛柔正而位當也。[37]

繼疏云：

> 「元，始；亨，通；利，和；貞，正」，子夏義也。……〈乾〉初，謂初九也。初，始也。元，亦始也。何休注《公羊》曰：「元者，氣也，天地之始。」……《說文》曰：「元從一。」……董子

---

[34] 劉文清：〈從惠棟《九經古義》論其「經之義存乎訓」的解經觀念〉，《臺日學者論經典詮釋中的語文分析》，頁 301。

[35] 張素卿：〈「經之義存乎訓」的解釋觀念——惠棟經學管窺〉，《乾嘉學者的義理學》，頁 281。

[36] 案：林慶彰先生指出：「《周易述》的注，並非前人的注，而是惠棟自己作的注。」案：林慶彰先生云「並非前人的注」之說，筆者未明其意。今檢《周易述》之注，基本上皆為古義，較少見古義以外之說，以及惠棟自己發明的說法。林慶彰先生之說，見《中國經學研究的新視野．中國經學史上簡繁更替的詮釋形式》（臺北：萬卷樓圖書有限公司，2012 年），頁 78。

[37] 清．惠棟著，鄭萬耕點校：《周易述》，卷 1，頁 3。

〈對策〉曰：「謂一為元者，視大始而欲正本。」是〈乾〉初為道本，故曰元也。……〈乾〉〈坤〉，消息之卦，〈乾〉息〈坤〉消。息至二當升〈坤〉五，為天子，〈乾〉〈坤〉交通，故亨。經凡言亨者，皆謂〈乾〉、〈坤〉交也。「〈乾〉六爻二、四、上匪正，〈坤〉六爻初、三、五匪正」，虞翻義也。……〈乾〉〈坤〉合聽，六爻和會，故保合太和。正即貞，和即利，故乃利貞。「《傳》曰：利貞，剛柔正而位當也」者，〈既濟・彖傳〉文。六爻皆正，故剛柔正而位當。經凡言利貞者，皆爻當位，或變之正，或剛柔相易。經惟〈既濟〉一卦六爻正而得位，故云剛柔正而位當。……《中庸》所謂「致中和，天地位焉，萬物育焉」是也。[38]

從疏中可見惠棟對「元，始；亨，通；利，和；貞，正」的解釋，是取《子夏傳》；而「〈乾〉六爻二、四、上匪正，〈坤〉六爻初、三、五匪正」，取虞翻之說；「乾道變化，各正性命，保合大和，乃利貞」，惠棟雖無說出處，但當是〈乾卦・彖傳〉文；而「《傳》曰：利貞，剛柔正而位當也」，是用〈既濟・彖傳〉文。惠棟先取《子夏傳》對「元、亨、利、貞」之訓，通釋文意，再進一步取《公羊》何休《注》、《說文》、董仲舒《舉賢良對策》，證明元是道之始；又進一步解釋〈乾〉〈坤〉交通為「亨」；又取虞翻之說與〈乾卦・彖傳〉文，解釋〈乾〉〈坤〉和正，所謂利貞者，乃「正即貞，和即利」，亦即〈乾〉〈坤〉合聽，六爻和會，並引〈既濟・彖傳〉文證明陽剛與陰柔皆能端正而居位適當者為「利貞」。最末，引《中庸》「致中和，天地位焉，萬物育焉」，來說明《易》道乃中和之事，「元、亨、利、貞」即剛柔並濟之道。又惠棟所引之說，據陳伯适所考，非止於漢人，更廣泛延伸至經、史、子三部。[39]如〈乾卦〉「初九，潛龍勿用」，於疏中引《管子》之

[38] 清・惠棟著，鄭萬耕點校：《周易述》，卷1，頁3-4。

[39] 根據陳伯适所統計，其引經部者，《尚書》與《尚書大傳》不下五十五次，《詩》及《詩傳》不下

說，以明〈乾〉之取象于龍，以其能變化也；[40]〈否卦〉「九五，休否，大人吉。其亡其亡，繫于苞桑」，引《尚書大傳》「祖乙曰：桑穀，野草也」，證明桑有喪亡之象；[41]〈屯卦〉「六二，……女子貞不字，十年乃字」，引〈曲禮〉「女子許嫁，笄而字」，謂「字」為許嫁，糾正虞翻將「字」釋為「妊娠」。[42]按此，當可見惠棟治《易》的方法乃會通諸籍，力求貫通文義，從「訓」以明「古義」的特色。[43]

再者，惠棟之研《易》也，乃先輯佚漢人《易》說，以著《易漢學》，目的為闡明漢人《易》學源流；爾後著《周易述》，便依據其所纂輯之漢人《易》說，加以闡發，意為論說上於古有據，此乃惠棟重視家法之因。但張惠言（1761－1802）對此頗具微詞，認為惠棟治《易》雖標榜漢學家法，然

八十一次，《春秋傳》不下七十三次，《公羊傳》不下七次，《穀梁傳》不下十一次，《左傳》不下三次，《論語》不下二十四次，《孟子》不下十六次，《大學》及《大學》鄭注不下十四次，以及《中庸》不下六十八次；引史部及子部者，如引揚雄《太玄》與《法言》不下五十三次、《荀子》不下三十七次、董仲舒《春秋繁露》與〈對策〉不下二十八次、劉歆《七略》與《三統歷》等不下二十五次、《論語》不下二十四次、《淮南子》與《九師道訓》不下二十三次（亦有郭璞注，不含在內）、《呂氏春秋》不下十九次（亦有高誘注，不含在內）、《孟子》不下十六次、《管子》不下十五次、劉向《鴻範五行傳論》與《別錄》不下十四次、《鬼谷子》四次、蔡邕《明堂月令論》諸說有四次、《韓非子》三次、王充《論衡》三次、應劭《風俗通》三次、郭璞《洞林》三次、《莊子》二次、《列子》二次、《尸子》二次、〈呂刑〉二次、賈誼《新書》二次、桓寬《鹽鐵論》二次、桓譚《新論》一次、《尉繚子》一次、荀悅《申鑒》一次。在醫屬與神道傾向者，如《參同契》不下三十一次、《靈寶經》四次、《陰符經》一次、王砅《玄珠密語》一次、葛洪《抱朴子》一次等。其它尚有《楚辭》與王逸注五次等等。在史書方面，《國語》不下五十三次與韋昭注不下二十次、《漢書》不下三十四次、《史記》不下十一次、《後漢書》五次、《戰國策》四次、皇甫謐《帝王世紀》四次等等。見陳伯适：《惠棟《易》學研究》第五章第二節「博引群籍眾說以釋《易》」（臺北：國立政治大學中文所博士論文，2005 年，呂凱教授指導）。

[40] 清・惠棟著，鄭萬耕點校：《周易述》，卷 1，頁 5。

[41] 清・惠棟著，鄭萬耕點校：《周易述》，卷 2，頁 42。

[42] 清・惠棟著，鄭萬耕點校：《周易述》，卷 1，頁 15。案：惠棟將「字」訓為「許嫁」，實不如虞翻訓為「妊娠」，王引之《經義述聞・周易上・女子貞不字》有詳說，見氏著《經義述聞》，（南京：江蘇古籍出版社，2000 年），卷 1，頁 11a-13a，總頁 8-9。

[43] 陳伯适認為「這種論述的方式，並不以乾嘉為先，早在漢代已蔚為風氣，只不過乾嘉學者以漢學為志，承繼漢儒說經之法，沿此學風罷了。」《惠棟《易》學研究》，頁 472。昇按：嚴格來說，惠棟這種雜糅眾說的方式，與東漢古文學者打破家法、重會通的治經方式較為接近。

因欲兼綜各家，而致漢《易》諸家之義相互牽絆。[44]今觀惠棟《周易述》，雖然以虞翻說為主，然而其闡發己說時，則是力圖貫通各家家法，以自己的判斷會通、調和，實即闡發《周易》中之義理哲學，而不同於前人；[45]身為惠棟弟子的江聲，實能掌握師學而步武其法。《集注音疏》卷十四〈尚書經師系表〉，先以圖表方式以明今文家、古文家之授受源流，並將各家經師生平一一註明，目的便是標明漢儒今古文家法，即惠棟著《易漢學》之方法，先後如出一轍，亦即表明己說於古有據，乃有本之學。也因此，江氏自謂《集注音疏》「竊比先師之《周易述》也」，[46]可知江氏著書乃承其師之法而來。而江氏論《周易述》，云「吾師惠松崖先生《周易述》，融會漢儒之說以為注，而復為之疏」，此「融會漢儒之說」者，無疑為惠棟著《周易述》最主要之精神，即：融會漢儒古訓為注。換言之，《周易》之「古義」就在惠棟所融會之訓解之中，而重要的是惠棟如何選擇古訓、融合古訓，進而從中闡發《周易》經義，可見江氏真能把握其師治經精神。其實不惟江氏說之如此，《四庫全書總目》亦云：「其書主發揮漢儒之學，以荀爽、虞翻為主，而參以鄭康成、宋咸、干寶諸家之說，皆融會其義，自為注而自疏之。」[47]《總目》云惠棟「融會其義」與江聲云「融會漢儒之說」之意相同，指的是惠棟作《周易述》的方法。

江氏自言「集注」的方式，見下三段記載，云：

---

[44] 張惠言《周易虞氏義・自序》云：「我皇清之有天下百年，元和徵士惠棟始考古義，孟、京、荀、鄭、虞氏，作《易》漢學，又自爲解釋曰《周易述》。然掇拾于亡廢之後，左右採獲，十無二三，其所自述大抵祖禰虞氏，而未能盡通，則旁徵他說以合之。蓋從唐、五代、宋、元、明，朽壞散亂，千有餘年，區區修補收拾欲一旦而其道復明，斯固難也。」見清・張惠言：《周易虞氏義》，《續修四庫全書》（上海：上海古籍出版社，2002 年，《續修四庫全書》冊 26，影印復旦大學圖書館藏清嘉慶八年阮氏瑯嬛仙館刻本），頁 3a。

[45] 關於惠棟之《易》學貫通漢儒各家家法，可參姜廣輝主編：《中國經學思想史・第四卷》（北京：中國社會科學出版社，2010 年），頁 283；又如陳居淵《漢學更新運動研究——清代學術新論》（南京：鳳凰出版社，2013 年），頁 120-124。

[46] 清・江聲：《尚書集注音疏・後述》，《清經解》，冊 3，卷 13，頁 93b，總頁 3156。

[47] 清・永瑢等：《四庫全書總目》，卷 6，頁 44。

> 搜集漢儒之說，以注二十九篇。漢注不備則旁考它書，精研故訓，以足成之，并為之音，且為之疏。（卷1，頁1a，總頁2976。）
>
> 聲竊愍漢學之淪亡，傷聖經之晦蝕，于是幡閱羣書，搜拾漢儒之注，惟馬、鄭、王三家廑有存焉。此外則許慎之《五經異誼》載有今文、古文家說，然其書已亡，所存廑見。它如伏生之《尚書大傳》，則體殊訓注，間有解詁而已。爰取馬、鄭之《注》，及《大傳》、《異誼》，參酌而緝之，更傍采它書之有涉于《尚書》者以益之。……其王肅《注》與晚出之孔《傳》，本欲勿用，不得已，姑謹擇其不謬于經者間亦取焉。（卷13，頁93a，總頁3155）
>
> 聲不揆檮昧，綜覈經傳之訓故，采摭諸子百家之說，與夫漢儒之解，以注《尚書》。（卷13，頁93b，總頁3156）

從以上三段記載，大致可憭江氏集注之內容與方法：第一，就集注之內容言，「經傳之訓故」、「諸子百家之說」、「漢儒之解」是《注》的來源。具體來說，江氏主要以馬、鄭《注》為主，但《五經異義》中之今文、古文家說、伏生《尚書大傳》、它書之有涉於《尚書》者，甚至連江氏認為與鄭玄敵對之王肅《注》與偽作之孔《傳》皆可采。此外，檢《集注音疏》或有魏晉以下及清代時人之解，如《集注音疏．般庚中》「其有顛越不龔」條采《左傳》杜預《注》；又《集注音疏》有多處采宋代薛季宣《書古文訓》者。[48]又如今本〈皋陶謨〉「懋遷」，江氏采元王天與《尚書纂傳》、元吳澄《書纂言》之說，云「宋王天與《尚書纂傳》、元吳澂《尚書纂言》皆云伏生《大傳》作『貿遷』，今《大傳》未見引此經，葢明闕逸矣！宋元人及見其全，故得偁之」。又采同時代人之說，如戴震、段玉裁、江藩、顧廣圻等

[48] 案：孫星衍對江聲用《書古文訓》有所批評，孫氏〈答江處士聲書論中星古今不異〉云：「（江聲）謂薛季宣〈敘〉稱隸古定書最古，可知薛本即隸古定本，星衍不敢從。隸古之說出于偽孔〈序〉，據《史記》言安國以今文讀《古文尚書》，《漢書》亦云『以今文字讀之』，亦無隸古定之語。且薛季宣宋人，必不能見天寶以前未改之本，是其書終不可信。」見《問字堂集》，卷 4，頁 100。

（有關江氏所采之書籍及說法，詳第五章），可見實不限於漢注。第二，就集注之方法言，「綜覈」、「采摭」，不正同惠棟注解《周易》「融會其義」之方式歟？是知對「經傳之訓故」、「諸子百家之說」、「漢儒之解」加以「參酌而緝之」，進行「融會」、「綜覈」、「采摭」，此即惠、江一脈治經的主要方法。

為不流於空論，茲舉一例，以見江聲沿惠棟之法，融會古訓之經學實踐。《集注音疏・堯典》「帝曰：卨，百姓不親，五品不愻，女作司徒，敬尃五教，在寬」條，自注云：

> 鄭康成曰：「五品：父、母、兄、弟、子也。」《春秋傳》曰：「舉八元，使布五教。」偰在八元中。聲謂：愻，順；尃，布也。五教：父誼，母慈，兄友，弟龔，子孝也。一說五品，五倫也。《孟子》偁偰之爲司徒也，「教以人倫：父子有親，君臣有誼，夫婦有別，長幼有敍，朋友有信」，此之謂五教。又述放勳之言曰：「勞之，來之，匡之，直之，輔之，翼之，使自得之，又從而振德之」，此之謂寬也。（卷1，頁8a，總頁2990）

又疏云：

> 鄭《注》見〈五帝本紀〉《注》及《詩・生民》《正義》。文十八年《左傳》云：「舉八元，使布五教于四匸。父誼，母慈，兄友，弟龔，子孝，內平外成。」故云五品：父、母、兄、弟、子也。據《左傳》爲說也。引《春秋傳》者，卽文十八年《左傳》也。引《傳》文而言「偰在八元中」者，欲見《傳》所云「布五教」，卽此「尃五教也」。《傳》偁高辛氏才子八人，天下謂之八元。《說文・人部》云：「偰，高辛氏之子，爲堯司徒。」故知偰在八元中也。愻，順；尃，布，《說文・心部》及〈寸部〉文。云「五教：父誼，母慈，兄友，弟龔，子孝也」者，《漢書・百官公卿表敍》

> 節引此經，而應劭注彼云然，是亦據《左傳》爲說，與鄭解五品誼合，故采取之。一說「五品，五倫也」者，據《孟子》誼也。引《孟子》者，〈滕文公上篇〉文。前說據《左傳》，誼既精確矣；又引《孟子》者，《孟子》亦正說偰作司徒之事。又述放勳命偰之言，且以五敎配五倫爲說，誼尤該備也。云「此之謂寬也」者，葢勞、來、匡、直，且輔翼之，使其自得，又從而振悳之。其敎需而不迫，使民瀸濡于五敎之中，徐以自化，日遷善而不自知，是寬舒之至也。（同上）

偽孔《傳》云：「布五常之教，務在寬，所以得人心」，僅疏通義理；蔡沈《書集傳》雖對詞語有所訓解，然未指出其根據，江氏《集注音疏》則廣引佐證。江氏先引鄭《注》界定「五品」的內容為「父、母、兄、弟、子」，並引《左傳》證明其說來源。又《左傳》云「五教」為「父誼（義），母慈，兄友，弟龔（恭），子孝」，意為「五品之教」，與《漢書．百官公卿表敍》應劭《注》所引同，可見漢人解「五教」皆據《左傳》。如此一來，「五品」與「五教」的內容皆可確定。江氏更進一步引《左傳》、《說文》論證偰乃之「八元」中之一人，且為堯之司徒，此更能證明《左傳》「布五敎」，即〈堯典〉之「敬敷五敎」，充分加強其文獻的證據效力。其次，江氏認為《孟子．滕文公》：「使契為司徒，教以人倫：父子有親，君臣有義，夫婦有別，長幼有敘，朋友有信」，此亦可稱五教。最末並用《孟子》之文以解「在寬」為教化需而不迫，使人民潛移默化而不自知；而「五教」與「五倫」雖然內容有異，但對江氏而言卻可同時用以訓解「五品」、「五教」，更認為以五敎配五倫爲說，義尤晐備也。先姑且不論《左傳》、《孟子》與《尚書》的內容是否有落差，但對於江氏而言，兩者皆能發揮〈堯典〉「敬敷五敎」之意。江氏釋〈堯典〉此段文字，運用的文獻有：鄭《注》、《左傳》、《說文》、《漢書》應劭《注》、《孟子》，足見江氏欲綜覈諸籍以解《尚書》，使《尚書》經義透過古訓而各申義旨，進而融會全經的思維。

取惠棟《周易述》、江聲《集注音疏》內容比較後，明顯可看出二家治經方式乃一脈相承，故李慈銘云「自注自疏，古所罕見，江氏蓋用其師惠定宇《周易述》家法」。[49]孫詒讓論此注經方式，亦以惠、江並列，云：「最栝古義，疏注兼修，若惠氏之《周易》，江氏之《尚書》也。」[50]從惠、江著作體例、方式幾同之情況下，可推測江氏著作雖以「集注」名之，但就本質上，其實同於惠棟之「述」；反過來說，惠棟著作雖以「述」名之，但體式其實同於「集注」，兩者可視為同一種著作型態。江氏於《集注音疏・堯典》「尚書亼（集）注音疏卷一」下，自疏云：

> 亼（集），三合也，讀若集。注者，箸也。亼（集）合先儒之解并己之意，並注于經下，所以箸明經誼，故曰「亼（集）注」。字有數誼（義），則彼此異音，初學難辨，爲之反切，以發明之；解有微恉而證據不詳，後學莫信，爲之引申，以疏通之，故曰「音疏」。（卷1，頁1a）

可見「集注」乃「集合先儒之解并己之意」，此意實等同上文劉文清定義「訓」之內涵：「泛指一切訓詁，……以及一己之訓解」；其次，江氏指出，字有數義，而彼此異音，初學者難以辨識，因此江氏對這些難辨之字，標示反切，故名為「音」；又江氏恐後學不信他所集之注解，故立「疏」以疏通「注」之來源，[51]故合之稱「音疏」。此外，江氏若認為前人所標字音、字義有誤，亦會於「疏」中加以釐正，這亦反映出清儒實事求是之特徵。

惠、江此種自注自疏之治經方式雖可推源於唐玄宗注《道德經》，但玄

---

[49] 清・李慈銘：《越縵堂讀書記》，頁 109。

[50] 清・孫詒讓：《籀廎述林・劉恭甫墓表》（北京：中華書局，2010 年），卷 9，頁 296。

[51] 關於此點，張素卿引陳壽祺之說加以闡發，可參，見《清代漢學與左傳學——從「古義」到「新疏」的脈絡》，頁 17。又可參漆永祥：《乾嘉考據學研究》（北京：社會科學出版社，1998 年），頁 98。

宗起初並未有意自注自疏；而惠棟作《周易述》，則是自覺性的自注自疏，將《注》、《疏》併於一書之中（相關論述已見上章），故此種可謂一種新的注經體式。而此種方式，重點無疑放在「注」之蒐集上，因「注」乃為了「著明經義」。事實上，此種以「集注」為注解體裁之方式，或可追溯於何晏《論語集解》，下至宋、元皆有儒者以此體式注經。關於此種注經體式，陳逢源先生以朱熹《四書章句集注》為對象而有所考察，謂：

> 朱熹《四書章句集注》有一定的詮釋架構，除篇章旨趣屬於結構性的說明外，凡所注解，大抵從文字音讀、出處典故、字詞釋義、文意說解、補充說法、間附己見等不同層面來詮釋經文大義，舉凡可能引起閱讀困難的地方，朱熹都詳加說明，並且扮演引讀經典的解人角色，不同以往「隨句而解」的簡略形式，結合訓詁與義理，詮釋不僅更為細密詳實，個人也有更多可以發揮的空間。[52]

朱熹無疑是「宋學」代表人物，尤其《四書章句集注》一書為其代表著作。然據陳逢源所指出，朱熹之注「大抵從文字音讀、出處典故、字詞釋義、文意說解、補充說法、間附己見等不同層面來詮釋經文大義」，則與江氏「亼（集）合先儒之解并己之意，……字有數誼，則彼此異音，初學難辨，爲之反切，以發明之。解有微恉而證據不詳，後學莫信，爲之引申，以疏通之故」實無二致，可見無論漢學或宋學，使用「集注」體治經之形式是相同的，目的都是為了「扮演引讀經典的解人角色」，而無論朱熹或惠、江，「引讀」之重點實為所採集之「注」，透過「注」進行詮釋訓解。

昔顧頡剛認為「集解」體分二種，其一為將各書彙集為一書，不必自下

[52] 陳逢源：《朱熹與四書章句集注》（臺北：里仁書局，2006 年），頁 197-198。

己意；其二為遍覽各書，自下己意。[53]若就惠棟、江聲此種解經方式而論，顯然較偏向第二種方式。而今人許華峰先生考察集注體之特徵與傳統，認為集注體最明顯的特徵在於注解者自覺采錄諸家之說進行注釋，許氏說：

> 這類經注的注解文字，主要採自前人的文字。其中雖然也有注解者自己的意見，但是呈現的方式係出於對前人注解的選擇、改編，以及以按語或評論方式呈現注解者的見解。在注解者的主觀意識上，往往傾向於認定自己是以引錄，融鑄前人之說為主要的注釋形式，因此，注解者的見解隱藏在所引錄諸家文字的背後。研究這類經注，應注意到注解者在進行集注時，如何擇善而從，如何發明文意，才有助於掌握注解者的觀點，使相關的研究，更為深入。[54]

許氏謂考察「集注體」治經之著作，應擺在作者「如何擇善而從，如何發明文意」，實得研究方向之要。蓋「如何擇善而從」者，關乎解經者集注之思維；「如何發明文意」者，關乎解經者疏通、詮釋經義之觀念方法。今觀江氏《集注音疏》，顯然以馬、鄭說為主，另輔以其他注解。然馬、鄭說早已亡佚，故詮釋《尚書》古義之首要步驟，便是輯佚，而佚文的蒐集、判別、綴合等等，皆會影響之後的說解，「輯佚」於治經之重要性，可見一斑。要之，皆為了發明古義而作，今江氏以「集注」為解經體式，其精神正是建立一種以漢學為主，尤其是馬、鄭一派之《古文尚書》學，並旁及他說，加以融貫綜覈，進而發揮《尚書》古義之治經體式，此種體式完全不同於前代解經之作，並下開後人（如孫星衍《尚書今古文注疏》）以此體式注經之作，

---

[53] 顧頡剛：《顧頡剛讀書筆記．古史雜記》「集解工作」條，收入《顧頡剛全集》（北京：中華書局，2010 年），卷 14，頁 39。

[54] 許華峰：《蔡沈《朱文公訂正門人蔡九峰書集傳》的注經體式與解經特色》（臺北：臺灣學生書局，2013 年），頁 121-122。

實深具學術史意義。

在確定江氏以馬、鄭古訓為主，並旁及他說為以「引讀」《尚書》後，可思考江氏對他所採集之「注」如何「擇善而從」。要回答這問題，必須全面檢視江氏集注之標準，以及細論使用之方法，礙於章節篇幅以及架構之規劃，這些問題擬在後文列專章專節討論。在此只能概括其中較為重要之兩點，作為江氏以「集注」方式引讀《尚書》之意義。第一，江氏是先確定了集注「訓」之範圍，再進行擇取。無論馬、鄭或是《五經異義》、伏生《尚書大傳》及諸子百家之書，甚至是王肅《注》與偽孔《傳》，只要「不謬于經」均可入《注》；反之，只要不合經義，就算是馬、鄭《注》亦可被替代，故《集注音疏》中並非每條經文下皆繫馬、鄭《注》，此並非江氏失輯，而是有意不用馬、鄭《注》。這代表著江氏是以「訓」釋義之長短作為注解標準。而判別「訓」義長短之法，則以江氏判斷此一「訓」之「義」是否貼近經文為準。然而，江氏在最終判斷「訓」是否貼近經義之依據，不免出於江氏之自由心證，意即相信自己所選擇的證據。但實際上，從古至今，站在詮釋者之角度亦多如此。第二，江氏從其師惠棟以「融貫」之法作集注，以發揮經義。而此種以「集注」詮釋之方式，實際上屬於一種「跨文本詮釋」，如上文《集注音疏．堯典》「帝曰：偰，百姓不親……」條，江氏運用的文獻有：鄭《注》、《左傳》、《說文》、《漢書》應劭《注》、《孟子》等，以多部作品的內容去解釋《尚書》，此種方式確實可以發揮經典的創造力，形成一種以不同於前代的經典詮釋學。此兩點，實為江氏著《集注音疏》重新詮釋《尚書》精神之要義，而其中所涉及之相關問題與意義，則留待下文作深入探討。

(三) 標明音讀，發明經義

江氏作《集注音疏》，除了「集注」眾說，並自「疏」以融會訓解、疏通注解來源，發明《尚書》經義外，又其書既以「音疏」為名，自亦重「音」。《集注音疏》「尚書亼注音疏卷一」下自疏：

> 字有數誼，則彼此異音，初學難辨，爲之反切，以發明之。（卷1，頁1a，總頁2976）

謂字有數義，而讀音也隨義之不同而異（即「音隨義轉」），恐初學難以辨識，因此江氏對這些難辨之字，標示反切，故名為「音」。值得注意者，江氏此言雖為不同字義之音標示反切，但另一方面也揭示了《尚書》經文之「字義」與「字音」之關係。換言之，在標明反切的同時，除了使讀者了解經、注之字如何讀外，同時也可理解字義。江氏仿陸德明《經典釋文》例，並為經、注標注音讀。其於字音反切，用「某某反」，不用「切」字，亦仿陸氏例。因此，檢江氏於「注」、「疏」中除標注反切外，又多有「正其音讀」、「依……（某）讀」、「某字音讀當如某」、「音義皆同」、「音義皆別」、「音同義別」等語，即欲藉音讀以發明該字之義。本小節即從《集注音疏》中，列舉江氏標明音讀之方式，觀其如何從音讀中闡述經義。

1. 標示反切，闡明音義

在《集注音疏》中，江氏對一字而有數義、數音者，恐讀者不明其讀，故於正文經字或注文下標示反切，此種方式於全書隨處可見。然江氏標示反切，依性質可分為：1、標明讀音；2、標明讀音，兼涉字義。前者如《集注音疏．堯典》「欽若昊天」下云：

> 昊，何老反。（卷1，頁2a，總頁2978）

又同篇「曰崵谷」下云：

> 崵，亦章反。（卷1，頁2b，總頁2979）

此二例，是為難字標音；又「注」中，亦有標示反切者，如《集注音疏．堯典》「氒（厥）民夷」，江氏自注云「仲秋盲風至，當去高凥平地」下，自標反切云：

> 盲，每庚反。（卷1，頁3b，總頁2981）

又如同篇「緜禷于上帝」，江氏自注云「鄭康成曰：禮祭上帝于圜丘」下，自標反切云：

> 圜，于然反。（卷1，頁5b，總頁2985）

以上所舉例，皆單純標音，並未涉及音義關係。

而另一類，即標明讀音，兼論字義，江氏對此多有說解，以下舉數例說明。如《集注音疏・堯典》「欽明文思安安」下，江氏自標反切云：「文，巫云反；安，乙雁反」，並自注云：

> 安安，讀當爲晏晏。鄭康成曰：「道德純備謂之寋，寬容覆載謂之晏。」（卷1，頁1b，總頁2977）

又自疏云：

> 《後漢書・馮衍列傳》衍〈顯志賦〉曰：「思唐虞之晏晏兮。」唐章懷太子賢《注》引《尚書攷靈燿》曰：「放勳欽明文思晏晏。」又〈弟五倫列傳〉《注》引《攷靈燿》曰：「堯文寋晏晏。」又〈陳寵列傳〉《注》引《攷靈燿》曰：「堯聰明文寋晏晏。」《攷靈燿》是《尚書緯》，其文卽《尚書》文，故云思或爲寋，安安讀當爲晏晏，當从彼文晏晏誼也。《左傳》安孺子，《漢書・古今人表》作晏孺子，古安、晏字同，此文安安誼實爲晏晏也。（同上）

從江氏自疏可知，漢人引《尚書》多作「晏晏」，知「安」、「晏」古通，故云「安安讀當爲晏晏」；所謂「讀當為」者，即假借。「晏晏」，為「寬容覆載」之義，因此江氏於經字下標示「安，乙雁反」，意以鄭《注》為準，讀為「晏」，而非「安」。

又如同篇「夤賓出日」下，江氏云：「夤，弋眞反，今本作寅。丁度《集韻》引此下經『夤淺内日』，夤字从夕。以彼況此，知此亦當作夤也。賓，必刃反。」並自注云：

> 賓讀曰儐，導也。鄭康成曰：「夤賓出日，謂春分朝日。」朝，直佋反。（卷1，頁2b，總頁2979）

並自疏云：

> 云「賓，讀曰儐」者，古「儐」字輒通用「賓」，若《周禮・司儀職》「賓亦如之」、「賓之如初之儀」，鄭《注》皆云：「賓當爲儐。」又此經下文「賓于四門」，鄭《注》亦以「賓」爲「儐」，此經「賓」字誼亦然也。「儐，導」，《說文・人部》文。《史記》錄《尚書》輒以故訓代經文，于此文云「敬道出日」，是「夤賓」當訓「敬導」也。……案馬融注《周官》、韋昭注《國語》皆云：「天子以春分朝日。」朝之言朝，言出日則是朝矣。下言「日中」則是春分，故鄭云「謂春分朝日」。（同上）

今本《尚書》作「寅賓出日」，江氏據丁度《集韻》改作「夤」。而「賓」，江氏據《周禮・司儀職》之鄭《注》讀為「儐」，謂「賓」、「儐」可通。又另據《說文・人部》「儐，導」以及《史記》「敬道出日」，謂「賓」當訓為「導」。由此可知，江氏標「賓」之讀音為「必刃反」，意為此「賓」當作動詞，「讀曰儐」，所謂「讀曰」者，亦通其假借。此外，江氏引鄭康成曰：

「賓賓出日，謂春分朝日。」引馬融注《周官》、韋昭注《國語》皆云：「天子以春分朝日。」謂此「朝」作動詞用，意為「祭日」也。「朝」有知母、澄母二讀，於今音則為陰平、陽平之異，江氏於注下云：「朝，直佋反」者，讀陽平，作為動詞，即提點讀者此字之義。

又有標明切語，辨析舊解之非，而當讀為某音某義者，如《集注音疏·堯典》「宅堣夷曰暘谷」下，江氏自注云：

> 舊解宅爲凥，今文宅皆爲度，宅、度字同，讀當从度。（卷1，頁2b，總頁2979）

於此注下云：

> 凥，君魚反，俗作居，音誼皆非矣。度，代洛反……。（同上）

又自疏云：

> 云「舊解宅爲凥」者，《史記》作「凥郁夷」，僞孔《傳》亦訓「宅」爲「凥」也。云「今文宅皆爲度」者，蔡邕《石經》本作「度」，蔡《石經》是今文也。又鄭注《周禮·縫人》引此下經「度西，曰栁穀」，賈公彥《疏》以爲伏生《大傳》文，是則伏生本作度也。由此以推則下文「宅南交」、「宅朔方」，今文亦皆作度也。云「宅、度字同」者，〈禹貢〉「降邱宅土」，《風俗通》引作「降邱度土」；「三危旣宅」，《史記》作「三危旣度」；又《詩》「宅是鎬京」，《禮記·坊記》引作「度是鎬京」，是「宅」、「度」同字也。云「讀當从度」者，不从舊解「宅，凥」之訓也。葢四子掌四時，是佐天地之官，治秝明時者，當在京師，不宜遠處四方。若投四裔者然，故不可以宅爲凥也。僞孔氏亦知其不可，而

迂回其說，云「凥治東方之官」。……不如轉「宅」爲「度」，解爲「測度」，于誼允協也。（同上）

江氏首先從《漢石經》、《周禮·縫人》鄭《注》所引經文，推論〈堯典〉「△堣夷」、「△西，曰昧谷」、「△南交」、「△朔方」之「△」，今文皆作「度」。又指出「宅」、「度」二字可通，於經典有據，並謂不從舊解「宅，凥」之訓者，乃因四子（羲仲、羲叔、和仲、和叔）為天地之官，當在京師以觀天時曆法，不宜遠處四方，故不從舊解（即偽孔《傳》），而轉「宅」爲「度」，解爲「測度」。案：「宅」與「度」兩者同為定母鐸部，屬雙聲疊韻，故可通。江氏從《今文尚書》、漢代典籍所載，認為此「宅」應為「度」，故謂：舊解「宅」作「凥」（俗作居），無論「音」或「義」皆非，即音義均當作「度」（測度之意）。

從以上舉例，大抵可知江氏於字下標示反切，乃明音讀並兼明字義。除此之外，檢《集注音疏》之反切下，江氏有云「音義皆同」、「音義皆別」、「音同義別」等語，由此可知江氏治《尚書》，對於經字音義考索之重視。如《集注音疏·堯典》「釆章百姓，百姓昭明」下云：

釆，皮莧反，古辨字也。《僞孔》本作「平」，其《傳》解爲平，而《說文》「平」字，古文作𠀤，𠀤、釆相似，後學遂誤仞釆爲古文𠀤。唐明皇帝改《僞孔》之隸古从俗文，遂作平字，繇是承譌襲謬久矣。今知當爲釆者，《說文·釆部》云：「釆，辨別也。讀若辨。」則釆、辨音誼皆同，實一字也。（卷1，頁1b，總頁2977）

今本《尚書》「平章百姓」，偽孔《傳》云「言化九族而平和章明」，知偽孔《傳》將「平」訓為「平和」。江氏認為，「平章」本應作「釆章」，乃因「平」古文作𠀤，與釆相似，後人遂誤以為「平」。「釆」，《說文》云：「辨別也，象獸指爪分別也，凡釆之屬皆从釆。讀若辨。」知釆、辨音義皆同。江氏改作「釆章百姓」，標示讀音云：「皮莧反」，即明示「釆」、「辨」音義同也。又檢《經典釋文・冬官・考工記》「以辨」下標示「皮莧反」，[55]知江氏所標之音，實源於《釋文》。

又如同篇「鳥獸毛毨」下，標音：「毨，息洗反」，並自注云：

> 毨，讀若選。仲秋，鳥獸毛盛，可選取以爲器用。（卷1，頁3b，總頁2981）

又自疏云：

> 此用《說文・毛部》誼也。毨之爲言，誼取毛盛，可選取，故讀若「選」，謂音誼皆同「選」也。（同上）

檢《說文》「毨」：「仲秋，鳥獸毛盛，可選取以爲器用。从毛先聲。讀若選。」可知江氏全用《說文》之義。而江氏解釋「毨」讀若「選」，乃取「毛盛，可選取以為器用」之義，故謂音誼皆同「選」。而江氏於「毨」下標音「息洗反」者，即明此字即用《說文》之訓。

其次，江氏又有「音同義別」之語，《集注音疏・堯典》「湯湯鴻水方割，潒潒褱山襄陵，浩浩滔天」下云：

> 湯，式陽反。鴻，今通作洪，茲从古。潒，徒朖反，今通作蕩。褱，俗混作懷，音同誼別。（卷1，頁4a，總頁2982）

並自注云：

---

[55] 唐・陸德明撰，黃焯彙校：《經典釋文彙校》，卷9，頁299。

褏，俠。（同上）

又於注下標明讀音：「俠，矦夾反。」觀今本〈堯典〉此句作「湯湯洪水方割，蕩蕩懷山襄陵，浩浩滔天。」江氏認為今本作「懷」者非，故改作「褱」。案：《說文》「懷」：「念思也。从心褱聲。」若將此意用於〈堯典〉經文，顯然不符合經義，故江氏轉從「褱」。《說文》「褱」云：「俠也。从衣眔聲。」段《注》云：「俠當作夾，轉寫之誤。〈亦部〉曰『夾，盜竊褱物也。从亦，有所持。俗謂蔽人俾夾是也。』腋有所持，褱藏之義也。在衣曰褱，在手曰握。今人用懷挾字，古作褱夾。」[56]知用腋下夾藏物品為「褱」，引伸有包圍之意。值得注意者，段《注》指出「今人用懷挾字，古作褱夾」，又《說文》「懷」下，段《注》云：「古文又多叚懷爲褱者。」是「懷」可假借為「褱」，但江氏治經則必取本字，故不用「懷」，而云：「褱，俗混作懷，音同誼別。」

再者，檢《集注音疏》又有「音義皆別」之語，如《集注音疏・堯典》「帝曰：吁！靜言庸韋，象龔滔天」，江氏云：「《說文》云：『韋，相背也』，然則韋背字不从辵，今通作違，非也。」又自注云：

靜言，巧言也；韋，衺辟也。（卷1，頁4a，總頁2982）

注下又云：

衺，夕牙反，俗通作邪，則音誼皆別矣。（同上）

並自疏云：

---

[56] 清・段玉裁：《說文解字注》，卷8上，頁396。

> 文十八年《左傳》云：「靖譖庸回，是謂共工」，則「靖譖庸回」即此「靜言庸韋」，則「韋」、「回」字通。《文選·西征賦注》引《韓詩》：「謀猶回泬」，薛君《章句》曰：「回，衺辟也。」故云「韋，衺辟也。」（同上）

今本〈堯典〉此句作「靜言庸違」，江氏謂《說文》云：「韋，相背也」，符合經義；而从「辵」之「違」，《說文》云：「離也。」是江氏用字著眼於經字本義，故用「韋」字，段《注》亦云：「今字『違』行而『韋』之本義廢矣。」又江氏自注云：「韋，衺辟也。」從「疏」可知，江氏據《左傳》「靖譖庸回」，以為「韋」、「回」字通，此論是也。馬王堆帛書《六十四卦·損》「十朋之龜弗克回」，今本《易》皆作「違」，是「韋」、「回」可通。[57]而江氏又以薛漢《章句》曰：「回，衺辟也」，作為此句「韋」之義。但江氏不用「邪」者，云：「衺，夕牙反，俗通作邪，則音誼皆別矣。」觀《說文》「邪」云：「琅邪郡也，以遮切」，音為「yé」；而「衺」則云：「窶也，似嗟切」，音為「xié」。知作「邪」、「衺」音義皆異，故江氏用「衺」，並自標讀音「夕牙反」，云「俗通作邪，則音誼皆別」，足見江氏詮釋《尚書》采本字之特色。

2. 采前人音讀，闡明經義

江氏除了於經文、注下標示反切，以闡明音義外，又多有用前人之「音讀」，並自己標明反切，闡發經義者。如《集注音疏·粊誓》「祇復之，我商賚女」下，江氏云：「商，汁羊反。」又自注云：

> 商，讀爲章；章，明也。其有得獲此風逸之牛馬、亡逃之臣妾，而復還其故主，我其明賞賚女。（卷10，頁75a，總頁3121）

---

[57] 見王輝：《古文字通假字典》（北京：中華書局，2008年），頁504。

又自疏云：

> 云「商讀爲章」者，《釋文》云「商，徐音章。」案《說文・内部》商从内，章省聲，是商以章爲聲也。徐邈東晉時人，去漢未遠，猶及聞漢經師之音讀。其音商爲章，必本于漢儒，故讀从之。云「章，明也」者，《義禮・士冠・記》云：「章甫，殷道也。」鄭《注》云：「章，明也。」（同上）

此例江氏采徐邈讀，以「商讀爲章」，即假借為「章；而「章」為「明」意。江氏認為徐邈東晉時人，去漢未遠，以為徐氏所讀必為漢經師音讀，故從之。因此於「商」下標明「汁羊反」，即讀為「章」也。可見江氏乃采前人音讀以通假借，從而闡明經義。

又如《集注音疏・顧命》「牖間南鄉，布重莧席，黼純，華玉，仍几」下，江氏云：

> 鄉，所羕反，下並同。《僞孔》本布作敷，莧作蔑，茲从《說文》所引。重，直容反，下並同。莧，民瞥反。純，中盾反，下並同。（卷9，頁68b，總頁3109）

自注云：

> 鄭康成曰：「莧，析竹之次青者，不用生時席，新鬼神之事故也。」……聲謂：莧席，織蒻席也。莧讀與蔑同。（同上）

自疏云：

> 云「莧，析竹之次青者」者，謂稍刮其外皮之青而粗者，取其近

> 裏之青而細者也。案鄭君說此經皆以竹爲言，恐未盡然，姑盡錄之，不盡从也。……聲謂「蒖席，纖蒻席也，蒖讀與蔑同」者，《說文・首部》云：「蒖，从首火，首亦聲。〈周書〉曰『布重蒖席』，纖蒻席也，讀與蔑同。」是正解此經「蒖席」而并發其音讀，故采之以易鄭誼也。（同上）

今本〈顧命〉作「敷重蔑席」，江氏據《說文》引經作「布重蒖席」。「蒖席」，孔《疏》引鄭《注》云：「篾，析竹之次青者」，江氏雖錄之，但不從；而另據《說文》：「織蒻席也」，認為正解此經「蒖席」之義，且《說文》云：「讀與蔑同」，亦發「蒖」字讀音，故江氏標音云：「民瞥反」。「織」，段《注》本改作「纖」，段氏云：「纖各本作織，今正。……纖與蔑皆細也。……〈艸部〉曰：『蒻，蒲子。可以爲苹席也。』蒲子，蒲之幼稚者，細於蒲，故謂之纖蒻。」[58]案：此條江氏雖據《說文》之讀，然仍有幾點可討論：其一，孔《疏》引鄭《注》下即接王肅《注》：「蔑席，纖蒻苹席。」顯然王《注》與《說文》同，江氏不可能未見肅《注》，而此未提及者，似有意隱之。其次，段《注》云：「蒖者，蔑之假借。……蒖，葢壁中古文。蔑葢孔安國以今文字讀之，易爲蔑。」段氏此說有理，蒖、蔑古音同為明母、祭部，可通。江氏云「《僞孔》本布作尃，蒖作蔑」，意似為偽孔氏改之，可商。

3. 正前人音讀，闡明經義

江氏又有規正舊讀、闡明音讀者。如《集注音疏・禹貢》「氒（厥）土赤戠墳」，其自注云：

> 鄭康成曰：「戠讀為熾。熾，赤也。」聲謂：「戠，黏也。讀如脂膏敗殖之殖，殖亦黏也。」（卷3，頁18b，總頁3011）

---

[58] 清・段玉裁：《說文解字注》，卷 4 上，頁 146。案：檢藤花榭刻本《說文》即作「織」。

江氏於注下又云：「戠，依鄭昌志反；予音之直反。黏，奴廉反；殖，之直反。」並自疏云：

> 鄭《注》見《釋文》及《文選・蜀都賦・注》。云「熾，赤也」者，熾是火盛皃，火色赤，故熾爲赤也。鄭欲解「戠」爲「赤」，而「戠」無「赤」誼，故讀爲「熾」，以「熾」字从「戠」聲故也。聲不从之者，以「赤戠」連文，若「戠」亦爲「赤」，於誼重繁。且「赤」已言色，「戠」當言其性，故訓爲「黏也」。《周禮・攷工記》「用土爲瓦，謂之摶埴之工」。彼鄭《注》云「埴，黏土也」。此經「戠」或爲「埴」，則「戠」「埴」字同，是「戠」得爲「黏也」。《易・豫・九四》云「朋盍戠」，虞《注》云「戠，叢合也」。松厓先生云：「以土合水爲培，謂之摶埴。〈豫〉[59]坤爲土，坎爲水，一陽倡而眾陰應，若水土之相黏著，故云『朋盍戠』。」是以「戠」爲黏也。云「讀如脂膏敗殖之殖，殖亦黏也」者，以鄭讀爲熾，則非戠本音，故特正其音讀。（卷9，頁68b-69a，總頁3109-3110）

江氏於「氒土赤戠墳」下云「戠，《偽孔》本作『埴』，《釋文》云『鄭作戠』，茲从鄭本。」知於經字考訂上，江氏從鄭本，此自然與其治經「尊鄭」及「從古」思維有關。雖然其考訂經字「尊鄭」、「從古」，然而於經義詮釋上，江氏若認為鄭說未善，則斷然改用他說，而非膠執鄭說。此條江氏不從鄭說，乃因鄭《注》讀「戠」為「熾」，訓「赤也」，則「赤戠」義同，故江氏認為「於誼（義）重繁」，二字不應同義，故另尋他說。江氏引《周禮・攷工記》「摶埴」，鄭《注》云「埴，黏土也」，知「埴」有「黏」義；

---

[59] 今本《周易述》作「坤爲土，坎爲水」，無「豫」字。見清・惠棟撰，鄭萬耕點校：《周易述》（北京：中華書局，2010），卷3，頁51。

又謂〈禹貢〉之「戠」或作「埴」者，當指《史記‧夏本紀》與《偽孔》本〈禹貢〉引作「埴」，知「戠」與「埴」同，故「戠」亦可訓作「黏也」。此外，江氏又以《易‧豫‧九四》「朋盍戠」為證，謂「戠」可訓為「黏」。再確定「戠」讀為「埴」，訓為「黏」後，江氏云：「讀如脂膏敗殖之殖，殖亦黏也」，謂此字讀音為「殖」，故於注下云：「戠，依鄭昌志反；予音之直反……殖，之直反。」「戠」，《說文》云：「闕。从戈从音。」也就是音、義皆闕。江氏既不從鄭讀作「昌志反」，而另讀為「殖」，云「之直反」，意即是他自己對該字的讀音。知江氏不僅修正前人之訓，同時也藉由標明音讀來闡發字義。

4. 小結——兼論江氏標音之來源

由以上所舉江氏《集注音疏》中標音之例證，可綜合歸納兩點如下：

第一、江氏所標示反切之用意，除了明音讀外，更重要的是與其所集之注解配合，闡發經義，故江氏極為重視字義與音讀之配合關係。從上述〈禹貢〉「氒（厥）土赤戠墳」之「戠」，江氏認為當讀為「之直反」之「殖」，意為「黏」；又如〈柴誓〉「我商賚女」之「商」，當讀為「汁羊反」之「章」，意為「明」；又如同〈堯典〉「靜言庸韋」之「韋」，江氏自注云「衺辟也」，但不用俗作之「邪」字，因「衺」、「邪」兩者音義皆別，故特於「衺」下標示「夕牙反」，而不用義為「琅邪郡」之「邪」；又如〈堯典〉「褱山襄陵」之「褱」，江氏謂俗混作「懷」，但「褱」、「懷」音同義別，若要符合經義，當作「褱」，故於注「褱，俠」下云「俠，矦夾反」；又如〈堯典〉「鳥獸毛毨」下，標音「毨，息沇反」，謂此字讀如「選」，意為「仲秋，鳥獸毛盛，可選取以爲器用」。要之，江氏標示反切音讀，除了為難字標音一類，並未解釋音義關係外，另一類乃疏通字義與字音，使讀者了解經文、經注之音讀，此從江氏云「讀為」、「正其音讀」、「依……（某）讀」、「某字音讀當如某」、「音義皆同」、「音義皆別」、「音同義別」可知也。

因此，江氏於《集注音疏》多有改經字，一方面受其尊古思維影響，欲恢復《尚書》原本；但另一方面則采正讀而刊改經、注文，使讀者明經文之正字、正讀，就能明白經字字義，此所謂「字有數誼，則彼此異音，初學難辨，爲之反切，以發明之」。此論，實與陸德明作《經典釋文》云「注既釋經，經由注顯，若讀注不曉，則經義難明」，[60]意義相近。欲明經義，必要讀正確的音，不重視音讀，必然造成解經者之異說叢生，穿鑿附會。[61]昔黃焯（1902－1984）論《經典釋文》之優點，首云「正讀音」，即為後人正確地誦讀和理解經典提供了很大的方便。[62]對江氏而言，「字義」與「字音」能對應，實為最要緊事，以往學者批評江氏據先秦經典擅改經字，只注意他佞古之一面；但另外一方面，從江氏時以本字取代借字，如上舉「湪湪褱山襄陵」之例，即可知「破假借」為其改經字內涵之一，故段玉裁云：「凡字書以形為主，就字形而得其本義；凡經傳古文以聲為主，就同聲而得其假借。……凡治經不得以本字易其假借字。」[63]此誠然矣！江氏治經，乃欲令讀者明一字之本義本音，故多有以本字易其假借字也。

第二、為了進一步分析江氏注解《尚書》，標示讀音，闡發經義，此處試以《集注音疏・堯典》前幾段文字為例，列出江氏所標示反切及其使用狀況：

經、注文	反切	類型	附註
粵若稽古帝堯曰放勳。	粵，爰伐反。《正義》本作「曰」，玆从薛季宣《書古文訓》本。放，弗往反。勳，許云反。	釋音、釋義。	

[60] 唐・陸德明：《經典釋文・序錄・條例》，頁2。

[61] 有關陸德明作《經典釋文》之背景觀念，參曾榮汾：〈《經典釋文》編輯觀念析述〉，收入《潘重規教授百年誕辰紀念學術研討會論文集》（臺北：國立臺灣師範大學國文學系，2006年）。

[62] 黃焯：《經典釋文彙校・關於經典釋文》，頁967。

[63] 清・段玉裁：《古文尚書撰異・堯典》「帝曰疇咨若時登庸」條，卷1上，頁37b。

經、注文	反切	類型	附註
欽明文思安安。	文，巫云反；安，乙雁反。	釋音、釋義。	「疏」:「安安讀當爲晏晏。……此文安安誼實爲晏晏也。」
馬融曰:「威義表備謂之欽，照臨四匚謂之明，經緯天地謂之文，道德純備謂之思。」聲謂:思或爲悉，安安讀當爲晏晏。鄭康成曰:「道德純備謂之悉，寬容覆載謂之晏。」	義，牛奇反，今通作儀。鄭仲師注《周禮》云:「古者書儀但爲義」，則古威義字不从人也。《說文》亦以義爲威儀字。匚，今通作方。悉，所則反，或作塞，則字別矣。	釋音、釋義。	「疏」:「《攷靈燿》曰:『堯聰明文悉晏晏。』《攷靈燿》是《尚書緯》，其文即《尚書》文，故云思或爲悉。」
光被亖表假于丄丅。	被，茂寄反。亖，籒文四字。假，工百反，《正義》本作格，茲从《說文》所引。丄，古文上；丅，古文下	釋音。	
以親九族九族旡睦。	旡，吉氣反，今通作既。	釋音、釋義。	
睦，敬龢也。	龢，合戈反。	釋音。	
釆章百姓百姓昭明。	釆，皮莧反，古辨字也。《僞孔》本作采，其《傳》解爲平。	釋音、釋義。	「疏」:「釆，讀若辨者，《說文・釆部》文。……《說文・釆部》云『釆，辨別也。象獸指爪分別也。』故云『辨，別』。」
鄭康成曰:「辨，別；章，明也。百姓羣臣之父子兄弟。」	別，邠列反。	釋音。	
言堯之德大所化者眾，中夏蠻貉莫不雝龢，故曰萬國。	夏，行叚反；除春夏之夏皆同此，後不重出音。貉，門白反	釋音、釋義。	

經、注文	反切	類型	附註
黎𦮵於變旹雝。	黎，力兮反；𦮵，古文民。於，古文烏。旹，古文時	釋音。	
黎，眾也。於，語聲。時，是。雝，和也。言衆也从化而變用是大和	从，才容反，與「從」異，今通用「從」，非。	釋音、釋義。	
乃命戲和。	戲，古羲字，喜宜反；和，合戈反。	釋音。	
鄭康成曰：「高辛氏之世命重爲南正司天，黎爲火正司地。堯育重黎之後，羲氏、和氏之（子），[64]賢者使掌舊職。天地之官，亦紀于近，命以民事，其時官名蓋曰稷、司徒。	重，直容反。	釋音、釋義。	
欽若昊天。	昊，何老反。	釋音。	
分命戲中。	中，古仲字，直眾反。下文中春、中夏、中秋、中秋、中冬皆同。	釋音。	
鄭康成曰：「仲尗亦羲和之子。堯既分陰陽四時，又命四子爲之官，蓋春爲秩宗，夏爲司馬，秋爲士，冬爲共工，通稷與司徒，是六官之名見也。掌四時者，字曰仲尗，則掌天地者，其曰伯乎。」	尗，小豆也，借爲尗季字，取幼小之誼也，俗輒作叔。《說文》叔訓拾也，非其誼也。共，居容反；見，亦甸反。	釋音、釋義。	

[64] 案：《周禮注疏》有「子」字。

經、注文	反切	類型	附註
宅堣夷曰暘谷。	堣，元于反，《正義》本作嵎，乃吳楚閒封嵎山名，非此也。暘，亦章反。	釋音、釋義。	
舊解宅爲凥，今文宅皆爲度，宅、度字同，讀當从度。許叔重《說文解字》云：「堣夷在冀州陽谷，立春日，日直之而出。」聲以爲冀字，葢誤也，當爲青州。〈禹貢〉云「堣夷既略」，青州分也。今文堣夷爲禺鐵，亦爲禺銕。鐵、銕讀皆同夷。暘谷或爲暘谷，暘日出也，或爲湯谷。《淮南子》曰：「日出于湯谷。」	凥，君魚反，俗作居，音誼皆非矣。度，代洛反，許，虛與反。分，巫奮反。禺，元于反。	釋音、釋義。	《說文》「凥」云：「處也。从尸得几而止。《孝經》曰：『仲尼凥。』凥，謂閒居如此。」 《說文》「居」云：「蹲也。从尸古者，居从古。」
夤賓出日。	夤，弋眞反，今本作寅。丁度《集韻》引此下經「夤淺內日」，夤字从夕。以彼況此，知此亦當作夤也。賓，必刃反。	釋音、釋義。	「疏」：「云『賓，讀曰儐』者，古『儐』字輒通用『賓』。」
鄭康成曰：「夤賓出日，謂春分朝日。」	朝，直佋反。	釋音、釋義。	
《周禮・馮相氏》「辨四時之敘」，此則四時官各辨敘一時也。	馮，皮冰反；相，息匠反。	釋音。	
氒民析。	氒，今作厥，非；析，心秝反。	釋音、釋義。	「注」：「氒讀若厥，其也。」「疏」：「『氒讀若

經、注文	反切	類型	附註
			厥』者，《說文・氏部》文。〈釋言〉云：『厥，其也。』彼厥亦當作氒。厥則別爲一字。」
申，重也。宅，亦讀爲度。	重，直容反；度，代洛反。	釋音、釋義。	
采黳南譌敬致。	譌，兀禾反。	釋音。	
聲謂：致，致日也。謂立八尺之表，視其晷景夏至之景，尺有五寸爲短之極。短極則气至，无伏陰之患，是爲夏气和也。《周禮・馮相氏》「冬夏致日，春秋致月。」此獨于夏言之，舉一隅以見也。	晷，君洧反；馮，苾冰反；相，息匠反；見，弋甸反。	釋音、釋義。	
夤淺內日。	淺，夕衍反；內，奴眾反。	釋音、釋義。	
鄭康成曰：「夜中者，日不見之漏與見者齊。」虛，元武中虛宿也。馬融曰：「秋分之昏虛星中。」	見，亦甸反；宿，心袖反。	釋音、釋義。	
仲秋盲風至，當去高尻平地。	盲，每庚反。	釋音。	
鳥獸毛毨。	毨，息洗反。	釋音、釋義。	「注」云：「毨，讀若選。仲秋，鳥獸毛盛，可選取以爲器用。」「疏」云：「此用《說文・毛部》誼也。毨之爲言，誼取毛盛，可選

經、注文	反切	類型	附註
			取，故讀若『選』，謂音誼皆同『選』也。」
扗，督也。肅曰：「易者，謹約蓋臧，循行積聚。」聲謂冬時政令助天地閉臧，〈冬官〉辦督之也。言易者臧則內，故更新有革易之誼也。朔易或爲伏物。	督，初八反，今通作察。臧，才郎反，俗書加艸于上，非也。行，下孟反。積，子賜反，又如字。內，奴眾反。更，工行反。	釋音、釋義。	
氒民奧。	奧，安到反。	釋音。	
鄭康成曰：「奧，內也。」聲謂民避寒而入室內也。《詩》云：「嗟我婦子，曰爲改歲，人此室處。」	爲，爰僞反。	釋音。	
鳥獸氄毛。	氄，如勇反。	釋音。	
氄，毛盛也。氄或為㲝，毛或爲髦。	㲝，如勇反；髦，門豪反。	釋音。	
帝曰咨女戲㿟咊。	女，仁渚反，後不重出音者，皆同此。㿟，其器反，今通作暨。	釋音、釋義。	
稘弍百有六旬有六日。	稘，吉其反，《僞古文》作朞，茲从《說文》所引。弍，古文三。有，弋穴反。	釋音。	

從上表可見江氏於經文、注文多標示反切，在類型上，大抵可分為釋音、釋義。尤其兼論音義者，江氏或於經、注文下解釋，又或另於注、疏中加以闡釋。而今進一步分析江氏所用之切語，多見於《說文》、《經典釋文》、《漢書注》、《玉篇》、《一切經音義》以及江氏所切之音，茲便將上表之

切語來源陳列如下：

經、注字	反切	來源	附註
粵	爰伐反	江氏自擬	
勳	許云反	《說文》：許云切；《釋文》：勲，許云反	
文	巫云反	江氏自擬	
安	乙雁反	江氏自擬	讀為「晏」
義	牛奇反	江氏自擬	《玉篇》：䕒，牛奇切
寋	所則反	江氏自擬	
被	茂寄反	江氏自擬	
假	工百反	江氏自擬	
旡	吉氣反	江氏自擬	
龢	合戈反	江氏自擬	
釆	皮莧反	《釋文》：辨，皮莧反	
𠔁（別）	邠列反	江氏自擬	
夏	行叚反	江氏自擬	
黎	力兮反	江氏自擬	
从	才容反	《釋文》：從，才容反	
戲，古羲字	喜宜反	《一切經音義》：庖犧，上鮑交反，下喜宜反	
和	合戈反	江氏自擬	
重	直容反	《釋文》：重，直容反	
昊	何老反	江氏自擬	《玉篇》：暭，何老切
中，古仲字	直眾反	《說文》：仲，直衆切	
共	居容反	《廣韻》：供，設也，居用切，又居容切；《集韻》：恭，居容切。《說文》肅也，通作龔共	

經、注字	反切	來源	附註
見	亦甸反	江氏自擬	
堣	元于反	江氏自擬	
崵	亦章反	《說文》：殯：必刃切；《釋文》：儐必刃反，本或作賓，同	
尻	君魚反	江氏自擬	
度	代洛反	江氏自擬	
分	巫奮反	江氏自擬	
禺	元于反	江氏自擬	
夤	弋眞反	江氏自擬	
賓	必刃反	江氏自擬	
朝	直佋反	江氏自擬	
馮	皮冰反	《釋文》：馮，皮冰反	
析	心秝反	江氏自擬	
譌	兀禾反	江氏自擬	
晷	君洧反	江氏自擬	
馮	苾冰反	江氏自擬	
相	息匠反	江氏自擬	
見	弋甸反	江氏自擬	
淺	夕衍反	江氏自擬	
盲	每庚反	江氏自擬	
毨	息沇反	江氏自擬	
詧，今通作察	初八反	《說文》：察，初八切	
臧	才郎反	《釋文》：臧之，鄭子郎反，善也；王才郎反	案：王謂王肅
行	下孟反	《釋文》：行，下孟反	
積	子賜反	《釋文》：露積，如字，又子賜反	
更	工行反	《漢書》：師古曰：更，音工行反	
氄	如勇反。	《釋文》：氄，如勇反	

經、注字	反切	來源	附註
臮	其器反	《釋文》：暨，其器反	
稘	吉其反	江氏自擬	
有	弋穴反	江氏自擬	

從此表可知，江氏所標示之反切除了采《釋文》、《漢書注》、《一切經音義》、《說文》、《廣韻》、《集韻》所載之切語外，多數則自擬切語。雖有同一字切語不同之現象，如「見」有「亦甸反」、「弋甸反」二切語皆為江氏自擬，但讀音相同；又如「馮」有「苾冰反」、「皮冰反」二切語，前者為江氏自擬，後者出於《釋文》，然讀音亦相同。總體言之，《集注音疏》中之反切，基本上不出以上範圍，茲再舉數例：如《集注音疏・般庚》「般庚上弟五十一」下云「般步干反」，則見於《經典釋文》卷三「盤」下「步干反，本又作般。」；又如《集注音疏・大誥》「允蠢矜寡」下云「矜，古頑反」，此見於《經典釋文》卷二十「矜寡」下「古頑反」；又如《集注音疏・无逸》「儼龔寅畏」下云「儼，宜檢反」，此見《一切經音義》卷五「儼然」下「宜檢反」以及《玉篇》卷三「儼」下「宜檢切」；又如《集注音疏・君奭》「亦惟有若虢叔，有若閎夭」下云「虢，古伯反；閎，戶萌反」，此見於《經典釋文》卷二十九「虢」下「古伯反」、「閎夭」下「音宏」；又於「宏」下云：「戶萌反。」類此，可見江氏所用反切之來源。

二、論王氏著《後案》重新詮釋《尚書》之精神

王鳴盛治學受惠棟影響，在治經上「知訓詁必以漢儒為宗」、「一以漢人為師，鄭玄、許慎尤所墨守」，可見其宗漢學之思維乃是受惠棟之啟發。上章已稍論及王氏治經思維與惠棟之異同，然未深論。本節之作，亦同上節論江氏，旨在由宏闊之視角考察王氏著《後案》之目的以及方式，以顯王氏治

《尚書》之精神、內容與相關問題。

(一) 對《偽孔》及唐以後《尚書》學者之批判

王氏《後案·自序》論《古文尚書》之篇目後，即指出《偽孔》以及諸學者之誤，云：

> 自安國遞傳至衛宏、賈逵、馬融及鄭氏，皆為之注，王肅亦注之，惟鄭師祖孔學，獨得其真。但諸家祇注三十四篇及百篇之〈序〉，增多者無注，至晉又亡。好事者別撰增多二十五篇，內有〈太誓〉，故于三十四篇刪去〈太誓〉，又分〈堯典〉之半充〈舜典〉；〈皋陶謨〉之半充〈益稷〉，改為三十三篇，并撰孔《傳》，蓋出皇甫謐手云。夫增多者已亡矣，目猶在也，三十四篇漢注猶在也。晉人所撰與真古文，二者皆不合，孔穎達作《疏》用之，反誣鄭述增多為張霸書，自是三十四篇漢注亦亡矣。（頁1-2）

此說實與江氏同意，可見對《偽孔》及其後學者之不滿，為江、王治《尚書》之共同精神之一。王氏此〈序〉，首論《偽孔》於今古文並有之二十九篇，再偽作二十五篇；又明確指出，撰偽孔《傳》者為皇甫謐，此雖與江氏定作偽者為王肅相異，但在態度上同樣否定《偽孔》。（有關王氏對《偽孔》之駁難，此先不論，見下章）其次，王氏指出孔穎達作《疏》，乃誣鄭玄所述增多之二十四篇古文為張霸書，此論與上述江氏「由是孔氏之古文亡，而鄭氏三十四篇之《注》亦與之偕亡矣」之說同，可見江、王皆對《偽孔》與孔《疏》不滿。王氏除了於《後案》中指出偽孔《傳》與孔《疏》解釋之誤外，另附《尚書後辨》，即特別針對偽二十五篇之謬進行駁難，其內在精神實為重新整理《尚書》，使世人了解未經偽孔作偽之前《尚書》流傳之真實情形。

王氏不惟對《偽孔》與孔《疏》提出批評，亦針對唐以後學者《尚書》

研究之誤進行辯駁。如上節引孔《疏》云：「張霸之徒，于鄭《註》之外，偽造《尚書》，凡二十四篇，以足鄭《註》三十四篇為五十八篇」，孔《疏》將《古文尚書》二十四篇誤以為是張霸所造。對於此點，王氏除了辨孔《疏》之誤外，指出宋元明儒皆不察焉。云：

> 增多之篇所以亡者，其故有三焉。……至穎達作《疏》之時，勢固不能廢五十八篇之偽孔氏，而用三十四篇之鄭氏矣。然鄭學猶未絕也，至宋則絕矣。假令穎達作《疏》于彼增多篇目竟置不論，予輩生千餘年後，又何從而考之？猶幸此篇目即從穎達口中吐露耳。其一舉而歸之張霸，實辭之遁而窮者。乃宋元明諸儒掊擊《偽孔》者甚多，皆非無識，而獨于此一節大關目，竟為穎達妄談所欺，所以辨其偽者，不過曰文從字順而易讀，曰掇拾傳記而無遺，皆不能得真古文之要領者也。……穎達之言，本極易辨，而宋元明諸儒皆不之察，何哉。[65]

孔穎達以為古文二十四篇為張霸偽作，此說之謬上節已論。惟江氏只引吳澄《書纂言》之說，以見其誤；而王氏更擴大至宋元明儒，謂此謬諸儒皆未察焉。案王氏雖未指出所謂的宋元明儒者為何，但此謬在宋元明儒書中多見，如舊題鄭樵（1104－1162）所作《六經奧論》云：

> 漢儒聞孔氏書有五十八篇，遂以張霸之徒造偽書二十四篇為《古文尚書》。兩漢諸儒所傳，皆張霸偽本，未見真《古文尚書》。[66]

---

[65] 清・王鳴盛：《尚書後案・尚書後辨附》，頁 686。

[66] 舊題宋・鄭樵：《六經奧論》，《文淵閣四庫全書》本，卷 2，頁 5b。案：《六經奧論》一書，四庫館臣認為並非鄭樵親作，《總目》云：「今觀其書，議論與《通志略》不合。樵嘗上書自述其著作，臚列名目甚悉，而是書曾未之及，非樵所著審矣。後崑山徐氏刻《九經解》仍題樵名，今檢書中《論》詩皆主毛、鄭，已與所著《詩辨妄》相反。又『天文辨』一條，引及樵說，稱夾漈先生，足證不出樵手。又論《詩》一條，引晦庵說《詩》，考《宋史・樵本傳》卒於紹興三十二

又如林之奇（1112－1176）《尚書全解・序》云：

> 漢儒聞孔氏之書有五十八篇，遂以張霸之徒所造偽《書》二十四篇，為《古文尚書》。[67]

元代除了吳澄外，又如黃鎮成（1287－1362）《尚書通考》亦云：

> 張霸偽作〈舜典〉及〈汩作〉等二十四篇及伏生二十八篇。[68]

明代則如劉三吾（1313－？）《書傳會選》云：

> 張霸之徒偽作〈舜典〉、〈汩作〉、〈九共〉九篇、〈大禹謨〉、〈益稷〉、〈五子之歌〉、〈胤征〉、〈湯誥〉、〈咸有一德〉、〈典寶〉、〈伊訓〉、〈肆命〉、〈原命〉、〈武成〉、〈旅獒〉、〈冏命〉二十四篇，除〈九共〉九篇共卷為十六卷。[69]

以上諸說，雖文字稍異，但其實皆承認古文二十四篇為張霸所偽作。究其源，乃沿孔《疏》之說耳。而以上諸說之著作，皆見王氏《後案》卷首書目，知王氏著《後案》，目的之一乃為了糾正前儒之誤，尤其是唐代以來解經之作。

不惟古文二十四篇之問題，王氏《十七史商榷》「杜佑作通典」條，說

年，朱子《詩傳》之成，在淳熙四年；而『晦庵』之號則始於淳熙二年，皆與樵不相及。論《書》一條，併引《朱子語錄》，且稱朱子之謚，則為宋末人所作，具有明驗。不知顧湄校《九經解》時何未一檢也。第相傳既久，所論亦頗有可採，故仍錄存之，綴諸宋人之末，而樵之名則從刪焉。」

[67] 宋・林之奇：《尚書全解》《文淵閣四庫全書》本，頁 2b。

[68] 元・黃鎮成：《尚書通考》，《通志堂經解》本，冊 7，卷 2，總頁 102。

[69] 明・劉三吾：《書傳會選》，《文淵閣四庫全書》本，卷 1，頁 7a。

得更為明白，云：

> 〈獻書表〉云：「《孝經》、《尚書》、《毛詩》、《周易》、《三傳》，如日月之下臨，天地之大德，百王是式，終古攸遵。然多記言，罕存法制，愚管窺測，莫達高深，輒肆荒虛，誠爲臆度。」佑意以經學但可明道，非法制所垂，惟典禮為關法制，欲撇去經學，以伸己之《通典》，且深譏世之說經者多疵病也。然此書中偶涉經處，每駁去古義，別創新說，所云「輒肆荒虛，誠爲臆度」者，佑每自蹈之。蓋唐中葉，經學已亂，故佑多狥俗，今不暇毛舉，姑就予《尚書後案》所辨數條，如「大陸」、「九河」、「流沙」、「昆侖」、「河源」、「嶓冢」、「漢源」等考之則可見。[70]

杜佑著《通典》一書意主經世致用，故重典禮制度。[71]而從王氏所引杜佑《獻書表》，更知杜氏批評儒家經典多記空言，罕存法制。對於《通典》涉及經學處，王氏認為杜氏往往不採古義，而自發新說，此乃「輒肆荒虛，誠爲臆度」者。王氏此種批評，據鄧國光考察《通典》中用〈洪範〉經說，指出：「漢以天人感應為核心的讖緯之學，在《通典》中不留任何痕跡。漢人所崇尚的術數之學，以及章句餖飣之學，杜佑於《通典・序》中明確表示厭棄。」[72]按此，杜佑經學少用漢儒古義，由此得到印證。而對王氏而言，唐中葉起，經學已亂之由乃「駁去古義，別創新說」。

王氏更舉《後案・禹貢》中數例以證之，並駁唐以來之學者去古義、創新說之亂。以下即以王氏所舉之例，隱括王氏之說，並略作說解，以方便下文之分析：

---

[70] 清・王鳴盛：《十七史商榷》，《嘉定王鳴盛全集》，冊 6，卷 90，頁 1296。

[71] 有關杜佑《通典》中之經學思維，可參鄧國光：〈杜佑《通典》的經學本質〉，收入《經學義理》（上海：上海古籍出版社，2011 年），頁 425。

[72] 鄧國光：《經學義理》，頁 440。

舉「大陸」者，謂杜佑、李吉甫以為「大陸」在陸澤，而王氏認為杜佑、李吉甫乃不用鄭玄「鉅鹿」之注，故認為杜佑、李吉甫以「大陸」在陸澤，實謬，故不用。[73]

舉「九河」者，王氏《後案》云：「《漢・溝洫志》成帝時河隄都尉許商上書曰：『古記九河名，有徒駭、胡蘇、鬲津，今見在成平、東光、鬲縣界中。自鬲津北至徒駭相去三[74]百餘里。』……而唐以下諸家紛紛訪求，各自立說……。」[75]所謂「唐以下諸家」者，有杜佑、李吉甫、張守節、樂史。然諸家之說皆不如許商所言可信，是許商所言代表「古義」，故不用唐代諸儒說。

舉「流沙」者，王氏引鄭玄之說，指流沙在「居延東北，名居延澤」，而顏師古則承偽孔《傳》謂流沙在「敦煌西」，杜佑又從師古。王氏對此病之曰：「夫流沙多矣，非弱水所入，豈可據以易《漢志》古文說乎！」[76]知「《漢志》古文」代表古義，而王氏不信偽孔《傳》、顏師古及杜佑之說。

舉「昆侖」者，王氏首先指出傳記言「昆侖」凡四處：一為河源，一在海外，一在酒泉，一在吐蕃。此四說中，「吐蕃」說出於《通典》，然王氏云「唐人造言，唐以前從無以此為昆侖者，不足信」，[77]知王氏不信杜佑之說。

舉「河源」者，王氏指出「河源」之流向為「于寘之西，水西流；其東，水東流，注鹽澤。潛行地下，南出為河源」，其說見《史記・大宛傳》、《漢書・西域傳》，故以為言河源者，當以此為正。下又云：「唐人忽創新說，謂河源昆侖在吐蕃境內，杜佑主之，駁漢古義。至《唐書・吐蕃傳》載

---

[73] 清・王鳴盛：《尚書後案》，卷 3，頁 103。

[74] 案：此「三」，據顧寶田、劉連朋所校，《尚書正義》、《漢書》作「二」。

[75] 清・王鳴盛：《尚書後案》，卷 3，頁 107-108。

[76] 清・王鳴盛：《尚書後案》，卷 3，頁 184-185。

[77] 清・王鳴盛：《尚書後案》，卷 3，頁 173。

劉元鼎所見，《元史・地理志》載都實所窮，又大同小異」，[78]知王氏不信杜佑之說。

舉「嶓冢」、「漢源」者，乃指「岷、嶓既藝」及「嶓冢導漾，東流為漢」，應並觀。王氏引鄭《注》「〈地理志〉嶓冢山在漢陽西」，並云：「鄭于此《注》，亦但舉西縣之嶓冢者，《漢志》既專于西縣言嶓冢，并冠以〈禹貢〉，則必古經師相承舊說，鄭據古義，故云然也。」[79]按此所謂「古義」，乃古經師說〈禹貢〉之義，故鄭玄據之，以西縣（隴西）嶓冢為〈禹貢〉之嶓冢。

王氏又引李吉甫、杜佑之說，謂李、杜分列兩嶓冢，一為上邽，一為金牛，上邽即西縣，金牛即沔陽縣。李吉甫《元和志》云嶓冢山「金牛縣東二十八里，漢水出焉」，此即〈禹貢〉「嶓冢導漾，東流為漢」是也。而杜佑《通典》亦云「漢中金牛縣嶓冢山，禹導漾水，東流為漢水，亦曰沔水」，意與李吉甫同。然王氏指出，李、杜之說實承魏收〈地形志〉而來。魏收始將嶓冢山繫於沔陽縣。金牛縣即沔陽縣，可見魏收、李吉甫、杜佑皆以沔陽縣之嶓冢山為漢水之源，而不從鄭《注》、〈地理志〉西縣（隴西）之說。按此，王氏則云李吉甫、杜佑之說「蓋自南北朝人創立此論，唐人因之。近儒號精地學者，並主魏收及李吉甫、杜佑說，各出論著，動輒數千言，無非反覆駁難班〈志〉、鄭《注》，依俗學改古義，果可為典要耶」？[80]所謂「近儒」指胡渭，上章已言及；「俗學」當指魏、李、杜；「古義」為古經師說〈禹貢〉之義。在此，王氏明顯以「古義」為「典要」，而不從魏、李、杜之說。

從以上五例，其實皆指向王氏不滿南北朝（如魏收）、唐人（如李吉甫）之說。再合上述指陳唐、宋、明論古文二十四篇之謬，以及上章《後

[78] 清・王鳴盛：《尚書後案》，卷3，頁187-188。

[79] 清・王鳴盛：《尚書後案》，卷3，頁155。

[80] 清・王鳴盛：《尚書後案》，卷3，頁200。

案・洪範》中王氏辨朱熹、蘇轍等說，足見王氏著《後案》精神之一，乃批評糾正《偽孔》及唐以後《尚書》學者之說，此實與江氏相同。

(二) 詮釋《尚書》尊古義並力宗鄭《注》

王氏著《後案》精神之一，為不滿《偽孔》以及唐後學者之說，但深入王氏批判之最主要理由，實以「古義」之有無為據。上引劉文清先生之說，指「古義」為「聖人、經書之古義」，對照王氏上論「嶓冢」、「漢源」，時謂「古義」為古經師說〈禹貢〉之義，又或如《後案・禹貢》「冀州既載」條，王氏引鄭《注》「不書其界者，時帝都之，使若廣大然」者，並云：「據《疏》引此，以為馬與鄭同，此必周漢經師相承古義也。」[81]又或《後案・湯誓》「曰是日曷喪予及汝皆亡」句，王氏於「案曰」云：「趙岐注曰：『時，是也。日，乙卯日也。害，大也。言桀爲無道，百姓皆欲與湯共伐之。湯臨士衆誓，言是日桀當大喪亡，我與汝俱往亡之。』岐，漢之俗儒，不合古義，不可從也。」[82]趙岐為漢儒，王氏卻不用趙岐說，知「古義」非全指漢儒之說，可見劉文清先生之觀察是正確的。此外，王氏更多次指出李、杜等「別創新說」，如「唐以下諸家紛紛訪求，各自立說」、「唐人造言，唐以前從無以此為昆侖者，不足信」、「唐人忽創新說，謂河源昆侖在吐蕃境內，杜佑主之，駁漢古義」、「蓋自南北朝人創立此論，唐人因之」，由此知：「古義」及「新說」在王氏之治經思維中，無法並存。「古義」代表有本之學；「新說」則為無本之學。然而，自唐代中葉以後紛紛不用「古義」，而多自創「新說」，故王氏對此現象多有批駁。此種思維，於王氏著作中多可見，如《十七史商榷》「師法」條：

> 自唐中葉以後，凡說經者皆以意說，無師法。夫以意說而廢師

[81] 清・王鳴盛：《尚書後案》，卷 3，頁 94。

[82] 清・王鳴盛：《尚書後案》，卷 5，頁 234。

> 法，此夫子之所謂「不知而作」也。[83]

再如〈贈翁徵士霽堂先生序〉云：

> 唐之中葉，以迄于有明，著書解經者，汩經之旨，亂經之詁訓，十而九焉。發明經旨，深通詁訓，千百而不得一焉。[84]

合上述兩條，從唐至明之解經者「汩經」、「亂經」，乃因後儒之無師法。對於王氏來說，「師法」即等於經典詮釋授受之根源，無師法則不明古義，不明古義則代表其說無本。所謂「以意說」者，即謂自創新說而不用古義也。而〈古經解鉤沉序〉則將儒者不以古義治經之時代定得更確切，云：

> 自晚周、先秦，以迄兩漢，傳經授受，各有原流，皆能自名其家。魏晉及唐，師法漸失，然古義未盡亡也。下至宋、元，義理雖精，詁訓亡矣；而明儒之陋謬為尤甚。蓋俗學之病，在于無本而不好古。[85]

此文為王氏早年之作，見《西莊始存稿》卷十五。又乾隆六十年（1795，王氏 74 歲）坊間重刻《鉤沈》，王氏因重為之〈序〉，與早年文字稍異。[86]茲錄乾隆六十年〈序〉之同段文字，與《始存稿》兩相對照，云：

> 自晚周、先秦，以迄兩漢，傳經授受，各有原流，咸能自名其家。魏晉及唐，師法漸失，然古義未盡亡也。自前明之《大全》出，

---

[83] 清・王鳴盛：《十七史商榷》，《嘉定王鳴盛全集》，冊 4，卷 27，頁 290。

[84] 清・王鳴盛：《西莊始存稿》，《嘉定王鳴盛全集》，冊 10，卷 15，頁 277。

[85] 清・王鳴盛：《西莊始存稿》，《嘉定王鳴盛全集》，冊 10，卷 15，頁 279。

[86] 見陳鴻森：〈王鳴盛年譜（下）〉，頁 152。

> 盡去漢、唐舊說，名為《大全》，不全彌甚：浸尋至於明季，陋謬斯極。蓋俗學之病，在于無本而不好古。[87]

兩段文字稍異，相比之下，乾隆六十年〈序〉比前作更切確指出明《大全》之謬耳，然前後作中心思維實為一致。從前〈序〉云「下至宋元，義理雖精」，知王氏並不全然否定宋、元儒者，尤其肯定朱子，有云「朱子詮理極精」。[88]晚清民初學者曹元弼更指王氏「經學服膺鄭君，義理篤守朱子」。[89]王氏所不滿的是從唐中葉以來，解經者不以古義治經，此為無根之俗學，尤其是明代《大全》。再從上小節王氏批評魏收、李林甫、杜佑為「俗學」，乃因三人之說無根，不用古義，可見對王氏而言，作為詮釋者，不應以無本之「新說」解經，而應以有本之「古義」為要。詮釋者之說是否合乎「古義」，毋寧才是王氏所關心的重點，若宋、元、明儒之說合乎「古義」，則亦可用之，此從上章所舉之例即知（說見上章第二節第四小節），並非不明究理，一味的反宋、元、明儒之說。

尤可注意的是，王氏重「古義」，有愈來愈偏向漢人說法之傾向，茲舉一例，以見王氏重「古義」精神之演變。如王氏早年所作《始存稿・洪範後案》，其中「次五曰建用皇極」一句，王氏云：

> 《傳》曰：「皇，大；極，中也。」……按應劭《漢書注》亦云「皇，大；極，中」，此漢人詁訓也。……朱子作〈皇極辨〉，「皇」為「君」，「極」為「至」，「極」非「中」也。按《漢書・五行志》「皇，君；極，中；建，立也」，〈五行志〉說本伏生〈五

[87] 清・王鳴盛：〈古經解鉤沉序〉，收入陳鴻森輯：〈王鳴盛西莊遺文輯存〉，《嘉定王鳴盛全集》，冊11，頁429。

[88] 清・王鳴盛：《西莊始存稿・洪範後案》，卷19，頁18b-19a，總頁191。

[89] 曹元弼：《古文尚書鄭氏注箋釋・序》（上海：上海古籍出版社，2002年《續修四庫全書》影印復旦大學圖書館藏稿本），總頁453。

> 行傳〉。蓋〈五行傳〉直以「皇」作「王」，鄭《注》云「王，君也」，朱子訓「皇」為「君」本之鄭氏，謂「皇」為「大」，則下文「惟大作極」、「大則受之」皆不可解，此其說是也。[90]

此例已見上章，然上章是為了說明《始存稿．洪範後案》與《後案．洪範》對宋明儒資料引用上之異同；於此則是為了說明王氏對「古義」之重視與取捨之標準。按王氏引朱子〈皇極辨〉「皇」為「君」之文，謂朱子訓「皇」為「君」，乃本之鄭氏《大傳注》「王，君也」，故贊成朱子將「皇」訓作「王」。按此，王氏早年實認為朱子〈皇極辨〉訓「皇」為「君」之說，有鄭氏《大傳注》為依據，合乎《尚書》「古義」，故贊成朱子。王氏《後案．洪範》則云：

> 《傳》以「皇極」訓「大中」者，《漢書》八十一卷〈孔光傳〉，光日蝕對曰：「《書》曰『建用皇極』，如『貌、言、視、聽、思』失，大中之道不立，則咎徵薦臻。」又八十五卷〈谷永傳〉，永待詔公車，對曰：「明王正五事，建大中，以承天心，則庶徵序于下，日月理于上。五事失於躬，大中之道不立，則咎徵降而六極至。」應劭《漢書》注亦云：「皇，大；極，中。」《文選》四十九卷干令升〈晉紀論〉注引宋均注《尚書考靈曜》並同，此漢人詁訓也。……惟「皇」字漢人有異解。〈五行志〉：「皇，君；極，中；建，立也。」〈五行志〉本諸伏生〈五行傳〉。蓋〈五行傳〉直以「皇極」作「王極」，故鄭彼注云：「王，君也。」然《白虎通．號篇》云：「皇，君也，美也，大也。天之總，美大稱也。」《詩》「皇矣上帝」，又「皇王惟辟」，《傳》並云：「皇，大也。」《箋》云：「言大王者，武王事益大」，是「皇」有「大」訓也。

[90] 清．王鳴盛：《西莊始存稿．洪範後案》，卷 19，頁 18a，總頁 190。

> 伏生乃今文之學，非古文，其說不盡可從。鄭注《傳》與注《經》異義者多，彼《傳》以「皇」作「王」，自當訓「君」。此經作「皇」，鄭必不訓君也。（卷12，頁310）

很明顯地，王氏改變了他早年贊成朱子訓「皇」為「君」之說，反而贊同偽《傳》之「大中」說。原因在於：首先，〈孔光傳〉、〈谷永傳〉、應劭《漢書》注、宋均注《尚書考靈曜》等漢人之說，皆以「大」訓「皇」，故王氏云「此漢人詁訓也」，意為多數文獻證據顯示「皇」訓「大」。其次，他回應了〈五行傳〉、《尚書大傳》「皇極」作「王極」以及鄭《大傳注》「王，君也」之說，云：「伏生乃今文之學，非古文，其說不盡可從」。知王氏轉變立場之依據，是以「古文」為注經依據。此「古文」與「伏生乃今文之學」相對，自是「古文之學」之意。換言之，《後案》轉而不用朱子〈皇極辨〉之說，關鍵在於「皇」為「君」是不合乎「古義」的，更準確來說是不合乎「古文學」之義。

從上例可知王氏以「古義」詮釋《尚書》之態度上，雖然也用漢代以下之說，但最終仍以漢儒古義，特別是古文之學為基本立場。而在古文學中，最為緊要的，莫過於鄭《注》。觀王氏《後案．自序》云：「《尚書後案》何為作也？所以發揮鄭氏康成一家之學也。」又如《蛾術編．先鄭後馬》云：「予采鄭康成《尚書注》及馬融、王肅三家為一編，以鄭為主，馬、王與鄭不合者駁之。」[91]可見《後案》就是要以鄭玄之說為主；若無鄭《注》，不得已才代以他注，如馬融、王肅、偽孔《傳》。甚至連注解的順序安排，采「先鄭後馬」，以表示對於鄭玄之尊敬，[92]故王氏注經之實質精神，是以鄭《注》為主，並輔以其他訓解，主從關係十分清楚。杭世駿（1695－1773）

---

[91] 清．王鳴盛：《蛾術編》，《嘉定王鳴盛全集》，冊7，卷4，頁100。

[92] 王鳴盛云：「鄭嘗從學于馬，而先鄭後馬者，馬為梁冀艸奏，誣李固，品節有乖。」是王氏認為馬融品德不高，故於注解次第上，將馬融次於鄭玄之後。見《蛾術編》「先鄭後馬」條，《嘉定王鳴盛全集》，冊7，卷4，頁100。

序《後案》頗發王氏著書之精神，杭氏云：

> 王君西莊，當世之能為鄭學者也。……凡一言一字之出於鄭者，悉甄而錄之，勒成數萬言，使世知有鄭氏之《注》，幷使世知有鄭氏之學而未已也。馬融，鄭所師也，馬之言鄭不盡從也。存馬之說，知鄭之不墨守家法也。王肅，難鄭者也，六天，喪服難禮者，疊出於《書》，未數數然也。參王之說，存鄭之諍友也。孔《傳》後出，疑在魏晉之間，孔嘗竊鄭，非鄭襲孔也。《疏》之與《傳》，若禰之繼祖，而亦間出鄭《注》，則孔穎達亦鄭之功臣也。為鄭學當尊鄭氏，尊鄭氏則此四家者皆當退而處後，準諸魯兼四等附庸之例，別黑白而定一尊，此西莊論撰之微意也。[93]

杭氏此〈序〉道出《後案》除了鄭《注》外，還錄馬融、王肅、偽孔《傳》、孔《疏》等說。就馬融而言，馬融為鄭玄之師，但鄭玄或不從馬融之說，以知「鄭之不墨守家法」；[94]就王肅而言，王肅經說多與鄭玄駁難，二家對「感生」解說的不同，產生鄭、王對「六天」、「一天」的爭論，[95]鄭玄以天帝為六位，認為天上五帝輪流為王，人間帝王亦同，且人間帝王必定受到上天某一帝感應而生；王肅則認為感生之說不可信，並認為天只有「一

---

[93] 清・杭世駿：《道古堂文集・尚書後案序》（上海：上海古籍出版社，2002 年《續修四庫全書》影印光緒十四年汪曾唯增修本），卷 4，頁 3b-4a，總頁 228-229。

[94] 按：就鄭《尚書》學不從馬融而論，皮錫瑞認為是二家對今古文看法不同而致，云：「鄭注諸經，皆兼采今古文。……注《尚書》用古文，而多異馬融，或馬從今而鄭從古，或馬從古而鄭從今。」見《經學歷史》，頁 146。又馬、鄭《尚書》之異者，李威熊考出四十餘事，見氏著《馬融之經學》（臺北：國立政治大學中國文學研究所博士論文，1976 年，高明、熊公哲教授指導），頁 295-325。

[95] 對於鄭、王「感生說」之異解及相關問題，見楊晉龍：〈神統與聖統──鄭玄王肅「感生說」異解探義〉，收入《中國文哲研究集刊》（臺北：中央研究院中國文哲研究所，1993 年 3 月），第 3 期，頁 487-526。

天」，無「六天」。[96]《後案》雖贊同鄭說而否定王說，但存王肅之說，可與鄭玄說互參，故謂「存鄭之諍友也」；就偽孔《傳》而言，偽孔《傳》後出，但《後案》多錄其說，是使讀者知孔竊鄭也；就孔《疏》而言，孔《疏》乃疏通經文與孔《傳》，故《疏》之與《傳》，若禰之繼祖。其間，孔《疏》多引鄭氏之說，使後人得以從中知鄭《注》遺說，故云「孔穎達亦鄭之功臣也」。要之，此四家之說可備參，但最終仍以鄭玄之說為典要，此即王鳴盛《後案・自序》云：「馬、王、《傳》、《疏》與鄭異者，條析其非，折中于鄭氏」。錄此四家之說，猶成王賜魯以侯、伯、子、男，四等附庸，皆當退於鄭說之後，故云此四家「退而處後，準諸魯兼四等附庸之例」。

王氏治經專宗鄭，友人、後輩皆知。如趙翼（1727－1814）輓王氏詩云：「歲在龍蛇讖可驚，儒林果失鄭康成」、[97]「遍搜漢末遺文碎（自注：公最精鄭學），不鬬虞初小說工」。[98]又如臧庸（1767－1811）〈上王鳳喈光祿書〉云：

> 讀《尚書後案》，初駭其博辨，心怦怦然有動，後反復推考，始識其精確，心焉愛之。知研究經學，必以漢儒為宗；漢儒之中，尤必折中於鄭氏。試操此以參考諸家之言，遇鄭氏與諸家異者，畢竟鄭氏勝之。[99]

臧庸讀《尚書後案》，亦能抓住王氏治經精神。蓋「知研究經學，必以漢儒為宗」，意為治經當用古義，尤其是漢儒古訓；而古義又「必折中於鄭氏」。

---

[96] 有關鄭、王「六天」、「一天」的相關考證，見楊晉龍：〈神統與聖統——鄭玄王肅「感生說」異解探義〉，收入《中國文哲研究集刊》，第 3 期，頁 511-516。

[97] 清・趙翼：《甌北集・王西莊光祿輓詩》，收入《趙翼全集》（南京：鳳凰出版社，2009 年），冊 6，卷 39，頁 770。

[98] 清・趙翼：《甌北集・王西莊光祿輓詩》，收入《趙翼全集》，冊 6，卷 39，頁 770。

[99] 清・臧庸：《拜經堂文集・上王鳳喈光祿書》（上海：上海古籍出版社，2002 年《續修四庫全書》影印湖北省圖書館藏民國十九年宗氏石印本），卷 3，總頁 539。

知「宗鄭」即王氏最主要之治經精神。

王氏此種尊鄭之治經思維，見其序褚寅亮（1715－1790）《儀禮管見》云：

> 史學不必有所專主，而字學、經學則必定其所宗，文字宜宗許叔重，經義宜宗鄭康成，此金科玉條，斷然不可改移者也。……所以欲明鄭《注》之精者，正為鄭《注》明而經義乃明也。……大抵鄭學覽文如詭，觀理即暢。顧自宋迄明六七百年之間，說經者十九皆以叛鄭為事；其叛鄭者，十九皆似是而非。[100]

又《十七史商榷．序》云：

> 治經豈特不敢駁經而已，經文艱奧難通，若於古傳注憑己意擇取融貫，猶未免於僭越。但當墨守漢人家法，定從一師，而不敢佗徙。[101]

又《後案．顧命》「牖間南鄉」條云：

> 文字宜依《說文》，傳注必宗鄭氏，此說經科律，所宜遵守也。（卷25，頁538）

合此三文，王氏治經主要精神昭然可睹矣！范曄（398－445）於《後漢書．鄭玄傳》評鄭玄云：「鄭玄括囊大典，網羅眾家，刪裁繁誣，刊改漏失，自

---

[100]清．王鳴盛：〈儀禮管見序〉，見陳鴻森輯《王鳴盛西莊遺文輯存》。收入《嘉定王鳴盛全集》，冊11，頁419-420。

[101]清．王鳴盛：《十七史商榷．序》，《嘉定王鳴盛全集》，冊4，頁2。

是學者略知所歸。」[102]足見鄭玄在經學史上之貢獻，[103]故在王氏之經學觀念中，鄭玄無疑是歷代經師該尊之、宗之之對象，故謂「鄭《注》明而經義乃明也」、「傳注必宗鄭氏，此說經科律」，無非將鄭玄之說視同理解經義之不二途徑了，因此藉《文心雕龍・宗經》「《尚書》則覽文如詭，而尋理即暢」語，以說鄭學，以為治經而不從鄭者，則「十九皆似是而非」。因此，王氏之專宗鄭《注》，實乃治經專宗一師觀念的實踐。

杭世駿序《後案》，闡述王氏以鄭《注》為主之意極為詳切，說云：

> 其曰「後案」，何也？……許慎臚五經異義而終之以「謹案」，「案」之所由昉也。其曰「後」，何也？前乎此者，鄭能弼馬融之違；後乎此者，王肅不能匡鄭之失。鄭《注》確而可循，若《春秋》之決事比，若老吏之已成事，言成於此而案立於彼，雖有異說，可以增波助瀾，不得喧客奪主。西莊為之推衍焉、抽繹焉，講去其非而趨是則已矣。[104]

杭氏此論，道出鄭《注》在經學史上獨特的地位，頗發王氏獨鍾鄭《注》之心。蓋王氏《後案》雖輯馬、鄭、王《注》，但實以鄭《注》為是。至於其他經說，或是供證明鄭《注》者，因採之；或因鄭《注》闕佚而姑補之；[105]或鄭《注》與他說異者，乃辨其異同，考其離合，指出他說之誤。要之，皆以鄭說為指歸。如《後案・禹貢》「嶓冢導漾，東流為漢」條云：

---

[102]劉宋・范曄：《後漢書》（北京：中華書局，1997 年），卷 35，頁 1213。

[103]有關鄭玄治經上所呈現之通學，可參史應勇：《鄭玄通學及鄭王之爭研究》（成都：巴蜀書社，2007 年），頁 176。

[104]清・杭世駿：《道古堂文集・尚書後案序》（上海：上海古籍出版社，2002 年《續修四庫全書》影印光緒十四年汪曾唯增修本），卷 4，頁 4a。

[105]江藩《漢學師承記》云：「所撰《尚書後案》，以鄭、馬為主，不得已間采《偽孔》、王肅，而唐、宋諸儒之說，概不取焉。」見清・江藩著，漆永祥箋釋：《漢學師承記箋釋》，卷 3，頁 264。案：江藩此說太過，從上述可知王氏或有用唐、宋諸儒之說，絕非「概不取焉」。

> 愚謂說經當主鄭《注》,〈禹貢〉則兼主前、續二〈志〉。鄭與〈志〉異,則舍〈志〉從鄭。(卷3,頁197)

前、續二〈志〉者,為班固《漢書・地理志》與伏無忌〈地理志〉[106]。二書皆為鄭《注》所引。然而王氏卻認為,鄭《注》與〈志〉異,則「舍〈志〉從鄭」。何以二〈志〉皆為鄭所引,即認同二書之論;而與鄭《注》相異,則否定二〈志〉之說?按此,可見王氏乃以鄭玄之說最得《尚書》經義,「宗鄭」之精神顯露無遺。

然而,王氏雖然宗鄭,但就注解《尚書》實際面而言,王氏與江氏同有以跨文本之詮釋方式疏通文本與經注,如用《周易》、諸子之說等通《尚書》經義(說見下節),只不過若與鄭玄不同時,王氏絕對服從鄭說。故陳澧對王氏「宗鄭」之精神有所評論,云:

> 王西莊《尚書後案・序》曰:「余於鄭氏一家之學可謂盡心焉耳。若云有功於經,則吾豈敢!」余嘗謂有經學,有注學,有疏學,有碎義之學。注、疏及碎義之學不可皆謂之經學也,乃經學之類耳。如王西莊不敢自謂有功於經,可謂篤論。西莊可謂注學矣,其於有功於經只一間耳。[107]

陳澧認為王氏治經,只能算是「注學」,不可謂「經學」。原因是王氏《後案》尊鄭,幾將鄭《注》等同經義。然而「注」的本質只是在於詮釋經文而

---

[106]案:王氏《蛾術編》卷四有〈鄭康成所據地理志伏無忌作〉一文,認為鄭玄注〈禹貢〉引〈地理志〉間與班固《漢書・地理志》不同,卻多與晉司馬彪《續郡國志》合,然司馬彪《續郡國志》鄭玄實不及見。而宋余靖序《後漢書》云:「明帝詔伏無忌、黃景,作〈地理志〉」,又南朝劉昭〈注補續漢志序〉云:「推檢舊〈記〉,先有〈地理〉」,是東漢別有〈地理志〉。而王氏認為,鄭玄除了采《漢書・地理志》外,又另參伏無忌〈地理志〉。

[107]清・陳澧:《東塾讀書論學札記》,收入《陳澧集》(上海:上海古籍出版社,2008 年),冊 2,頁 378。

已，雖然有功於治經，但豈能將詮釋者之說與經義劃上等號？故陳澧云「西莊可謂注學矣，其於有功於經只一間耳」，說法雖偏就一端而言，但仍不失為中肯。今人王樹民亦云：「就《尚書》釋義而言，僅提供了鄭玄的說法，而非《尚書》的確切釋義，其成就與局限，可謂明如觀火。」[108]要之，王氏此種治經方式，雖然是以集訓方式注《尚書》，但整體而言還是以鄭玄為主，故杭氏〈序〉云「雖有異說，可以增波助瀾，不得喧客奪主」，此乃王氏著《後案》最重要之思維，而此種方式實乃一種《尚書》鄭《注》之詮釋學。

三、江、王注《尚書》擇取「古義」之比較——兼論「吳派」以古求是治經之兩種取向

從上文之論述，大致可明江、王《尚書》學著作內在精神之大要。就其相同者而言，正如錢穆先生（1895－1990）指出江、王著書動機云：

> 二書（昇案：《集注音疏》、《後案》）動機，皆由知東晉《古文尚書》及孔《傳》之偽，乃進而為漢人二十八篇原注之搜討，其意嚮取徑，正猶惠氏父子知宋後言《易圖》不可信，乃進而為漢《易》之搜討也。此又蘇州漢學，其淵源在辨晉、宋以來偽說，乃轉而反向上求之一證。[109]

錢穆此論江、王二家之作動機，正如本文上兩節所云：二家乃不滿東晉以來《偽孔》之偽以及唐代以來治《尚書》儒者之誤，故對於《尚書》所作的考

[108] 王樹民：〈王鳴盛的經史之學〉，《河北師範大學學報（哲學社會科學版）》，第 21 卷第 3 期（1998 年 7 月），頁 58。

[109] 錢穆：《中國近三百年學術史》，頁 354。

辨工作，可視作一種「回歸原典」的行為。[110]其次，就相同點而論，二家咸以集「古義」為注解《尚書》之體式，並加以疏通所集之「古義」，故錢穆云：「二書皆自注而自疏之，亦師定宇《周易述》體例」。[111]然就相異者而論，二家治《尚書》最主要之差異，在於對「古義」取捨上思維之不同。本節則進一步結合實際例子，探討江氏與王氏注解《尚書》對「古義」取捨思維上之比較，分析二家對《尚書》「古義」之運用態度，分別代表何種之學術意義，藉此深入比較二家治《尚書》之精神。

再者，正如本章之初引王汎森說，現今學術史之研究，可能在不斷「轉譯」的過程，產生所謂的「消耗性轉換」，導致後人只見學術問題之一隅，而未能見其全貌。本章嘗試從二家治《尚書》之精神，再重新審視前賢對「吳派」學術之論述，指出有哪一些屬於「吳派」學術之精神被蒙蔽了，以期還原「吳派」學術思維，而對清代學術史之研究有更完備之認識。

(一) 論江、王注解《尚書》擇取「古義」精神之異同及其學術意義

從上兩節所論可知，輯「古義」為二家注解《尚書》之共同精神，然而其中異同之處，深具學術意義。以下，即分數小節析論。

1. 江、王同建立以「古義」為主之《尚書》學

首先，在相同精神上，二家注解基本是以蒐集「訓」並發揮經書、聖人之「古義」為主。本文同意劉文清先生所定義：「『古義』當指聖人、經書之古義而非漢儒訓詁之義，亦即其著書的宗旨本在闡發經典原意而非僅止於漢儒之學。」[112]而欲闡發經典原意，則必須從「訓」得之。《集注音疏》與

---

[110] 案：此一「回歸原典」的概念乃出於林慶彰先生〈中國經學史上的回歸原點運動〉，收入氏著：《中國經學研究的新視野》（臺北：萬卷樓圖書有限公司，2012 年），頁 84。

[111] 錢穆：《中國近三百年學術史》，頁 354。

[112] 劉文清：〈從惠棟《九經古義》論其「經之義存乎訓」的解經觀念〉，《臺日學者論經典詮釋中的語文分析》，頁 277。

《後案》之注解上，二家皆偏重古文之學，故所輯訓解不約而同皆先列鄭《注》、馬《注》，且以馬、鄭《注》佔二家著作最大部分；其次才是漢儒、先秦諸子之注以及偽孔《傳》、孔《疏》等，甚至宋以後儒者之說亦可作為闡發經義之資糧，雖然份量極少，但並非全然棄之。要之，二家在集「古義」解經的立場基本方向一致，故劉師培（1884－1919）云：「鳴盛亦作《尚書後案》排摘《偽孔》，扶翼馬、鄭，裁成損益，征引博熕；……江聲受業惠棟，作《尚書集注音疏》，其體例略同《後案》。」[113]謂「略同」不代表「全同」，此「略同」處蓋著眼於二家治經皆重家法，且於「古義」之蒐集上，基本方向為「扶翼馬、鄭」，意謂注解的基本立場為古文之學，故清代諸儒多將江、王之《尚書》學視作古文學派（說見〈緒論〉）；若無馬、鄭《注》，則旁采他說，用意在著成一部以古義為主之新疏。按此，王汎森謂江、王之作，乃「以東漢許、鄭之學打倒魏晉及宋代的經說，是『迴向原典』過程的第一站」，[114]雖大抵不錯，但由於過於強調江、王古文學立場的一面，而未注意二家對偽孔《傳》，以及宋以後儒者說法之採納。其次，從上兩節論述可知，江氏《集注音疏》主融貫諸說，王氏《後案》則以發揮鄭玄之說為要，此乃二家著書之異；然而若從二家同以「古義」來支撐其說並發揮著書宗旨的角度而論，則本文同意錢穆所論：「夫蘇州惠氏專門之學，其意本在於考古。」[115]雖然錢穆所論對象是惠棟，但江、王二家實同惠氏專門之學，著書皆同以蒐羅「古義」作為闡發《尚書》經義之資糧。而錢穆謂惠氏著書本意在於「考古」者，實以宋、明之說難信，故往上求之；推之於江、王，則以辨晉、宋以來偽說，而求之於漢代古學，並旁及他說，目的就是要建立以古義為主之《尚書》學。

---

[113]劉師培：《南北考証學不同論》，收入《劉申叔遺書》（南京：鳳凰出版社，2009 年），冊上，頁 555。

[114]王汎森：《古史辨運動的興起——一個思想史的分析》（臺北：允晨文化出版社，1993 年），頁 77。

[115]錢穆：《中國近三百年學術史》，頁 584。

以下，茲舉數例，以證江、王同以古義詮釋《尚書》之精神。如《尚書．洪範》「曰時五者來備各以其序庶草繁廡」句，江、王二氏云：

> 《集注音疏》【注】：「時，是也。言是五者備至，各順其敘，則庶艸緐殖茲豐矣。」【疏】：「時，是，〈釋詁〉文。子惠子曰：『《後漢書．李雲傳》云：「得其人，則五氏來備。」』注引此文爲說，而云『氏』與『是』古字通。又〈荀爽附傳〉云：『五韙咸備，各以其敘矣。』注云：『韙，是也。』亦引此經爲說。然則『五是來備』猶言『是五者來備』，卽此經『曰時五者來備』之文。僞孔氏讀『曰時』絕句，屬上爲誼，與漢儒異讀矣！聲案：若如僞孔言『五者各以時』，則『曰時』卽是各以其敘矣，何又言各以其敘乎？僞孔誼非是。茲讀『曰時』屬下，故云『言是五者備至，各順其敘也。』」（卷5，頁41a，總頁3055）
>
> 《後案》【傳曰】：「五者備至，各以次序，則庶草蕃滋廡豐。」【案曰】：「王應麟云『五者來備，《史記》作「五是來備」。』今刻《史記》仍作『五者』，應麟所見猶裴駰本。考其實，上文列『庶徵』五目，繼以『曰時』云云言其休，『一極』云云言其咎，當以『曰時五者來備』為句，言是五者皆備至也。『時，是』，本〈釋詁〉文，此以『時』為『是』，與上『立時人』之『時』同也。《後漢書．李雲傳》云：『得其人，則五氏來備。』〈荀爽傳〉云：『五韙咸備，各以其敘矣。』李賢兩注皆引《史記》，一作『五者』，一作『五是』；又『韙』為『是』，『氏』與『是』通，李、荀約舉經文，故云爾，此漢學也。偽孔以『曰時』屬上讀，如此則『時』即『以敘』，何用重言邪？司馬遷傳孔安國學，所載必從古讀。」（卷12，頁346）

江、王二說，皆謂〈洪範〉「曰時五者來備」應作一句讀，而非如偽孔將

「曰時」屬上讀，「五者來備」屬下讀。江、王皆以《後漢書．李雲傳》「五氏（是）來備」、〈荀爽傳〉「五韙咸備」為說，認為「五是來備」即為「曰時五者來備」，漢儒皆如是讀，故王氏云「此漢學也」；而偽孔反將「曰時」屬上讀，故江氏云「與漢儒異讀矣」。按此，江、王皆以漢儒之說為主，意為漢儒之說即代表《尚書》古義也。

又如《尚書．秦誓》「予誓告女羣言之首」句，江、王二氏云：

> 《集注音疏》【注】：「首，本也。《傳》曰：『眾言之本要。』」【疏】：「《禮記．曾子問篇》云：『今之祭者，不首其誼。』鄭君注云『首，本也』，茲用其誼。偽孔《傳》云『眾言之本要』，正合此誼，故采用之。」（卷10，頁79b，總頁3130）
>
> 《後案》【傳曰】：「眾言之本要。」【案曰】：「《傳》以首為本者，〈曾子問〉云『今之祭者，不首其義』，彼注云『首，本也』；〈釋詁〉『首，始也』；〈昏義〉云『禮，始於冠』，彼注云『始，猶根也』，根有本義，是根亦本也。」（卷29，頁620）

江、王二氏皆舉《禮記．曾子問》「不首其誼」，鄭《注》訓「首」為「本」，此「本」之意置於〈秦誓〉「予誓告女羣言之首」正為確詁。然鄭此訓本非釋〈秦誓〉此句，而偽孔《傳》「眾言之本要」，將「首」訓為「本」，合鄭彼《注》，故用之，並以鄭君彼《注》證偽孔《傳》之有據。按此例，江、王皆認為今本孔《傳》為偽作，且非漢儒之說，但只要符合經義，亦可取而用之。而二家並合以《禮記．曾子問》之鄭《注》，意為偽孔《傳》之有古義為據，實可援以入注。

又如《尚書．洛誥》「王肇稱殷禮祀于新邑」句，江、王二氏云：

> 《集注音疏》【注】：「鄭康成曰：王者未制禮樂，恆用先王之禮樂。周公制禮樂既成，不使成王卽用周禮，仍令用殷禮者，欲待

> 明年卽政，告神受職，然後頒行周禮。頒訖，始得用周禮，故告神且用殷禮也。」【疏】：「鄭《注》見《正義》。云『王者未制禮樂，恆用先王之禮樂』者，《白虎通・禮樂篇》云：『王者始起，何用正民？以爲且用先王之禮樂。天下太平，乃更制作焉。《書》曰「肇修習殷禮，祀新邑」，此言太平去殷禮。』是亦據此經以爲用先王禮樂，葢漢時經師誼然也。」（卷7，頁54a，總頁3081）
>
> 《後案》【鄭曰】：「王者未制禮樂，恒用先王之禮樂。伐紂已來，皆用殷之禮樂，非始成王用之也。周公制禮樂既成，不使成王卽用周禮，仍令用殷禮者，欲待明年卽政，告神受職，然後班行周禮。班訖，始得用周禮，故告神且用殷禮也。」【案曰】：「鄭以殷禮為先代禮者，《白虎通》卷上〈禮樂篇〉云：『王者始起，何用正民？以爲且用先王之禮樂。天下太平，乃更制作焉。《書》曰「肇修習殷禮，祀新邑」，此言太平去殷禮。』是亦據此經以爲用先代禮。《詩・周頌・酌・疏》推衍鄭意，與此經注同。此漢經師相傳古義也。」（卷19，頁445）

〈洛誥〉此句，江、王皆就鄭《注》加以申發，意為周初成王即政前先用殷先王之禮樂。觀二家對鄭《注》之詮釋，皆引《白虎通・禮樂篇》為說，王氏更引《詩・周頌・酌・疏》之推衍鄭意。值得注意者，二家皆認為鄭《注》及《白虎通・禮樂篇》之說為「漢時經師義」、「漢經師相傳古義」，可見二家實以古義解經。

由以上三例，不難看出江、王詮釋《尚書》，在注解上無論據鄭《注》或偽孔《傳》，二家於詮釋上，皆盡力於蒐集古義，此一據古義解經之方式，於內涵上顯示二家重視經義詮釋之根源，代表其說於古有據，亦說明二家重視「訓」、「師法」、「家法」之因。然而此種解經方式，詮釋者大幅度地限制解經者詮釋經義之範圍，此正如童書業（1908－1968）評清儒詮釋經書，云：「清儒思精學博，其諸經新釋淩漢壓宋，頗多拘泥于家法。」[116]換言之，讀者只能就江、王所蒐集之訓理解、相信經義，而非從經文上，或是有其他較為客觀之材料以詮釋經書，此不能不說是一種詮釋上的缺陷，故如程瑤田（1725－1814）所批評：「治經不涵泳白文，而惟注之徇，雖漢之經師，一失其趣，即有毫釐千里之繆。」[117]但從另一面而論，江、王之說，除了可以幫助後人了解先秦、漢儒之古訓，理解彼時人對於《尚書》之說解，況先秦、漢代離今時已遠，透過二家之說解，亦可疏通先秦、漢代之說，對於研究先秦兩漢經學，實具學術史意義。

2. 江、王同以跨文本疏通經注之詮釋體系

江、王二家雖同集古義解經，然而若深入觀察二家所採用之古義，實不止於《尚書》經說而已，尚有他經之經說、諸子言論、史書記載等等；江氏甚且利用西法曆算解釋《尚書》。[118]面對這些材料的處理方式，江氏時或融入經注中；王氏則置以「案曰」並加以說明。此種詮釋特色，代表江、王二家皆看重以跨文本之詮釋方式疏通文本或經注。本文所用「跨文本之詮釋方式」之語，乃受到劉笑敢先生（1947－　）〈從注釋到創構：兩種定向兩個標準——以朱熹《論語集注》為例〉所啟發，劉氏云：

> 跨文本詮釋是以一部作品的內容（觀念、概念、命題、理論等）去解釋另一部作品，這樣做的結果是無窮多的可能性。但是，影響詮釋結果最大的因素可能是不同文本之間的差異性的大小。跨文本詮釋所借用文本和對象文本的差異性之中製造出一種統一

[116] 童書業：〈評楊筠如著尚書覈詁〉，收入《童書業史籍考證論集（下）》（北京：中華書局，2005年），頁643。

[117] 清・程瑤田：〈儀禮喪服文足徵記〉，《程瑤田全集》（合肥：黃山書社，2008年），冊1，頁190。

[118] 陳志輝：〈江聲恆星說考論——西方天文算學對乾嘉吳派學術之影響〉，《科學與管理》2012年第4期，頁43-52。

性、貫穿于詮釋作品之中。[119]

劉氏並舉王弼以《老子》解《論語》，劉逢祿用《公羊傳》解《論語》，何晏以《易傳》解《論語》為例，並申論朱熹《論語集注》亦使用跨文本之詮釋方式注解《論語》。本文認為，江、王二家在詮釋《尚書》，雖然在基本立場上是採馬、鄭等古文家說，但在馬、鄭《注》闕如的情況下，或在疏通經注上，二家多有運用此種詮釋《尚書》的方式。以下即就二家之作各舉數例，以說明二家如何跨文本詮釋《尚書》，發揮經義。

江氏《集注音疏・禹貢》「東漸于海西被于流沙朔南暨聲教訖于四海」句，江氏自注云：

> 鄭康成曰：「朔，北匚（方）也。南北不言所至，容逾之。」聲謂：暨，日頗見也。言日所照臨之處，皆聲教之所及，猶〈中庸〉言日月所照也。東西日所還繞，故以地言之。南北當兩極之下，日或不及，故以日為言也。（卷3，頁24a，總頁3022）

江氏自疏云：

> 云「暨，日頗見也」者，《說文・旦部》文。依此解，則暨之為言，亦有限極，聲別參一說，與鄭意小異也。云「猶〈中庸〉言日月所照也」者，〈中庸〉者，子思所作書，篇名在《禮記》。彼文言至聖之聲名洋溢乎中國地及蠻貊，日月所照之處，莫不尊親之。猶此言日見之處，皆聲教之所及，故引以況，以證此文之「暨」為「日見」之誼也。（同上）

---

[119] 劉笑敢：〈從注釋到創構：兩種定向兩個標準——以朱熹《論語集注》為例〉，《南京大學學報》（哲學・人文科學及社會科學版）2007年第2期，頁91。

〈禹貢〉此句，鄭玄不解釋南北之所至，只說「容逾之」，即以冀州為中心點，南北之所至甚廣，或超過「東漸于海，西被于流沙」的東西所至，是模糊性的說法。江氏則著眼於「暨」字上，引《說文》「暨，日頗見也」以解釋「朔、南暨聲教，訖于四海」，意即南北日所照臨之處，皆聲教之所及。此外，又引《中庸》三十一章「日月所照」比附。而《中庸》此章，乃言聖人之道德所至，像天一樣廣大，故得以「聲名洋溢乎中國，施及蠻貊，舟車所至，人力所通。」[120]按此，《中庸》與《尚書》為兩種不同文本，但江氏則取《中庸》解《尚書》，使得〈禹貢〉此句之意得以有更清楚的發揮。

《集注音疏・康誥》「亦惟君惟長不能氒（厥）家人越氒（厥）小臣外正惟威惟虐大放王命乃非悳用乂」句，江氏自注云：

> 不能，不相能也。《春秋傳》曰：「閼伯、實沈，不相能也。」……亦惟他國之君長，不能其家人及其小臣、外臣，惟為威虐于下，大放棄其王命，乃非德教可用以治也。言當征討之。（卷6，頁48b，總頁3070）

江氏自疏云：

> 云「不能，不相能也」者，謂不相忍能也。引《春秋傳》者，昭元年《左傳》云「昔高辛氏有二子，伯曰閼伯，季曰寔沉，居于曠林，不相能也。日尋干戈，以相征討。」是其文也；又文十六年《左傳》宋昭公曰「不能其大夫至于君祖母以及國人」，正與此經語意相似，亦謂不忍能也。（同上）

江氏此引《左傳》昭元年、文十六年文解釋「不能氒（厥）家人越氒（厥）

---

[120]宋・朱熹：《四書章句集注・中庸章句》（臺北：大安出版社，1999 年），頁 51。

小臣外正」句，謂「不能，不相能也」，即「不相忍能也」。先不論江氏所說是否確當，[121]但江氏認為《左傳》文意與「此經語意相似」，即是上引劉笑敢所說「以一部作品的內容（觀念、概念、命題、理論等）去解釋另一部作品」。

復觀王氏之說。《後案・皋陶謨》「帝曰臣作朕股肱耳目」句，

> 【鄭曰】：「動作視聽皆由臣也。」【案曰】：「鄭云云者，作股肱則由以動作，作耳目則由以視聽也。《孟子》曰：『大舜有大焉，舍己從人』，是也。《易・文言傳》說〈坤・六五〉云：『正位居體，暢于四支』，乾二升坤五，故正陽位；坤五降乾二，故居下體。四支謂股肱，六居下體，故暢于四支，即臣作君股肱之義也。又乾坤升降，坎離既濟，坎為耳，離為目，是臣作君耳目之義也。」（卷2，頁67）

王氏首先取《孟子》「大舜有大焉，舍己從人」之句，解釋舜以臣作股肱耳目義，表示舜之偉大，不剛愎自用。其次，王氏取〈坤・六五〉說明臣作君耳目之義。〈象〉曰：「黃裳元吉，文在中也。」因卦位二、五為中，故當第五爻的君位及陽位，遇六五陰爻時，〈坤〉陰居於中正之位，甘居下位以保持與〈乾〉陽之和。此外，由於〈坤〉卦與〈乾〉卦相錯，〈坤〉卦六五與〈乾〉卦九二因此相應，能相暢合，故當〈坤〉五與〈乾〉二互為陰陽而相錯時，九二變陰則為〈離〉卦，六五變陽而成〈坎〉卦，〈乾〉、〈坤〉升

---

[121] 按：江氏所訓，增「忍」字。王引之釋「能」為「善」，「不相能」即「不相善」。《經義述聞・尚書上》「柔遠能邇」條，云：「古者謂相善為相能。（自注：襄二十一年《左傳》曰：『范鞅與樂盈為公族大夫而不相能。』）〈康誥〉曰：『亦惟君惟長，不能厥家人。』」見清・王引之：《經義述聞》（南京：江蘇古籍出版社，2009 年）卷 3，頁 19a，總頁 74。江氏訓「不能」為「不相忍能也」實為增字解經，其引《左傳》「不相能」之文亦應如王氏所論釋為「不相善」。有關「增字解經」之述論，可參洪師國樑：〈王引之《經義述聞》「增字解經」說述論〉，收入《孔德成先生學術與薪傳研討會論文集》（臺北：國立臺灣大學中國文學系，2009 年），頁 251-292。

降，暢於四支，故為股肱。又〈說卦傳〉曰：「〈坎〉為耳，〈離〉為目。」是以卦名近取諸身之義，〈坎〉、〈離〉相綜而成〈既濟〉、〈未濟〉。按此，王氏取《易》解《書》，為一種跨文本之詮釋表現。

又《後案．召誥》「王來紹上帝自服于土中」句，

> 【鄭曰】：「自，用也。」【案曰】：「……王充《論衡》卷二十四〈難歲篇〉云『儒者論天下九州，以為東西南北，盡地廣長，九州之內五千里。周公卜宅曰：「王自服於土中」，雒則土之中也。』……又《漢書》婁敬曰：『周公營成周，以為此天下中，有德則易以王，無德則易以亡。』《呂氏春秋》南宮括曰：『成王定成周，其辭曰：「惟余一人，營居於成周。惟余一人，有善易得而見也，有不善易得而誅也。」』《說苑》南宮邊子曰：『昔周成王之卜居成周也，其命龜曰：「一人兼有天下，辟就百姓，敢無中土乎！使予有罪，則四方伐之，無難得也。」』《白虎通．京師篇》：『《尚書》王者必即土中者何？所以均教道，平往來，使善易以聞，為惡易以聞，明當懼慎。』此皆說『自服土中』之義也。」（卷18，頁437）

王氏為了解釋「自服于土中」，取《論衡》、《漢書》載婁敬曰、《呂氏春秋》載南宮括曰、《說苑》南宮邊子曰、《白虎通．京師篇》，共五種不同之文本。觀此五種文本，《論衡》載九州之內五千里，而雒為天下之中也；《漢書》載婁敬之說，除了指出周公以雒邑為天下之中外，更以「德」作為王朝興亡之根據；《呂氏春秋》載南宮括之言，則將說話者從周公換成成王，而云「善」之有無，以得百姓之見或誅；《說苑》載南宮邊子之言，亦謂成王命龜，云接近百姓為君王之則，如此才能立於中土；《白虎通．京師篇》發揮更多，將君王立於雒邑之理由，歸於「均教道，平往來」云云，具有政治道德教化之意義。合此五種文本，對於此句之詮釋，讀者自可理解成王（或

周公）以中原地區（雒邑）為根據，治理天下所包涵的政治道德意涵，實豐富了《尚書》經義。

從上述所舉之例，可見江、王以跨文本之詮釋方式疏通文本與經注，此種方式昔人謂「以經解經」或「以經證經」。如錢大昕所云：

> 《尚書》逸古文雖亡，然馬、鄭諸家之《傳》、《注》，至唐猶存，今則惟存梅氏一家。大約經學要在以經證經，〔以先秦、兩漢之書證經〕。[122]其訓詁則參之《說文》、《方言》、《釋名》，而宋、元以後無稽之言，置之不道。反覆推校，求其會通，故曰必通全經而後可通一經。若徒蒐采舊說，薈為一編，尚非第一義也。[123]

錢氏所指解經的原則與方法，與江、王二氏在經義詮釋上極其類同。就上述江、王取不同文本詮釋《尚書》之例子，實同於錢氏所說的「以經證經」、「以先秦、兩漢之書證經」，是以注經者在擇採舊說以注解的過程中，自當有其價值判斷，而非徒蒐采舊說而已；若徒蒐采舊說，不加推敲，實無助於治經。因此，江、王取不同之文本以詮釋《尚書》文本或是注解，目的便在於「求其會通」，也就是以不同文本所載之義會通《尚書》，使讀者能夠通過不同經典之聯繫，理解經義。

事實上，此種解經方式實流行於清代。在清初，就已流行所謂的「以經解經」、「以經證經」、之法。如黃宗羲（1610－1695）謂萬斯大（1633－1683）治經的三個方法為：「通諸經以通一經」、「悟傳注之失」、「以經解經」；又如毛遠宗謂其父毛奇齡（1623－1716）在治經上，「經文有未明者，則始援及他經，或以彼經證此經，或以十經證一經」；惠棟祖父惠周惕（？

---

[122]按：錢氏原書脫「以先秦、兩漢之書證經」句，今據陳鴻森先生〈錢大昕潛研堂遺文輯存〉補；陳先生乃據王昶《湖海文傳》卷四十輯之。

[123]清・錢大昕：《潛研堂文集補編・與王德甫書一》，《錢大昕全集》（南京：江蘇古籍出版社，1997年），冊10，頁28。

－約 1694）自云「僕立說之旨，惟是以經解經」；又如清中葉後，陳壽祺擬定〈經郛條例〉，即有「以經注經」、「經中援經」、「經中引經」、「所采群經」、「經中援經證事」等例。[124]以上方式，鄭吉雄先生指出：此乃清儒「利用經部文獻互相釋證」，[125]且「以經釋經」之法的預設立場為「經傳一體」，也就是深信《五經》及其相關的傳注文獻之間是一體的，可以透過彼此間相互發明，[126]故杭世駿序《後案》，即云「其曰『後案』，何也？以經證經而經明，以四家（馬融、王肅、孔《傳》、孔《疏》）證鄭而鄭益明。」但從上述王氏所引書可知，王氏不惟「以經證經」而已，亦有採用諸子之說證經，何況不同經書性質、時代、內涵亦不同，故本文認為以劉笑敢所說「跨文本」的詮釋方法較為適當。總之，不論是「以經證經」或「跨文本詮釋」，均可指出江、王皆相信自己所採用的詮釋文本能夠發揮《尚書》經義。換言之，即如劉笑敢所說：「跨文本詮釋所借用文本和對象文本的差異性之中製造出一種統一性、貫穿于詮釋作品之中。」因此，從上文江、王所引之《左傳》、《中庸》、《易經》、《論衡》、《呂氏春秋》等等，雖與《尚書》內容不同，但江、王皆致力於從兩方面製造一種統一性，貫串於《尚書》之詮釋中。此即江、王在詮釋《尚書》上，同以跨文本疏通經注之精神表現。

3. 江、王所立訓義標準之差異

江、王雖然集「古義」解經的立場基本一致，且宗古文之學，然而，就詮釋向度言，則有顯著之差異：江氏未墨守一家，而以訓解義之長短作為詮釋經義之標準；王氏則以鄭《注》作為經義之最高原則。以下，請先論江氏，次論王氏。

上文已言，江氏以「綜覈」、「采摭」之法著《集注音疏》，此即惠、江

---

[124]清・陳壽祺：《左海文集・經郛條例》，《續修四庫全書》本，卷 4，頁 9a-10b，總頁 138。

[125]參鄭吉雄：〈乾嘉學者治經方法釋例〉、〈再論乾嘉學者「以經釋經」〉，兩文收入氏著：《戴東原經典詮釋的思想史探索》（臺北：國立臺灣大學出版中心，2008 年）。

[126]參鄭吉雄：〈再論乾嘉學者「以經釋經」〉，《戴東原經典詮釋的思想史探索》，頁 213。

一脈治經之要。江氏以馬、鄭之「古文學」為基礎，並綜合先秦諸子、漢儒等說。惠、江既以「融會」、「綜覈」、「采摭」為治經之法，則其輯佚必有所選擇，否則便難以貫通各家之說。此種治經精神，觀各家之說，劉師培謂之誠善，云：

> 惠氏之治《易》，江氏之治《尚書》，雖信古過深，曲為之原，謂傳注之言，堅確不易。然融會全經，各申義指，異乎補苴掇拾者之所為。[127]

惠、江集古義作《注》，當以古義是否合經文旨意為重，則其「泥古」之失，乃建立在深信聖人之義存於古注中所致，故劉氏云「信古過深，曲為之原，謂傳注之言，堅確不易」；但就詮釋經義而論，惠、江擇取符合經義之說，透過對「訓」之詮釋，使「經」之古義發揮出來，則實非單單掇拾散佚者能比，故劉氏云惠、江能「融會全經，各申義指」，洵為的論。但誠如皮錫瑞云「艮庭兼疏伏、鄭，多以鄭學為宗」，[128]可見江氏輯古注確然較宗馬、鄭古文（尤其是鄭），其次才是先秦古書抑或其他漢儒之說。但此種解經方式，正如上文所言，實已限制了解經者詮釋經義之範圍。[129]換句話說，詮釋者只能在所選定的一定範圍內擇取古義，而這範圍又很大程度是先秦以至於漢儒之古訓，這也是時人對於江氏之學評論為墨守漢人之說的原因，如臧庸即云江氏「篤信好古，墨守漢儒家法者，蓋僅見也。」[130]按此，江氏注經「泥古」、「好古」之一面即緣此而生，此為江氏注經之基本立場。

---

[127] 劉師培：《左盦外集・近代漢學變遷論》，收入《劉申叔遺書》，冊下，卷9，總頁1541。

[128] 清・皮錫瑞撰，盛冬鈴、陳抗點校：《今文尚書考證・凡例》（北京：中華書局，2009年），頁7。

[129] 戴景賢認為惠棟云「古訓不可改，經師不可廢」乃是否定詮釋者「自由選擇詮釋立場」之正當性。見氏著：〈論清中以迄清晚期學術發展之變局與其中所蘊含之思想脈絡〉，《文與哲》（高雄：國立中山大學中國文學系，2009年12月），第15期，頁341。案：戴氏此云「否定詮釋者自由選擇詮釋立場之正當性」，實與本文所觀察江氏著《集注音疏》之特色相同。

[130] 清・臧庸：《拜經堂文集・與江叔雲處士書》，卷3，總頁540。

然而，進一步檢視《集注音疏》中的注解，可發現江氏會隨著對經義理解之不同，而安置不同之注解，即以「集注」形式作為經典之引導人，而非一味墨守馬、鄭一家之言。即以馬、鄭《注》論，按理為江氏詮釋經書最信從之對象，故《集注音疏》注解多先列馬、鄭說。然於《集注音疏》中，或可見江氏云「以此說未的，故不用也」、「于義未安，故不用也」，以他說改換馬、鄭《注》；又或改省鄭說，因而云「茲隱括鄭《注》而以鄙說雜厠其間，故不偁鄭君也」、「聲以爲未安，故刪節之」；又或雖於注解標鄭《注》，但實際上懷疑或不用，故有云「案鄭君説此經……，恐未盡然，姑盡錄之，不盡从也」等等，皆以為馬、鄭說不善，故或不用或刪改，代表江氏於注解經書，非一味相信馬、鄭《注》，而是思考馬、鄭《注》符合經義與否。馬、鄭《注》說法「未的」、「不安」，故江氏「不盡从」，乃是因為馬、鄭《注》不合於《尚書》文義。不惟馬、鄭《注》，又如江氏擇取漢今古文說，自云：「漢時傳《尚書》者，今文三家與古文或異。其異者，茲輒擇善而从。其或兩可則亦兩存，以廣博異聞。」[131]意即在集注上，遇到《尚書》中今文三家與古文不同處，可擇善而從，或可兩存。「擇善而從」即代表或可從古文，亦可從今文，端看古文、今文孰是孰非也。又或采錄偽孔《傳》，江氏認為「偽孔氏此《傳》无害于經，姑錄之」，知偽孔《傳》雖「偽」，但只要於「義」上「無害于經」，亦可入注。（《集注音疏》之詳細集注原則，詳第五章）

從上論得知，選擇最佳的詮釋，在於江氏認定訓解是否能貼近經文。而江氏最終的認定標準，多偏向自我主觀之判斷。意即：江氏著《集注音疏》，雖制約了經注之範圍，但他認為此訓貼近經文，才予以入注；反之，若訓不貼近經文，則不用。但所采之訓貼近經文與否、是否合理，多數仍回歸到自我主觀之判斷。此種方式，可解釋江氏雖泥古，但也未專固墨守而不論

---

[131] 清・江聲：《集注音疏・文侯之命》「即我御事」條，《清經解》，冊 3，卷 10，頁 79a，總頁 3129。

是非之一面，實與其師惠棟類同。[132]茲舉一例，如《集注音疏．湯誓》「曰時日害喪予及女皆亡」條，江氏自注云：

> 鄭康成曰：「桀見民欲叛，乃自比於日，曰：『是日何嘗喪乎？日若喪亡，我與汝亦喪亡。』引不亡之徵以脅恐下民也。」聲謂此是民之詞也。桀自比於日，民即假日以喻桀，言：「是日何時喪乎？我寧與女皆亡。」甚欲桀之亡也。（卷4，頁26b，總頁3026）

自疏云：

> 伏生《書大傳》云：「伊尹入告於桀曰：『大命之亡有日矣。』王僴然歎，啞然笑曰：『天之有日，猶吾之有民也。日亡，則吾亦亡矣。』」故鄭以為桀自比于日，引不亡之徵以脅恐下民也。聲不从鄭誼，而以此文為民之詞者，《孟子．梁惠王篇》引此文而申說之，曰：「民欲與之偕亡。」詳《孟子》之意，以此為民之言矣。且于「有眾率怠弗協」之下即接「曰」字，則以為民言，于文尤順，于誼尤塙，故易鄭君誼也。（同上）

〈湯誓〉：「曰：『時日害喪？予及女皆亡。』」鄭玄據《尚書大傳》認為說話者是夏桀；而江聲非之，謂說話者為民眾。江氏根據《孟子》「民欲與之偕亡」，判定「予」為人民，「女」為夏桀；又據上句「有眾率怠弗協」，謂下「曰」之主詞亦為「有眾」。尤值得注意者，江聲云「于文尤順，于誼尤塙」，顯然是依據文意的合理性以解經。《尚書》既記載夏、商、周之史事，是經書也是史書，然無論說經說史，義之通達暢曉實為重要。換言之，江聲

---

[132] 案：徐道彬觀察惠棟經學，亦有類似結論，云：「惠棟雖然尊崇漢儒，也並非佞漢，在搜輯漢人注疏的一字一句過程中，對鄭玄、馬融等也有所鑒別，這是我們應當特別注意的地方。」見氏著：《皖派學術與傳承》（合肥：黃山書社，2012 年），頁 283。

注重的是詮釋對文義脈絡的順暢合理，但文義是否合理，有很大程度還是回歸到江氏自我之判斷，而非有十分客觀之證據。以此例而言，江氏雖據《孟子》為據，否定鄭玄，但《孟子・梁惠王篇》也只是孟子之申說，非有決定性的訓詁考據之證；而《尚書大傳》亦為伏生之申說，何以江氏就認為《孟子》說「于文尤順，于誼尤塙」？可知江氏仍以自我認定為準。故本文大致同意蔡長林先生之論：「在各家看似簡單的訓詁文句背後，反映的往往是不同系統的學術見解及解釋取向。從某個角度來看，傳統學者在面對此類問題時，支持其考釋方向的，或決定其理解方向的，往往是由某些帶有先驗性的立場所決定。」[133]蔡長林此云之「先驗性」，意與江氏依自我認定文義之通暢類同。

江氏此[illegible]不墨守一家，並透過自我判斷古義之長短，與經文相印證，以發明闡釋經義之精神，於《集注音疏》中以「望文為義」之說解經最為明顯，如《集注音疏・咎繇謨》「粵若稽古咎繇曰」條，江氏自注：

> 說者以為咎繇聖人，故目篇「粵若稽古咎繇」，予以為未然。鄭康成讀「古」絕之，是矣。蓋古書或以「粵若稽古」發篇，《逸周書・武穆解》然也。斯則解為「順攷古道」可也，不必泥于「同天」之誼。說經固不可執一也。（卷2，頁10b，總頁2995）

江氏自疏云：

> 班固《白虎通・聖人篇》云：「何以言咎繇聖人？以目篇『粵若稽古咎繇』。」故云「說者以爲咎繇聖人，故目篇『粵若稽古咎繇』」。目篇，謂題目其篇也。案「稽古」之誼爲「同天」，惟天子

[133] 蔡長林：〈訓詁與微言——宋翔鳳二重性經說考論〉，收入《從文士到經生——考據學風潮下的常州學派》（臺北：中央研究院中國文哲研究所，2010 年），頁 415-416。

得有是目，咎繇雖聖，不可以「同天」目之，故以其說爲未然，不當以「稽古」字屬咎繇也。《正義》云：「鄭以咎繇下屬爲句」，故云「鄭康成讀古絕之，是矣。」云「蓋古書或以『粵若稽古』發篇，《逸周書・武穆解》然也。斯則解為『順攷古道』可也，不必泥于『同天』之誼」者，《三國・魏志・三少帝紀》：帝問〈堯典〉「粵若稽古」之誼，博士庾峻偁賈、馬皆以爲順攷古道。案〈堯典〉之「稽古」當如鄭君之說，以爲「同天」；此經則不可以「同天」爲說，自當別易一解。賈、馬「順考古道」之誼于此乃爲克當也，《逸周書・武穆解》云：「粵若稽古，曰昭天之道，熙帝之載」云云，是亦止可作「順攷古道」解，故引以況此。然則此文「粵若稽古」，雖與〈堯典〉同，解說不必盡同。鄭君此文之《注》雖不可見，亦必不與〈堯典〉《注》同。何以知之？據其于「古」字絕句，則固與〈堯典〉文異讀矣。蓋解經當望文爲誼，不可泥于一說也。（同上）

江氏所謂「望文為義」，即「審文為義」之義。觀〈堯典〉「粵若稽古帝堯」，鄭《注》曰：「稽，同；古，天也。言能順天而行之，與之同功。」江聲認為鄭玄「同天」之說甚善，並引《三國志・魏志》高貴鄉公曰：「仲尼言『惟天為大，惟堯則之。』堯之大美，在乎則天，順考古道，非其至也。」意以帝堯之盛德同天也，故以「粵若稽古帝堯」連讀之，而不用賈、馬、王「順攷古道」之說。[134]然而，江氏解〈咎繇謨〉「粵若稽古」卻用「順攷古道」，而非鄭〈堯典〉「同天」之說。江氏自陳其因，謂「同天」惟天子得有是目，咎繇雖聖，但為臣也，不可以同天目之，故不當以「稽古」字連屬咎繇也，並以此說非難《白虎通》之說。又引《正義》云「鄭以咎繇下屬爲句」，度測鄭玄亦將「粵若稽古」釋作「順攷古道」，謂已說有據矣。

---

[134] 清・江聲：《集注音疏・堯典》，《清經解》，冊 3，卷 1，頁 1a，總頁 2976。

若是知鄭、江解經，認為在不同的語境之下，說解當可不同，[135]最終仍歸於自我之判斷，故〈堯典〉「粵若稽古帝堯」六字連讀，意為「帝堯順天而行」;〈咎繇謨〉則讀為「粵若稽古，咎繇」，意為「順攷古道，咎繇曰」云云，知解經當審文爲義，不可泥于一說。就此例而論，江氏思考的是帝堯與咎繇兩人的地位不同，「稽古」雖有「同天」與「考古」兩意，卻不能任意安置，必須著眼於經義上。其後孫星衍解此句，雖視「稽古」有「考古」兼「法天」二意，[136]稍異於江氏，但云「本經〈皋陶謨〉云『曰若稽古』不得訓為同天」、[137]「堯之同天，以帝號稱之；皋陶聖臣，稽古不必同天」，[138]則意同江氏之說，故亦將〈堯典〉讀作「粵若稽古帝堯」、〈咎繇謨〉讀作「粵若稽古，咎繇」。按此，江氏對於「稽古」意義之選擇，其相信「同天」屬帝堯，「考古」屬皋陶，乃合乎經義，實帶有相信古義之先驗性立場。

將江氏此種解經方式與戴震相比，更可凸顯江氏以自我認知相信所采之古義，以發明闡釋經義之精神。觀戴震《尚書義考・堯典》「曰若稽古」條云：

> 案：發端之辭，或言「于」，或言「爰」，或言「粵」，聲義相近。《說文》:「粵，于也。審慎之辭，《周書》『粵三日丁亥』。」據《說文》,「粵」為本字，其作「越」，或作「曰」，並六書之假

[135]案：江氏謂「粵若稽古」四字，在〈堯典〉意為「同天」，在〈皋陶謨〉意為「順攷古道」，並度測鄭玄亦將〈皋陶謨〉「粵若稽古」釋作「順攷古道」，可見鄭玄與江氏之看法相同。今觀日人喬秀岩（橋本秀美）研究鄭玄經學，指出鄭玄先確認經文上下結構以及顯示經文結構的虛詞，據以調整實詞詞義，此為鄭學「第一原理」。他認為:「鄭玄在解釋經文的層面上，採用『結構取義』之法，用來保證經文的完整性。讀書必須讀字裡行間，只有語境才能產生意義，是上下文決定詞意，並非堆砌詞義即可得句義。」見喬秀岩:《北京讀經說記・鄭學第一原理》(臺北：萬卷樓圖書有限公司，2013 年)，頁 248。若案此例，則江氏詮釋經文之法，與鄭玄有頗為近似之處。

[136]案：孫星衍《問字堂集・帝堯皋陶稽古論》認為「稽古」兼「考古」、「法天」之意，惟堯為帝，故特以「同天」稱之；而皋陶為臣，故稱以「考古」。

[137]清・孫星衍:《尚書今古文注疏》(北京：中華書局，2004 年)，卷 1，頁 3。

[138]清・孫星衍:《尚書今古文注疏》，卷 2，頁 77。

> 借。……《爾雅・釋言》:「若、惠,順也。」「若」與「如」一聲之轉,「惠」與「順」一聲之轉。《說文》:「如,從隨也。」從隨之義,引而伸之為順、為同。篇內「若」字多矣,皆相因無異辭,不得合「曰若」二字為發語詞。〈召誥〉之「越若來三月」,越者,發端語詞。若來三月,則由二月順數之,至方來之三月也。「若」字宜從古注。「稽古」,猶言考之昔者,凡已往則稱古昔。〈盤庚篇〉謂前王曰「古我先王」,《孟子》書謂數日之間為昔者,是也。……自漢迄今並誤讀「粵若稽古帝堯」為句,漢、唐諸儒以「稽古」屬堯,鄭康成訓「稽古」為「同天」,於字義全非。……〈皋陶謨〉與〈堯典〉一例,下文「皋陶曰」則直記皋陶之言也。[139]

稍與江氏相比,戴震解釋「曰若稽古」,所運用之方式實異。戴震認為「曰」為假借字,「粵」為本字,發端之辭;「若」與「如」為一聲之轉,引伸為順,「曰若」二字非發語詞。雖然以今時研究可知,「曰若」為語詞無義,[140]戴震之說實非。然戴震所運用之方式,乃回歸字義訓詁,根據《爾雅》、《說文》而論,非如江氏著眼於帝堯與咎繇兩人的地位不同。故戴氏認為漢、唐諸儒以「稽古」繫於堯,鄭玄訓「稽古」為「同天」,於字義全非,〈皋陶謨〉與〈堯典〉實同一例,而非隨地位不同而異。分析戴、江之說,即知江氏並非同戴震以字義解經,而是從「訓」解經,且特重「訓」與經義是否合當。戴氏先據《爾雅》、《說文》確定字義,再擴大至經文如〈盤庚篇〉、〈召誥〉,取字義與經義相印證;而江氏則以訓與經文直接印證。此二者相較,說明:決定選擇何種詮釋的最後階段,皆取決於自我之心,故戴

---

[139] 清・戴震:《尚書義考》,《戴震全書》,冊 1,卷 1,頁 16-17。

[140] 按:「曰若」,王延壽〈魯靈光殿賦〉作「粵若」,《漢書・律歷志》引〈武成〉亦作「粵若」,〈召誥〉作「越若」,〈小盂鼎〉作「雩若」,〈麥尊〉作「雩若」。兩字連讀,乃古代習用語。見屈萬里:《尚書集釋》,頁 6,注 1。

震云「訓故明則古經明，古經明則賢人聖人之理義明，而我心之所同然者，乃因之而明」，[141]戴景賢對此指出「我心之所同然者，乃因之而明」即我心與經相證，乃有以深得。[142]只不過戴震所主張者，乃透過嚴密之字義訓詁，包括運用文字、聲韻之學確定一字之義後才與經文相印證，相證之最後一步為「我心之所同然」；而江氏則直接取「訓」與經文相印證，在擇取「訓」時，「我心」即發揮判斷「訓」是否合乎經義長短之關鍵作用，此乃二家之別也。

茲再舉一例，《集注音疏・咎繇謨》「咎繇曰都亦行有九德亦言其有德乃言曰載采采」條，江氏自注云：

> 亦，古掖字，扶持也。載，始；采，事也。言人掖扶其行有九德，則亦偁道其有德，乃言其始時某事某事以爲驗。（卷2，頁10b，總頁2995）

自疏云：

> 云「言人掖扶其行有九德」者，顧野王《玉篇》說也，此解甚精，葢本諸漢經師舊說與！云「則亦偁道其有德」者，以扶掖之誼可以解「亦行」之「亦」，而不可通于「亦言」之「亦」，故兩「亦」字解作兩誼，望文爲之說，求其可通而已。（同上）

此例江氏取顧野王「掖扶」以解「亦行」之「亦」，意為「言人掖扶（扶持）其行有九德，則亦（也）偁道其有德」。然江氏謂《玉篇》「此解甚精」，並非有其他關鍵性之理由；而下文接「葢本諸漢經師舊說與」，亦為推

---

[141]清・戴震：〈題惠定宇先生授經圖〉，《戴震全書》，冊6，頁498。

[142]戴景賢：〈論戴東原章實齋認識論立場之差異及其所形塑學術性格之不同〉，《文與哲》第十期（高雄：國立中山大學中國文學系，2007年6月），頁401。

測口氣。江氏認為，《玉篇》是字書，其訓解均采自前人舊訓，故江氏作此推論，並用「蓋」字，為不確定之詞；而「甚精」是他的判斷。換言之，江氏取「掖扶」為說，乃透過自我認定《玉篇》「蓋本諸漢經師舊說」，故以「掖扶」之說為善，而非另有較客觀之證據。又江氏認為，《玉篇》「掖扶」之說雖然「甚精」，卻無法通於「亦言」之「亦」，故兩「亦」字可隨文異解，重點是「求其可通」。但江氏所取之解是否「可通」，仍透過自我判斷而定，而非有其他更為客觀之證據。

要特別強調的是，江氏此種解經方式，雖然對於古義擇取有所思考，並能從字義、文義上判斷古義是否合理，但實際上仍受限於對於古義之判斷，茲復舉一例，以見江氏限於古義，未能從經文涵泳以及字義之考證上，判斷訓解是否合理。如〈顧命〉「夾兩階戺」，江氏《集注音疏》自注云：

> 聲謂戺，切也，謂堂廉直下厓也。蓋夾階者二人，一在西階之西，一在阼階之東。當前廉厓下相鄉而立夾戺者二人，一立于東南堂隅之東，一立于西南堂隅之西。當前廉厓下之兩耑，蓋皆南鄉也。（卷9，頁69b，總頁3111）

江氏分「階戺」為二，謂夾階者二人，夾戺者二人。其自疏根據云：

> 云「戺，切也，謂堂廉直下厓也」者，《廣疋・釋室》云：「戺、橉，切也。」張衡〈西京賦〉云「刓層平堂，設切厓隒。」薛綜《注》云：「刓，削也。」呂向《注》云：「層案，堂高也。厓隒，邊也。謂削案其階令平，高設切以爲厓隒。」（同上）

江氏將「階戺」分為二，謂夾階者二人，一立西階之西，一立阼階之東；而夾戺者二人，一立東南堂隅之東，一立于西南堂隅之西。而江氏將「階戺」分為二之根據，一為《廣雅》云「戺、橉，切（砌）也」，也就是「戺」為

「砌」；一為〈西京賦〉呂向《注》將階、切（砌）對舉。

對此，程瑤田先由經文之合理性否定江氏之說，云：

> 江君艮庭著《尚書集注音疏》，分階戺而二之，……然以是經「夾兩階戺」文義涵泳，終嫌辭費。且侍臣執兵，防不虞也。故以經文次第觀之，自外而內，始畢門內，防之於入門時也；次夾兩階戺，防之於升堂時也；次東西堂，防之於受顧命時也；次東西垂，防其從兩旁上也；次側階，防其從北階而上也。今東西堂既有人，乃復立二人於廉厔之兩端，將何所防乎？[143]

程氏由經文文義上，判斷顧命大典在侍臣執兵的安排，應有一定次序。始畢門，次夾兩階戺，次東西堂，次東西垂，次側階。若從江說，則無法防範意外。其次，程氏復著眼於字義的考證，引《說文》、《爾雅》、《廣雅》，乃至於《漢書》、謝朓詩等等，得出結論：

> 命名之義，每以相近而移，形聲之道亦由近似而轉。階依於堂，其搀齒之砌曰戺，則垂堂之砌等砌也。相近假借，亦可名之曰戺。垂堂之砌與堂上之廉，一橫在上，一縱在下，雖非同物，而連而相及，或者以漸而移，乃呼堂廉為戺，亦其勢則然乎？由是言之，階之兩旁搀齒者謂之戺，甃於戺下者謂之砌，對文故異也。「戺」、「砌」可互釋，夾階直呼「戺」，所謂散文則通也。[144]

換言之，程氏不惟從經文文義上，認為江氏說法不合理，更不似江氏徒以《廣雅》、〈西京賦〉作為論斷依據，而是從眾多字書、史籍，乃至於文學作

[143] 清・程瑤田：〈夾兩階戺圖說〉，《程瑤田全集》，冊 1，頁 471。

[144] 清・程瑤田：〈夾兩階戺圖說〉，《程瑤田全集》，冊 1，頁 474。

品中之「戺」字加以考察，得出戺與砌同物異名，階之兩旁摒齒者謂之戺，只要夾階就可直呼「戺」，而甃於戺下者則謂之「砌」。對文故異，散文則通，故〈顧命〉之「階戺」當可解釋為「階之兩旁」，而不必分開解釋，程氏之論顯然較江氏合理。江氏只取〈西京賦〉吕向《注》為說，以為「階戺」為兩地，實不得經義。以上述兩例合此例觀之，知江氏雖然能不守一家之說，並另外找出證據詮釋經典，但未如戴震、程瑤田能廣泛的從各典籍中考察字義，而是以自我認定古義是否合經義。如此一來，在詮釋經典上，便少了客觀的證據，只能依個人對於古義之體悟來判定是否合於經文。

次論王氏。

雖然江、王之注解《尚書》基本偏重馬、鄭古文學。然而比較二家注解，王氏實以鄭《注》作為經義最終之標準，此乃江、王最大不同處，故皮錫瑞即云：「西莊獨阿鄭君，無關伏義；艮庭兼疏伏、鄭，多以鄭學為宗」[145]，即著眼於王氏宗鄭之一面。今觀《後案》，王氏詮釋《尚書》宗鄭之思維，一則蒐集旁說，申發鄭說；二則申發鄭說同時，辯駁與鄭說相異者，目的皆為扶鄭、宗鄭。如〈堯典〉「光被四表」句，到底作「光被」還是「橫被」，戴震與王鳴盛對此句有不同看法，此為清代學術史中極為有名之例子。而據今人研究，王氏判斷字作「光」而非「橫」的原因，或權衡於鄭《注》，[146] 先無論考證是否完善，以下，即另就兩例，申說江、王對鄭《注》詮釋之異，以凸顯王氏詮釋《尚書》「宗鄭」之精神。

(1)〈微子〉「父師若曰王子」句：

《集注音疏》【注】：「王子，偁微子也。帝乙之子，故曰王子。」

【疏】：「《正義》及〈宋世家〉《注》皆引鄭君《注》云『少師不荅，志在必死』，則似少師爲比干，與《史記》不合，辯見前疏。

[145] 清・皮錫瑞撰，盛冬鈴、陳抗點校：《今文尚書考證・凡例》，頁 7。

[146] 對於〈堯典〉「光被四表」等問題，可參陳志峰：〈論王鳴盛、戴震〈堯典〉「光被四表」及其相關問題〉，《中國文學研究》第三十期（臺北：臺灣大學中國文學研究所，2010 年 6 月），頁 181-214。

且忠臣憂國之心，雖死不渝，豈以志在死而漠然置之不荅乎？于誼亦未安，故不用也。」（卷2，頁34a-b，總頁3041-42）

《後案》【鄭曰】:「少師不荅，志在必死。」《尚書疏》〇《史記·宋微子世家·集解》。【案曰】:「鄭云『少師不荅，志在必死』者，鄭以微子並呼父師、少師而告之，今答者獨父師箕子，而比干無言，故解之以其志在殉國故也。」（卷2，頁278-279）

〈微子〉「父師若曰王子」之鄭《注》，江氏書未舉，而王氏則采自孔《疏》、《史記·宋微子世家·集解》而舉其說。然而從江氏自云「《正義》及〈宋世家〉《注》皆引鄭君《注》」云云，知江氏並非不知此句有鄭《注》，而是另有原因而不置鄭《注》。其因蓋為：一、江氏謂「《史記·宋世家》錄此篇文，作『太師、少師』，不言『父師』」，並舉〈殷本紀〉、〈周本紀〉文，謂「太師、少師」名為「太師疵、少師彊」，[147]以證父師、少師非箕子、比干。《漢書·儒林傳》載司馬遷曾向孔安國問故，知《史記》說自有其文獻效力，故江氏取以證偽孔《傳》之非。二、江氏謂「《正義》及〈宋世家〉《注》皆引鄭君《注》云『少師不荅，志在必死』，則似少師爲比干」，知江氏疑鄭玄以少師為比干。實際上，皇侃《論語疏》引鄭玄之說，鄭玄確實以少師為比干，父師為箕子。[148]而江氏既以《史記》為證，故不從鄭說。三、江氏謂「忠臣憂國之心，雖死不渝，豈以志在死而漠然置之不荅乎？于誼亦未安，故不用也。」姑且不論比干是否為少師，江氏認為忠臣縱使志在必死，也不會漠然不答，知江氏於此乃由理度之，以為鄭說不合理，於義未安，故不用。此足見江氏在擇取訓解上，最終透過自我對文義之判斷，取訓解與經文相印證，以闡釋經義之精神。

---

[147]清·江聲：《尚書集注音疏》，《清經解》，冊3，卷4，頁33b，總頁3040。

[148]皇侃《論語疏》引鄭玄云：「父師者，三公也，時箕子為之奴。」「少師者，太師之佐，孤卿也，時比干為之死也。」轉引自屈萬里：《尚書集釋》（臺北：聯經出版事業公司，2010年），頁105。

而王氏《後案》則全依鄭《注》，故云「今答者獨父師箕子，而比干無言，故解之以其志在殉國故也。」復觀《後案．微子》「自靖人自獻于先王，我不顧行遯」條，王氏有更詳細的說解，其引〈宋世家〉、〈殷本紀〉、〈周本紀〉文，云「《尚書．微子篇》所云父師、少師者，別有其人，即名疵、強者是。此司馬遷說也。……然《史記》雜采古書，不必悉本安國，其言不足據。而鄭康成注〈微子〉，云『箕子，紂諸父』、『少師不答，志在必死』，則鄭意固以微子所告父師、少師為箕子、比干矣，非疵、強也。鄭師祖孔學，其說本于安國，不可易也。且太師是樂官，故抱樂器奔周。太師不可稱父師，父師必是箕子，而少師之為比干可知矣。」[149]此意與江氏相反。王氏此論之要，一則以《史記》雜采古書，其言不足據，而鄭師祖孔學，說本《古文尚書》，自可信也；二則謂太師是樂官，不可稱為父師。

案：就江、王論點加以比較，就文獻傳授上，王氏謂《史記》不足據，乃為王氏偏見，《漢書．儒林傳》明記「司馬遷亦從安國問故。遷書載〈堯典〉、〈禹貢〉、〈洪範〉、〈微子〉、〈金縢〉諸篇，多古文說」，何以《史記》不足據？然而江氏逕以《史記》為是，而非鄭玄，亦未提出有力的反證，此其一。就官職考證，王氏提出太師為樂官之稱，不可稱作父師，而江氏無說，可見王氏就制度考證，實較江氏精細。然而王氏所論，實不足以推翻《史記》。換言之，樂官稱太師不可稱父師，是職稱問題，不能以此論證今本《尚書》之「父師」為是，《史記》「太師」為非，王氏先入為主以鄭說箕子為太師，比干為少師，故駁《史記》之非是，誠非嚴謹之論。正如吳汝綸（1840－1903）云「若經本作『父師』，史公無緣改為樂官之太師也。太師、少師為樂官，見於《論語》；疵、強之名見於〈周本紀〉、〈人表〉。馬、鄭以箕子為太師，比干為少師，于古無徵」，[150]此其二。何況就箕子與微子間之稱謂而論，即如崔述（1740－1816）云：「尤可異者，世既以父師為箕

[149]清．王鳴盛：《尚書後案》，卷 9，頁 281。

[150]清．吳汝綸：《尚書故》，收入《吳汝綸全集》（合肥：黃山書社，2002 年），冊 4，卷 2，頁 587。

子矣，而又以箕子為紂叔父；夫紂叔父則王子也，箕子身為王子，乃以『王子』稱微子乎！」[151]知王氏所論可商也。

從上述而論，江、王就詮釋上各不相同，且二家於文獻考證上，皆非完善。就詮釋經文言，王氏力主鄭氏，雖提出證據反駁《史記》，然論證實不嚴謹；而江氏不用鄭說，主要理由為「于誼亦未安」，且較王氏多了從文意情理上去判斷鄭《注》之是非。

(2)〈顧命〉「一人冕執鋭立于側階」條：

《集注音疏》【注】：「鄭康成曰：『鈗，矛屬。凡此七兵，或施矜，或箸柄。《周禮》戈長六尺六寸，其餘未聞長短之數。側階，東下階也。』聲謂側階，北下階也。在北堂之下，側之言特，北堂唯一階，故曰側階。」【疏】：「鄭《注》見《正義》。……云『側階，東下階也』者，鄭解側爲傍側，故以爲東下階。東階在傍也，故鄭注《禮記・雜記》以側階爲傍階，誼與此同也。聲不从鄭誼，而云『側階，北下階也，在北堂之下』者，以東垂卽東面，階上以有執戣者立焉，與執瞿立西垂者爲對，不應東垂多此一人，故知側階非東下階矣。《義禮・士昏禮・記》云：『婦洒在北堂，直室東隅。』鄭《注》云：『北堂，房中半以北。』是東房之北爲北堂也。〈大射義〉云：『工人、士與梓人，升自北階。』是路寢有北階矣。鄭注〈燕禮〉及〈大射義〉皆云：『羞膳者從而東，由堂東升自北階，立于房中，西面，南上』，則北階在東房之堂下可知矣。〈雜記〉云：『三年之喪，則君夫人歸。夫人至，入自闈門，升自側階。』……內寢之門當在路寢之後，由闈門而升側階，則側階自是北階矣。云『側之言特』者，《義禮・士冠禮》云：『側奠[152]一甒醴』，鄭《注》云：『側猶特也，无偶曰側。』云

[151]清・崔述，顧頡剛編訂：《崔東壁遺書・商考信錄》（上海：上海古籍出版社，2013 年），冊上，卷之 2，頁 156。

[152]今《儀禮・士冠禮》作「側尊」。

> 『北堂唯一階，故曰側階』者，北堂唯東房有之，蓋東房無北壁，故有北堂。西房之北有壁，則不得有堂，無堂則無階矣，故北堂唯一階，取特一之誼而云，則異于前堂之有兩階也。」（卷9，頁70a）
>
> 《後案》【鄭曰】:「銳，矛屬。凡此七兵，或施矜，或著柄。《周禮》戈長六尺六寸，其餘未聞長短之數。側階，東下階也。」《尚書疏》【案曰】:「……鄭又云『側階，東下階』者，以側是偏旁之義，故以為東下階。蓋康王方恤宅于東翼室，兵衛宜盛，故于此獨多一人。……鄭《注》確不可易也。《禮記·雜記》說諸侯夫人奔父母喪，歸本國『入自闈門，升自側階』。彼《注》云『宮中之門曰闈門，側階亦旁階也。』彼《疏》云:『闈門是旁側之門，故云側階亦旁階也。』此謂東旁之旁階，故奔喪禮婦人升自東階，知側階謂東面階也，是也。偽《傳》乃以為北下階，《疏》又申之云:『堂北惟一階，側猶特也。』考《儀禮·士昏禮·記》云:『婦洗在北堂』，……《注》云:『北堂，房中半以北。』是東房之北為北房也。〈大射儀〉云:『工人、士與梓人，升自北階』，是路寢有北階矣。鄭注〈燕禮〉及〈大射儀〉皆云:『羞膳者從而東，由堂東升自北階房中，西面，南上』，是北階在東房北堂之下也。……《儀禮·士冠禮》云:『側尊一』，鄭《注》云:『側猶特也，無偶曰側』，是側有特義。……而必以為『東下階』者，……北階乃婦人及進膳者所由，今將傳顧命，北階一無所事，何用兵衛？」（卷25，頁556）

〈顧命〉此句，江、王所采鄭《注》皆同，然詮釋「側階，東下階也」，則相異也。江氏不從鄭《注》「側階，東下階也」，而另云「側階，北下階也」；王氏則從鄭《注》。分析二家主要意見差異為：一、江氏謂東垂階上有執戣者立，與執瞿立西垂者爲對，不應東垂多一人執銳，故知側階非東下階矣；王氏則謂康王方恤宅于東翼室，兵衛宜盛，故於此獨多一人。二、江、王皆引《儀禮・士昏禮・記》以證東房之北為北堂，復引鄭注〈燕禮〉及〈大射儀〉，謂北階在東房北堂之下。然而二家並引〈雜記〉「夫人至，入自闈門，升自側階」，解釋則有分歧。江氏認為夫人必從側階入內寢，故側階為北階；王氏則據《注》、《疏》，謂側階為東面階。三、江、王皆引《儀禮・士冠禮》「側尊一」，鄭《注》云「側猶特也，無偶曰側」，以證側有特義，江氏亦以此為據，云「北堂唯一階，故曰側階」；然王氏則必以為「東下階」者，理由為「北階乃婦人及進膳者所由，今將傳顧命，北階一無所事，何用兵衛？」

案：就第一點論之，王氏雖謂康王方恤宅，故多一人，然若簡朝亮（1851－1933）所辯云：「然則成王殯於西，竟缺一人乎？蓋東堂、東垂既有人矣，東下階，可無人也；其不可無人者，惟北階焉。」[153]王氏雖自圓其說云「東下階乃嗣王從翼室往殯所必由之處，與西階不同，故獨多此一人」，然何以西下階不必置兵衛？則無說明，知王氏此說未安。就第二點論之，二家並引〈雜記〉「夫人至，入自闈門，升自側階」，江氏謂側階為北階，王氏則謂側階為東面階。今就考古資料觀之，鄒衡〈試論夏商文化〉引六零年代河南偃師二里頭文化宮殿遺址，云「最近又在殿堂後面的廊廡北墻距東北拐角不遠處找出了一座角門，而戴氏（震）〈宗廟圖〉所繪『闈門』恰好也在東北角，這大概不是偶然的巧合吧。」[154]又徐良高，王巍將陝西扶風雲塘西周建築基址（F1、F8）與禮圖比較，認為戴震《考工記圖・宗廟》較為正確，皆證明側階在北堂下。[155]黃以周（1828－1899）即辨王氏《後案》此言，謂「側階，北面階，地在東北，故〈奔喪篇〉亦謂之東

---

[153]簡朝亮：《尚書集注述疏》（上海：上海古籍出版社，2002 年《續修四庫全書》影印復旦大學圖書館藏清光緒三十三年讀書堂刻本），卷 25，頁 41a。

[154]轉引自顧頡剛、劉起釪：《尚書校釋譯論》，冊 4，頁 1801。

[155]參鄭憲仁：〈周代「諸侯大夫宗廟圖」研究〉，《漢學研究》第 24 卷第 2 期（2006 年 12 月），頁 22。

階。」[156]就第三點論之，王氏雖認同側之言特，然而必云側階為東下階，乃因「北階乃婦人及進膳者所由，今將傳顧命，北階一無所事，何用兵衛？」此說乃臆度之辭。北堂階下雖為婦人及進膳者所由，然顧命乃一代大典，為保典禮安全，為何不能置兵衛？正如戴均衡《書傳補商》云：「堂之東西南宿衛備矣，故此一人執鋭立於堂北之特階。」[157]

據上述之例，王氏雖主鄭《注》並力駁偽孔《傳》及孔《疏》，但就事實及情理而論，皆不如江氏說合理。然值得注意的是，其說與偽孔《傳》云「側階，北下立階上」，及孔《疏》云「鄭、王皆以側階為東下階也。然立於東垂者已在東下階上，何由此人復共並立？故《傳》以為『北下階上』，謂堂北階，北階則惟堂北一階而已。側，猶特也」之說實無二致。疑江氏之論，乃從偽孔《傳》及孔《疏》而來，然卻不見江氏引之。[158]無論江氏是否有意隱之，但可明於鄭說於文義不通處，江氏勇於斷然否定，並另求他說；王氏則力求折衷鄭氏，雖皆提出文獻證明鄭《注》，然所論時有偏頗。

不惟《後案》如此，譚獻（1832－1901）又指出：「閱《蛾術編》，西莊大端平實，精力甚強，説經語不若《十七史商榷》有絕人之識，大要為鄭學所牽繫耳。」[159]按此，對江氏而言，鄭《注》之詮釋，並非等於《尚書》經義；而對王氏而言，鄭《注》即為《尚書》本義，以至他經亦如此。故由江、王對鄭《注》詮釋相異處，見二家治《尚書》特色之異同。[160]

---

[156]清．黃以周：《禮書通故》（北京：中華書局，2010 年），頁 54。

[157]轉引自顧頡剛、劉起釪：《尚書校釋譯論》，冊 4，頁 1800。

[158]案：吳承仕指出，清儒治《尚書》，有陰襲孔《傳》之嫌，其云：「或有陰用其義而乾沒其名者，皆非折衷之論也。」則江氏此處不標明偽孔說，即落實吳承仕所言。見吳承仕：《經典釋文序錄疏證》（北京：中華書局，2008 年），頁 66。

[159]清．譚獻：《復堂日記》（北京：中華書局，2013 年），卷 1，頁 12。

[160]江、王對於鄭《注》蒐集、詮釋等相關問題，可參拙作：〈江聲、王鳴盛之輯佚思維及其輯《尚書》鄭《注》之若干重要問題〉，《臺大中文學報》第 45 期（2014 年 6 月），頁 181-232。

(二) 論「吳派」學術特徵之評價及其「以古求是」治經之兩種取向

自章太炎〈清儒〉一文將乾嘉學術分作吳、皖二派，並以吳派始於惠棟，皖派始於戴震，後人對乾嘉學術分派標準之討論，迄今未定，看法各異，朱維錚云：

> 清代漢學內部的學派區分，雖經將近兩個世紀的爭論，更其是周予同、蒙文通等的清理，至今仍只能說映現概貌。困難在於區分殊相，即清代漢學呈現不同形態的尺度，無論取時間、地域、學風、歷史認識、哲學傾向，還是對孔子的態度作衡度標準，都難免引出悖論。[161]

朱維錚此說道出清代學術史學派研究困難的原因。本書於吳、皖分派之說，不暇詳論，本節重點在於總結上兩節所得，以期對「吳派」治經精神有完整的論述。本文討論江、王二家《尚書》學，雖同意如余英時、朱維錚之說，研究一家一代之學術，應先盡力把握住研究對象之「理念」或「精神」，進而深入探討內容，如此才能凸顯出歷史的動力，尤其需要把握學術形態差異及其內部聯繫，誠如桑兵所論：

> 研究學派的歷史，或是從學派來看學術發展史，更應當看學派如何在當時及後來人們的觀念世界中形成的過程及其變化。[162]

又論研究學術史派別之要，云：

---

[161] 朱維錚：〈關於清代漢學〉，《走出中世紀二集》，頁 282。

[162] 桑兵：《晚清民國的學人與學術》（北京：中華書局，2008 年），頁 99。

> 即使當時就被指認的學派，考慮到並非團體，沒有任何組織形式或手續，應當考察其人員和主張的構成，尤其是圍繞核心逐層外擴的鬆散梯次結構，進而把握該學派的內涵與外延。[163]

知「人員和主張的構成」即研究學術史派別一大關目，故本小節析論 吳派治經精神，即著眼於漆永祥所說：「應以學派特色為主要劃分標準」，[164]以及如鄭吉雄指出吳、皖分派，應以「學術觀點的異同為主」。[165]但筆者亦同意錢穆及戴景賢先生所論「地域」與學人、學派之「學術」、「思想」實互有影響，[166]難以全然割裂，[167]故以「吳、皖」地名代以學派之稱，實不宜輕易否定，也因此本文在稱呼上，仍沿舊說。尤其自清代以來，已將惠氏三代（惠周惕、惠士奇、惠棟）視作吳地學術代表，如任兆麟即云：「吳中以經術教授世其家者，咸稱惠氏。惠氏之學大都考據古注疏之說而疏通證明之，與六籍之載相切。傳至定宇先生，則尤多著纂，卓卓成一家言，為海內談經者所

---

[163] 桑兵：《晚清民國的學人與學術》，頁 101。

[164] 漆永祥：《乾嘉考據學研究》，頁 112。

[165] 鄭吉雄：〈從乾嘉學者經典詮釋論清代儒學的屬性〉，收入彭林編：《清代經學與文化》（北京：北京大學出版社，2005 年），頁 480。

[166] 錢穆先生論地域對學術風格之影響，云「徽學與吳學較，則吳學實為急進，為趨新，走先一步，有革命之氣度；而徽學以地僻風淳，大體仍襲東林遺緒，初志尚在闡宋，尚在尊朱，並不如吳學高瞻遠矚。」見《中國近三百年學術史》，頁 354。而戴景賢先生則以章學誠〈浙東學術〉為說，認為章實齋推論浙東、浙西學術風習，乃以「地域」作為關連「學術」、「思想」與「智識群體」之文化場域。戴景賢先生謂章實齋此一論述有利開展一較為寬闊之觀察「人文積累」之視野；與前人論學術史時之常僅以「師弟子關係」作為分析「私人性學術傳承宗旨」不同。戴景賢先生便以此論點，闡述吳、皖二地人文積累之不同與其學術發展型態之差異。見氏著：〈市鎮文化背景與中國早期近代智識群體——論清乾隆嘉慶時期吳皖之學之興起及其影響〉，《文與哲》（高雄：國立中山大學中國文學系，2008 年 12 月），第 13 期，頁 219-270。

[167] 案：以「區域」作為研究學術史之途徑，一直以來都有學者批評與質疑，然而此種方式，實有存在之必要，正如劉仲華說：「『區域』學術史絕對不是『整體』學術史的地方化表現或縮略本，而是反映學術發展複雜性的必由之路。從『區域』學術史豐富『整體』學術史的途徑來看，它有助于展現學術發展的雜性和多樣性，有助于揭示學術發展的鮮活面目，可避免整體研究所導致的單一模式和僵化面目。」見劉仲華：《世變、士風與清代京籍士人學術・前言》（北京：中國人民大學出版社，2013 年），頁 6。

宗。」[168]至今時論者皆一致認為吳派學術始於惠氏三代，尤以惠棟將惠氏之學發揚光大，成為一代學術領袖，故以惠棟代以乾嘉「吳派」、「吳地」學術之代表，誠為切當。

本小節即先列諸說，以見清代至民國對吳派學術特徵之意見；其次，再總結上述兩節之論，藉由對江、王詮釋《尚書》之精神，論吳派治經特徵中以古求是之兩種取向。

1. 清代中葉以降對「吳派」學術特徵之評價

在確立惠氏一族——尤其是惠棟，為乾嘉「吳派」、「吳地」學術之代表後，觀清代中葉以至晚清民國初年論吳地之學者，有如焦循〈癸酉手札・復程易田〉云：

> 大抵吳中之學，多守漢人傳注，而不知有研究經文之妙。[169]

焦循論「吳中之學」，其實乃指惠棟之學；至晚清章太炎〈清儒〉，始立「吳派」之名，有云：

> 吳始惠棟，其學好博而尊聞。……皆陳義爾雅，淵乎古訓是則者也。[170]

又〈清代學術之系統〉云：

> 蘇州學派篤信好古。[171]

---

[168] 清・任兆麟：《有竹居集・余仲林墓志銘》（哈佛大學燕京圖書館藏清嘉慶二十四年兩廣節署刊本），卷 10，頁 36a。

[169] 清・焦循：《里堂札記・癸酉手札・復程易田》，收入劉建臻點校：《焦循詩文集》，頁 684。

[170] 章太炎著，徐復注：《訄書詳注・清儒》，頁 139。

[171] 章太炎：〈清代學術之系統〉，收入傅傑編校：《章太炎學術史論集》，頁 401。

又如劉師培《經學教科書・序例》云：

> 近儒說經崇尚漢學。吳中學派掇拾故籍，詁訓昭明。[172]

又如支偉成（1899－1929？）《清代樸學大師列傳》云：

> 吳派經學開宗者為惠氏。周惕、士奇父子，父子專經；棟受家學益弘其業，以博聞強記為入門，以尊古守家法為究竟。其治經要旨，謂「當以漢經師之說與經並行」，蓋純宗漢學也。門戶壁壘，由此而立，衍其派者甚眾，故惟為正統焉。[173]

上述四家之說，皆明確指出「地點」以及「學術特色」，大抵皆指向東吳惠氏（尤其是惠棟）之學。因此，「守漢人傳注」、「好古」、「崇尚漢學」、「重詁訓」、「尊古守家法」等，即焦、章、劉、支氏所視為的吳派學術特徵；章太炎〈清儒〉所說「尊聞」、「淵乎古訓是則」，亦表示吳派治學重視古訓，而非無由之說。

再觀近代論清學者，對於乾嘉學術有更多的討論，尤多喜引王引之「見異於今者則從之，大都不論是非」[174]以批評惠棟，更加入了對吳、皖二派之評價，且吳派評價多不如皖派。如李源澄（1909－1958）《經學通論・論清代清學》全用章太炎〈清儒〉說；又如周予同（1898－1981）云：「吳派還未達到哲學高度，……吳派講『博』，皖派博而精斷。總之，皖派的學術地位高於吳派。」[175]又如張舜徽（1911－1992）論惠棟《周易述》云：「專宗漢說，失之膠固，幾乎凡漢皆是，非漢則失。……其治經雖有專精之業，而

---

[172]劉師培：《經學教科書・序例》，收入《劉申叔遺書》，冊下，卷 9，總頁 2073。

[173]支偉成：《清代樸學大師列傳》（臺北：藝文印書館，1970 年），頁 49。

[174]清・王引之：《王文簡公文集・與焦理堂先生書》，收入《高郵王氏遺書》，卷 4，頁 1a。

[175]朱維錚編校：《周予同經學史論》（上海：上海人民出版，2010 年），頁 623。

沾溉不及戴氏之廣，亦以其專己守殘耳。」[176]又論清代學術流派，云「一是吳學，主於墨守，以惠棟為代表」，[177]意即將膠固、墨守視為吳派之學術表徵。

然亦有觀察不同者，如蒙文通（1894－1968）云：

> 清世每惠、戴並稱，惠言《易》宗虞，言《左氏》宗服，於《書》、《禮》宗鄭，能開家法之端者實惠氏；於虞《易》言消息，故通條例之學者亦始惠氏，雖後之通家法、明條例者或精於惠氏，而以惠、戴相較，則惠實為優。世之研骨化石者，得其半骼殘骸，於以推測其全體，得他之片骨殘骸，又以推測一全體，此家法條例之比也。苟萃眾多不同世之化石於一室，割短續長，以成一具體備形之骸，雖至愚人亦不出此。不明家法，不究條例，萃古文於一篇，折群言而歸一是，於此而言學在能斷，余不知斷從何起？[178]

蒙氏此說，著眼於惠棟治經能重視家法，故精於戴震。蒙氏並以研究骨化石為譬喻，認為惠棟之重家法，猶「得其半骼殘骸，於以推測其全體，得他之片骨殘骸，又以推測一全體」；而戴震則「萃眾多不同世之化石於一室，割短續長，以成一具體備形之骸」。然而，從本章第一節舉惠棟《周易述》解釋〈乾卦〉「元、亨、利、貞」句可知，惠棟乃萃《子夏傳》、虞翻說、《公羊》何休《注》、《說文》、董仲舒《舉賢良對策》等說，但諸說時代亦未一也。按此，惠氏之學實同於蒙氏批評戴震「萃眾多不同世之化石於一室」者。可見，蒙氏雖能著眼於惠棟重家法之治經特點，但並未能理解惠棟於經學實踐上的全貌。

---

[176]張舜徽：《愛晚廬隨筆》（武漢：華中師範大學出版社，2005 年），卷 9，頁 193。

[177]張舜徽：《訒庵學術論集》（武漢：華中師範大學出版社，2008 年），頁 63。

[178]蒙文通：《經學抉原．廖季平先生與清代漢學》（上海：上海人民出版社，2006 年），頁 104。

傅斯年先生（1896－1950）亦持類似之說，其《性命古訓辨證》有云：

> 清代樸學家中惠棟、錢大昕諸氏較有歷史觀點，而錢氏尤長於此。若戴氏一派，最不知別時代之差，「求其是」三字誤彼等不少。蓋「求其古」尚可借以探流變，「求其是」則師心自用者多矣。[179]

傅斯年先生此說，雖未以「吳派」冠諸惠棟之上，但將惠、戴對舉，並贊同惠棟、錢大昕「求其古」之學術特色，認為「求其古」可探學術問題之流變，而「求其是」則多師心自用，意即不別時代之差，故不足探學術問題之流變。

雖然上述所引諸說，皆有值得商榷之處，但合蒙文通、傅斯年之論，知二家實著眼於歷史脈絡上，對吳（惠棟）、皖（戴震）之學術特色——「求其古」與「求其是」有不同之評價，顯然蒙、傅對於「求其古」一派是較為贊成的，與上引周予同、張舜徽等人不同。[180]本文對前人所評無意評價孰是孰非，但「求其古」與「求其是」兩命題，實為王鳴盛所提出，王氏云「惠君之治經求其古，戴君求其是。究之，舍古亦無以為是」，[181]今人對此分別有不同討論。[182]本文所關心的是：不同時期之學者對於學派之特色與評價，有著不同的看法時，今人如何從實際的經學實踐中，對於學術問題進行完

179 傅斯年：《性命古訓辨證．引語》（上海：上海古籍出版社，2012 年），頁 6。

180 對此，王汎森認為是因為民國時期，經書的神聖地位動搖了，「求其古」一派不會將不同時代的詮釋混淆在一起。見氏著：〈什麼可以成為歷史證據〉，《近代中國的史家與史學》（上海：上海復旦大學出版社，2010 年），頁 106。

181 見清．洪榜：〈戴先生行狀〉，見《戴震全集》，冊 7，頁 10。

182 如王俊義舉王鳴盛《尚書後案》為例，認為吳派學者「求其古」之說符合歷史事實，並云「不能單憑某一學者的個別言論，就證明與章太炎所概括的吳、皖兩派的特點不合，斷言吳、皖分派說與歷史事實不符。」見氏著：〈關於乾嘉學派的成因及派別劃分之商榷〉，《中國社會科學院研究生院學報》，1995 年第 3 期，頁 36-41。然而，如徐道彬則以戴震《尚書義考》為例，認為「求是必先求古」，謂戴震、惠棟「同途又同歸」。見氏著：《皖派學術與傳承》，頁 281。

整、中肯的評述，而非單執前賢說法之一隅以代整體。即如王汎森所提出，今人在接受前賢之論時，除了接受其「創造性轉化」外，應注意還有哪一些「消耗性轉換」被蒙蔽了。若不如此，今人對於學術思想之研究，很可能取一家之言為說，以為此乃歷史之真相。換言之，重要的是從作品中挖掘出如今已少人所知「消耗性」之一面，並重新審視問題之全貌。

2. 從江、王詮釋《尚書》精神之異同，論「吳派」以古求是治經之兩種取向

上引王鳴盛云：「惠君之治經求其古，戴君求其是，究之舍古亦無以為是。」後人多以王氏此說作為吳、皖學術特色之標準。今先不論戴震「求其是」之內涵為何，這無關本文主旨。但此句實指出吳派治經思維中，最主要的根據——「舍古亦無以為是」。也就是說在治經上，「求古」為「求是」的唯一指標。而此種「求古」之思維，表現在治經的成果上，即為本節第一小節，論江、王同建立以「古義」為主之《尚書》學。按此，章太炎「篤信好古」及梁啟超「愈古愈好」、「一味的好古」之說，並非無由。換言之，無論從惠棟乃至於江、王二家，三者在治經上所表現相同之一面，確實朝著「求古」方向進行，而此內涵也大致如前賢所論之「崇尚漢學」、「陳義爾雅，淵乎古訓是則」。

據「舍古亦無以為是」之命題，就共同面相而論，雖然為吳派學者所同有；但「古」之內涵、層次為何？是否對所有吳派學者而言，有齊一之標準？則鮮為人所論。從上章乃至於本節以及上兩節之探討，進一步比較吳派經師在「求古」的實踐上，可知所謂的「古」，絕非如梁啟超所言「愈古愈好」，也絕非如張舜徽所云「非漢則失」，單單以漢人之說或漢以前人為是，而是對於宋、明人說（如江氏采薛季宣《書古文訓》、王氏采朱子、王樵）以及時人之說（如戴震、閻若璩、胡渭）偶有採納，只是比例較低而已。

其次，從江、王二家對《尚書》詮釋之差異性，即可推知同為吳派經師，於經學實踐上亦自有差異。而此差異，即代表吳派經師對於「古」有不同的看法。從上文對於江、王詮釋《尚書》精神之比較，二家最大之歧異點

即：雖同以「古義」作為治經的基本方向，但江氏非全然墨守一家之注，而是以訓義之長短作為詮釋經義之標準；王氏則是以鄭《注》作為經義之最高原則，除非對象經文無鄭《注》，才采他注。換言之，清代漢學中，「吳派」治經以古求是之型態，存在兩種取向，王欣夫（1901－1966）論云：

> 江氏《尚書集注音疏》先成，雖以鄭《注》為主，而於《注》義隱奧難明者，或改從他說。而西莊則一一引據古書，疏通其旨，蓋尤能確守師法。[183]

王欣夫所論江氏「改從他說」以及王氏「確守師法」，實如前文引朱維錚所云經學史研究上的「區分殊相」以及「清代漢學呈現不同形態的尺度」。此正如凌廷堪（1757－1809）引孫星衍之來信：「近時為漢學者，又好攻擊康成，甚以為非。」[184]可見「漢學」絕對不是單就馬、鄭之說為是，清代「漢學」亦分成贊成鄭玄與否定鄭玄兩派。推之於吳派經學，以往研究者只看到吳派一味求古、好古之一面，尤其認為吳派學者以馬、鄭古文為最高準則，但未能區分吳派中之殊相，因此吳派治經精神的另一面也少為人知。而王欣夫此論，正是把「吳派」治經以古求是的兩種取向：「不墨守一家」與「守師法（尊鄭）」作一清楚扼要之區分。

同為吳派經師，對於江氏而言，鄭《注》雖「古」，但不代表「是」，其他訓解只要義長，也就是「是」；而對王氏而言，鄭《注》不僅「古」，而且是絕對的「是」，其他古訓絕對不能取代鄭《注》。證以上文所舉之例子與論述，可證王欣夫所論誠是。如此一來，吳派治經之精神就不完全如章太炎、劉師培等人所論，只看到吳派在以古義治經的框架下，相同「好古」、「不論是非」的那一面，而消耗了批判馬、鄭等古文學之面相。今將前人論江、王

---

[183] 王欣夫：《蛾術軒篋存善本書錄》（上海：上海古籍出版社，2002年），卷1，頁705。

[184] 清．凌廷堪著，王文錦點校：《校禮堂文集．復孫淵如觀察書》（北京：中華書局，2006年），卷24，頁218。

治經上「相同」一面之論，合以王欣夫與本文之論證，即可明江、王雖然同為「吳派」學者，但存有「相異」之一面，對於吳派治經精神應有較為完整之認識。

第四章
江聲、王鳴盛對《偽孔》之批評及其經學實踐

江、王二家在閻若璩、惠棟完成對《尚書》古文之辨偽後，重新撰作新疏，其精神之一，即進一步對《偽孔》經、傳及唐以後儒者《書》說之撥正，目的在呈現一部不同於前代之《尚書》學著作。如吳承仕（1884－1939）論偽孔《傳》云：

> 清儒如王鳴盛、江聲、孫星衍之倫，皆以偽書不足卲，乃別為集解。[1]

吳國泰亦云：

> 迄乎有清中世，經術發皇，超越往古，而《尚書》一經，始見曙光。其間江氏艮庭，實為先河；王氏鳳喈、段氏若膺繼之；孫氏淵如成書最後，此四家者或繼蹤於東漢，或探微於西京，魏晉以後，蓋不屑道矣。[2]

二家之意幾同，知江、王、段、孫之著，乃為別於偽孔《傳》而作。雖如

---

[1] 吳承仕：《經典釋文序錄疏證》（北京：中華書局，2008 年），頁 66。

[2] 吳國泰：《尚書鉤沈》，收入《居易簃叢書》（成都：巴蜀書社，2006），頁 2。

此，但江、王詮釋《尚書》亦不能迴避《偽孔》（包涵經、傳）等相關問題，且時采偽孔《傳》之說。觀閻、惠以後之研究成果，《尚書》之辨偽研究，大致可分為兩方面：其一、繼續針對《古文尚書》（包涵經、傳）辨偽之相關議題，進行專題式的討論，而不詮釋《尚書》文本，如程廷祚《晚書訂疑》、宋鑒《尚書考辨》、丁晏《尚書餘論》等；其二、重新整理《尚書》注疏，也就是撰著《尚書》「新疏」。此一方式，除了詮釋《尚書》經義外，更於注、疏中發表對《偽孔》之相關意見，並加以考訂，如江聲《集注音疏》、王鳴盛《後案》、孫星衍《尚書今古文注疏》等皆是。要之，在閻、惠對《偽孔》經文之考辨後，世人多肯定二家之說，此即段玉裁所云：「迄我朝閻氏百詩、惠氏定宇，辭而闢之，其說大備。舉鄭君逸篇之目，正二十五篇之非真，析三十一篇為三十三篇之非是，鑄鼎象物，物無遁情，海內學者，家喻戶曉。」[3]江、王亦吸收閻、惠之說，捨棄偽古文，並對《古文尚書》所存之篇目加以詮釋，在閻、惠之基礎上，更進一步研究《偽孔》經、傳，此即江、王詮釋《尚書》精神的部分體現。

今時無論研究清代辨偽學者，或是有關《古文尚書》之公案，雖少論及江、王之說，但皆對二家之研究成果予以肯定，如戴君仁（1901－1990）先生云：

> 王氏著有《尚書後案》，發揮鄭康成一家之學。後面附有〈後辨〉一卷，裏面沒有特別精卓的見解，可資介紹。可是王氏並長史學，他能運用歷史來辨偽。他把《史記》、兩《漢書》關于真古文《尚書》的記載都舉出，以見其流傳情形，反襯《偽孔》（古文）是一無所承。……王氏這種辨偽方法，平實可信，自己不必許多話，而晚書之偽已可見，真是以少許勝人多許者。[4]

---

[3] 清・段玉裁：《古文尚書撰異・序》，《續修四庫全書》本，頁 1a-b。

[4] 戴君仁：《閻毛古文尚書公案》（臺北：中華叢書委員會出版，1963 年），頁 140。

又如佟大群云：

> 在《古文尚書》辨偽問題上，江聲的主要貢獻有二：（1）推出集成之作……（2）重論偽作之說。[5]

今觀江、王二家之作，因王氏有《尚書後辨》附於《後案》書末，對於《偽孔》等相關問題頗有討論，但實際上多不出閻、惠之說；而江氏除《集注音疏》外，未有其他專論研究《偽孔》古文，因此今時研究者多未深論二家之說。然而，二家對於《偽孔》古文之看法，其實多表現於《尚書》經、傳之詮釋，包括對於經文之刊正與對偽孔《傳》之質疑等等，可見二家乃從經學之實踐面，呈現對《偽孔》古文之相關意見。換言之，雖二家之論今日學界之討論未見踴躍，學者所予學術史之評價亦不高，但作為清代《尚書》學新疏之先驅，其學術成果正凸顯吳派學者在閻、惠取得辨偽成績後之體現，亦是江、王《尚書》學研究之重點。又清人之作，或有對江、王在《偽孔》經、傳之相關研究加以批評者，亦可為研究江、王之說以及清代《尚書》學之資糧，將一併探討。

一、江氏《集注音疏》對《偽孔》經、傳之研究及其經學實踐

前文第二章曾引述江氏自述其著《集注音疏》之因，今為方便討論，再次徵引如下：

> 少讀《尚書》，怪古文與今文不類，又怪孔《傳》庸劣且甚支離。

---

5 佟大群：《清代文獻辨偽學研究》（北京：人民出版社，2012 年），頁 369。

> 謂安國所為，不應若此。年三十五，師事同郡惠松崖先生。見先生所著《古文尚書攷》，始知古文及孔《傳》皆晉時妄人偽作，於是搜集漢儒之說，以注二十九篇。（卷1，頁1a，總頁2976）

知江氏之著《集注音疏》乃因致疑於《偽孔》（包涵經、傳），且受其師惠棟《古文尚書攷》之啟發。江氏少時疑古文與今文不類，又疑孔《傳》之庸劣、支離，謂非孔安國所為，於是屏棄偽古文篇章及孔《傳》而自注之。

又江氏於〈募刊尚書小引〉所云更詳：

> 聖朝有文，賢才應運，則有太邍閻氏、先師惠君，各閉戶而著書。（自注：閻若璩著《尚書古文疏證》，惠先生纂《古文尚書攷》）如造車之合徹，皆能據逸篇之目，顯偽纂之乖韋；采往籍之文，抉剽竊之穴堀。[6]

江氏自述其《尚書》之學實淵源惠棟，並受閻氏著作影響。其影響首見於辨偽方面，江氏認為閻、惠皆能據逸篇之目以辨《偽孔》；[7]其次，閻、惠皆能找出《偽孔》襲經籍舊文以造《古文尚書》之證據。[8]而此二項，實為閻、惠判別《古文尚書》作偽最主要之成績，因有閻、惠導於前，故江氏才能踵

---

[6] 清・江聲：〈募刊尚書小引〉，《尚書集注音疏》（《續修四庫全書》本），頁 2b。

[7] 如閻氏《尚書古文疏證》卷一「言兩《漢書》載古文篇數與今異」條、「言鄭康成注古文篇名與今異」，可參戴君仁：《閻毛古文尚書公案》〈第四章《尚書古文疏證》之內容〉；惠棟《古文尚書攷》卷上「鄭氏述古文逸《書》二十四篇」、「證孔氏逸《書》九條」等，可參趙銘豐：《惠棟古文尚書考研究》〈第三章《古文尚書攷・卷上》的考辨方法〉（臺北縣：花木蘭文化出版社，2008年）。

[8] 如閻氏《尚書古文疏證》第三十一條「言人心惟危道心惟微純出《荀子》所引《道經》」、第六十四條「言〈胤征〉有玉石俱焚語為出魏晉間」等；惠棟《古文尚書攷》卷下則隨文錄出《古文尚書》文句之源。案：惠棟考《古文尚書》文句之源者，可參趙銘豐：《惠棟古文尚書考研究》〈附錄一・辨偽條目的「典源」暨「按語」〉，頁 157-179。

武二家，分判真偽，對《古文尚書》進行詮釋。[9]

江氏除了對《偽孔》之態度受其師影響外，且更進一步針砭《偽孔》之失。前文第二章曾指出，檢《集注音疏》江氏多有批判《偽孔》之說，如「亂經」、「亂經欺世」、「謬說滑經」、「滑亂經誼」、「誕妄」、「《尚書》之辠人也」等具強烈語氣的批判用語，[10]然此說實承繼其師惠棟而來，觀惠棟《讀說文記》「㕜」字下云：「賈侍中逵，朩重之師也。所引《尚書》乃孔氏真古文，偽孔氏亂經，與王弼皆孔門辠人。」[11]足見江氏之不信《偽孔》，指其「亂經」，實受惠棟之影響。故本節首先針對江氏對於《偽孔》「亂經」之批評進行討論。其次，探討江氏對《古文尚書》篇章復原之實踐。第三，析論江氏對「亂經」作者之研究。本節即就此三點，析論江氏對《偽孔》之相關研究及其經學實踐。

(一) 對《偽孔》「亂經」之批評及釐正

偽孔如何「亂經」、「滑經」？其內涵為何？致江氏要加以否定，並重定經文、重集舊注。今細考這些批評的內涵，便可知江氏認為《偽孔》之亂經，多在於「改易經文」與「經文解釋」兩方面。以下，茲分兩點，舉例說明江氏對於《偽孔》的批評及訂正，以見江氏對《尚書》研究精神的體現。

1. 對《偽孔》本「改易經文」之批評及釐正

在「改易經文」的批評上，江氏認為《偽孔》本「變亂舊章」及「改易經字」二者為「亂經」之首要者。茲分論之。

---

[9] 有關江氏《尚書》學對惠棟學術之繼承，可參拙作：〈江聲《尚書集注音疏》對惠棟學術之繼承及開展〉，《世新中文研究集刊》第十期（2014 年 9 月），頁 161-208。

[10] 批評可見以下諸條：〈堯典〉：「釆章百姓」、「帝曰欽哉」、「內于大麓」、「舜讓于悳不台」、「四海遏密八音」；〈咎繇謨〉：「日贊贊襄哉」、「帝曰毋若丹朱奡」；〈盤庚〉：「于今五邦」、「其有顛越不龔」；〈洪範〉：「五行一曰水」；〈康誥〉：「王曰女陳臬事」；〈梓材〉：「王曰封」；〈多方〉：「周公曰王若曰」、「洪荼于民」、「王曰嗚呼」；〈呂刑〉：「皇帝清問下民」、「爰制百姓」。

[11] 清・惠棟撰，江聲參補：《惠氏讀說文記》（上海：上海古籍出版社，2002 年，《續修四庫全書》冊 203，影印上海辭書出版社圖書館藏清嘉慶刻借月山房匯鈔本），卷 7，頁 4b，總頁 506。

⑴對《偽孔》本「變亂舊章」之批評及釐正

所謂「變亂舊章」者，即江氏認為偽孔氏更改了原本《尚書》章次之編排。江氏認為，除閻、惠所辨之偽《古文尚書》二十五篇外之其他篇目，也經偽孔氏之整理而非原本。如《集注音疏・堯典》「帝曰欽哉」條，江氏自疏云：

> 偽孔氏分此以上為〈堯典〉，以「慎徽五典」以下為〈舜典〉；姚方興又增益「曰若稽古」云云，亂經欺世，皆《尚書》之辠人也。（卷1，頁5a，總頁2984）

此謂《偽孔》以「慎徽五典」以下為〈舜典〉，又姚方興於「慎徽五典」前增以「曰若稽古帝舜」等二十八字，皆非經文之舊。

又《集注音疏・咎繇謨》「日贊贊襄哉」條，江氏自疏云：

> 偽孔氏于此下分篇，名之為〈益稷〉，變亂舊章，誕妄之甚也。（卷2，11b，總頁2997）

江氏指出〈皋陶謨〉自「帝曰」以下作〈益稷〉，此亦非《尚書》原貌，故加以刊正，不再循《偽孔》所分。蔣善國指出惠棟《古文尚書考》雖列〈棄稷〉篇名，卻說〈棄稷〉就是〈益稷〉，而未說明理由；而江氏則第一個指出《尚書》本無〈益稷〉之篇。[12]據江氏云：「據《正義》，謂馬、鄭、王所據〈書敍〉，此篇名爲〈棄稷〉，然則《尚書》本无〈益稷〉篇目，僞孔氏分〈咎繇謨〉下半篇，妄立名爲〈益稷〉，亂經之罪大矣。」[13]按此，江氏不循其師惠棟之說，而另有更進一步的論述。

---

[12] 蔣善國：《尚書綜述》，頁296。

[13] 清・江聲：《尚書集注音疏》，《清經解》本，卷11，頁81a，總頁3132。

又《集注音疏・顧命》「諸侯出廟門俟」條，江氏自疏云：

> 偽孔氏于此分篇：以此上爲〈顧命〉，下別爲〈康王之誥〉。案此言諸侯出廟門竢。竢者，竢王出視朝也。下文「王出在應門之內」，上下一貫，何可强分？馬、鄭本自「王若曰」始，以下乃爲〈康王之誥〉，葢本諸孔氏古文，斯得之矣！（卷9，頁71a，總頁3114）

此雖未以「亂經」批評，但指出偽孔本以「諸侯出廟門俟」為〈顧命〉與〈康王之誥〉之分界。意為偽孔本〈顧命〉止於「諸侯出廟門俟」，而下「王出應門之內」始，即〈康王之誥〉。江氏認為，以文意觀之，「諸侯出廟門俟」與「王出在應門之內」，上下一貫，不應強加割裂。且孔《疏》明言「馬、鄭本此篇自『高祖寡命』已上內於〈顧命〉之篇；『王若曰』已下始為〈康王之誥〉。」[14]故江氏乃依循馬、鄭本改之。

(2) 對《偽孔》本「改易經字」之批評及釐正

所謂「改易經字」方面，江氏認為乃《偽孔》本中最多者。江氏的實際作法，乃取先秦、兩漢典籍互校，只要《偽孔》本異於先秦、兩漢典籍者，多認為《偽孔》「亂經」，並好於改字。本文只取江氏明確指出「亂經」者，舉例論述。如《集注音疏・多方》「罔丕惟進之龔，洪荼于民」條下云：

> 《正義》本改龔作恭，改荼為舒，茲从《書古文訓》本。（卷8，頁63a）

江氏自注云：

[14] 唐・孔穎達：《尚書注疏》，卷19，頁1a，總頁288。

> 荼，苦也。《詩》云「寧為荼毒」……或讀荼為舒，甚且改作舒字，非也。（卷8，頁63a）

又自疏云：

> 《說文・艸部》云：「荼，苦荼也。」《詩・唐風》云：「采苦采苦」，是直目荼為苦，故云「荼，苦也。」……偽孔《書》經文作「荼」，而其《傳》云：「大舒惰于治民。」是其誤讀荼為舒也。案古書輒有以荼為舒者，如《攷工・弓人》云：「寬緩以荼。」康成《注》云：「荼，古文舒，假借字。」鄭司農云：「荼讀為舒。」又《禮記・玉藻》云：「諸侯荼。」鄭君注云：「荼讀為舒遲之舒。」于《尚書》中則〈鴻範〉「咎徵：曰荼，恆燠若。」是古舒字，故《大傳・五行傳》云：「卑咎荼。」鄭君解為：「荼，緩。」若此文之荼，則為荼毒之誼，非舒字也。《偽孔》故欲亂經，因古書有以荼為舒者，遂于此文解荼為舒，而于〈鴻範〉偏又改荼為悆，解為逸豫。蓋偽孔氏匿其名而託其書于安國，故不畏後人之非議而誕妄如此。（卷8，頁63a）

江聲徧考《周禮》、《禮記》、《尚書》、《尚書大傳》，得出古書中有以「荼」讀為「舒」之例。而今本〈多方〉作「洪舒于民」者，江聲認為是《偽孔》因古書「荼」「舒」可互通，而將「荼」讀為「舒」，並釋為：「大舒惰于治民。」後蔡沈《書集傳》解作「大寬裕其民」者，[15]亦是隨《偽孔》作「舒」而作的引申。因此，江聲改作「洪荼于民」，並依《說文》、《詩經》之訓，將荼訓為苦，意為「大大的荼毒於民」。之後，孫星衍《尚書今古文注疏》則謂：「《困學紀聞》曰『古文作「荼」。』此宋次道家古文。」[16]王

---

[15] 宋・蔡沈：《書集傳》（臺北：世界書局，1981年），卷5，頁112。

[16] 清・孫星衍：《尚書今古文注疏》，卷23，頁462。

先謙《尚書孔傳參正》:「讀『舒』為『荼』訓為荼毒，於義亦順，此處不能有別解。江、孫皆從薛，訓大為荼毒於民，今依之。」[17]按此，雖然江聲改字的依據僅有薛季宣《書古文訓》本而已，但論《偽孔》改字，馴至亂經義，甚是。因此江氏改「舒」作「荼」，並釋為「苦」，意實通順，故孫、王皆謂江說是矣。

通檢《集注音疏》，江氏多有取先秦諸子或漢人引《書》以改動傳世《尚書》經文者，若《偽孔》本與先秦諸子或漢人引《書》不同，江氏亦認為此為偽孔氏亂經。如《集注音疏・皋陶謨》「帝曰毋若丹絑奡」條，下云：

> 此「帝曰」及下「禹曰」(昇按：指下文「禹曰：予娶嵞山」)《偽孔》本皆无之。《史記》錄此文則有「帝曰」，下文亦有「禹曰」。《漢書・楚元王傳》:「劉向上奏曰:『臣聞帝舜戒伯禹「毋若丹絑敖」。』」又王充《論衡・問孔篇》引此文而說之云:「帝舜勑禹毋子不肖子也。」下又引「禹曰：予娶嵞山」云云。又〈譴告篇〉云:「舜戒禹曰『毋若丹絑敖』。」此三引皆與《史記》合，然則漢人所傳《尚書》皆有此「帝曰」及下「禹曰」字，乃孔氏古文如此。偽孔氏削去之，而以此文爲禹戒帝之言，亂經之尤者也（卷2，頁13b）

今《偽孔》本「毋若丹朱傲」上無「帝曰」;「予娶嵞（塗）山」上無「禹曰」，然而《史記》引文有「帝曰」、「禹曰」,《漢書・楚元王傳》引文有「帝舜」,《論衡》引文有「帝舜」、「禹曰」之文，證明在漢代《今文尚書》這兩句上確實分別有「帝曰」、「禹曰」，故江氏批評《偽孔》本「亂經」。劉起釪（1917－2012）論此謂「倘使如偽古文本，則『毋若丹朱傲』句緊接

---

[17] 清・王先謙:《尚書孔傳參正》(北京：中華書局，2011 年)，卷 26，頁 818。

『敷同日奏罔功』句，直承上『禹曰俞哉』一段後，成為禹語。」[18]認為若如《偽孔》本所述，則「毋若丹朱傲」一句即為禹敕誡帝舜。雖然謂禹敕誡帝舜「毋若丹朱傲」，就經義詮釋上亦無不可，[19]然而江氏所述是建立在相關證據上，而這也凸顯出在江聲的解經觀念中，經文的訂正足以影響到對經義說解的思維。

又《集注音疏・洪範》「五行一曰水二曰火三曰木四曰金五曰土」句下，江氏云：

> 《僞孔》本此「五行」及下「五事」、「八政」、「五紀」、「皇極」、「三悳」、「卟疑」、「庶徵」、「五福」等字上各有一二以至八九等字，《史記・宋世家》全載此篇，竝無此等數目字。《漢書・谷永傳》永對策引此篇〈皇極〉「皇建其有極」無五字。《說文・卜部》引此篇「卟疑」亦不言七，然猶可曰引《書》者，不必盡如本文也。若蔡邕石經則是寫《尚書》矣！宋洪适《隸釋》錄石經殘碑，此篇有「為天下王三德一曰正直二」之文，「三德」上無六字，則可知《尚書》本無此等數目字也。且古文簡質，上既有「初一、次二」等第，此以下必不重出一二等字，明是僞孔氏謬增以亂經以欺世也。今悉去之，以還其朔。（卷5，頁38b）

江氏指出今本《尚書・洪範》「五行」以下至「五福」上，冠以「一」至「九」，其實是《偽孔》所增。江氏取《史記・宋世家》、《漢書・谷永傳》、《說文》、《漢石經》殘碑為證，「五行」以下至「五福」上，皆無冠以「一」至「九」之目，故認為是僞孔氏增以亂經以欺世，故於《集注音疏》中全面捨去。

---

[18] 顧頡剛、劉起釪：《尚書校釋譯論》，頁463。

[19] 如屈萬里先生《尚書集釋》、周秉鈞《尚書易解》即從《偽孔》本，而不從《史記》等說。

又《集注音疏・康誥》「王曰：女陳時臬事，罰蔽殷彝，誼刑誼殺，勿庸以即，女惟曰未有順事」，江氏於經文下云：

> 《荀子・致仕篇》引《書》曰：「誼刑誼殺，勿庸以即，女惟曰未有順事。」又〈宥過篇〉[20]引之，但「女惟」作「予維」爲異爾，餘悉同，是古《尚書》原文也。《僞孔》本作「用其誼刑誼殺，勿庸以次女封，乃女盡孫，曰時敘，惟曰未有孫事。」蓋僞孔氏妄增以亂經也，吾从《荀子》。（卷6，頁48b）

江氏取《荀子・致仕篇、宥坐篇》之文，以校《偽孔》本，認為古《尚書》本應作「王曰：女陳時臬事，罰蔽殷彝，誼刑誼殺，勿庸以即，女惟曰未有順事」，非《偽孔》本「用其誼刑誼殺，勿庸以次女封，乃女盡孫，曰時敘，惟曰未有孫事。」江氏認為《偽孔》本與《荀子》不同，乃是僞孔氏妄增亂經所致。

又《集注音疏・呂刑》「皇帝清問下民，有辭有苗，曰羣后之肆在下」句下，江氏云：

> 自此以下至「維假于民」，據《墨子・尚賢篇》所引如是也。「曰羣后」云云，在「有辭有苗」之下，《正義》言鄭以「皇帝哀矜」至「罔有降假」，說顓頊之事，「皇帝清問」以下，乃說堯事。然則鄭君之本，「降假」下卽接「皇帝清問」云云，與《墨子》所引適合，自是古文如此。僞孔氏削去「曰」字，而以「羣后」至「無蓋」十四字，迻置「皇帝清問」之上，又改「肆」爲「逮」，又于「有辭」之上增「鰥寡」字，又改「有苗」爲「于苗」，任意亂經，肆无忌憚，賴有《墨子》得據以刊正之。（卷10，頁76a）

---

[20]案：今本《荀子》篇目作〈宥坐篇〉。

案：觀《墨子・尚賢篇》：「先王之書〈呂刑〉道之曰：『皇帝清問下民，有辭有苗。曰群后之肆在下，明明不常，鰥寡不蓋，德威維威，德明維明。』」與《偽孔》本「群后之逮在下，明明棐常，鰥寡無蓋。皇帝清問下民鰥寡有辭于苗。德威惟畏，德明惟明」相異。江氏認為，《墨子・尚賢篇》所引，與《正義》所看到的鄭玄之本相符，自是古文如此。程師元敏則另以經義論斷云：「《正義》於『罔有降格』之偽孔《傳》下引鄭《注》，明鄭玄原注亦署於『罔有降格』下，則鄭以『皇帝哀矜庶戮之不辜』至『罔有降格』，皆說顓頊之事，乃結上文；而謂『皇帝清問』以下乃說堯事，則為起下文。復審經義，誠宜於下文『德明惟明』斷章。」[21]程師以經義說，認為鄭本比《偽孔》本合宜。《偽孔》本除了順序與《墨子》所引不合外，還有一些字不一，如「有苗」作「于苗」等等，即上引文後半段所舉，江氏皆認為是《偽孔》「任意亂經」所致，並據《墨子》刋正。

又江氏認為《偽孔》本作者有「強改經字以就其謬說」的現象。如《集注音疏・梓材》「以厥庶民暨厥臣，達大家，以厥臣達王惟邦君」條，自注云：

> 鄭康成曰：「于邑，言達大家；于國，言達王與邦君。王謂二王之後。」聲謂如鄭君說，則經「惟」字蓋誤也，當為暨。暨，與也。以臣民達大家則聯上下之情；以臣達王與邦君則聯邦交之誼。（卷6，頁51a）

又自疏云：

> 「聲謂如鄭君說，則經惟字蓋誤也。當為暨。暨，與也」者，惟字無訓與者。若經是惟字，鄭君必不云「達王與邦君」。據鄭言

[21] 程師元敏：《尚書周書牧誓洪範金縢呂刑篇義證》，頁365-366。

> 「達王與邦君」，則鄭本《尚書》必作「以厥臣達王暨邦君」，暨之言乃為與也。《偽孔》強改經字，以就其謬說，故作惟爾。今《偽孔》書單行，無他本以校正其誤，故不敢于經文改惟為暨，但于《注》中辨之，故云「蓋誤也，當為暨」。云蓋者，謙不敢質言也。（同上）

此條雖未明言《偽孔》本「亂經」，但言其「強改經字，以就其謬說」，意思其實即等同「亂經」、「滑經」。今觀「以厥臣達王惟邦君」一句，偽孔《傳》云：「言通民事於國，通王教於民，惟乃國君之道。」[22]而此條江氏據鄭《注》云「于國，言達王與邦君」，斷定〈梓材〉經文本作「以厥臣達王暨邦君」。其理由是：「惟」並沒有「與」之意，而鄭玄卻訓作「王與邦君」，故必是《偽孔》本之作者訓「惟邦君」為「惟乃國君之道」，而強改經文作「惟」。雖然江氏自謙沒有其他版本可供參照，故云「蓋誤也，當為暨」，以表達未敢臆改之意。然而，從其江氏自疏所論可知，他認為此條是《偽孔》本作者為了遷就其說而強改經字。然王引之《經傳釋詞》舉〈禹貢〉「齒革羽旄惟木」、〈酒誥〉「百僚庶尹惟亞，惟服宗工，越百姓里居」、〈多方〉「告爾四國多方，惟爾殷侯尹民」等文，謂「惟」可訓為「與」，[23]知鄭玄是有可能訓「惟」為「與」。可見江氏此批評不具證據效力。

以上江氏對《偽孔》本「變亂舊章」以及「改易經字」之批評及釐正，皆指出偽孔氏「亂經」，故江氏《集注音疏》以先秦諸子、漢人之記載以改《偽孔》本。若案江氏所論《偽孔》本為「亂經」，則江氏所為者，或可稱之為「正經」。此「正經」之首務，即確定經典的原始狀態，而此觀念亦繼承惠棟而來。徐道彬論惠棟治經，云：

---

[22] 唐・孔穎達等：《尚書注疏》，卷 14，頁 24b。

[23] 清・王引之撰，清・孫經世補：《經傳釋詞/補/再補》（臺北：漢京文化事業有限公司，1983 年），卷 3，頁 68。

> 惠棟的「求古」意在首先確立「本經」，即經典文本的原始狀態，而非偽書或後世的歪曲之作。[24]

所謂「確立本經」，即恢復經典文本的原始狀態，而欲恢復經典文本的原始狀態，所據為先秦諸子、漢人典籍，此為惠棟治經改字之由，故惠棟之作屢被詬病為改動經典文字，如臧庸云「好用古字，頓改前人面目。」[25]阮元云：「（惠棟）校勘《雅雨堂》、李鼎祚《周易集解》與自著《周易述》，其改字多有似是而非者。」[26]皆指出其失，然惠棟此舉背後之因，乃欲恢復經典原本面目所致。今觀江氏對於《偽孔》本「變亂舊章」以及「改易經字」之批評及釐正，正承其師惠棟之觀念而來。徐道彬所說的「偽書或後世的歪曲之作」，就是江氏所認為的「亂經」之作，因此，其首當之務即為刊正經文。也因此，江氏同惠棟一般，多被攻譙好改經字之失，如段玉裁云：

> 必改從《說文》，則非漢人之舊，且或取經傳諸子所稱《尚書》以改《尚書》，是《尚書》身無完膚矣。（《撰異・序》，頁2a）

段氏此論，實暗指江氏，又如周中孚（1768－1831）《鄭堂讀書記》云：

> 文字全本《說文》字體書之，且誤仞讀若之字為正字，而改易經文，未免泥古而失之。[27]

江氏雖好以《說文》改字，[28]但從上述可知，江氏改字並非全本《說文》，周

---

[24] 徐道彬：《皖派學術與傳承》，頁 290。

[25] 清・臧庸：《拜經日記・私改周易集解》（清嘉慶二十四年刻本），卷 8，頁 8a。

[26] 清・阮元：《揅經室集・一集》（北京：中華書局，2006 年），卷 11，頁 253。

[27] 清・周中孚：《鄭堂讀書記》，卷 9，頁 148。

[28] 江氏據《說文》改經、注，可參拙作：《段玉裁之尚書學》第三章「江、王二家改經字說」，頁 90。

氏此論殆不盡然；而皮錫瑞則云：「好以古字改經，頗信宋人所傳之古《尚書》，此其未盡善者。」[29]當指江氏多信薛季宣《書古文訓》所載之字，進而改字。其他如王樹枏（1852－1936）云：「向讀江艮庭《尚書集注音疏》，多穿鑿淺陋之說，其妄易經字，尤為馬、鄭之罪人。」[30]更直指江氏改字，非但不是馬、鄭之功臣，而是罪人，痛詆江氏改字之失。

以今時注解經典之角度觀之，惠、江雖是闡發一己之研究，但其改字，或不免貽誤後學，故阮元曾針對惠棟改《易經》經文提出建議，云：

> 蓋經典相沿已久之本，無庸突為擅易，況師說之不同，他書之引用，未便據以改久沿之本也，但當錄其說於攷證而已。[31]

阮元此說當為中肯之論。而晚清民初學者姚永樸（?－1939）談到歷來《尚書》之災厄，謂宋元至清人對《尚書》經文「刪益移奪」以及「強經就傳」之改易經字，為其中兩項災厄，云：

> 宋、元以來，專主義理，求其說不得，率歸之錯簡，其肇端於蘇氏之說〈禹貢〉、〈康誥〉。而金華諸子，又加甚焉，刪益移奪，無徵不信，是五厄於宋、元之武斷也。國朝諸儒，深矯斯弊，每立一說，必求有據於古。然周秦兩漢之書，其引經也，不必符本文；或以顯易之字易其辭，或檃括數言之義於一言之中，使竟據改數千年相傳之本，其可信乎！又或不害上下文勢，矜其孤證，通一窒百，是六厄於近儒之強經就傳也。[32]

---

[29] 清・皮錫瑞：《經學通論・書經》，頁 103。

[30] 清・王樹枏：《尚書商誼・序》，《續修四庫全書》本，卷 1，總頁 1。

[31] 清・阮元：《揅經室集・一集》，卷 11，頁 254。

[32] 姚永樸：《尚書誼略・敘錄》，《續修四庫全書》本，頁 26a，總頁 444。

姚氏此論宋、元至清代改經現象。其實，解經併改字之現象從漢代已有，[33]而姚氏則從宋代始論之爾。首先言宋元以來，如蘇軾說〈禹貢〉、〈康誥〉，遇到經義難通者，便率歸於錯簡；而所謂金華諸子者，當指王柏等人，疑經乃至於改經。洎於清代，雖求立說有據，有別於宋儒，但姚氏指出有「強經就傳」之現象，即指以周秦兩漢之書為依據，進而改經字。然而周秦兩漢之引經者，或為立說之便，不必符同文本，其或以顯易之字易其辭，或檃括數言之義於一言等等，並非原始文本，絕不可輕據，進而改數千年相傳之本。此正如姜亮夫（1902－1995）所指出者：

> 夫古人立言有本，解經記事者，固不必論；即所謂詞章之士，為幽繆之說，放誕之作者，亦往往引先說以壯其軍，先說不必全當於用，則節之、刪之、申之、增潤之、倒顛以就之，並合以足之，不一而足，其甚者引而不名，或名而實不引，或主名倒置引語之後，或一書而作兩書，或引書而申以韻語。[34]

姜氏此說，指出古人引書之繁複情況，可見古人引書不必一一符同文本，即徐仁甫（1901－1988）所謂：「古書引用，變象寔繁；雖在通俗，弗能盡識。」[35]昔筆者曾針對段玉裁批評江氏改字，歸納成因有：不明說經之用字假借、泥於經傳以律經字等。[36]今若從江氏作《集注音疏》之思維而論，應益以「泥於《偽孔》亂經」一因，此實為江氏對於《偽孔》本看法之思維過於直線、簡單，導致一旦肯定閻、惠之說後，便認為《偽孔》本異於先秦、兩漢典籍所引者，即《偽孔》作者為了造偽而改。隨著出土文獻愈來愈豐

---

[33] 關於漢人解經，好改字以通其讀，可參顧頡剛：〈前儒解經，好解字以通其讀，致前後不相照顧〉，收入《顧頡剛讀書筆記》（北京：中華書局，2010 年），卷 11，頁 137-138。

[34] 姜亮夫：〈古書引語研究序〉，收入徐仁甫：《古書引語研究》（北京：中華書局，2014 年），頁 2。

[35] 徐仁甫：《古書引語研究・自序》，頁 4。

[36] 參拙作：《段玉裁之尚書學》，頁 96-102。

富，知文獻來源複雜，無法再以直線簡單的思維判斷一書之真偽，此誠如李零（1948－）指出：「如果說，只有古書引文是真，或古書引了才是真，沒引就是假，那麼，任何一部古書都無法承受這樣的標準。在方法論上肯定有問題。因為任何一本古書，蒐輯引文和佚文，幾乎都有矛盾，不但古本和今本矛盾，古本之間也有矛盾。」[37]李零此論，涉及辨偽之觀念及方法，足以顯示江氏《集注音疏》據經傳改字之失，知惠、江一派對於古典文獻辨偽方法實有待商榷之處，即如上引《集注音疏・呂刑》一例，江氏據《墨子》改經，雖然證據是建立於先秦文本，然據羅根澤（1900－1960）研究，《墨子》所引《尚書》二十六則，文多與今本《尚書》異，因此云：「古人引書，不沾沾於舊文，故字句每有改竄，然懸殊至此，則不能一委於引者所改竄也。」[38]又如今本〈盤庚〉：「若火之燎于原，不可嚮邇，其猶可撲滅。」江氏據《左傳》所引，增改為「惡之易也，如火之燎于原，不可鄉爾，其猶可撲滅」，並云：「《左傳》隱六年及莊十四年兩引〈商書〉皆如此，无一字異者，自是〈般庚〉原文如此，僞孔氏刪去『惡之易也』四字，又改『如』爲『若』，妄也，當从《左傳》所引。」江氏將今本〈盤庚〉異於《左傳》所引者，皆歸於《偽孔》本所刪，實過於武斷，徐仁甫即指出《左傳》此為「約引」。[39]觀先秦典籍引《尚書》文句，多與今本《尚書》有出入，其中原因或為古人引書多憑己意更動經文，或為版本、傳授源流不同，[40]若如江

[37] 李零：《簡帛古書與學術源流》（北京：生活・讀書・新知三聯書店，2008 年），頁 255。

[38] 羅根澤：〈由墨子引經推測儒墨與經書之關係〉，收入《古史辨》冊 4（臺北：藍燈文化事業有限公司，1993 年），頁 279。

[39] 徐仁甫：《古書引語研究》，頁 39。

[40] 鄭杰文研究《墨子》傳《詩》與戰國《詩》學系統，認為：「流傳至今的《墨子》53 篇中，計引《詩》11 條、說《詩》4 條。……與漢代『四家詩』之 40%左右的語句差別、10%以上的字詞差別，乃至名稱差別、章次差別、句次差別，特別是逸《詩》比例（無論是儒家書和非儒家書）的程度之高，都充分說明了在《墨子》成書與流傳的戰國時期，《詩三百》有多種版本在流傳，不但儒家之外的諸子各家的傳本有異，即使在儒家內部，也流行著與漢代『四家詩』的祖本不同的其他《詩三百》傳本。總之，墨家引《詩》所據版本確實與儒家傳《詩》版本不同。」見氏著：〈墨家傳《詩》與戰國《詩》學系統〉，收入佘正松、周曉林主編《詩經的接受與影響》（上海：上海古籍出版社，2006 年）昇按：《詩經》情況如此，推之《尚書》，當亦類此。

氏之動輒據改，此即姚氏所謂的「強經就傳」。

2. 對偽孔《傳》釋經之批評及釐正

江氏認為《偽孔》本之「亂經」，不止對經文而言，偽孔《傳》的解釋亦是造成「亂經」、「滑經」者。惠棟云：「《尚書》後出，古今通人皆知其偽，獨無以鄭氏二十四篇為真古文者，余撰《尚書攷》，力排梅賾而扶鄭氏。」[41]江氏繼承惠棟之學，故《集注音疏》在注解上十之八九不用偽孔《傳》，且集注以馬、鄭《注》為主，並旁引他說，此即承惠棟「力排梅賾而扶鄭氏」之實踐，同時代表江氏對於偽孔《傳》詮釋《尚書》經義之否定。如《集注音疏．堯典》「內于大麓烈風雷雨不迷」條，自注云：

> 鄭康成曰：「山足曰麓。麓者，錄也。古者天子命大事、命諸侯，則為壇國之外。堯聚諸侯，命舜陟位尻攝，致天下之事，使大錄之。」聲謂「迷，惑也。」使舜入大麓之野，逢暴風雷雨，舜行不迷惑。（卷1，頁5a）

江氏於疏中自陳用鄭《注》之因，並批評偽孔《傳》：

> 此鄭《注》是《大傳》注也。《大傳》云：「內之大麓之野」，即此經之文，故采用彼《注》。云「山足曰麓」者，《毛詩．旱麓》《傳》云：「麓，山足也。」云「麓者，錄也」者，古文麓作禁，禁、錄皆得彔聲，同聲者輒同誼，詁訓多通于音也。云「古者天子命大事、命諸侯，則為壇國之外」者，《周禮．司義（即「儀」字，下同）》云：「將合諸侯，則令為壇三成。」鄭彼《注》云：「合諸侯，謂有事而會也。為壇於國外，以命事。」

[41] 清．惠棟：〈沈君果堂墓志銘〉，收入漆永祥點校：《東吳三惠詩文集．松厓文鈔》，卷2，頁345。

> 《義禮・覲禮》云：「諸侯覲于天子為宮方三百步。四門，壇十有二尋，深四尺。」鄭《注》亦云：「為宮者於國外。」是命大事命諸侯必為壇之事也。《大傳》云：「堯推尊舜而尚之，屬諸侯焉，內之大麓之野。」故鄭君云：「堯聚諸侯，命舜陟位尻攝，致天下之事，使大錄之。」……云「逢暴風雷雨，舜行不迷惑」者，《史記》云：「堯使舜入山林川澤，暴風雷雨，舜行不迷。」王充《論衡・吉驗篇》云：「使入大麓之野，虎狼不搏，蝮蛇不噬；逢烈風疾雨，行不迷惑。」是漢人舊說皆然也。偽孔《傳》乃云：「內舜使大錄萬機之政。陰陽和、風雨時，各以其節，不有迷錯愆伏。」……如其說，則云：「風雨弗迷」可矣，何必言烈風雷雨乎？……不可以其說滑亂經誼。（同上）

江聲此引鄭玄《尚書大傳注》為說。鄭玄先謂「山足曰麓」，接著又言「麓者，錄也。」江聲認為，「麓」古文作「箓」，與「錄」皆從「彔」聲，故可通；而王先謙認為，鄭玄此處注解前後矛盾，立說兩歧，疑「麓者，錄也」以下數語為後人羼入，今人金景芳、呂紹綱及史應勇皆從之。[42]案：「山足曰麓」者，毛《傳》文，此先釋「麓」之本義；而「麓者，錄也」當為下文「古者天子命大事、命諸侯，則為壇國之外……致天下之事，使大錄之」之義。兩者看似矛盾，然觀《尚書大傳》云：「堯推尊舜而尚之，屬諸侯焉，致天下於大麓之野」、「堯推尊舜，屬諸侯，至天下於大麓之野」，皆言授錄之事；而從《周禮・司儀》、《儀禮・覲禮》可知古者天子有事而會諸侯，必於郊外為壇。知「內于大麓」者，乃於郊外麓野行授錄之事。竊謂鄭玄此《注》不僅無相互矛盾，更將舜至於大麓之野的本質解釋清楚，故江聲才結合《史記》、《論衡》之說，意謂舜入山林川澤、大麓之野行受錄之事，

---

[42] 清・王先謙：《尚書孔傳參正》，卷 1，頁 74；金景芳、呂紹綱：《《尚書・虞夏書》新解》（瀋陽：遼寧古籍出版社，1996 年），頁 95；史應勇：《《尚書》鄭王比義發微》（上海：華東師範大學出版社，2011 年），頁 67。

能不被烈風疾雨所迷惑。而偽孔《傳》的詮釋，則偏向舜能夠治理萬機、調和陰陽風雨，未能凸顯舜在烈風雷雨中的處變不驚，因此江聲才批評云「如其說，則風雨弗迷可矣，何必言烈風雷雨乎」，以為偽孔氏「滑亂經義」。

又《集注音疏．多方》「王曰：嗚呼！繇，告爾有方多士。曁殷多士，今女奔走臣我監五祀，越維有胥賦小大多政，爾罔不克臬」，江氏自注云：

> 監，謂三尗（叔）監于殷者；祀，年也。商曰祀，周曰年，告殷民故曰祀。武王命三尗監殷，殷民皆臣服于茲十年矣。言五祀者，本其未叛時言也。……告道爾庶邦多士與殷多士，今爾曾奔走臣服于我監五年矣。（卷8，頁63b-64a，總頁3099-3100）

又自疏云：

> 云「監，謂三尗監于殷者」者，告殷民。而言「臣我監」，則「監」是謂「周之監于殷」者，改以爲管、蔡、霍三尗也。僞孔氏乃云「監，謂成周之三監」，且云「臣服我監五年，无過，則還本土」，蓋僞孔以〈多方〉在〈多士〉之後，因傅會其説，謂殷民栖于成周而又叛，叛而又征之，復立監，監之諭令臣服，此妄説也。案〈多士〉云「昔朕來自奄」，則作〈多方〉實在作〈多士〉之前。此云「臣我監」者，偁其往日之善以誘道之，非有復立三監之事，且經文亦无許還本土之言。僞孔氏恣意亂經，妄造異説，非也。《正義》引王肅《注》云：「其无成，雖五年亦不得反」，正與僞孔合，足徵僞孔《傳》之出于肅矣！（同上）

此論涉及對歷史事實之理解，關鍵在「今女奔走臣我監五祀」一語之詮釋。首先，江氏據〈多士〉「昔朕來自奄」一語，認為〈多方〉內容在〈多士〉

之前，此說從宋代以至於清初，學者多有說。[43]其次，江氏指出，偽孔氏以為〈多士〉在〈多方〉之前，故云：「監，謂成周之監，此指謂所遷頑民殷眾士。今汝奔走來徙臣我（服）我監五年，無過，則是（得）還本土。」[44]意謂殷民居於成周後又叛，叛而又征之，復立監，監之諭令臣服。江氏指出，此為偽孔《傳》對篇次理解錯誤，故亂經且妄造異說；程師元敏亦辨奄人無復叛之事。[45]又江氏引王肅《注》，謂其說與偽孔《傳》合，適可作為僞孔《傳》出於王肅之證據。其三，江氏既謂〈多方〉內容在〈多士〉之前，因此論「臣我監五祀」者，意為「武王命三叔監殷，殷民皆臣服于茲十年矣。言五祀者，本其未叛時言也。」案：江氏此說偏個人推測，無確證，[46]後人對「臣我監五祀」之繫年多有討論，[47]然此論乃是就〈多方〉內容背景而推想，可視作對偽孔《傳》之矯正也。（江氏論僞孔《傳》之出於王肅，詳下文）

由以上舉例，可知江氏指摘偽孔《傳》「亂經」，是認為其詮釋不符經義，故批評《偽孔》「滑亂經誼」、「恣意亂經，妄造異說」。此種批評，其實反映江氏以為「真」的孔《傳》亡佚後，「假」的孔《傳》取代「真」孔《傳》，因此混亂《尚書》經義。但是江氏並未考慮到，無論是「真」或「假」孔《傳》，或馬、鄭、王《注》，都只是對《尚書》的詮釋而已，就算

---

[43] 可參屈萬里先生：《尚書集釋》，頁 213。

[44] 唐・孔穎達：《尚書注疏》，卷 17，頁 12b，總頁 258。案：阮氏《校勘記》「臣我我監」下云：「岳本、葛本同；毛本『臣我』作『臣服』。案：古本無『服』字，山井鼎曰：『宋板、正、嘉三本作「臣我我監」。衍一「我」字。神廟本改上「我」字作「服」，崇禎本據之。』」又「則是還本土」下云：「古本、岳本、宋板『是』作『得』。案：『是』字非。」

[45] 案：程師元敏據陳夢家《西周銅器斷代》所錄金文考之，謂絕無一器銘文載奄人復叛之事。見程師元敏：〈尚書多方篇著成於多士篇之前辨〉，《臺灣大學文史哲學報》23 期，頁 81。

[46] 程師元敏亦云：「『今爾奔走臣我監五祀』，明謂臣我監至今五年，不云『昔爾臣我監五年』，非就其未叛時言甚曉。且謂武王立監五年而崩，於文獻亦無據。」相關討論，見程師元敏：〈尚書多方篇著成於多士篇之前辨〉，《臺灣大學文史哲學報》23 期，頁 77。

[47] 案：屈萬里先生認為〈多方〉內容在〈多士〉之前，故謂「自武王克殷，迄成王三年，適為五年。是『臣我監五祀』者，謂臣服於周人監管之下，非謂臣服於周公監洛之年也。」此說雖與江氏異，但亦認為「臣我監五祀」並非周公監洛之年。見屈萬里：《尚書集釋》，頁 213。

是傳古文《尚書》的馬、鄭《注》，也有值得商榷之處，非全然正確。縱使以上舉例，偽孔《傳》說有不合理之處，但用「滑亂經誼」、「恣意亂經，妄造異説」之批評，則不免太過。通檢《集注音疏》，江氏雖多有用他說取代馬、鄭《注》者，但是也未用如此嚴重之語言來批評馬、鄭。可見，江氏對偽孔《傳》之不滿，才造成如此嚴重的批評，這也是「吳派」學者治經之通病。

也因為江氏以為《偽孔》（經、傳）在經文與詮釋上之「亂經」，《集注音疏》中多有改經字並連用他注者，此乃江氏對《偽孔》本之批評及訂正。如今本《尚書・盤庚》：「乃有不吉不迪，顛越不恭，暫遇姦宄；我乃劓殄滅之，無遺育，無俾易種于茲新邑。」而《集注音疏・般庚中》則作「其有顛越不龔，則劓殄無遺育，無俾易穜于茲邑」。江氏以經傳諸子所引《尚書》文句，加以改易《偽孔》本文句及《注》。其先於經文下論改字之因：

> 哀十一年《左傳》吳伍員引〈般庚之誥〉如此，《偽孔》本作：「乃有不吉不迪，顛越不龔，暫遇姦宄；我乃劓殄滅之，無遺育，無俾易種于茲新邑。」案偽孔氏于經文輒妄改妄刪妄增，此文亦必《偽孔》妄有曾益，故詞語繁冗，不如《左傳》所引簡絜。《左傳》所引乃是《尚書》原文，吾从之可也。（卷4，頁31b，總頁3036）

江聲據《左傳・哀公十一年》「其有顛越不共，則劓殄無遺育，無俾易種于茲邑」，認為是古《尚書》原文，以為《偽孔》本文句繁冗不可從，因此將經文改從《左傳》所引，且連帶對《注》進行修正。

先觀偽孔《傳》於此數句的解釋，作：

> 顛，隕；越，墜也。不恭，不奉上命。暫遇人而劫奪之，為姦於外，為宄於內。劓，割；育，長也。言不吉之人當割絕滅之，無

遺長其類，無使易種於此新邑。[48]

然江聲因改動經文，故自注云：

> 顛越不龔，縱橫不承命者也。劓，割；殄，絕；育，長；俾，使也。易種，轉生種類。言屰亂之人，當割絕之，毋遺長其類，毋使轉生種類于此邑。（卷4，頁31b，總頁3036）

並自疏此段注解的出處：

> 「顛越不龔」至「轉生種類」采杜預《左傳・哀十一年》注也。《左傳》引此文故用彼《注》。（同上）

此段文字因無馬、鄭《注》，故江氏用杜預《左傳注》。其實比較偽孔《傳》與杜預《注》，在經義的解釋上幾同，而對經文的繁冗與否，乃為個人體會問題；又古人引書，並非全然照錄，或為另一種流傳的版本，故段玉裁《撰異》直斥江氏改經之弊，謂不應輕改經文。按此，知江氏《集注音疏》之改經字、蒐討注解，實乃出自對《偽孔》經、傳之批評及釐正的結果，欲求恢復《尚書》原始之經文以及足以取代偽孔《傳》的詮釋。

(二) 對《尚書》篇章復元之研究及批評

綜上所述，江氏指出《偽孔》本「對《尚書》篇章復元之研究及批評亂經」，實以「篇章」、「經字」、「詮釋」三者為批評對象。在「經字」與「詮釋」部分，江氏以「改經字」、「重新注解」矯之，其情形、內涵已如上論；而「篇章」一項，除了對篇章本身之分合（如〈堯典〉、〈舜典〉；〈皋陶

---

[48] 唐・孔穎達等：《尚書注疏》，卷 9，頁 15a。

謨〉、〈益稷〉）加以釐正外，又表現於以下兩點：一、對於《尚書》篇次之排序，二、對於今古文《尚書》佚文之復元。以下即就此二點，依次析論。

1. 對《尚書》篇次排序之問題

今本《尚書》五十八篇，扣除經前人所分析為偽之篇目二十五篇：〈大禹謨〉、〈五子之歌〉、〈胤征〉、〈仲虺之誥〉、〈湯誥〉、〈伊訓〉、〈太甲〉（三篇）、〈咸有一德〉、〈說命〉（三篇）、〈泰誓〉（三篇）、〈武成〉、〈旅獒〉、〈微子之命〉、〈蔡仲之命〉、〈周官〉、〈君陳〉、〈畢命〉、〈君牙〉、〈冏命〉後，計三十三篇。而此三十三篇中，〈堯典〉又分出〈舜典〉，又自〈皋陶謨〉分出〈益稷〉，並分〈盤庚〉為三篇。對於偽古文本篇目之分合論述，閻、惠說已幾完備，因此江氏亦完全採用前人之說，並從新釐訂《尚書》篇次。茲列《集注音疏》十二卷總目如下：

卷一：〈虞夏書・唐書〉一篇：〈堯典〉

卷二：〈虞夏書・虞書〉十五篇。有逸文者一篇，有目無文者十三篇，一篇存：〈臯陶謨〉

卷三：〈虞夏書・夏書〉四篇。有逸文者一篇，有目無文者一篇，二篇存：〈禹貢〉、〈甘誓〉

卷四：〈商書〉四十篇。有逸文者十三篇，有目無文者十九篇，八篇存：〈湯誓〉（附逸文）、逸〈湯誥〉、〈盤庚上〉、〈盤庚中〉、〈盤庚下〉（附逸文）、〈高宗融日〉、〈西伯戡黎〉、〈微子〉

卷五：〈周書〉九篇。有逸文者四篇，有目無文者三篇，二篇存：〈坶誓〉、〈鴻範〉

卷六：〈周書〉八篇。有逸文者一篇，有目無文者二篇，五篇存：〈金縢〉、〈大誥〉、〈康誥〉、〈酒誥〉、〈梓材〉

卷七：〈周書〉三篇。〈召誥〉、〈洛誥〉、〈多士〉

卷八：〈周書〉十篇。有逸文者二篇，有目無文者四篇，四篇存：
　　〈无佚〉（附逸文）、〈君奭〉、〈多方〉、〈立政〉
卷九：〈周書〉六篇。有逸文者二篇，有目無文者二篇，二篇存：
　　〈顧命〉、〈康王之誥〉
卷十：〈周書〉四篇。〈粊誓〉、〈呂刑〉、〈文侯之命〉、〈秦誓〉
卷十一：百篇之敘六十七條
卷十二：逸文六十二條，又附二十條

從此總目，可作以下幾點分析：一、從卷一至卷十，江氏所列篇目共百篇，當是依據百篇〈書序〉。而其次第，江氏於《集注音疏．尚書敘》下自疏云：

> 《書》凡百篇，其閒或二篇或三篇共〈敍〉，且有十一篇共〈敍〉，如〈汩作〉、〈九共〉、〈槀飫〉者，計其〈敍〉止六十有七。僞孔氏以此〈敍〉散入經中，各冠諸篇之首。其亡篇之〈敍〉，各以其次，厠見存者之閒，據《釋文》云：「〈汩作〉等篇，其文皆亡，而〈敍〉與百篇之〈敘〉同編，故存。」又云：「馬、鄭之徒，百篇之敘，總爲一卷。」又《正義》云：「作〈敍〉者，不敢厠于正經，故謙而聚于下。」然則古《尚書》百篇之〈敘〉，本別爲一卷，總列于後，故此亦總錄于經後，从古也。（卷11，頁81a，總頁3132）

知江氏從古，據馬、鄭本之舊，將〈書序〉列於經後。又既從馬、鄭本之舊，知《集注音疏》篇目之次，當從鄭本。

關於鄭本〈書序〉，孔穎達載《偽孔》本、鄭本不同之處云：

> 百篇次第，於序孔、鄭不同：孔以〈湯誓〉在〈夏社〉前，於百

篇爲第二十六；鄭以爲在〈臣扈〉後，第二十九。孔以〈咸有一德〉次〈太甲〉後，第四十；鄭以爲在〈湯誥〉後，第三十二。孔以〈蔡仲之命〉次〈君奭〉後，第八十三；鄭以爲在〈費誓〉前，第九十六。孔以〈周官〉在〈立政〉後，第八十八；鄭以爲在〈立政〉前，第八十六。孔以〈費誓〉在〈文侯之命〉後，第九十九；鄭以爲在〈呂刑〉前，第九十七。不同者，孔依壁內篇次及序爲文，鄭依賈氏所奏《別錄》爲次。孔未入學官，以此不同。[49]

今以鄭玄依劉向《別錄》本及《集注音疏》本比較，大多數皆如同孔穎達所指出，但仍有幾處相異，玆製簡表如下：

《偽孔本・書序》次第	鄭玄依劉向《別錄》本次第	江氏《集注音疏》本次第	程師元敏《尚書學史》載鄭玄依劉向《別錄》本次第[50]
〈典寶〉	〈湯誥〉	〈仲虺之誥〉	〈典寶〉
〈仲虺之誥〉	〈咸有一德〉	〈湯誥〉	〈仲虺之誥〉
〈湯誥〉	〈典寶〉（？）	〈咸有一德〉	〈湯誥〉
〈明居〉	〈伊訓〉	〈典寶〉	〈咸有一德〉
〈伊訓〉			
〈肆命〉、〈徂后〉			
〈太甲上、中、下〉			
〈咸有一德〉			

案：此表四者序列稍有不同，其中問題，分論如下：

第一、據上引孔穎達載鄭玄依劉向《別錄》本篇次與《偽孔》本不同

[49] 唐・孔穎達：《尚書注疏》，卷 2，頁 1b，總頁 17。

[50] 程師元敏：《尚書學史》，頁 141-158。

者，「孔以〈咸有一德〉次〈太甲〉後，第四十；鄭以爲在〈湯誥〉後，第三十二」。知〈咸有一德〉《偽孔》本列第四十，鄭本在〈湯誥〉後，列第三十二，則〈湯誥〉為第三十一。又，另據《尚書注疏．虞書》題下孔《疏》舉鄭注〈書序〉云：「〈湯誥〉十六，〈咸有一德〉十七，〈典寶〉十八，〈伊訓〉十九」，[51]江氏據此將〈典寶〉列於〈咸有一德〉之下，而將〈仲虺之誥〉移於〈湯誥〉之前。可見，江氏乃結合兩處記載排定次序。然而，孔《疏》言百篇次第，於〈序〉孔、鄭不同者，但舉〈湯誓〉、〈咸有一德〉、〈蔡仲之命〉、〈周官〉、〈粊誓〉等篇，不舉〈典寶〉，意〈典寶〉次第孔、鄭同。但此說又與孔《疏》舉鄭注〈書序〉云「〈湯誥〉十六，〈咸有一德〉十七，〈典寶〉十八，〈伊訓〉十九」者相異，故段玉裁、孫星衍皆云孔《疏》「所舉次第不同者，尚未備也」。[52]如此一來，則〈典寶〉次序不必如鄭本，故上表於鄭本〈典寶〉之後標示「(？)」，乃指未定次序之意。

第二、若單據孔氏錄鄭玄依劉向《別錄》本之篇次，認為孔穎達未舉者，即《偽孔》與劉向《別錄》本同，則依次應為：〈典寶〉、〈湯誥〉、〈咸有一德〉、〈明居〉，然〈仲虺之誥〉則難以安排。因此，程師元敏《尚書學史》載鄭玄依劉向《別錄》本次第，將〈仲虺之誥〉次於〈典寶〉下，[53]使〈湯誥〉篇數序號往後移，列於第三十二，〈咸有一德〉列於第三十三。但如此一來，就不符孔穎達載鄭玄依劉向《別錄》本篇次所云：「孔以〈咸有一德〉次〈太甲〉後，第四十；鄭以爲在〈湯誥〉後，第三十二。」

第三、江氏在《尚書》篇次的安排上，恪遵鄭氏《尚書》之順序，由此也看出對於《偽孔》本之不信任。觀《集注音疏．書敘》「作夏社、疑至、臣扈」條，江氏自疏云：

---

[51] 唐．孔穎達：《尚書注疏》，卷 2，頁 2b，總頁 17。

[52] 清．段玉裁：《古文尚書撰異》，卷 32，頁 9b，總頁 290；清．孫星衍：《尚書今古文注疏》，卷 30，頁 569。

[53] 程師元敏：《尚書學史》，頁 144。

> 《僞孔》本此敍在〈湯誓〉之後。《正義》言鄭君等注此敍在〈湯誓〉之上，今从鄭本，故先列此敍。然其次弟實爲未安，故辯之。云先後之次。〈湯誓〉宜先，〈典寶〉次之，此三篇又次之，乃後次以〈仲虺之誥〉及〈湯誥〉。知當然者，〈湯誓敍〉言「伐桀，遂與桀戰」；〈典寶敍〉言「夏師敗績」，則是既戰而敗，故〈湯誓〉宜先，〈典寶〉次之。此〈敍〉言「既勝夏」，則是既敗夏師之後，故此三篇宜次〈典寶〉。〈仲虺之誥敍〉云：「湯歸自夏」，是既勝夏而歸也。〈湯誥敍〉云：「復歸于亳」，則歸而至國矣。故此三篇之後，當次以〈仲虺之誥〉及〈湯誥〉也。故〈殷本紀〉錄此諸篇之〈敍〉，先〈湯誓〉，次〈典寶〉，又次〈夏社〉，而无〈疑至〉、〈臣扈〉篇目。次則〈仲虺之誥〉，次則〈湯誥〉，是順〈敍〉文而爲之次也。今以此〈敍〉列〈湯誓〉之前，〈典寶〉次〈咸有一德〉之後，失先後之宜，不審何以如此，故云「今如此弟，未聞其說。」或曰：「然則何不更其弟，而必从鄭本乎？」曰：「鄭本篇次是古文之次也。知者，以鄭注〈成王政敍〉云：『此伐淮夷與踐奄，是攝政三年伐管蔡時事，編篇于此，未聞。』是可知鄭君悉遵古文篇弟，雖疑其先後失次，不敢更也，予何敢擅更之乎！」（卷11，頁82a，總頁3134）

江氏此意，謂〈夏社〉、〈疑至〉、〈臣扈〉之〈序〉，鄭本在〈湯誓〉之前，《僞孔》本在〈湯誓〉之後。江氏尚鄭學，當從鄭本。然而，江氏卻以為鄭本次第未安，他認為正確次序應為：〈湯誓〉→〈典寶〉→〈夏社〉、〈疑至〉、〈臣扈〉→〈仲虺之誥〉→〈湯誥〉。江氏是從〈序〉文所錄之史實來推測，[54]更直言鄭本「失先後之宜，不審何以如此」。但江氏仍不輕改次

[54] 案：程師元敏據所記史實總考〈書序〉先後次第，則認為：〈湯誓〉→〈夏社〉、〈疑至〉、〈臣扈〉→〈典寶〉→〈仲虺之誥〉→〈湯誥〉。見《尚書學史》，頁144-145。

第，并引鄭注〈成王政紱〉云：「此伐淮夷與踐奄，是攝政三年伐管蔡時事，編篇于此，未聞。」意謂鄭玄雖以為〈成王政紱〉所述時序與篇次順序不合，但鄭氏猶未輕易次第，故江氏也未敢擅更之，此條可見江氏謹尊古文之態度。

除了篇次順序外，對於各篇所繫之時代，江氏亦未承襲《偽孔》，而是另外編次，由此亦可見江氏不信《偽孔》本之態度。觀上文引《集注音疏・總目》分卷，大抵是從時代區分，卷一〈虞夏書・唐書〉下計一篇〈堯典〉；卷二〈虞夏書・虞書〉計十五篇；卷三〈虞夏書・夏書〉計四篇；卷四〈商書〉計四十篇；卷五至卷十〈周書〉計四十篇。觀江氏各篇所繫之時代，乃遵守《說文》、《尚書大傳》所繫。《集注音疏》卷一只有一篇〈堯典〉，而所繫時代為〈虞夏書〉、〈夏書〉，明顯與《偽孔》本不同。觀《偽孔本》，〈堯典〉、〈舜典〉、〈大禹謨〉、〈皋陶謨〉、〈益稷〉皆繫於〈虞書〉下，而《集注音疏》卷一「虞夏書弍」下，江氏自疏云：

> 虞者，舜有天下之號；夏者，禹有天下之號也。今合言「虞夏書」者，孔穎達《書正義》云：「馬、鄭、王本及《別錄》皆題曰『虞夏書』」，兹从其迥。（卷1，頁1a，總頁2976）

又於「唐書」下自疏云：

> 《說文・禾部》引〈唐書〉曰：「稘三百有六旬。」〈心部〉引〈唐書〉曰：「五品不愻」，則古者目〈堯典〉爲〈唐書〉。唐者，堯有天下之號，故〈堯典〉謂之〈唐書〉。上旣題〈虞夏書〉，此復題〈唐書〉者，遵伏生《尚書大傳》之體也。《大傳》〈堯典〉之前題曰「〈虞夏傳・唐傳〉」，後題曰「〈虞夏傳・虞傳〉」；〈禹貢〉之前題曰「〈虞夏傳・夏傳〉」。案《史記・儒林列傳》云：「伏生故爲秦博士，秦時焚書，伏生壁臧之。」然則伏生之《尚

> 書》，秦炎以前之《書》。七十子以來，遞有師承者，其《大傳》標題必是古《尚書》之體，故从之。(同上)

合兩段文字，首先知江氏乃從馬、鄭、王本及《別錄》本《尚書》作「虞夏書」，知江氏實從《古文尚書》本。

其次，江氏引《說文》〈禾部〉與〈心部〉引〈唐書〉載〈堯典〉之文，證古《尚書》將〈堯典〉繫之於〈唐書〉。又指出，上既題〈虞夏書〉，此復題〈唐書〉者，乃遵伏生《尚書大傳》之體。認為《大傳》標題必是古《尚書》之體，故從之。然江氏此說有幾個問題可商：1、江氏所云「《大傳》〈堯典〉之前題曰〈虞夏傳・唐傳〉，後題曰〈虞夏傳・虞傳〉；〈禹貢〉之前題曰〈虞夏傳・夏傳〉」，江氏《集注音疏》從卷一至卷三共二十篇，皆先列〈虞夏書〉，而下再列〈唐書〉、〈虞書〉、〈夏書〉，但對照爾後陳壽祺輯《尚書大傳》，「唐書」題於〈堯典〉前，〈虞夏傳〉題於「堯為天子，丹朱為太子，舜為左右」之前，〈虞傳〉題於〈九共〉之前，或許江氏所見之《大傳》版本與陳壽祺所輯不同。2、《尚書》篇次所繫屬之時代，其實涉及鄭玄《書贊》所云「三科之條，五家之教」之問題。「三科之條」，即虞夏、商、周三類書之法教；「五家之教」，即唐、虞、夏、商、周五家之號令。而此二說，分別代表漢代古文、今文家對《尚書》體例之理解。[55]但從江氏恪遵他所見的《尚書大傳》所標之題，透顯出江氏乃就時代前後對《尚書》之篇次進行梳理。

2. 對《尚書》佚文復元之問題

在篇目方面，江氏據鄭本《尚書》恢復篇次，並據先秦諸子、漢人著作引《書》恢復經文；其最大特色除改字外，又據他書所引增入佚文。其次，江氏蒐集真《古文尚書》逸文，並連綴成文，按鄭玄《古文尚書》本篇次安

---

[55] 此用程師元敏之說，見程師元敏：〈《尚書》「三科之條五家之教」稽義〉，《孔孟學報》第 61 期（臺北：中華民國孔孟學會，1991 年 3 月），頁 77。

排、註釋。其三，江氏輯〈尚書逸文〉一卷，其中或有在百篇之外者，[56]雖非清代第一人，[57]卻是蒐求最徧，且開創完整體系者。[58]如此一來，《集注音疏》在江氏心中成為一部近古本《尚書》之作，同時也代表對《偽孔》本之否定。以下，即針對江氏復元《尚書》佚文涉及辨偽之例，進行探討。

(1)〈五子之歌〉與〈武觀〉佚文問題商榷

《集注音疏‧書序》「五子之歌」條，江氏自注云：

> 太康，启之子也。太康、仲康更立，兄弟五人皆有昏德，不堪帝事，降須雒汭，是謂五觀。《逸周書》曰：「其在夏之五人，忘伯禹之命，假國无正，用胥興作亂，遂凶厥國。」（卷11，頁81b，總頁3133）

又自疏云：

> 《史記‧夏本紀》云：「夏后帝启崩，子帝太康立。」故云：「太康，启之子也。」云「太康、仲康更立，至是謂五觀」，王符《潛夫論‧五德志篇》文也。五觀者，《國語‧楚語》士娓曰：「启有五觀。」韋昭注云：「五觀，启子，太康昆弟也。」引《逸周書》者，〈嘗麥解〉文。云「其在夏之五子，忘伯禹之命。」今《逸周書》作「殷之五子」。案言忘伯禹之命，則自是夏之五子，殷乃誤字，玆以意改正之。據云「夏之五子，忘伯禹之命」，則僞古文言

[56]《集注音疏‧尚書逸文》江氏自疏云：「《尚書》百篇，亡者太半，故諸傳記所引《尚書》文，今《尚書》中无者頗多。……傳記諸子所引書文容有在百篇之外者，亦未可知，今无從區別，姑皆錄之而已。」

[57]案：朱鶴齡（1606－1683）《尚書埤傳》附有〈尚書逸篇〉。

[58]有關江氏輯《尚書》逸文之體例，可參程師元敏：〈尚書輯佚徵獻〉，《國立中央圖書館館刊》新24卷第1期（1991年6月），頁71。

五子述大禹之教以作歌，謬矣！斯足以證僞孔書之誣也。云「遂凶氒國」，卽此〈敍〉所云失邦也。但經文亡逸失邦之事无聞，諸傳記亦未有見，唯僞孔書言「后羿距之于河」。案《左傳》言羿因夏民以代夏政，未見其爲太康時事，僞孔書不可信，姑闕疑焉。（同上）

江氏此據《國語・楚語》、《逸周書》之文，解釋「五觀」即「五子」；又據《逸周書・嘗麥解》「殷（夏）[59]之五子，忘伯禹之命」，認為與《偽孔》本言五子述大禹之教以作歌不同，當足以作為孔本之偽。又認為〈嘗麥解〉「遂凶厥國」，卽此〈敍〉所云「失邦」，與《偽孔》本謂「后羿距之于河」之因相異，故認為《偽孔》不可信，只是經文亡逸失邦之事無聞，諸傳記亦未有見，故姑闕疑。案：江氏此說，實承其師惠棟而來。觀《集注音疏・五子之歌》，江氏引惠棟說云：

《墨子・非樂篇》引此文偁于「武觀曰」云云。惠先生曰：「此逸《書》敘武觀之事，卽〈書敘〉之五子也。《周書・嘗麥》曰：『其在夏之五子，忘伯禹之命，假國无正，用胥興作亂，遂凶厥國。皇天哀禹，賜以彭壽，思正夏畧。』五子者，武觀也；彭壽者，彭伯也。《汲郡古文》云：『帝启十一年，放王季子武觀于西河。』『十五年，武觀以西河叛彭伯壽，帥師征西河，武觀來歸。』《注》云：『武觀，卽五觀也。』〈楚語〉士娓曰：『启有五觀。』《春秋傳》曰：『夏有觀扈。』〈五子之歌〉，《墨子》引其遺文，《周書》錄其逸事，與內、外《傳》所偁无殊，且孔氏逸《書》本有是篇。漢儒習聞其事，故韋昭注《國語》，王符箸《潛

[59] 案：「殷」，盧文弨認作「夏」；丁宗洛、朱右增認為是「啟」之誤。見黃懷信等編：《逸周書彙校集注》，卷6，頁737。

夫論》皆依以爲說，安有淫泆作亂之人，述戒作歌以垂後世者乎？梅氏之誣，不待辯而明矣！」（卷3，頁25b，總頁3024）

《墨子・非樂上》云：「於武觀曰：『啟乃淫溢康樂，野于飲食，將將銘莧磬以力，湛濁于酒，渝食于野，萬舞翼翼，章聞于大，天用弗式。』」惠棟認為此即〈五子之歌〉，並引《逸周書・嘗麥》、《竹書紀年》為證據。然而觀《逸周書・嘗麥》云「夏之五子」，「五子」文意不明，不知是否為五人；又惠氏所引《竹書紀年》「放王季子武觀」、「武觀以西河叛彭伯壽」，為《今本竹書紀年》，王國維指出作今本《紀年》者，殆見〈楚語〉之「五觀」與《墨子》之「武觀」皆啟之事，故為牽合，不知「武觀」乃書篇名。[60]皮錫瑞云：「據《周書》、《紀年》所說，是武觀者，啟之第五子，故曰季子，亦曰五子，亦曰五觀；乃一人之名，非實有五人。而此〈五子之歌〉，則古文〈書序〉及《史記》所載今文〈書序〉，皆云『昆弟五人』，是實有五人，而別為一事，與內、外《傳》、《周書》、《紀年》、《墨子》所云武觀者，迥然不同。……不知〈書序〉所云〈五子之歌〉在啟崩後太康失國之際，《史記》所載甚明，而《紀年》所云武觀叛與來歸，皆在夏啟在位之時，不在太康失國之後。明明先後兩事，何得強合為一？」[61]是皮氏分〈五子之歌〉與〈武觀〉為二篇。姑且先不論《逸周書》之「五子」為啟之第五子，或分別為五人，皮氏明確指出〈五子之歌敘〉之內容與《春秋》、《國語》、《逸周書》、《竹書紀年》、《墨子》所載史實不同，知惠、江將《墨子・非樂》之文視為〈五子之歌〉佚文，不確。也因此，《逸周書・嘗麥》「夏之五子，忘伯禹之命」云云，乃為〈武觀〉事，非〈五子之歌〉；則江氏據《逸周書》以為僞古文言五子述大禹之敎以作歌，言《僞孔》之誣，實非完全沒問題，論證效力並不堅強。

[60] 王國維說，見《今本竹書紀年疏證》（臺北：藝文印書館，1974 年），卷 2，頁 55。

[61] 清・皮錫瑞：《今文尚書攷證》，卷 30，頁 489-490。

⑵〈湯誓〉佚文問題商榷

今本〈湯誓〉末句為：「爾不從誓言，予則孥戮汝，罔有攸赦。」然《集注音疏．湯誓》卻於文後加如下佚文：

> 予小子履，敢用玄牡，敢昭告于皇皇后帝，有辠不敢赦，帝臣不蔽，簡在帝心。朕躳有辠，無以萬方；萬方有辠，在朕躳。○[62]聿求元聖，與之勠力同心，以治天下。（卷4，頁26b，總頁3026）

江氏於「子小子履，敢用玄牡，敢昭告于皇皇后帝」下自注引孔安國《論語注》云：

> 孔安國曰：「履，殷湯名。此伐桀告天之文。……《墨子》引〈湯誓〉其詞若此。」（同上）

又自疏云：

> 自此以下至「辠在朕躳」，並見《論語．堯曰篇》；又引見《墨子．兼愛篇》。……云「此伐桀告天之文」者，在〈湯誓〉而云「敢昭告于皇皇后帝」，自是爲伐桀而告天矣。……云「《墨子》引〈湯誓〉其詞若此」者，《墨子．兼愛篇》引此偁〈湯說〉。孔君云「《墨子》引〈湯誓〉」者，葢後人習見僞孔《書》之〈湯誥〉有此文，反疑《墨子》偁〈湯誓〉爲誤，因改爲〈湯說〉。孔君所據《墨子》實爲〈湯誓〉也。《國語》內史過引〈湯誓〉「余一人有辠」云云，卽此下文「朕躳有辠」云云也，則此信是〈湯誓〉文矣。但三復〈湯誓〉，始則戒衆聽誓，終則要之以刑，似首

[62] 案：江氏於此空一格，並云：「凡所采逸文，采非一處，其文或不相聯屬，皆空一格寫。」

> 尾完具，宜无闕逸。而猶有此逸文者，葢王者出師必先告祭于天，而後誓眾；如〈太誓〉，武王先上祭于畢，乃後誓師焉。又《司馬灋》曰：「將用師乃告于皇天上帝、日月星辰，以禱于后土，四海神祇、山川冢社，乃造于先王。然後冢宰徵師于諸侯曰：『某國爲不道，征之，以某年某月某日師至某國。』是伐國必告天之明證，湯之伐桀亦然也。史臣錄其告天之文，與誓眾之詞，以爲〈湯誓〉；經秦火之餘，遺文散佚，伏生所傳、孔壁所出，其中〈湯誓〉皆止存誓眾之詞，亡其告天之文矣，故孔君注《論語》不敢質言〈湯誓〉，必據《墨子》以爲〈湯誓〉。據此，則今之所謂孔氏《尚書》以此文入于〈湯誥〉者，其非孔氏《書》矣！非孔氏《書》而託諸孔氏，其爲僞也明甚。（同上）

江氏於今本〈湯誓〉後所增之此段文字，「○」以上采自《論語・堯曰》，其後采自《墨子・尚賢》。其中可論者，有幾項問題：（1）〈湯誓〉與〈湯說〉之關係。《論語集解》引孔安國云：「此伐桀告天之文。……《墨子》引〈湯誓〉，其辭若此。」所謂「《墨子》引〈湯誓〉」者，或以為即《墨子・兼愛下》：「雖〈湯說〉即亦猶是也。湯曰：『惟予小子履，敢用玄牡，告於上天后曰：今天大旱，即當朕身履，未知得罪於上下，有善不敢蔽，有罪不敢赦，簡在帝心，萬方有罪，即當朕身；朕身有罪，無及萬方。』」也就是說孔安國以為《墨子》所引〈湯說〉等於〈湯誓〉，今人劉起釪即據此，謂《墨子》與《論語・堯曰》的文字，內容相同，皆為湯因旱禱雨之詞，與今本〈湯誓〉內容性質不同；[63]近人亦謂「〈湯說〉即〈湯誓〉」。[64]但誠如簡朝亮所指出者：「《墨子》所引者，先〈大誓〉焉，次〈禹誓〉焉，次〈湯說〉焉，次〈周詩〉焉，故其文云：『不惟誓命與〈湯說〉為然，〈周詩〉即亦猶

[63] 顧頡剛、劉起釪：《尚書校釋譯論》，冊 2，頁 890。

[64] 李漁叔：《墨子今註今譯》（臺北：臺灣商務印書館，1997 年），頁 125。

是也。』如〈湯說〉果為〈湯誓〉歟，則當約之曰：『不惟誓命為然』，可矣！而乃曰『不惟誓命與〈湯誓〉為然』，何其不辭之甚乎！」[65]簡氏此從文義觀之，認為《墨子》將誓命之辭——〈大誓〉、〈禹誓〉視為一組，故不與〈湯說〉、〈周詩〉並言，可見《墨子》所見者為〈湯說〉，非〈湯誓〉，簡氏之說甚為合理，知〈湯誓〉與〈湯說〉並非同篇。(2)江氏輯〈湯誓〉佚文觀念商榷。首先，江氏云：「孔君云『《墨子》引〈湯誓〉』者，葢後人習見僞孔《書》之〈湯誥〉有此文，反疑《墨子》偁〈湯誓〉爲誤，因改爲〈湯說〉。」意指《墨子・兼愛下》本作〈湯誓〉，因後人見偽孔本〈湯誥〉「敢用玄牡」、「惟簡在上帝之心」等文與《論語・堯曰》所載〈湯誓〉多同，反疑《墨子》為誤，故改作〈湯說〉。案：江氏此說，實可商榷，蓋江氏因確信孔安國《注》所說，故以為《墨子》必作〈湯誓〉，作〈湯說〉者後人所改。簡朝亮則認為是孔安國所引之誤，云：「孔注以〈湯說〉為〈湯誓〉，蓋因〈周語〉而改之也，非也。」[66]簡氏謂〈周語〉者，指《國語・周語上》記內史過引〈湯誓〉曰：「余一人有罪，無以萬夫。萬夫有罪，在余一人。」程師元敏敷暢簡氏之說，謂：「孔注因《國語》引『余一人』四句與《墨子》此引『萬方』四句及《論語》『朕躬』四句大同，而內史過稱『〈湯誓〉曰』，因誤指《墨子》所引亦為〈湯誓〉，其辭若此——《論語》『朕躬』四句。」[67]簡氏、程師說甚有理致，由此與江說比較，足見在辨偽觀念上，江氏所推測未盡然。其次，江氏引《司馬法》為佐證，謂古人伐國必告天，湯之伐桀亦然，是也。知不必如劉起釪將〈湯說〉與〈湯誓〉佚文視為同一性質；然謂秦火後，「〈湯誓〉皆止存誓眾之詞，亡其告天之文矣，故孔君注《論語》不敢質言〈湯誓〉，必據《墨子》以爲〈湯誓〉」，實為臆測之詞。若如簡氏、程師之說，則孔安國將〈湯說〉誤為〈湯誓〉，江氏此疑亦不盡然也。

---

[65] 簡朝亮：《尚書集注述疏・逸文・湯說》，《續修四庫全書》本，卷 30，頁 13b，總頁 655。

[66] 簡朝亮：《尚書集注述疏・逸文・湯說》，《續修四庫全書》本，卷 30，頁 13a，總頁 655。

[67] 程師元敏：《尚書學史》，頁 195。

(3)〈太(泰)誓〉佚文問題商榷

〈泰誓〉一篇，牽涉問題甚廣，包括今、古文《尚書》中是否有此篇，與《尚書大傳》關係為何，以及此篇之真偽問題、分章問題等等，歷來學者說法紛雜，至清代考據學之興，更達到討論之高峰，[68]其情形正如林昌彝云：「宋半塘、惠定宇辨〈太誓〉非《逸周書》中之〈太誓〉，而王西莊、孫淵如、江艮庭又引《逸周書・太誓》以亂之。」[69]至今日更有學人指出〈太誓〉有五種不同來源。[70]則此問題，實為《尚書》學史研究中，無可避免的問題。觀《集注音疏》中載〈泰誓〉三篇（上中下），此當從《古文尚書》篇目所分。今江氏所輯，多從《尚書大傳》而來，且信西漢晚出〈泰誓〉。江氏於〈募刊尚書小引〉云：

> 聖朝有文，賢才應運，則有太邍閻氏、先師惠君，各閉戶而著書。……若白魚入舟之瑞，赤烏銜穀之祥，閻氏尚猶過疑，先師獨標真見。[71]

其所謂「白魚入舟」、「赤烏銜穀」，指的是西漢所傳〈泰誓〉。江氏指出，閻氏對西漢〈泰誓〉所載尚有懷疑，而其師惠棟則獨有真見，認為西漢〈泰誓〉為真，與《偽孔》所載〈泰誓〉不同。江氏此說，殆指閻氏《尚書古文疏證》第七條「言晚出〈泰誓〉獨遺《墨子》所引三語為破綻」條，閻氏云：

> 偽〈泰誓〉三篇或云宣帝時得，或云武帝時得，皆非也。武帝建元

[68] 可參史振卿：〈清儒對泰誓考辨的學術價值〉，《文藝評論》2013 年第 6 期，頁 104-106。

[69] 轉引自顧頡剛：《顧頡剛讀書筆記・林昌彝論清代尚書學》，收入《顧頡剛全集》（北京：中華書局，2010 年），卷 3，頁 516。

[70] 參許錟輝：〈太誓考辨〉，《東吳中文學報》第六期（2000 年 5 月），頁 1-18。

[71] 清・江聲：〈募刊尚書小引〉，《尚書集注音疏》（《續修四庫全書》本），頁 2b。

> 元年，董仲舒〈對策〉即引偽〈泰誓〉書曰「白魚入於王舟，有火復於王屋，流為烏，周公曰復哉！復哉！」則知此書出於武帝之前決矣。或武帝時方立於學官，故曰武帝時得，亦未可知。東漢馬融始竊疑之，云：「〈泰誓〉後得，案其文似若淺露，稽其事頗涉神怪，得無在子所不語中乎。」[72]

閻氏此文所引馬融語，見今本〈泰誓〉孔《疏》中。馬融意：西漢所出〈泰誓〉文似淺露，頗涉神怪；最重要的是馬融所見經傳諸子所引〈泰誓〉文句，皆不在西漢〈泰誓〉之中，故以為偽書；爾後王肅亦云「〈泰誓〉近得，非其本經」，[73]孔穎達亦贊成馬融之說。

閻氏不信西漢〈泰誓〉，但惠棟則於《古文尚書攷》對閻氏之論有所批評：

> 西漢之〈大誓〉，博士習之，孔壁所出，與之符同，是孔子所定之舊文也。自東晉別有偽〈大誓〉三篇，唐宋以來，諸人反以西漢之〈大誓〉為偽。閻氏既知東晉之〈大誓〉是偽作，何并疑西漢之〈大誓〉亦偽邪？此其謬也。[74]

惠棟固然與閻氏同認為今本〈泰誓〉為偽，但與閻氏相異的，是惠棟不認同閻氏不信西漢〈泰誓〉的觀點。惠棟雖信西漢〈泰誓〉，但未有進一步闡發；爾後，江氏繼承其師之說，力辨西漢〈泰誓〉之真，其弟子江藩更稱其師江氏之論，為「閻、惠二君所未及也」，[75]乃知江氏在〈泰誓〉的研究上，雖導源於惠棟，但有更進一步研究。

---

[72] 清・閻若璩：《尚書古文疏證》，卷 1，頁 27。

[73] 王肅語為孔《疏》所引，見《尚書注疏》，卷 11，頁 3a，總頁 152。

[74] 清・惠棟：《古文尚書攷》，《續修四庫全書》本，卷上，頁 24a，總頁 69。

[75] 清・江藩著，漆永祥箋釋：《漢學師承記箋釋》，卷 2，頁 243。

江氏承惠棟之見，亦力主西漢〈泰誓〉為真，於《集注音疏・泰誓中》「附下而罔上者死」條下，自疏云：

> 〈泰誓〉，今古文皆有之，漢儒皆誦習之，馬、鄭皆為之注。自東晉偽古文出，則有〈泰誓〉三篇，世無巨眼人，遂翕然信奉，以為孔壁古文；因目此為今文，且反疑其偽，以故寖微而至於亡。（卷5，頁36a）

今古文是否皆有〈泰誓〉，歷來學者多有討論，王引之《經義述聞》更列十二證，申明今古文均有〈泰誓〉；然亦有如龔自珍〈太誓答問〉謂今古文均無〈泰誓〉。[76]而江聲則謂自東晉偽古文〈泰誓〉出，而西漢〈泰誓〉則被目為今文，且或被視為偽篇。

江氏此論乃針對馬融而來，並分為三層力辨馬說之非。第一，江氏指出以伏生《大傳》為證據，其云：

> 案融之意，以〈太誓〉非伏生所傳，故疑之爾。融獨不見伏生之《尚書大傳》乎！〈太誓〉「維四月，太子發上祭于畢」云云，《大傳》既引其文矣。其所以不傳者，蓋生年老，容有遺亡（忘），自所得二十八篇之外，不能記憶其全故爾。《大傳》引〈九共〉曰「予辨下土，使民平平，使民無敖」，引〈帝告〉曰「旋章乃服明上下」，能述其片語而不傳其全文，是其不能記憶之明驗也。然則〈太誓〉雖不出于伏生，不得謂非秦火以前伏生所臧之舊文矣。（同上引文，卷5，頁36a）

江氏此論，著眼於伏生《大傳》有〈泰誓〉殘文，何以今《尚書》本經不傳

---

[76] 可參張西堂：《尚書引論》（臺北：崧高書社，1985 年），頁 44。

乎？此因伏生年老，故遺忘耳。江氏又引《大傳》中並有〈九共〉、〈帝告〉殘語，而此二篇今皆不傳，可見伏生年老，不能背誦全文。換言之，江氏認為伏生《大傳》既載〈泰誓〉殘文，《尚書》也一定有〈泰誓〉，只是伏生老邁，不復記憶全文而已，而馬融所非之西漢〈泰誓〉，正為〈泰誓〉本文，不應視為偽書，故江氏云「不得謂非秦火以前伏生所臧之舊文」。

第二，江氏對馬融謂西漢〈泰誓〉文句淺陋進行辯駁，云：

> 若其所偁「八百諸矦不期而會」，則婁敬說高帝嘗言之矣，司馬子長亦錄其文于〈本紀〉矣，不既信而有徵乎！又若火流爲雕，以穀俱來，斯乃符命之應，猶龜書馬圖之屬也。孔子繫《易》曰「河出圖，洛出書，聖人則之」。《論語》記孔子之言曰「鳳鳥不至，河不出圖，吾已矣夫！」然則符瑞之徵，聖人且覬幸遇之，而乃以火流穀至爲神怪，謂爲子所不語，豈通論乎！且〈思文〉之詩不云乎「詒我來麰，帝命率育」，卽此以穀俱來之謂，融亦將虜《詩》爲誕妄乎！不然，《詩》則信之，《書》則疑之，進退皆無據矣。（同上引文，卷5，頁36a）

江氏此論，主要乃針對馬融云：「〈泰誓〉後得，案其文似若淺露。」又云：「『八百諸侯，不召自來，不期同時，不謀同辭。』及『火復於上，至於王屋，流為雕，至五，以穀俱來』。舉火神怪，得無在子所不語中乎。」[77]諸語而發。江氏首先以《史記・劉敬叔孫通列傳》以及《史記・周本紀》所載，皆有「八百諸侯不期而會孟津之上」一事，認為馬融所疑〈泰誓〉信而有徵；其次，江氏認為，西漢〈泰誓〉所載「火流爲雕，以穀俱來」等事，與「河圖」、「洛書」等符命一類相同，並以《詩經・思文》「詒我來麰，帝命率育」為反證，辨《詩》亦有此類記載，故不得以此疑西漢〈泰誓〉。

---

[77] 唐・孔穎達：《尚書注疏》，卷 11，頁 2b，總頁 151。

第三，江氏對於馬融謂西漢〈泰誓〉之內容，皆無先秦諸子所引之〈泰誓〉，故疑為偽書，表達了否定的看法，云：

> 融又以書傳所引〈太誓〉甚多，而疑此〈太誓〉皆無有。聲又案：〈湯誓篇〉傳自伏生，旣又出諸孔壁，今文古文若合符節，而「予小子履敢用玄牡」云云，載于《墨子・兼愛篇》，而〈湯誓〉未有其文，故孔安國注《論語・堯曰篇》不敢質言〈湯誓〉之文，而云「《墨子》引〈湯誓〉，其詞若此」；又《墨子・尚賢篇》引〈湯誓〉曰「聿求元聖，與之勠力同心，以治天下」，而〈湯誓〉中亦無之。然而謂〈湯誓〉有逸文可也，謂〈湯誓〉爲僞書則不可。以此相況，〈太誓〉亦猶是爾，夫復奚疑哉！不獨此也，《大傳》引〈般庚〉曰「若惪明哉，湯任父言，卑應言」；引〈無逸〉曰「厥兆天子爵」，今〈般庚〉、〈無逸〉具在，而皆無是言，《經》與《傳》俱出于伏生，不應《傳》述其文，《經》反遺其語。然則伏生旣《傳》之後，歐陽、夏矦遞有師承，猶不能無闕逸，況〈太誓〉經焚書之餘百年而出，反怪其有遺逸耶！（同上引文，卷5，頁36a）

江氏認為，馬融謂先秦經傳諸子所引〈泰誓〉不在西漢〈泰誓〉中者甚多，情況與今、古文本《尚書》咸有的篇章如〈湯誓〉、〈盤庚〉、〈無逸〉，皆有逸文相同，意即不得以逸文之有無，而疑經文之真偽。換言之，先秦經傳諸子所引〈泰誓〉之所以不見於西漢〈泰誓〉，極有可能是殘文而諸子未見之故。若以馬融之論點就斷定西漢〈泰誓〉為偽，則〈湯誓〉、〈盤庚〉、〈無逸〉等篇，皆有今日《尚書》所未載之逸文，是否就可以此斷定今所傳〈湯誓〉、〈盤庚〉、〈無逸〉為偽呢？是知江氏此論，乃建立在對資料判讀的邏輯而發。

從以上三點可知，江氏承其師惠棟之立場，而肯定西漢〈泰誓〉為真，力辨馬融之論。近人蔣善國（1898－1986）著《尚書綜述》，於〈漢大誓真偽辨正〉一節，論漢〈泰誓〉為真書，在論點上實襲江氏之辨。[78]案：西漢〈泰誓〉本身來源之真偽，姑且不論；但如第一點，江氏謂伏生《大傳》有〈泰誓〉之文，故認為《尚書》有〈泰誓〉一篇，此說誠然；然直指西漢〈泰誓〉即伏生所傳〈泰誓〉，恐是臆必之說。程元敏師從《大傳》文體為解，認為《大傳》所述〈泰誓〉文，文體皆似「傳」，不類本經，且武帝末之前各家引〈泰誓〉，大抵為述詁〈泰誓〉文，[79]故若以《大傳》求本經，恐失之。若就程師元敏之觀點而論，則第二點所謂婁敬說高帝、司馬遷〈周本紀〉皆有記載「八百諸侯不期而會」一事，即為漢人詁經之文，而非〈泰誓〉本經。而第三點，江氏以〈湯誓〉、〈盤庚〉、〈無逸〉之逸文不在今日所傳之本經中為證，認為此同先秦經傳諸子所引〈泰誓〉之文不見於西漢〈泰誓〉。案：江氏此說雖通，但是典籍記載西漢〈泰誓〉皆云「後得」、「近得」，[80]則西漢〈泰誓〉是否真為古〈泰誓〉，其實未定，故如陳壽祺、胡玉縉（1859－1940）、徐復觀即就此認為伏生本絕無〈泰誓〉。[81]江氏並無證據證明西漢〈泰誓〉即是古文〈泰誓〉。又江氏所謂〈無逸〉逸文出於《大傳》，觀《白虎通》所引皆同。然《白虎通》實作「《書》逸篇曰『厥兆天子爵』。」「《書》逸篇」為《尚書》亡佚之篇，非〈無逸〉，江氏所論誤也。

(4)〈康誥〉佚文問題商榷

今本《尚書・康誥》以「王若曰：往哉！封，勿替敬，典聽朕告，汝乃以殷民世享」為結，然《集注音疏・康誥》於文末乃更增入佚文：

---

[78] 蔣善國：《尚書綜述》，頁 223。

[79] 程師元敏：《尚書學史》，頁 445-446。然而朱廷獻則認為《尚書大傳》所載整段文字即〈泰誓〉之原文，見氏著：《尚書研究・漢泰誓之流傳及其著成之時代考》（臺北：臺灣商務印書館，1987年），頁 72。

[80] 案：劉歆〈移太常博士書〉：「〈泰誓〉後得，博士集而讀之。」馬融《書傳・序》：「〈泰誓〉後得。」孔《疏》引王肅：「〈泰誓〉近得」

[81] 分別見：陳壽祺：《左海經辨・今文尚書後得說》、胡玉縉：《許廎學林・書真古文泰誓說》、徐復觀：《中國經學史的基礎》。

> 父不慈，子不孝，兄不友，弟不恭，不相及也。（卷6，頁49a，總頁3071）

江氏自疏云：

> 僖三十三年《左傳》晉臼季引〈康誥〉文如此。《春秋正義》以臼季所引卽〈康誥〉「子弗祇服厥父事」云云之文，但引其意，非全文也。聲案：「子弗祇服父事」云云，未有辠不相及之意，則所引自是異文而逸者，故錄于此。又昭二十年《左傳》齊苑何忌引〈康誥〉曰「父子兄弟，罪不相及」，乃是檃括此文，非別一條，故不別錄。《周禮・族師・疏》引《鄭志》，趙商問：「族師之誼，鄰比相卹，〈康誥〉之說，門內尚寬，《書》、《禮》是錯，未達恉趣。」鄭荅云：「族師之職，周公新制禮，禮使民相共敕之法。〈康誥〉之時，周法未定，新誅三監，務在尚寬，以安天下。先後異時，各有云為，乃謂是錯。」據此，則似〈康誥〉「父不慈」云云在漢時尚未闕逸，豈僞孔氏刪之與？今无考其弟次，姑附篇末云。（同上）

江氏首先認定〈康誥〉「子弗祗服厥父事，大傷厥考心；于父不能字厥子，乃疾厥子。于弟弗念天顯，乃弗克恭厥兄；兄亦不念鞠子哀，大不友于弟。」與《左傳》晉臼季引〈康誥〉文意不同，即〈康誥〉此段文字未有「罪不相及」之意，故以為《左傳》所引為異文而逸者。江氏又據《周禮・族師・疏》引《鄭志》趙商與鄭玄之對答，認為〈康誥〉「父不慈」云云在漢時尚未闕逸，進而懷疑是僞孔氏所刪。案：江氏此種理解或可商榷，阮元之說最明。阮氏云：「《左傳》之語，乃古人括〈康誥〉之大義而說經也。《左傳》中引《詩》、《書》而爲說者甚多，或疑《左傳》爲〈康誥〉逸文，非也。〈康誥〉整齊必無逸文；卽有逸文，亦不至語甚相反且不相及也。文辭亦不類〈周書〉,〈周書〉內豈有『相』、『也』二字乎?……《鄭志》趙商問〈康誥〉之說,門內尚寬,此皆漢人用《左傳》說〈康誥〉之義,非專引〈康誥〉文也。」[82]阮元此說,指出《左傳》引〈康誥〉語,乃古人檃括〈康誥〉大義說經之文,而非佚文。阮元之意,謂「父不慈」乃省「父不能字厥子」;「子不孝」乃省「子弗祇服厥父事」;「兄不友」乃省「兄亦不念鞠子哀,大不友于弟」;「弟不恭」乃省「弟弗念天顯,乃弗克恭厥兄」。而所謂「不相及」者,阮元指出〈周書〉無「相」、「也」二字,故此句是說經者之語,其意正如《左傳正義》云:「此雖言〈康誥〉曰,直引〈康誥〉之意耳,非〈康誥〉之全文也。彼云『子弗祇服厥父事,大傷厥考心。于父不能字厥子,乃疾厥子。于弟弗念天顯,乃弗克恭厥兄。兄亦不念鞠子哀,大不友于弟。曰乃其速由文王作罰,刑茲無赦。』其意言不慈、不祗、不友、不恭,各用文王之法刑之,不是罪子又罪父,刑弟復刑兄,是其不相及也。」[83]可見刑罪各有所當,各用其刑。則江氏以「『子弗祇服父事』云云,未有辠不相及之意」來作為判定佚文之根據,實為對經義及古人引書例之理解問題。也因此,江氏據《鄭志》載趙商與鄭玄之對答,以為〈康誥〉佚文在漢時尚未闕逸,但阮元則指出是漢人用《左傳》說〈康誥〉之義,故有此文,非專引〈康誥〉佚文。據此,則江氏將《左傳》所引視作〈康誥〉佚文,且疑今本〈康誥〉無此段佚文為僞孔氏所刪,證據效力實為薄弱。

(三)對《偽孔》經、傳作者問題之討論

《偽孔》經、傳作者身份,為《尚書》學史上一重大問題,迄今仍未有定論。前人之研究,至少有梅賾說、皇甫謐說、王肅說、宋元嘉以後說,以及晉宋之間說。[84]然而從從清初以至晚清,被控為《偽孔》(經、傳)作

[82] 清.阮元:《揅經室集.揅經室續一集.左傳引康誥解》,卷 1,頁 1014-1015。

[83] 唐.孔穎達:《左傳注疏》,卷 17,頁 17b,總頁 291。

[84] 可參戴君仁:〈古文尚書作者研究〉,收入劉德漢編:《尚書研究論集》(臺北:黎明文化事業有限公司,1981 年),頁 23-41。

者，其說法之最普遍者，莫過於王肅。而有關此一《尚書》學史上之最大公案，歷經近三百年之研究，學界從肯定王肅為作偽者至否定之辨偽過程，實際上反映清人在辨偽學上之方法與思維。[85]事實上，清人謂王肅為作偽者之說，蓋起於惠棟《古文尚書攷・辨正義四條》「梅賾之徒」下自注云：

> 僞《書》當作俑于王肅，肅好造僞書，以詆康成，《家語》其一也。[86]

惠棟言「僞《書》當作俑于王肅」，又謂王肅好造僞書，欲與鄭玄立異，並舉《家語》為說。換言之，惠棟實認為僞《書》與鄭說相異，與王肅著《家語》同。

又卷下〈五子之歌〉「惟彼陶唐」句下自注云：

> 《左傳正義》曰：「案王肅注《尚書》其言多是孔《傳》，疑肅見古文匿之而不言。」《經典・序錄》曰：「肅注今文而解大與古文相類，或肅私見孔《傳》而匿之。」據此二說，故棟常疑後出古文肅所僎也。[87]

惠棟據孔《疏》言王肅注《尚書》多是孔《傳》以及《經典釋文・序錄》言王肅《注》與古文相類，因此懷疑晚出二十五篇以及偽孔《傳》為王肅所撰。

又卷下〈咸有一德〉「嗚呼！七世之廟，可以觀德；萬夫之長，可以觀

---

[85] 相關研究見虞萬里：〈以丁晏《尚書餘論》為中心看王肅偽造《古文尚書傳》說——從肯定到否定後之思考〉，收入氏著：《榆枋齋學林》（上海：華東師範大學出版社，2012 年），冊上，頁 195-214。

[86] 清・惠棟：《古文尚書攷》，《續修四庫全書》本，卷上，頁 7b，總頁 60。

[87] 清・惠棟：《古文尚書攷》，《續修四庫全書》本，卷下，頁 7a，總頁 74。

政」條下自注云：

> 楝謂王肅主「七廟」以駁鄭氏，故嘗疑偽《尚書》王肅撰也。[88]

鄭玄和王肅對「天子七廟」理解不同。鄭玄認為，天子七廟至西周才出現，七廟包括太祖廟（后稷）、二祧廟（文王、武王）和四親廟。王肅認為，天子七廟是歷代通則，二祧是天子的五世祖和六世祖，所以七廟實際上是太祖廟加上六親廟，文王和武王的廟數另計。而〈咸有一德〉此言「七世之廟」，故惠棟以偽《尚書》為王肅所撰。

雖然惠棟多謂《偽孔》本為王肅撰，但在《古文尚書攷》中卻又說為梅頤撰，立說兩歧。云：

> 今世所謂古文者，乃梅頤之書，非壁中之文也。頤采摭傳記，作為古文，以紿後世。[89]

可見惠棟在《古文尚書攷》中論《偽孔》作者，說法游移不定，虞萬里對此認為惠棟作《古文尚書攷》創自雍正末，至閻若璩《尚書古文疏證》出而摘錄其文於書中，而閻若璩認為《偽孔》為梅賾偽作，故惠棟於偽書作者閃爍猶疑，莫有定指。[90]

江氏為惠棟弟子，其對於《偽孔》作者之看法，則直指作偽者即王肅，事實上這也是承繼惠棟之看法。觀《集注音疏・述》「乃有王肅者，後鄭君而起，嫉鄭君之名而欲弇之，輒爲異說以詆毀，多見其不知量爾，鄭君庸何傷哉」下自疏云：

---

[88] 清・惠棟：《古文尚書攷》，《續修四庫全書》本，卷下，頁 16a，總頁 78。

[89] 清・惠棟：《古文尚書攷》，《續修四庫全書》本，卷上，頁 1b，總頁 57。

[90] 見虞萬里：〈以丁晏《尚書餘論》為中心看王肅偽造《古文尚書傳》說——從肯定到否定後之思考〉，收入《榆枋齋學林》，冊上，頁 197。

> 王肅，魏人。當時鄭君名重海內，肅生稍後，心忌其名而欲與衡，因亦廣注羣經，力求與鄭韋異，雖離經叛道，所不顧也。又作《聖證論》以極詆康成，而如其學實不及康成遠甚，終不足以爭勝也。于是又造《家語》、《孔叢子》二書，託諸孔子之言，以與鄭牴牾，意謂鄭不合于孔子，則其非見矣。然而後世卒知二書之出于僞造，而不以此短鄭，是于鄭君無損，而肅適成其爲小人也。（卷13，頁93a，總頁3154）

案：江氏指出王肅欲與鄭玄爭勝，故偽造《家語》、《孔叢子》託諸孔子之言。又言「逮東晉元帝時，梅賾奉上《古文尚書孔氏傳》，析二十八篇爲三十三，增益二十五篇以傳合于劉向《別録》五十八篇之目，散百篇之〈敘〉引冠篇耑，其亡篇之〈敘〉列次其間，雖未由知爲之者爲誰，而其說輒與王肅合，竊以爲當作偭于肅也。」云偽孔《傳》及增多二十五篇為王肅所作。下又自疏云：

> 欲僞託于古必匿其名，故无由知誰之所爲也。王肅《注》雖不傳，而其間見于《釋文》、《正義》之中，同于僞孔《傳》者，什之八九，故《釋文》云：「時以王肅《注》頗類孔氏。」《正義》亦云：「王肅之注《尚書》，其言多同孔《傳》。」又肅注《左傳》「今失其行，亂其紀綱」，以爲夏太康時，亦與僞孔書合。蓋肅既與鄭韋異，恐後人不已从也，因私造僞《書》及《傳》而祕之，使遲久而後出，出則己之說无不與先儒合，可因以見鄭氏之非矣，此其狡猾之計，即造《家語》、《孔叢》之意也。且《家語》、《孔叢》悉與僞孔《傳》合，則皆肅之所爲可知矣。（同上）

江氏此論王肅為作偽者之主要根據為：（一）據《釋文》、《正義》，皆言王肅《尚書注》多同孔《傳》；（二）王肅欲與鄭玄爭勝，故私造僞《書》及

《傳》，此同偽造《家語》、《孔叢子》之意也。

從以上兩段言論，可知江氏認為僞《書》及《傳》之作者為王肅。此種論點多見於《集注音疏》之經學實踐中，如《集注音疏・堯典》「釆在朔易」條，江氏自疏云：

> 孔穎達、陸德明皆言肅注《尚書》頗類孔氏，疑其竊見孔《傳》而秘之。案肅僞造《孔子家語》及《孔叢子》，輒與《僞孔》書應合，則《僞孔》書直是肅所為爾，故曰肅于《尚書》有大罪焉也。肅又作《聖證論》與鄭君爲難，語多乖謬，又注《易》、《詩》、《禮》、《論語》諸書，今皆不傳，不足惜也。（卷1，頁3b，總頁2981）

此論與上同。復觀《集注音疏・多方》「嗚呼！猷，告爾有方多士，暨殷多士：今爾奔走臣我監五祀，越惟有胥伯小大多正，爾罔不克臬」條，江氏自疏云：

> 云「監，謂三朩監于殷者」者，告殷民。而言「臣我監」，則「監」是謂「周之監于殷」者，改以爲管、蔡、霍三朩也。僞孔氏乃云「監，謂成周之三監」，且云「臣服我監五年，无過，則還本土」，葢《僞孔》以〈多方〉在〈多士〉之後，因傳會其説，謂殷民栖于成周而又叛，叛而又征之，復立監，監之諭令臣服，此妄説也。案〈多士〉云「昔朕來自奄」，則作〈多方〉實在作〈多士〉之前。此云「臣我監」者，偁其往日之善以誘道之，非有復立三監之事，且經文亦无許還本土之言。僞孔氏恣意亂經，妄造異説，非也。《正義》引王肅《注》云：「其无成，雖五年亦不得反」，正與《僞孔》合，足徵僞孔《傳》之出于肅矣！（卷8，頁64a，總頁3100）

此例，前文曾舉以說明江氏論《僞孔》本之「亂經」，此則進一步藉以說明《僞孔》出於王肅。關鍵在於偽孔《傳》以為〈多士〉在〈多方〉之前，故云「監，謂成周之監，此指謂所遷頑民殷眾士。今汝奔走來徙臣我（服）我監五年，無過，則是（得）還本土。」[91]意謂殷民居於成周後又叛，叛而又征之，復立監，監之諭令臣服。江氏指出，此為偽孔《傳》對篇次理解錯誤，故亂經妄造異說，偽孔《傳》之說實非。又江氏認為，偽孔《傳》此說，則與王肅《注》云「其無成，雖五年亦不得反」意同。然而，偽孔《傳》明言「五年無過，則是（得）還本土」，與王肅「五年亦不得反」異，不知江氏何以言兩者合？

又《集注音疏・顧命》「東序西鄉，布重豐席，畫純，彫玉，仍几」條，江氏自疏云：

> 《僞孔》及王肅皆以「豐」爲「莞」，盖僞孔《傳》似肅所爲，故與鄭異，未有明據，吾寧从鄭可也。（卷9，頁68b，總頁3109）

〈顧命〉此句，偽孔《傳》云：「豐，莞。彩色爲畫。」而孔《疏》引王肅云：「豐席莞，此養國老饗群臣之坐。」案：僞孔《傳》及王肅皆以「豐」爲「莞」，故江氏謂「僞孔《傳》似肅所爲」，用「蓋」、「似」可見在此處江氏並未確定。不過對照其他處所論，江氏實際上是將王肅定為《僞孔》之作者。而鄭玄對此句則釋云：「豐席，刮凍竹席。」對此，僞孔《傳》、王肅說與鄭玄看法不同，而江氏則因「僞孔《傳》似肅所爲」，故從鄭也。

又《集注音疏・尚書續補誼・堯典》「女尻稷」條下，江氏云：

[91] 唐・孔穎達：《尚書注疏》，卷 17，頁 12b，總頁 258。昇案：阮氏《校勘記》「臣我我監」下云：「岳本、葛本同；毛本『臣我』作『臣服』。案：古本無『服』字，山井鼎曰：『宋板、正、嘉三本作「臣我我監」。衍一「我」字。神廟本改上「我」字作「服」，崇禎本據之。』」又「則是還本土」下云：「古本、岳本、宋板『是』作『得』。案：『是』字非。」

> 「女尻稷」，顧生廣圻曰：「近見宋本《列女傳》〈棄母姜嫄傳〉云：『帝曰：棄！黎民阻飢，女尻稷，播時百穀。』此用《尚書》文也。」鄭注《尚書》云「女尻稷官，穜蒔五穀」，正相印合，可見古文實作「女尻稷」。今《尚書》作「女后稷」者，妄人所改也。《正義》引王肅《注》云：「稷是五穀之長，立官主此稷事。」后訓君也，帝言「女君此稷官，布種是百穀」。然則改尻爲后，實始于肅，前此當未有作后者。僞孔《書》本于肅，故亦作后。（卷13，頁91b，總頁3152）

江氏據其弟子顧廣圻所云，謂宋本《列女傳》引〈堯典〉作：「帝曰：棄！黎民阻飢，女尻稷，播時百穀。」因此認為今本〈堯典〉「女后稷」為妄人所改。又據王肅《注》云：「稷是五穀之長，立官主此稷事。」「后」訓「君」，作動詞為「立官」，遂以為改「女尻稷」為「女后稷」者為王肅；而《僞孔》本又出於王肅，故二者皆作「女后稷」。案：《毛詩・思文・正義》引鄭玄《注》云「汝居稷官，種蒔百穀，以救活之」，[92]知鄭玄所據本可能為「汝居稷」，因此王照圓（1763－1851）注《列女傳》云：「居，俗本作后，形之誤也。今《書・舜典》亦同此誤。」[93]可見江氏推論「《僞孔》書本于肅」，或有道理。但古書流傳情況複雜，版本源流甚廣，以版本作為辨偽者之證據，其效力過於薄弱。「尻」、「后」形似，偽孔氏亦可誤將「居」為「后」，並無證據顯示，《僞孔》即本諸於王肅本也。

又如《集注音疏・堯典》「禋于六宗」條，江氏自注云：

> 肅曰：「禋，絜祀也。」馬融曰：「禋，精意之言也。萬物非天不覆，非地不載，非春不生，非夏不長，非秋不收，非冬不臧，此

[92] 唐・孔穎達：《毛詩注疏》，卷19-2，頁12a，總頁721。

[93] 清・王照圓：《列女傳補注》（上海：上海古籍出版社，2002年，《續修四庫全書》冊515，影印上海古籍出版社藏清嘉慶刻後印本），卷1，頁4a，總頁666。

> 其謂六也。」歐陽及大小夏侯說六宗者：「上不謂天，下不謂地，傍不謂四方，在六者之閒助陰陽變化，實一而名六。」（卷1，頁5b，總頁2985）

又自疏云：

> 伏生《大傳》云：「萬物非天不生，非地不載，非春不動，非夏不長，非秋不收，非冬不臧，禋于六宗，此之謂也。」馬說六宗之誼，本諸伏生，不可易也。……歐陽及大小夏侯說出《五經異誼》，見《正義》。云「在六者之閒助陰陽變化，實一而名六」者，似與馬說不同，而意實相符合。葢六者之閒，謂上、下，四方，卽天地四時也。陰陽變化卽天覆、地載、春生、夏長、秋收、冬臧也。其所以覆、載、生、長、收、臧，實有主宰乎其閒者。總而言之，一天之爲也；分而言之，其功用實各不同，故曰「實一而名六」，葢歐陽及大小夏矦三家之學，皆出于伏生，故其六宗之說與《大傳》合。……其餘諸儒說六宗者，紛紛不一，皆不得實，故皆不取。其最足惑人者，王肅以《禮記．祭法》「泰昭」、「坎壇」等六者爲六宗，且造僞孔《傳》以陰爲之援，又僞造《家語》及《孔叢子》二書，皆爲是說，且以託諸孔子之言。苟非卓識，安得不爲其惑，是不可不辯。（同上）

「六宗」之辨，古今爭論未休，說法甚繁，據今人統計至少二十說以上。[94] 江氏此指出《大傳》與馬融說「六宗」為：天、地、四時。又引歐陽及大小夏侯說「六宗」為：天、地、四方，江氏認為此與天地四時同義也，故以為表面上似與馬說不同，而意實相符。又對王肅說加以批評。案：《初學記》

[94] 據劉起釪：《尚書校釋譯論》，冊1，頁123-125。

引王肅注「六宗」云：「所宗者六，皆絜祀也。埋少牢於泰昭，祭時也。相近於坎壇，祭寒暑也。王宮，祭日也。夜明，祭月也。幽禜，祭星也。雩禜，祭水旱也。于六宗，此之謂矣。」[95]換言之，王肅認為六宗為：四時、寒暑、日、月、星、水旱。復觀偽孔《傳》云：「所尊祭者，其祀有六，謂四時也，寒暑也，日也，月也，星也，水旱也。」與王肅同，故江氏認為偽孔《傳》為王肅所造，目的是要借孔安國之名為己說陰爲之援，與僞造《家語》及《孔叢子》諸孔子之言相同。然而，就推論邏輯論之，王肅之說與偽孔《傳》同取源於《禮記・祭法》，[96]雖然訓解之來源相類，但並不表示偽孔《傳》即王肅偽造。又江氏指王肅說「最足惑人」，意指：王肅用〈祭法〉說，又造偽孔《傳》、《家語》、《孔叢子》，而後二書見託孔子之言，故「最足惑人」。觀《禮記・祭法》內容雖為學者所懷疑，認為所述禮制與經傳不合，如孫希旦（1736－1784）即謂此篇「駁雜不可信」。[97]然今時有學者將出土楚簡與《禮記・祭法》對讀，認為〈祭法〉六祭於楚簡皆可印證，[98]知〈祭法〉、王肅及偽孔《傳》之說實非妄說，由此亦可見江氏仇肅之思維。

總結以上江氏於《集注音疏》中所論，江氏以王肅為《偽孔》（經、傳）之作者，根據大抵為：（一）王肅《尚書注》多同孔《傳》；（二）王肅作偽孔《傳》之心態乃為了與鄭玄爭勝，故託名於孔安國，此與偽造《家語》、《孔叢子》之情況同。以上兩點，第一點尤為重要，是清代諸多學者認為王肅為偽孔《傳》作者之根據。然而，此兩點皆非確論，茲分述如下：

（一）先不論上述江氏所舉之例子，於推論邏輯上、證據效力上皆非完善。就江氏以王肅《尚書注》多同偽孔《傳》論之，雖此說至丁晏《尚書餘

---

[95] 唐・徐堅：《初學記》（北京：中華書局，2004 年），卷 13，頁 318。

[96] 《禮記・祭法》：「埋少牢於泰昭，祭時也；相近於坎壇，祭寒暑也。王宮，祭日也；夜明，祭月也；幽宗，祭星也；雩宗，祭水旱也；四坎壇，祭四方也。」見唐・孔穎達：《禮記注疏》，卷 46，頁 4a-b，總頁 797。

[97] 清・孫希旦：《禮記集解》（北京：中華書局，2007 年），卷 45，頁 1192。

[98] 〈祭法〉六祭於楚簡之印證，可參楊華：〈楚簡中的諸「司」及其經學意義〉，《新出簡帛與禮制研究》（臺北：臺灣古籍出版公司，2007 年），頁 47。

論》而達其極，但據今人研究，此說恐不然。學者或細檢王肅《注》、偽孔《傳》之論加以比較者，如吳承仕〈尚書傳王孔異同考〉，蒐集王肅《注》、偽孔《傳》，相互比勘，指出：「大凡王、孔異者一百二十五事，同者一百八事，孔無明文者二十三事，王說不可審知者十八事，證明偽孔《傳》並非王肅偽造。」[99]吳氏更於其《經典釋文序錄疏證》中云：「愚嘗審覈馬、鄭、王、孔、杜預、皇甫謐諸家《書》說，著為〈異同考〉四卷，疏證偽《書》非出王肅，而丁氏（指丁晏）所立遂一時摧破矣。」[100]又如李振興《王肅之經學》一書，〈從今傳偽古文尚書《傳》文證梅本非王肅偽託〉一節，列舉《尚書》王氏《注》與偽孔傳異者共四十六條，證明梅賾所獻偽孔《傳》非王肅偽託。[101]蓋前人說王肅《尚書注》多同孔《傳》者，或止偏於「同」之一面，而未見「異」者。此如江瀚評丁晏《尚書餘論》云：「王氏注本，蓋與馬、鄭大同，義多同馬，而亦有同鄭。孔《傳》義多從王，而亦有舍王用鄭者。晏乃于王、孔異義，諱而不言，偏執一邊，據為偽作之證。」[102]則吳、李二家之研究，乃回歸於注解作全面式考察，推翻前人說王肅《尚書注》多同孔《傳》之論。今人劉巍即引吳承仕之考證結果，指出清儒以王肅《尚書注》多同孔《傳》之論，斷定王肅為作偽者，乃是「一種似是而非的有罪推定，再糾合以片面的孤注一擲而不加反省的考證方法，則貌似辨偽的公案——頗為反諷地——適足以造成冤假錯案。這是王肅偽造《古文尚書》案提供給我們的最深刻的教訓！」[103]

（二）江氏以王肅《尚書注》多同偽孔《傳》之論，若視為內證，則論

---

[99] 吳承仕：〈尚書傳王孔異同考〉，收入于大成、陳新雄編：《尚書論文集》（臺北：西南書局，1979年），頁 57。

[100] 吳承仕：《經典釋文序錄疏證》，頁 66。

[101] 李振興：《王肅之經學》，頁 307。

[102] 《續修四庫全書總目提要・經部》，頁 251。

[103] 劉巍：〈積疑成偽——《孔子家語》偽書之定讞與偽《古文尚書》案之關係〉，《近代史研究》2014 年第 2 期，頁 63。

王肅作偽孔《傳》之心態乃為與鄭玄爭勝，故託名孔安國，此與偽造《家語》、《孔叢子》之情況相同，即從外部情理與邏輯來推斷。茲再引述江氏之說：

> 蓋肅既與鄭韋異，恐後人不已从也，因私造僞《書》及《傳》而祕之，使遲久而後出，出則己之說無不與先儒合，可因以見鄭氏之非矣，此其狡猾之計，即造《家語》、《孔叢》之意也。且《家語》、《孔叢》悉與僞孔《傳》合，則皆肅之所爲可知矣。（卷13，頁93a，總頁3154）

從上引江氏之說，其重點有二：一、王肅私造僞《書》及《傳》而祕之，使之後出與己說印合，以非難鄭玄，此與造《家語》、《孔叢》同意也。二、《家語》、《孔叢》皆與僞孔《傳》合，則皆王肅所爲可知。此說至晚清民初仍有影響，如康有為（1858－1927）云：

> 晚出《古文尚書》，自梅鷟、閻若璩、惠棟、江聲、王鳴盛、孫星衍諸家辨之詳矣，而未有實得主名者。考《家語》、《孔叢》，為魏王肅所作以難康成者，而孔安國作《傳》之事，《家語・後序》、《孔叢・論書篇》皆已言之，則非出於王肅而何？又偽孔《傳》與肅諸經《注》無不符合，亦猶劉歆所造古文偽竄諸經內外相應之故智。。……偽孔《傳》西晉已立，且與肅所著書徵應皆合，其為肅撰，無可逃遁矣。（自注：國朝惠氏棟、江氏聲、王氏鳴盛、李氏惇、劉氏端臨、丁氏晏，皆有偽古文出於王肅之說。）[104]

康氏此說之意，與江氏幾乎相同，知晚清民初，仍有學者主《家語》、《孔

---

[104]康有為：《新學偽經考》（香港：三聯書店，1998年），頁221-222。

叢》為魏王肅偽作以難鄭玄，且併持偽孔《傳》為王肅所撰者。其實不惟康有為，顧實（1878－1956）、羅根澤亦對王肅偽造《孔叢子》之說言之鑿鑿。[105]

此種說法，晚清民初時簡朝亮已不以為然，說云：「如惠氏，疑肅偽者尤多；江氏以為當作偭予肅也。雖然，莫須有，不可以成獄也。」[106]今時學界亦多否定此說。首先，劉起釪指出：

> 從起碼的情理和邏輯來看，王肅在魏時自己撰的《古文尚書注》立于學官，仗自己的貴戚地位，其學成為當時顯學，誰也要敬重它、傳習它，可以說如「日月經天」，大家都要遵讀的。王肅自己當然是躊躇滿志，高興自己的古文學擊敗了鄭氏學，將會子孫萬世之業似地佔據著官學地位的。怎麼會自己預料到自己的《古文尚書》學將來會消失，特預先另外編撰一部孔安國《傳》、《古文尚書》放在一邊準備著，等待著自己的書消失後，會有人獻出自己編造的這部孔氏《古文尚書》來取代王氏《古文尚書》呢？[107]

劉氏此說雖單就邏輯推論，但尚合乎情理。而此說也反映出，惠、江等人因遵鄭思維的關係，認為王肅私造僞《書》及《傳》而祕之，使之後出與己說印合，以打擊鄭玄，卻慮及未感此說之不通。

其次，《家語》、《孔叢》是否為王肅偽造，今時也有不同之看法。先談《家語》一書，從宋代王柏疑為王肅偽造以來，至清代乃至近代學者多加信奉。而據七零年代考古發現，一批與《家語》內容有關的戰國、西漢竹簡問世，敦煌本《家語》也隨之公佈，因之引發對《家語》真偽之辯論。其中，

---

[105]顧實、羅根澤之說併見張心澂：《偽書通考》（臺北：鼎文書局，1973 年），頁 749-751。

[106]簡朝亮：《尚書集注述疏．卷首》，頁 23a，總頁 64。

[107]劉起釪：《尚書學史》，頁 191。

有學者據出土文簡帛相關的《家語》內容遠有淵源，以為非王肅所能盡偽；但另有學者從王肅注解之語，提出最早是王肅雜取《左傳》、《國語》等材料整理《家語》。[108]可見，《家語》一書之形成，真偽互參，且整理情形亦複雜。再者，懷疑《孔叢子》為偽者，始於宋代，說法眾多；然將王肅視為偽撰《孔叢子》一書之作者，則從清代臧琳、江聲、丁晏、皮錫瑞，乃至近代羅根澤、屈萬里先生皆有是言。[109]然而，晚清民初學者劉咸炘（1896－1932）則從古代著作之性質而論，云「古子書皆非其人自作」，此誠卓識；又指出朱子以《孔叢子》引《古文尚書》而疑之，丁晏將《孔叢子》、《古文尚書》、《孔子家語》視作王肅偽造，其結論「未免臆斷」，並云：「王肅造《書》之說本無顯證，特近儒以其反鄭而肊之，實則肅欲反鄭，增竄古書以為己證可也，若因反鄭而造古書則太費事，非人情，且果造則所造當皆言禮制足以反鄭之說，不應濫造多言語。」[110]是劉氏亦從情理、邏輯上認為王肅並非作偽者。又如李健、孫少華指出，《孔叢子・詰墨篇》保存今本《墨子》已佚失的〈非儒篇〉，王肅如何能偽造此篇？且王肅《聖證論》已引《孔叢子》名，無疑證明此書早成，否則「王肅豈有引一眾人陌生之書以佐己論之理？」[111]可見王肅偽造《孔叢子》之說，不無問題。許華峰先生考察

---

[108] 以上有關《家語》之相關研究敘述，乃參劉巍：《孔子家語公案探源》（北京：社會科學文獻出版社，2014 年），頁 199-201。

[109] 清・臧琳《經義雜記》卷 22〈相近於坎壇〉：「嘗疑《孔子家語》、《孔安國書傳》、《孔叢子》皆出於肅手，故其文往往互相祖述，蓋三書皆托之孔氏以希人之尊信，用以改鄭說而申己意，駁鄭氏非而申己是者，無不於此取之，故三書即肅之罪案也。……（肅）又恐後人不信其說，因託之《家語》以證之，復恐後人并疑《家語》爲己所私定，故又著之《孔叢子》以證之。肅之詭計勞心往往若此，非好學深思，心知其意者，恐急索解人不得也。」丁晏《尚書餘論》有「《古文尚書孔傳》又見於《孔叢子》，皆一手偽作」一節；皮錫瑞《經學歷史》云：「乃肅……偽造孔安國《尚書傳》、《論語、孝經注》、《孔子家語》、《孔叢子》，共五書，以互相證明；托於孔子及孔氏子孫，使其徒孔衍為之證。」屈萬里先生之論，見：《先秦文史資料考辨》（臺北：聯經出版事業公司，1993 年），頁 474。

[110] 黃曙輝編校：《劉咸炘學術論集・子學編》，頁 432。

[111] 李健、孫少華：〈孔叢子的真偽問題〉，《渤海大學學報（哲學社會科學版）》（2005 年 7 月），27 卷 4 期，頁 31-36。

《孔叢子》引《尚書》材料後，作出結論云：「《孔叢子》引《尚書》相關材料與《偽孔經、傳》不相違背的部分，並無明確的證據可以證明一定引自《偽孔經、傳》，而不是出自其它來源。」並云：「清儒認為王肅或王肅之徒偽造《孔叢子》以羽翼《偽孔經、傳》，顯然證據不足。」[112]

總之，將《家語》、《孔叢子》作者定為王肅，所呈現之證據皆非完善。既然《家語》、《孔叢子》、偽孔《傳》作者不一定是王肅，則江氏云：「《家語》、《孔叢》皆與僞孔《傳》合」，在辨偽證據的效力上就大大降低，誠如李零指出《古文尚書》（包括經、傳、作者）之研究：「關鍵還是基礎材料的查證，因為作偽不可能是憑空捏造，總得有點依據。……查證比結論更重要，還原比剔除更重要。」[113]因此，經查證、還原江氏所舉之例證與論述，其所持王肅作偽之說實難以成立。江氏雖承其師惠棟之說，並從文本上試圖擴充更多證據，但檢視其推論邏輯，併今人研究之成果觀之，江氏對《偽孔》經、傳之辨偽上，可視為《尚書》辨偽學史中的一段歷程，開啟後人對此問題作更深入之研究。

二、王氏《後案》對《偽孔》經、傳之研究及其經學實踐

王氏《後案》一書，除了集鄭、馬、王《注》及兼偽孔《傳》與孔《疏》，並作「案曰」疏通舊注內容，折中於鄭《注》外，於「案曰」中多可見王氏對《偽孔》經、傳之批評；此外，尚有〈尚書後辨〉（以下簡稱〈後辨〉）一卷附於《後案》末，以辨《偽孔》書之失。[114]觀王氏之治《尚

[112] 許華峰：〈《孔叢子》引《尚書》相關材料的分析〉，《先秦兩漢學術》第一期，（2004 年 3 月），頁 195。

[113] 李零：《簡帛古書與學術源流》，頁 256。

[114] 案：本書所用〈尚書後辨〉，即顧寶田、劉連朋校點：《尚書後案．尚書後辨附》（北京：北京大學出版社，2012 年）本。

書》，其《後案・自序》云：「草創于乙丑（乾隆十年，1745），予甫二十有四，成于己亥（乾隆四十四年，1779），五十有八矣。」而由李果序王氏《曲臺叢稿》，知王氏治《尚書》，始著眼對《偽孔》經、傳之辨偽，云：

> （王鳴盛）逾弱冠，纂次已數百卷。疾梅賾古文之偽，作《尚書從朔》攻之。[115]

《尚書從朔》一書，據陳鴻森先生所考，蓋即《後案》書後所附〈後辨〉初稿，又王氏〈石鼓歌〉「我方欲辨壁書偽，傳鈔禿筆勞秋毫」下自注「予撰《尚書從朔》，辨晚晉古文之謬。」[116]按此，可知王氏自二十餘歲研究《尚書》，乃始於對《偽孔》經、傳之辨偽；既對《尚書》辨偽有得，遂進行《後案》之寫作計畫。換言之，釐清「《古文尚書》公案」即王氏《尚書》學之基礎，並以此為立基，並於《後案》中對偽古文以外之篇目進行辨析，考察偽孔於其中作偽與詮釋錯誤之痕跡。

其次，王氏之《古文尚書》辨偽研究，清代學者多有針對其說而辯駁者，專著方面，如吳東發《尚書後案質疑》、[117]王劼《尚書後案駁正》；而於《尚書》專著中，特針對王氏之說立專章、專節辯駁者，如謝庭蘭《古文尚書辨》卷七〈辨王鳴盛尚書後辨〉；而於《尚書》專著中，隨文大量引用王氏之說，並加以辯駁者，如張諧之《尚書古文辨惑》。審視駁正王氏諸作，除對正反證據之再檢驗外，其中多有作者護衛《古文尚書》之思維。要之，在閻、惠之後，王氏於《尚書後案》、〈尚書後辨〉中對《古文尚書》之辨析，確實引起迴響，

循上文所述，本節擬分兩小節：：一、析論王氏於〈尚書後辨〉對《古

---

[115]轉引自陳鴻森：〈王鳴盛年譜（上）〉，《中央研究院歷史語言研究所集刊》，第 82 本，第 4 分，頁 696。

[116]清・王鳴盛：《西莊始存稿・石鼓歌》，《嘉定王鳴盛全集》，冊 10，卷 8，頁 135。

[117]案：此書《清儒學案》有載，但原書今未見。

文尚書》公案之問題；二、探究王氏於《後案》中對於《偽孔》經、傳之批評

(一)〈尚書後辨〉對偽《古文尚書》之析論

王氏之〈尚書後辨〉，其內容大抵可分為兩部分：第一、列舉歷代經史典籍對《古文尚書》之記載，並對其內容加以析論，藉辨《古文尚書》之偽；第二、辨析增多之二十五篇《古文尚書》之內容。以下，依次析論。

王氏《尚書後案・尚書後辨附》列舉涉及《古文尚書》流傳之歷代經史典籍目錄如下：

> 辨孔安國〈序〉；辨孔穎達〈序〉、又辨卷首《疏》；辨陸德明《釋文》；《史記・儒林傳》；《漢書・藝文志》、〈劉歆傳〉、〈儒林傳〉；《後漢書・杜林傳》、〈賈逵傳〉、〈鄭玄傳〉、〈馬融傳〉、〈儒林傳〉；許慎《說文・自序》、慎子沖上〈書〉；《三國志・王朗傳》；《隋書・經籍志》；《舊唐書・經籍志》；《新唐書・藝文志》（見原書卷首）

王氏列此目錄之目的，乃立基於《尚書》於歷史記載上之流傳，藉此凸顯歷史上偽《書》（如：張霸《百兩篇》、梅賾本《古文尚書》）之不可信。此種方式，誠如戴君仁先生所指出者：「他（王鳴盛）把《史記》、兩《漢書》關于真古文《尚書》的記載都舉出，以見其流傳情形，反襯《偽孔》是一無所承。……王氏這種辨偽方法，平實可信，自己不必許多話，而晚書之偽已可見，真是以少許勝人多許者。」[118]張西堂（1901－1960）更明確指出：「王書最有功績的地方，是將偽孔《傳》本模仿《漢志》所載孔壁古文卷數篇數

---

[118]戴君仁：《閻毛古文尚書公案》，頁 140。

的異同盡量揭發出來，使我們可以知其貌同而實異。」[119]

王氏對上列記載之析論，今人施建雄《王鳴盛學術研究》第五章〈王鳴盛的《尚書》學研究（上）〉將之綜合為兩小節：「王鳴盛辨晚出《古文尚書》及孔《傳》之偽」及「今古文《尚書》篇章及傳承之考辨」。施氏之作法，蓋綜合王氏於各文下「辨曰」之性質，再另下標題，統繫王氏之論述。此種方式，實有助於今時讀者系統性的理解王氏〈後辨〉之內容。然細究施氏所列，愚以為或有可調整之處；且施氏大抵只陳列王氏之說，並未對其內容有所評判，較無法凸顯王氏《尚書》辨偽學中之種種問題，此乃較為可惜之處。本文酌參施氏所列，另下標題，並統繫〈後辨〉第一部份之內容，期能立足於前人之基礎上，進一步論述王氏之《尚書》辨偽學。

1. 辨析《尚書》篇目之流傳

上引戴君仁先生論王氏辨偽之法，謂：「把《史記》、兩《漢書》關于真古文《尚書》的記載都舉出，以見其流傳情形。」今觀〈後辨〉最主要之論述，乃辨析史籍記載真《古文尚書》之篇目流傳狀況，藉以凸顯《偽孔》本之非。事實上，王氏不僅要凸顯《偽孔》本之非，更欲廓清歷來史書所載之是非，與學者迷信《偽孔》本之謬。今將王氏對《尚書》篇目流傳之主要說法，分下述三點討論。

(1) 辨《偽孔》篇、卷流傳與史籍記載不合

《偽孔》篇目與史籍記載不合，閻、惠早已論之鑿鑿，此亦《古文尚書》辨偽公案中，最重要的證據之一。而王氏〈後辨〉亦著眼於此，故於「辨孔安國〈序〉」、「辨陸德明《釋文》」、「《漢書・藝文志》」條，於內文之下附以「辨曰」，析論記載之非是，及駁難前人之說。其中說法，或有因未見出土資料而有所誤；[120]但整體言之，以「辨孔安國〈序〉」與「《漢書・藝

---

[119]張西堂：《尚書引論》，頁 171。

[120]如〈後辨〉「辨陸德明《釋文》」條云：「《釋文》于〈舜典〉經文雖依王肅本，但《傳》仍用孔《傳》，何也」、「(《釋文》) 經文亦皆用王肅本，……但《傳》文仍用方興本，則亦終于無識。」案：王氏此論，乃不知《釋文》遭後人刪改，失其本真，故有此說。王利器據敦煌本《釋文・舜

文志》」兩條所辨最為重要。

〈後辨〉「辨孔安國〈序〉」條下，王氏先引偽孔安國〈書序〉云：

> 至魯共王好治宮室，壞孔子舊宅，以廣其居，於壁中得先人所藏古文虞夏商周之書及傳《論語》、《孝經》，皆科斗文字。王又升孔子堂，聞金石絲竹之音，乃不壞宅。悉以書還孔氏。科斗書廢已久，時人無能知者，以所聞伏生之書考論文義，定其可知者，為隸古定，更以竹簡寫之，增多伏生二十五篇。伏生又以〈舜典〉合於〈堯典〉，〈益稷〉合於〈皋陶謨〉，〈盤庚〉三篇合為一，〈康王之誥〉合於〈顧命〉，復出此篇，並〈序〉凡五十九篇，為四十六卷。其餘錯亂摩滅，弗可復知，悉上送官，藏之書府，以待能者。（頁678）

此〈序〉乃就今本《古文尚書》（《偽孔》本）而論。謂伏生本較《古文尚書》少〈舜典〉、〈益稷〉、〈康王之誥〉及〈盤庚〉二篇，古文為二十八篇，依《古文尚書》，宜為三十三篇；此外又增多伏生本所無者二十五篇，為五十八篇，並〈序〉凡五十九篇。

王氏於此文下「辨曰」云：

> 此段皆作偽者展轉遷就之詞，其謬不可勝言。何則？伏生之《書》二十九，歐陽則〈太誓〉分出二篇，為三十一，夏侯仍為二十九。至杜林、衛宏、賈逵及馬、鄭，則用歐陽本，又分出〈盤庚〉二、〈康王之誥〉一，為三十四，而從無所謂三十三篇者。有之，自偽《書》始。孔壁增多之《書》十六，內〈九共〉

典音義》與今本比較，知《釋文》于〈舜典〉經、《傳》皆用王肅本也。有關《經典釋文》遭刪改之相關問題，見王利器：《曉傳書齋文史論集》（香港：香港中文大學出版社，1989 年），頁48-49。

出八，為二十四，而從無所謂二十五篇者，有之，亦自偽《書》始。蓋作偽者貪〈太誓〉文多，易于剽襲，既已別撰三篇，乃于伏《書》去其〈太誓〉，則三十四者僅存三十一。又于其中妄分〈舜典〉、〈益稷〉，于是遂為三十三矣。至增多之《書》雖亡，其篇目、篇數鄭具述之，作偽者豈不欲照彼撰之，無奈中有〈汨作〉、〈九共〉等，皆不能憑空構造，故不得已祇就其有可捃摭依傍者，綴緝以成篇，而不顧其與鄭所述不合，于是遂為二十五矣。夫真《書》五十八篇，偽《書》亦五十八篇，其篇數似合，而不知真《書》乃三十四與二十四為五十八，偽《書》則三十三與二十五為五十八，此篇數似合而實不合也。真《書》四十六卷，偽《書》亦四十六卷，其卷數似合，而不知真《書》三十四篇內，〈盤庚〉三篇同卷，〈太誓〉三篇同卷，〈顧命〉、〈康王之誥〉二篇同卷，實二十九卷；二十四篇內〈九共〉九篇同卷，實十六卷，共四十五卷耳。桓譚《新論》云「古文《尚書》舊有四十五卷，為五十八篇」，是也。《漢・藝文志》云「四十六卷」者，兼〈序〉言之，而偽《書》乃除〈序〉為四十六，此卷數似合而實不合也。作偽者既欲同于真《書》之篇數、卷數，而無如不能盡合，進退兩無所據。《疏》曲為附會，乃援伏《書》之〈序〉在卷數外以為例，（自注：朱氏彝尊以伏《書》只二十八，云二十九者，其一是〈序〉，非也。）一若以〈藝文志〉所載〈序〉即在卷數內為非者然。然則何以篇數、卷數又必有意曲與之合也？且所謂同序同卷、異序異卷者，亦非也。伏《書》〈康誥〉、〈酒誥〉、〈梓材〉同序而異卷，〈顧命〉、〈康王之誥〉異序而同卷，孔《書》〈汨作〉、〈九共〉、〈大禹謨〉、〈棄稷〉、〈伊訓〉、〈肆命〉皆同序而異卷。作偽者乃創為此例，何足信哉！（頁679-680）

此論要點有二：一、辨《偽孔》本分伏生本為三十三篇，以及增多之二十五篇。二、辨真《書》與偽《書》篇數、卷數不合。以下即就此兩點進行論述：

就第一點論之，王氏認為伏生之《書》本二十九篇，[121]爾後杜林、衛宏、賈逵及馬、鄭用歐陽本（案：歐陽本經分〈太誓〉為三，共三十一篇），又分出〈盤庚〉二、〈康王之誥〉一，為三十四；為三十三篇者，始於《偽孔》。案：王氏謂分三十三篇者，始於《偽孔》者，是也；王劼（生卒不詳）篤信偽〈書大序〉說，則謂「增多伏生二十五篇，伏生自為三十三篇明矣」，[122]實為謬說，不足信。然王氏辨云「杜林、衛宏、賈逵及馬、鄭，則用歐陽本」者，不知何據？即杜林、衛宏、賈逵及馬、鄭所傳之《古文尚書》本亦可能本為三十四篇，而不用另據歐陽本而分合。其次，王氏指出增多二十五篇者，乃自偽《書》始。雖然有鄭氏《古文尚書》增多之篇目十六篇（析之為二十四篇）的記載，但〈汩作〉、〈九共〉佚文偽孔氏未見，無所依傍，不能憑空構造，顧不得其與鄭所述篇目不合，於是遂為二十五矣。其次，《偽孔》本增多之二十五篇與鄭注〈書序〉所增之十六篇，有十一篇篇目相同者，如〈大禹謨〉一篇，《偽孔》本所依傍者，多為先秦經籍，但並未有明確見先秦引述〈大禹謨〉篇目者，因此如江聲《集注音疏．大禹謨》也未列逸文。可見，有無佚文，並非成為作偽者造偽書之證據。

就第二點論之，王氏辨真《書》與偽《書》篇數、卷數不合，實多循閻若璩說而來。《尚書古文疏證》第一條「言兩《漢書》所載古文篇數與今異」，從《漢書》記載指出西漢對《古文尚書》增多之篇為十六，於是於第三條「言鄭康成所注古文篇名與今異」云：「孔則增多於伏生者二十五篇，鄭則增多於伏生者十六篇」，知閻氏早已指出《偽孔》本增多之篇數與史籍記載不合。[123]王氏賡續閻氏之說，云：「夫真《書》五十八篇，偽《書》亦

---

[121]案：王氏認為此二十九篇有〈太誓〉，〈康王之誥〉合於〈顧命〉之中。

[122]清．王劼：《尚書後案駁正》，《四庫未收書輯刊》本，卷上，頁3b，總頁81。

[123]關於閻若璩對漢代《古文尚書》與今本《尚書》篇數、篇目的異同問題，以及辨偽方法，可參許華峰：《閻若璩尚書古文疏證的辨偽方法》（永和市：花木蘭文化工作坊，2005年），頁68-72。

五十八篇，其篇數似合，而不知真《書》乃三十四與二十四為五十八，偽《書》則三十三與二十五為五十八，此篇數似合而實不合也。」換言之，真《書》與偽《書》雖同為五十八篇，但組成實不合，王氏於《蛾術編・尚書古今文》說亦同。[124]其次，王氏又論卷數組成之情形，謂真《書》、偽《書》皆云四十六卷，但組成上兩者先於篇目不合，又《漢書・藝文志》云「四十六卷」者，兼〈序〉言之，但偽《書》卻將除〈序〉後的五十八篇，總繫為四十六卷，故云：「此卷數似合而實不合也。」

王氏又指出孔《疏》云：「此云四十六卷者，不見安國明說，蓋以同序者同卷，異序者異卷，故五十八篇為四十六卷。」王氏斥孔《疏》曲為附會，並提出證據云：「伏《書》〈康誥〉、〈酒誥〉、〈梓材〉同序而異卷，〈顧命〉、〈康王之誥〉異序而同卷，孔《書》〈汨作〉、〈九共〉，〈大禹謨〉、〈棄稷〉，〈伊訓〉、〈肆命〉皆同序而異卷。作偽者乃創為此例，何足信哉！」又觀同條「〈書序〉，序所以為作者之意，昭然義見，宜相附近，故引之各冠其篇首」下，王氏作「辨曰」云：「此節亦是極大關目，辨偽者當從此著眼。蓋真古文五十八篇，為四十五卷，加〈序〉一篇，為四十六卷。偽古文則五十八篇，已足四十六卷之數矣，若再加〈序〉一卷，則為四十七卷，與〈漢志〉不合，不得已遷就其辭，引〈序〉各冠篇首，而不知伏、孔之《書》皆無此例也。」[125]今案：《偽孔》本將各序冠諸各篇之前，故以一序當一卷，通計四十六卷，而非一目當一卷，此乃《偽孔》本之計卷方式。又王氏指出〈康誥〉、〈酒誥〉、〈梓材〉同序者，實誤，蓋〈酒誥〉、〈梓材〉序併失，不得謂之同序（下云〈汨作〉、〈九共〉之情況同，〈九共〉之序佚）；又〈顧命〉、〈康王之誥〉異序而同卷之說可商（詳下文），皆未足以當證據。又王氏謂偽孔氏為了求與〈漢志〉合，不得已遷就其辭，引〈序〉各冠篇首之說，實過於臆測。誠如程師元敏以東漢經解體為例，云：「漢逮馬融注《周

---

[124] 王鳴盛《蛾術編・尚書古今文》云：「其篇總共五十八，乃是二十四與三十四合爲五十八，而非今之三十三與二十五合爲五十八者也。」見《蛾術編》，《嘉定王鳴盛全集》，冊7，頁90。

[125] 《尚書後案・尚書後辨》，頁681。

禮》，始以經、注連文，用省兩檢之煩，此解經體制一大進步，鄭玄、王弼引《易傳》附經、杜預之集解《春秋經》、《傳》，皆基於此理念。偽孔《經》、《傳》殆東晉人作，言序、經『宜相附近』，當屬實情。」[126]可見《偽孔》本以序冠於經前，意同東漢經師以經、注連文，是方便解經，而不一定是有意要附會〈漢志〉四十六卷之說。

(2) 辨《古文尚書》之篇目卷次

王氏既辨明《偽孔》篇、卷之流傳與史籍記載不合，雖過程不無小疵，然立基大抵合理。因此，王氏又進一步計算孔壁古文之篇次問題，於〈後辨〉「《漢書・藝文志》」條，「《歐陽章句》三十一卷，《大、小夏侯章句》各二十九卷」下，「辨曰」云：

> 今依元第次之：〈堯典〉卷一（自注：梅本分出〈舜典〉），〈舜典〉卷二（自注：別有〈舜典〉），〈汩作〉卷三，〈九共〉九篇卷四，〈大禹謨〉卷五，〈皋陶謨〉卷六（自注：梅本分出〈益稷〉），〈棄稷〉卷七（自注：別有〈棄稷〉），〈禹貢〉卷八，〈甘誓〉卷九，〈五子之歌〉卷十，〈胤征〉卷十一，〈湯誓〉卷十二，〈湯誥〉卷十三，〈咸有一德〉卷十四（自注：梅本次〈太甲〉），〈典寶〉卷十五（自注：梅本次〈湯誓〉），〈伊訓〉卷十六（自注：梅本〈湯誥〉），〈肆命〉卷十七，〈原命〉卷十八，〈盤庚〉三篇卷十九，〈高宗肜日〉卷二十，〈西伯戡黎〉卷二十一，〈微子〉卷二十二，〈太誓〉三篇卷二十三，〈牧誓〉卷二十四，〈武成〉卷二十五（自注：建武之際亡，班氏作〈志〉已亡而虛其卷數，仍劉氏〈別錄〉之舊，不敢擅改），〈洪範〉卷二十六，〈旅獒〉卷二十七，〈金縢〉卷二十八，〈大誥〉卷二十九，〈康誥〉卷三十，〈酒誥〉卷三十一，〈梓材〉卷三十二，〈召誥〉卷三十三，〈洛

[126]程師元敏：《書序通考》，頁141。

誥〉卷三十四，〈多士〉卷三十五，〈無逸〉卷三十六，〈君奭〉卷三十七，〈多方〉卷三十八，〈立政〉卷三十九，〈顧命〉、〈康王之誥〉卷四十，〈冏命〉(自注：〈律歷志〉載〈畢命〉文即劉歆載之〈三統曆〉者，穎達作〈冏命〉，冏當為畢字之訛也)卷四十一，〈費誓〉卷四十二(自注：梅本次〈蔡仲之命〉)，〈呂刑〉卷四十三，〈文侯之命〉卷四十四，〈秦誓〉卷四十五，百篇之〈序〉合為一篇，卷四十六。(自注：閻氏若璩所次，不知〈益稷〉當為〈棄稷〉，誤一；〈咸有一德〉等篇仍依梅本之次，誤二；〈武成〉不入卷數，誤三；〈顧命〉、〈康王之誥〉異卷，誤四；不知〈冏命〉當為〈畢命〉，誤五)(頁693)

王氏此論乃重新釐訂《尚書》篇目次第，並於其中糾正《偽孔》以及閻若璩之誤。閻氏所列《古文尚書》篇目卷次，見《尚書古文疏證》第四條，茲為方便討論，謹以表格形式，將《偽孔》本、閻若璩、王氏所列之次，製表如下：

篇次序列	偽孔本篇目次第	閻若璩所列卷數	王鳴盛所列卷數
1	〈堯典〉	〈堯典〉卷一	〈堯典〉卷一
2	〈舜典〉	〈舜典〉卷二	〈舜典〉卷二
3	〈大禹謨〉	〈汨作〉卷三	〈汨作〉卷三
4	〈皋陶謨〉	〈九共〉九篇卷四	〈九共〉九篇卷四
5	〈益稷〉	〈大禹謨〉卷五	〈大禹謨〉卷五
6	〈禹貢〉	〈皋陶謨〉卷六	〈皋陶謨〉卷六
7	〈甘誓〉	〈益稷〉卷七	〈棄稷〉卷七
8	〈五子之歌〉	〈禹貢〉卷八	〈禹貢〉卷八
9	〈胤征〉	〈甘誓〉卷九	〈甘誓〉卷九
10	〈湯誓〉	〈五子之歌〉卷十	〈五子之歌〉卷十
11	〈仲虺之誥〉	〈胤征〉卷十一	〈胤征〉卷十一

篇次序列	偽孔本篇目次第	閻若璩所列卷數	王鳴盛所列卷數
12	〈湯誥〉	〈湯誓〉卷十二	〈湯誓〉卷十二
13	〈伊訓〉	〈典寶〉卷十三	〈湯誥〉卷十三
14	〈太甲上〉	〈湯誥〉卷十四	〈咸有一德〉卷十四
15	〈太甲中〉	〈咸有一德〉卷十五	〈典寶〉卷十五
16	〈太甲下〉	〈伊訓〉卷十六	〈伊訓〉卷十六
17	〈咸有一德〉	〈肆命〉卷十七	〈肆命〉卷十七
18	〈盤庚上〉	〈原命〉卷十八	〈原命〉卷十八
19	〈盤庚中〉	〈盤庚〉三篇卷十九	〈盤庚〉三篇卷十九
20	〈盤庚下〉	〈高宗肜日〉卷二十	〈高宗肜日〉卷二十
21	〈說命上〉	〈西伯戡黎〉卷二十一	〈西伯戡黎〉卷二十一
22	〈說命中〉	〈微子〉卷二十二	〈微子〉卷二十二
23	〈說命下〉	偽〈泰誓〉三篇卷二十三	〈太誓〉三篇卷二十三
24	〈高宗肜日〉第十五	〈牧誓〉卷二十四	〈牧誓〉卷二十四
25	〈西伯戡黎〉	〈洪範〉卷二十五	〈武成〉卷二十五
26	〈微子〉	〈旅獒〉卷二十六	〈洪範〉卷二十六
27	〈泰誓上〉	〈金縢〉卷二十七	〈旅獒〉卷二十七
28	〈泰誓中〉	〈大誥〉卷二十八	〈金縢〉卷二十八
29	〈泰誓下〉	〈康誥〉卷二十九	〈大誥〉卷二十九
30	〈牧誓〉	〈酒誥〉卷三十	〈康誥〉卷三十
31	〈武成〉	〈梓材〉卷三十一	〈酒誥〉卷三十一
32	〈洪範〉	〈召誥〉卷三十二	〈梓材〉卷三十二
33	〈旅獒〉	〈洛誥〉卷三十三	〈召誥〉卷三十三
34	〈金縢〉	〈多士〉卷三十四	〈洛誥〉卷三十四
35	〈大誥〉	〈無逸〉卷三十五	〈多士〉卷三十五
36	〈微子之命〉	〈君奭〉卷三十六	〈無逸〉卷三十六
37	〈康誥〉	〈多方〉卷三十七	〈君奭〉卷三十七
38	〈酒誥〉	〈立政〉卷三十八	〈多方〉卷三十八
39	〈梓材〉	〈顧命〉卷三十九	〈立政〉卷三十九
40	〈召誥〉	〈康王之誥〉卷四十	〈顧命〉、〈康王之誥〉卷四

篇次序列	偽孔本篇目次第	閻若璩所列卷數	王鳴盛所列卷數
			十
41	〈洛誥〉	〈冏命〉卷四十一	〈冏命〉卷四十一
42	〈多士〉	〈費誓〉卷四十二	〈費誓〉卷四十二
43	〈無逸〉	〈呂刑〉卷四十三	〈呂刑〉卷四十三
44	〈君奭〉	〈文侯之命〉卷四十四	〈文侯之命〉卷四十四
45	〈蔡仲之命〉	〈秦誓〉卷四十五	〈秦誓〉卷四十五
46	〈多方〉	百篇〈序〉合為一篇卷四十六	百篇之〈序〉合為一篇，卷四十六
47	〈立政〉		
48	〈周官〉		
49	〈君陳〉		
50	〈顧命〉		
51	〈康王之誥〉		
52	〈畢命〉		
53	〈君牙〉		
54	〈冏命〉		
55	〈呂刑〉		
56	〈文侯之命〉		
57	〈費誓〉		
58	〈秦誓〉		

上表閻、王二氏所列之篇目、卷次，可知略有異同，而此異同王氏已於原文中以自注方式指出，今釐其要點如下，並加以評判：

(A)〈益稷〉是否為〈棄稷〉之問題

王氏將〈棄稷〉列卷七，並自注：「別有〈棄稷〉」；而閻氏則列〈益稷〉卷七。對此，王氏認為此乃閻氏之誤。案：王氏《後案‧書序》「作大禹、皐陶謨、益稷」條下先引孔《疏》云：

> 馬、鄭、王所據〈書序〉，此篇名為〈棄稷〉，又合此篇於〈皐陶

> 謨〉，謂其別有〈棄稷〉之篇，皆由不見古文，妄為說耳。（卷30，頁631）

下「案曰」云：

> 〈益稷〉《疏》云：「鄭、馬、王以此篇名爲〈棄稷〉，又合此篇于〈皋陶謨〉，謂其別有〈棄稷〉之篇」者，蔡邕《獨斷》云漢明帝詔有司采《尚書・皋陶篇》制冕旒，今其制正在〈益稷〉內，可見不可分。且孔穎達于書《疏》以馬、鄭、王合爲一篇，別有〈棄稷〉之篇爲妄說，及作《詩・齊譜・疏》又引〈皋陶謨〉「弼成五服，一人之作，自相矛盾。蓋穎達明知鄭眞孔僞，因孔完鄭缺，有意扶僞斥眞耳，皆非也。楊子《法言・孝至篇》：「或問忠言嘉謨。曰：言合稷、契之謂忠，謨合皋陶之謂嘉」，若如晚晉本〈稷契〉無一遺言，子雲何以遽立此論？只因揚所見眞〈棄稷〉，篇中多稷契之言者，至晉而亾，今之割〈皋陶謨〉下半以爲〈益稷〉者，乃晉人所分也。（同上）

王氏此批評孔《疏》之論，誠為中肯。是王氏據鄭、馬、王本，認為有〈棄稷〉無〈益稷〉，今作〈益稷〉者，乃《偽孔》本割裂〈皋陶謨〉下半以爲之也。且王氏以揚雄《法言・孝至篇》為證，證明揚雄所見者為〈稷契〉（〈棄稷〉），非〈益稷〉。其實王氏之前，閻、惠二家早已有說，觀閻氏《疏證》卷五上第六十六條云：

> 且〈益稷〉據〈書序〉原名〈棄稷〉，馬、鄭、王三家本皆然。蓋別為逸《書》，中多載后稷之言，或契之言，是以揚子雲親見之，著《法言・孝至篇》：「或問『忠言嘉謨』曰：『言合稷、契之謂忠，謨合皋陶之謂嘉。』」不然，如今之〈虞書〉五篇，皋陶矢謨

> 固多矣，而稷與契曾無一話一言流傳於代。子雲豈鑿空者耶？胡輕立此論。……當子雲之時，〈棄稷〉見存，故謂「合稷、契之謂忠」。[127]

又惠棟《古文尚書攷》卷上云：

> 其外乃別有〈棄稷〉之篇，未有所謂〈益稷〉篇目者，梅氏乃以篇中有「臯益」、「臯稷」之文，遂斷自「帝曰來禹」以下，改〈棄稷〉之名爲〈益稷〉，亦其便于省造之私智也。[128]

所論皆謂今本〈益稷〉乃作偽者所為，《尚書》原有的只有〈棄稷〉一篇，已亡，然漢代揚雄猶及見之。

由此可見，閻氏知道〈益稷〉當為〈棄稷〉；又閻氏於《疏證》卷一第四條云「他若〈益稷〉或名〈棄稷〉，其小小牴牾，茲固未暇釐正云」，[129]故王氏批評閻氏「不知〈益稷〉當為〈棄稷〉，誤一」之說，未見中肯。

(B)〈咸有一德〉等篇之篇次問題

觀閻氏所列次第，「〈典寶〉卷十三，〈湯誥〉卷十四，〈咸有一德〉卷十五」，而王氏則列「〈湯誥〉卷十三，〈咸有一德〉卷十四，〈典寶〉卷十五」，並於文末批評閻氏云：「〈咸有一德〉等篇仍依梅本之次，誤二」。上引王氏云：「〈咸有一德〉卷十四（自注：梅本次〈太甲〉），〈典寶〉卷十五（自注：梅本次〈湯誓〉）。」今簡表如下：

---

[127]清・閻若璩：《尚書古文疏證》，卷 5 上，頁 206。

[128]清・惠棟：《古文尚書攷》，《續修四庫全書》本，卷上，頁 21a，總頁 67。

[129]清・閻若璩：《尚書古文疏證》，卷 1，頁 15。

偽孔本書序次第	閻若璩	王鳴盛
〈湯誓〉	〈湯誓〉卷十二	〈湯誓〉卷十二
〈夏社〉、〈疑至〉、〈臣扈〉（孔《傳》：「三篇皆亡」）	〈典寶〉卷十三	〈湯誥〉卷十三
〈典寶〉（孔《傳》：「亡」）	〈湯誥〉卷十四	〈咸有一德〉卷十四
〈仲虺之誥〉	〈咸有一德〉卷十五	〈典寶〉卷十五
〈湯誥〉	〈伊訓〉卷十六	〈伊訓〉卷十六
〈明居〉（孔《傳》：「亡」）		
〈伊訓〉		
〈肆命〉、〈徂后〉（孔《傳》：「二篇亡」）		
〈太甲上、中、下〉		
〈咸有一德〉		

王氏據上引孔穎達載鄭玄依劉向《別錄》本篇次與《偽孔》本不同者，「孔以〈咸有一德〉次〈太甲〉後，第四十；鄭以爲在〈湯誥〉後，第三十二。」知鄭本〈咸有一德〉在〈湯誥〉後；又據《尚書注疏・虞書》題下孔《疏》舉鄭注〈書序〉云：「〈湯誥〉十六，〈咸有一德〉十七，〈典寶〉十八，〈伊訓〉十九」，[130]故排序如此。也因此，王氏批評閻氏未按《古文尚書》之次列序，而以為閻氏列〈咸有一德〉於〈典寶〉後，是依梅本之次。

然而，誠如段玉裁指出：「按《正義》舉鄭注〈書序〉：『〈湯誥〉十六，〈咸有一德〉十七，〈典寶〉十八，〈伊訓〉十九。』據此，則〈典寶〉在〈咸有一德〉之後，〈伊訓〉之前。而《正義》說百篇次第孔、鄭不同，但舉〈湯誓〉、〈咸有一德〉、〈蔡仲之命〉、〈周官〉、〈粊誓〉五篇，不舉〈典寶〉。用此知《正義》所舉次第不同者，尚未備也。但據二十四篇次第，知〈典寶〉在〈咸有一德〉後、〈伊訓〉前；而百篇次第，〈伊訓〉之前尚有〈明居〉，未知鄭本〈典寶〉在〈明居〉後，抑在〈明居〉前也，姑從孔

[130]唐・孔穎達：《尚書注疏》，卷 2，頁 2b，總頁 17。

本。」[131]換言之，段氏指出《正義》所舉次第不同者，並未完備，如果按《正義》說百篇次第孔、鄭不同者不舉〈典寶〉，則〈典寶〉亦有可能列於〈咸有一德〉之前，則閻氏所列之序，未必非也。

(C)〈武成〉是否計入四十六卷之問題

觀閻、王二氏所列篇目次第卷二十五之次，閻氏為「〈洪範〉卷二十五」，王氏則為「〈武成〉卷二十五」，對此，王氏批評閻氏云：「〈武成〉不入卷數，誤三。」案：《漢書・藝文志》云：「《尚書》古文經四十六卷」，此四十六卷，乃孔壁原本，《漢書・藝文志》云：「孔安國者，孔子後也，悉得其書，以考二十九篇，得多十六篇。」可見伏書本為二十九篇，孔壁多得者十六篇，其中〈九共〉九篇一卷，〈書序〉總一卷，共四十六卷。據孔《疏》載鄭注〈書序〉，此十六篇〈武成〉列二十二，然孔《疏》引鄭玄云：

> 〈武成〉，逸書，建武之際亡。[132]

是逸十六篇本有〈武成〉，又〈太誓〉乃漢武帝末時得之，不應計入此四十六卷。[133]據此，則閻氏刪〈武成〉，增晚出〈太誓〉，蓋失。

王氏因此更云：

> (〈武成〉)建武之際亡，班氏作〈志〉已亡而虛其卷數，仍劉氏《別錄》之舊，不敢擅改。(頁693)

又云：

---

[131]清・段玉裁：《古文尚書撰異》，卷32，頁9b，總頁290。

[132]唐・孔穎達：《尚書注疏》，卷11，頁20a，總頁160。

[133]有關《古文尚書》四十六卷之篇卷目次構成情形，見程師元敏：〈古文尚書之壁藏發現獻上及篇卷目次考〉，《孔孟學報》第66期，頁83-97

> 閻氏所次五十八篇，四十六卷，不數〈武成〉，減其一卷，而以〈顧命〉、〈康王之誥〉分為二卷，以足之。不知〈武成〉雖亡，班固必虛其一卷，以還其舊，決不刪併其卷數。（頁694）

〈武成〉亡於建武之際，本經雖亡，然篇目必存，班固當及見之，即如沈彤（1688－1752）云：「班之〈藝文志〉即劉之〈七略〉，劉在成哀閒領校祕書，班在顯宗時典其職，於所謂十六篇者，皆親見其文而載之於書（自注：按《正義》載鄭氏云『〈武成〉，逸書，建武之際亡』，是班撰〈志〉時尚存十五篇）。」[134]故不需如閻氏減其一卷，是王氏此評有理。

(D)〈顧命〉、〈康王之誥〉之分卷問題

檢閻、王二家所列卷目次第，閻氏列〈顧命〉卷三十九，〈康王之誥〉卷四十；王氏列〈立政〉卷三十九，〈顧命〉、〈康王之誥〉卷四十，並批評閻氏云：「〈顧命〉、〈康王之誥〉異卷，誤四」，知二家對於〈顧命〉、〈康王之誥〉是否該併為一卷，意見分歧。觀王氏云：

> 至〈顧命〉、〈康王之誥〉，篇雖分，卷必不分。若分為二，則反同于梅賾異序異卷之妄談矣！馬、鄭必不如此，此閻氏之誤也。（頁694）

知王氏雖贊成〈顧命〉、〈康王之誥〉分篇，但認為兩篇同為一卷，理由是若此兩篇異序異卷，則同孔《疏》云：「此云四十六卷者，不見安國明說，蓋以同序者同卷，異序者異卷，故五十八篇為四十六卷。」案：《偽孔》以一序為一卷之說，已見上文；觀此四十六卷五十八篇，絕無異目共一卷者，王氏此說蓋無證據。推測王氏此論，乃以為「杜林、衛宏、賈逵及馬、鄭，則用歐陽本」，而歐陽本〈漢志〉著錄經三十二卷，章句三十一卷（分〈太

---

[134] 清・沈彤：《果堂集・古文尚書攷序》，《文淵閣四庫全書》本，卷5，頁2a。

誓〉三篇，合〈顧命〉、〈康王之誥〉為一篇，且不含〈書序〉)，是王氏雖承認伏生本〈顧命〉、〈康王之誥〉分篇，但因將〈太誓〉計入四十六卷中，如此，若不將〈顧命〉、〈康王之誥〉併卷，則無法合四十六卷之數。然伏生本並無〈太誓〉，〈太誓〉晚出，故王氏對閻氏之批評，非中肯之論。

(E)〈冏命〉是否為〈畢命〉之問題

觀王氏於〈冏命〉下自注云：「〈律歷志〉載〈畢命〉文即劉歆載之〈三統曆〉者，穎達作〈冏命〉，冏當為畢字之訛也。」並於文末批評閻氏：「不知〈冏命〉當為〈畢命〉，誤五。」案：首先提出冏當為畢字之訛者為惠棟，王氏此論多陰襲惠說。觀《古文尚書攷・鄭氏述古文逸書二十四篇》云：

> 〈䍐命〉(自注：當作〈畢命〉)[135]

又「證孔氏逸《書》九條」條云：

> 逸《書》有〈冏命〉，愚謂：冏當作畢，字之誤也。劉歆〈三統秝〉云：「畢命豐刑曰：惟十有二年六月庚午朏，王命作策豐刑(自注：一云『作策書豐刑』)。」康成〈畢命序〉《注》云：「今其逸篇有冊命霍矦之事，不同與此序相應。」蓋亦據孔氏逸《書》爲說。[136]

段氏《撰異》贊同惠棟之說，更申之云：

> 玉裁按：惠說蓋是也。鄭云「不同與此序相應」七字一句，謂

[135]清・惠棟：《古文尚書攷》，《續修四庫全書》本，卷上，頁3a，總頁58。

[136]清・惠棟：《古文尚書攷》，《續修四庫全書》本，卷上，頁11b，總頁62。

> 〈序〉無策命霍侯之事，而篇中有之，不相同也。其下又有「非也」二字，亦是鄭語。謂祕《書》所謂〈畢命篇〉者，蓋非〈畢命〉也。古文疑信參半，絕無師說，此諸大儒所以不敢為之注也。但鄭親見此篇，舊稱〈畢命〉，則二十四篇有〈畢命〉無〈冏命〉可知矣。[137]

〈畢命序〉:「康王命作冊畢，分居里，成周郊，作〈畢命〉。」鄭《注》云:「今其逸篇有冊命霍侯之事，不同與此序相應，非也。」此鄭玄云「逸篇」者，據孔《疏》引鄭注〈書序〉逸十六篇只有〈冏命〉無〈畢命〉，也因此惠、段、王氏以為「冏」乃「畢」字之誤。且鄭云「不同與此序相應」，顯然鄭玄所見者，為冊命霍侯之事，非康王命作冊畢之事，故又云「非也」。又鄭云「今其逸篇有冊命霍侯之事」，與劉歆〈三統秝〉引「畢命豐刑」云云合，惠棟因此以為此即鄭玄所說的逸篇，也就是〈畢命〉。然而，綜合言之，惠、段、王三家實以意推估之，屬於理校，並無明確的版本證據證明「冏」乃「畢」字之誤。反觀閻若璩、江聲論及此較為謹慎，閻氏《疏證》云：

> 孔《疏》引鄭康成曰:「今其逸篇有冊命霍侯之事，不同與此〈序〉相應，非也。」「此〈序〉」指〈畢命〉〈書小序〉言。予考之〈周書〉七十篇，無冊命霍侯。而齊梁間所出，康成又不及見，然則其所謂逸篇者，必另有一書，今不可見。[138]

閻氏認為鄭玄所說逸篇，必另有一書，但未敢確定是何書；又江氏於《集注音疏》〈畢命序〉云：

[137] 清・段玉裁:《古文尚書撰異》,《續修四庫全書》本，卷 32，頁 43a-b，總頁 307。

[138] 清・閻若璩:《尚書古文疏證》，卷 5 上，頁 223。

案劉歆〈三統秝〉有引「畢命豐刑」之文，葢漢世別有〈畢命篇〉，鄭君亦及見之，故據以爲言也。云「不同與此敍相應」者，此必引者之誤也。當云「不與此敍相應」，《正義》引之，誤多「同」字；抑或不同承冊命，言謂冊命事不同，下別言「與此敍不相應」，引少一「不」字爾。逸篇是冊命霍矦，此〈敍〉言作冊畢公，是不相應也。云「非也」者，旣不相應，則逸篇非此篇書矣。（卷11，頁86a，總頁3142）

江氏認為鄭玄所見之「逸篇」，為漢代所傳之別本〈畢命篇〉；而云「當云『不與此敍相應』，《正義》引之，誤多『同』字」，後阮元〈校勘記〉與江氏說近。[139]又云「既不相應，則逸篇非此篇書矣」，意與閻氏同，謂鄭玄所見之「逸篇」，並非〈畢命序〉所繫之篇。值得注意者，江氏亦與閻氏同，並不從惠棟〈冏命〉當為〈畢命〉之說，實較惠、王、段謹慎。

(F) 辨《偽孔》經、傳之流傳與作者問題

此條主要見〈後辨〉引《尚書正義》卷首《疏》云：

至晉世王肅注《書》，始似竊見孔《傳》，故注「亂其紀綱」爲夏太康時。又《晉書・皇甫謐傳》云：「姑子外弟梁柳邊得《古文尚書》，故作《帝王世紀》，往往載孔傳五十八篇之《書》。」《晉書》又云：「晉太保公鄭沖以古文授扶風蘇愉，愉字休預。預授天水梁柳，字洪季，即謐之外弟也。季授城陽臧曹，字彥始。始授郡守子汝南梅賾，字仲真，又爲豫章內史，遂於前晉奏上其書而施行焉。」（頁688）

---

[139] 案：阮元〈校勘記〉云：「『與此序相應』，浦鏜從《埤傳》作『與此不應』。○按：『不同』，謂異於豐刑也。〈漢志〉豐刑本異於〈序〉，逸篇冊命霍侯又與〈漢志〉不同，亦不與〈序〉相應，故知其非也。『與』字上宜更有『不』字，或衍『同』字，亦通。《埤傳》似不可從。」見《尚書注疏》，卷19，頁2a，總頁305。

於下「辨曰」云：

> 今《晉書・皇甫謐傳》但云：「謐字士安，安定朝那人。博綜典籍，以著述為務。城陽太守梁柳，謐從姑子也，當之官，人勸謐餞之。謐曰：『柳為布衣時過吾，吾送迎不出門，食不過鹽菜，貧者不以酒肉為禮。今作郡而送之，是貴城陽太守而賤梁柳，非古人之道也。』太康三年卒，年六十八。謐著《帝王世紀》、《年歷》。」並不言得古文《書》。又〈鄭沖列傳〉：「字文和，滎陽開封人。耽玩經史，遂博究儒術及百家之言。嘉平三年，拜司空。及高貴鄉公講《尚書》，沖執經親授，與侍中鄭小同俱被賞賜。」又言其與何晏等共成《論語集解》上之，亦不言傳《古文尚書》。穎達所據似別是一種《晉書》。又言梅賾「于前晉奏上」，「前」字恐誤，何也？〈舜典〉《疏》明言「東晉之初，梅賾獻《書》」，何自相矛盾？況前晉秘《書》，見存偽《書》，寧得施行邪？且今《晉書・荀崧傳》：「元帝踐阼，崧轉太常。時方修學校，置博士，《尚書》鄭氏一人，《古文尚書》孔氏一人。」則孔氏之立，似即在斯時，穎達之誤不待言。（同上）

此段為王氏辨孔《疏》之論，並提出幾點意見：一、據《晉書・皇甫謐傳》，皇甫謐但作《帝王世紀》、《年歷》，不言得古文《書》；二、〈鄭沖列傳〉載鄭沖與何晏等共成《論語集解》上之，亦不言傳《古文尚書》；三、孔《疏》言梅賾「于前晉奏上」《古文尚書》，但王氏指出〈舜典〉《疏》明言「東晉之初，梅賾獻《書》」，因此懷疑「前晉」之「前」是誤字。又《晉書・荀崧傳》載「《尚書》鄭氏一人，《古文尚書》孔氏一人。」則《古文尚書》之立在東晉之時。

案：關於王氏此三點之論，前兩點之問題在於言鄭沖、皇甫謐傳《古文尚書》之記載為孔《疏》所引之《晉書》，然而孔《疏》所引之《晉書》內容，今本之《晉書》卻無，因此王氏言「穎達所據似別是一種《晉書》」，並加以質疑。若案今本之《晉書》，則孔《疏》所言並未能成為鐵證；但若信孔《疏》，則證《偽孔》經傳乃出於鄭沖，程師元敏即據孔穎達所載，謂此書出鄭沖，下傳梅賾，自北至南。[140]又，據程師元敏對照《帝王世紀》與《偽孔》，證明皇甫謐有明用及暗用《偽孔》本（經、傳）之現象，[141]如此，則或可證孔《疏》所引。

第三點，王氏懷疑「前晉」之「前」是誤字，閻若璩早已先提出，《疏證》云：

> 穎達又於〈虞書〉下引《晉書》云「前晉奏上其書而施行焉。」「前」字疑訛，不然，前晉秘《書》見存，偽《書》寧得施行耶？且今《晉書・荀崧傳》:「元帝踐祚，崧轉太常，時方修學校，置博士，《尚書》鄭氏一人，《古文尚書》孔氏一人。」則孔氏之立，似即在斯時。穎達所引《晉書》乃別一本，今無可考。[142]

閻氏此說是。若按孔《疏》所引，前晉時真《古文尚書》藏於中秘，偽《書》無可能立學。且《晉書・荀崧傳》載元帝時立《古文尚書》，可見偽古文《書》力學乃東晉時事。閻、王二氏說是。

以上為王氏論《偽孔》經、傳之流傳問題；而同上條，王氏又云：

> 偽《書》非王肅作，即皇甫謐作，大約不外二人手。彼見秘府所存衰微，遂別撰一書。（頁688）

---

140 程師元敏：〈說偽古文尚書經傳之流傳〉，《漢學研究》第 11 卷第 2 期（1993 年 12 月），頁 1。

141 參程師元敏：《尚書學史》，頁 1040-1049。

142 清・閻若璩：《尚書古文疏證》，卷 1，頁 6。

另外，〈後辨〉引《經典釋文》云：

> 中興，扶風杜林傳《古文尚書》，賈逵作《訓》，馬融作《傳》，鄭玄《注解》。案今馬、鄭所注，竝伏生所誦，非古文也。孔氏之本絕，是以馬、鄭、杜預之徒皆謂之逸《書》，王肅亦注今文，而解大與古文相類，或肅私見孔《傳》而祕之乎？（頁690）

於下「辨曰」云：

> 即今日予輩從群書采得之王《注》，亦皆與偽孔《傳》相表裏，然則不知是王肅偽造二十五篇，合三十三篇為之傳，而又別自注二十九篇，以掩其跡耶？抑皇甫謐竊取王《注》以造偽孔《傳》，又于《世紀》自引之，以實其言耶？二者必居一于此矣。（同上）

合此兩條之說，王氏指出偽《書》若非王肅作，即皇甫謐作。案：偽《書》出於王肅之說，始於惠棟，此說之問題多已見上節。且云「予輩從群書采得之王《注》，亦皆與偽孔《傳》相表裏」之說，與上節江氏所論略同。本文已引吳承仕、李振興之考證，證明王《注》與偽孔《傳》相背者甚多，不足作為偽《書》出於王肅之證。而皇甫謐之說，王氏謂「皇甫謐竊取王《注》以造偽孔《傳》，又于《世紀》自引之」者，蓋出王氏臆測。其推論邏輯，殆以為王肅《注》多同偽孔《傳》，故以為皇甫謐《帝王世紀》多竊取王《注》以造偽孔《傳》，因此《帝王世紀》中所引「孔安國《注》」者，實為王《注》。但王氏謂皇甫謐竊取王《注》，實無確證。而王氏於《後案》中又多表示《偽孔》之作者為王肅，關於其中之論點，下文擬更詳論。

2. 辨析《偽孔》增多之二十五篇《古文尚書》

王氏〈尚書後辨〉內容之第二部分，即辨析《偽孔》增多之二十五篇

《古文尚書》。此一部分，內容實多承梅鷟及閻、惠之說，尤其是閻若璩，其或徵引閻若璩說，或暗襲之者。今就王氏辨析之方式，分數點論述，以見王氏辨偽學對於前人之繼承及特色。

(1) 尋襲用文句之源，以斷增多之二十五篇為偽

此為王氏辨析《偽孔》增多之二十五篇內容最主要之方式，其方法實承梅鷟、閻若璩、惠棟而來，且運用也最多，茲舉一、二例以見之。如〈後辨・仲虺之誥〉「佑賢輔德，顯忠遂良。兼弱攻昧，取亂侮亡。推亡固存，邦乃其昌」，下「辨曰」云：

> 此節之語，三見《左傳》。〈宣十二年〉隨武子曰：「見可而進，知難而退，軍之善政也。兼弱攻昧，武之善經也。子姑整軍而經武乎，猶有弱而昧者，何必楚。仲虺有言曰『取亂侮亡』，兼弱也；〈汋〉曰『於鑠王師，遵養時晦』，耆昧也；〈武〉曰『無競惟烈』，撫弱耆昧，以務烈所，可也。」據此，惟「取亂侮亡」一句為仲虺語，「兼弱攻昧」為古《武經》語，故引《書》以明「兼弱」，引《詩》以明「耆昧」，又引《詩》以總明「撫弱耆昧」也。若《書》辭果有「兼弱攻昧，取亂侮亡」二句，隨武子安得特分「取亂侮亡」句為仲虺之言乎？〈襄十四年〉中行獻子曰：「仲虺有言曰：『亡者侮之，亂者取之』，推亡固存，國之道也。」〈襄三十年〉子皮曰：「仲虺之志曰：『亂者取之，亡者侮之』，推亡固存，國之利也。」皆僅有「取亂侮亡」，無「兼弱攻昧」，足以為證。其曰「亂者取之」云云，孔《疏》謂取彼《尚書》之意改為之辭，其言非本文，是也；但并隨武子釋《書》之語，所謂「兼弱」者，盡入之仲虺之口，且并其釋〈汋〉詩之「攻昧」二字，而亦入之，則蒐竊之跡，殊不可掩耳。（頁729-730）

案：王氏此指出《偽孔》本作偽〈仲虺之誥〉「兼弱攻昧，取亂侮亡」之來

源。事實上，在王氏之前惠棟已指出其來源為《左傳》，[143]王氏此論特更明其作偽之跡。王氏認為：若真〈仲虺之誥〉有「兼弱攻昧，取亂侮亡」二句，為何隨武子不予全引，而單取「取亂侮亡」句為仲虺之言？又〈襄十四年〉引仲虺之言曰：「亡者侮之，亂者取之」及〈襄三十年〉引仲虺之志曰：「亂者取之，亡者侮之」，皆只有「取亂侮亡」之意，而無「兼弱攻昧」，可見《偽孔》本乃併取古《武經》「兼弱攻昧」作為仲虺之言。

又〈後辨・說命上〉「群臣咸諫于王，曰：『嗚呼！知之曰明哲，明哲實作則。天子惟君萬邦，百官承式。』王言惟作命，不言，臣下罔攸稟令」下，王氏「辨曰」云：

> 此篇之文，俱見《國語》……，又見《呂氏春秋》卷十八〈重言覽〉、《竹書紀年》卷上〈商紀〉、《史記》卷三〈殷本紀〉、《孟子》卷十二〈告子〉下篇、《楚辭》卷一〈離騷經〉、《墨子》卷二〈尚賢〉中篇及下篇、劉向《說苑》卷十一〈善說篇〉、王符《潛夫論》卷一〈論榮篇〉。晉人作偽《尚書》者，采取諸文，而參合增飾以入之。（頁751）

〈說命〉一篇（分上中下），真《古文尚書》增多之十六篇無之，是為逸篇。王氏指出，《偽孔》本〈說命〉乃采諸《國語》、《呂氏春秋》、《竹書紀年》、《史記》、《孟子》、《楚辭》、《墨子》、《說苑》、《潛夫論》，「參合增飾以入之」，[144]而近清華大學藏戰國竹簡中有〈傅說之命〉三篇，簡長約 45 釐米，有三篇，每篇最後一支簡背均有篇題〈専（傅）敚（說）之命〉，整理

[143]清・惠棟：《古文尚書攷》，《續修四庫全書》本，卷下，頁 10a，總頁 75。

[144]案：據何志華等編：《先秦兩漢典籍引尚書資料彙編》〈說命上、中、下〉所引之典籍，與王氏此說稍有不同，如《彙編》無引《竹書紀年》，或因王氏所據為今本《竹書紀年》，今本《紀年》乃據《偽孔》本；又如《說苑》，《彙編》所引為〈正諫篇〉；《潛夫論》，《彙編》所引為〈五德志〉，疑王氏誤。

者將其分別題為〈說命上〉、〈說命中〉和〈說命下〉，其內容較以今本〈說命〉，除見諸先秦文獻徵引之語句外全然不同，李學勤因此言：「清華簡〈說命〉的出現，和在《清華大學藏戰國竹簡》第一輯中刊出的〈尹誥〉即〈咸有一德〉一樣，確證了傳世孔傳本為偽書。」[145]廖名春亦指出《清華簡・說命》「與《國語・楚語》所記載的傅說事跡相近，而與晚《書》的〈說命〉三篇則大有不同。這說明晚《書》的〈說命〉三篇並非《尚書》原本，而清華簡的〈傅說之命〉三篇，才是真正的《尚書》原本。」[146]更值得注意者，宗靜航比較《偽孔》本〈說命〉與傳世典籍後，指出：「今本〈說命〉接近時代較晚的典籍（例如《潛夫論》）。與互見典籍有有差異部份之文句，發現了晚出詞語（例如『恭默』、『納誨』）。……今本〈說命〉似非先秦典籍之原貌。」[147]以出土文獻證之，王氏所論自可信。

⑵就語言文字，以斷增多之二十五篇為偽

王氏除找出偽孔氏襲用典籍文句以作偽《書》之證據外，更從語言文字上對偽孔氏作偽有所辨析。如〈後辨・胤征〉「今予以爾有衆，奉將天罰。爾衆士同力王室，尚弼予，欽承天子威命，火炎崑岡，玉石俱焚，天吏逸德，烈于猛火。殲厥渠魁，脅從罔治，舊染污俗，咸與惟新」下，「辨曰」云：

> 「火炎崑岡」二句，見陳壽《三國志》，又《晉書》袁宏〈三國名臣贊〉云：「滄海橫流，玉石同碎」，又〈劉琨傳〉同。又《後漢書・董卓傳》論云：「卓蹈藉彝倫，毀裂畿服。殘寇乘之，倒山傾海，崑岡之火，自茲而焚。」可見此二句乃魏晉人常語，但以為夏時之言，則大不類。（頁725）

---

[145] 李學勤：〈新整理清華簡六種概述〉，《文物》2012年第8期，頁68-69。

[146] 廖名春：〈清華簡與尚書研究〉，《文史哲》2010年第6期，頁125。

[147] 宗靜航：〈《尚書・說命》臆說〉，收入陳致主編：《簡帛・經典・古史》（上海：上海古籍出版社，2013年），頁420。

王氏此指出「火炎崑岡，玉石俱焚」見於《三國志》、《晉書》以及《後漢書·董卓傳》等，足見此二句乃魏晉人常語，而《偽孔》本則用以為夏時之言，足見其偽。案：王氏此說實陰襲閻氏《疏證》第六十四條「言〈胤征〉有『玉石俱焚』語，為出魏晉間」，又多補充證據。而今人張岩則指出閻氏引陳琳〈檄吳文〉為證，效力不足。張氏謂陳琳〈檄吳文〉內容大量使用典故，是當時盛行的「擬古文風」，並指出陳琳所用的文句出處，藉此證明：「陳琳讀過《古文尚書》和孔《傳》，並在〈檄吳文〉中多有徵引。」[148]雖張氏此論，可以證明閻若璩之推斷不夠嚴謹，但亦無法證明「火炎崑岡」二句為真《古文尚書》語。換言之，張氏也無法證明此二句不是魏晉人所為。如此一來，也就無法推倒《偽孔》本〈胤征〉非漢代真古文之論點，[149]則王氏謂「此二句乃魏晉人常語，但以為夏時之言，則大不類」之說，殆可成立。

(3) 就史學觀點，以斷增多之二十五篇為偽

王氏〈後辨·太誓上〉「惟十有三年春，大會于孟津」下，「辨曰」云：

> 古史例不書時，〈康誥〉「惟三月哉生魄」，〈多方〉「惟五月丁亥」，書三月、五月，皆不冠以時。〈洪範〉「惟十有三祀」，〈金縢〉「既克商二年」，書十三祀、二年，皆不繼以時。唐孔氏謂《春秋》主書動事，編次為文，於法日、月、時、年皆具，其不具者，史闕耳。《尚書》惟記言語，直指設言之日，如〈牧誓〉等篇皆言有日無月，史意不為編次，故不具也。更以逸《書》考之，〈伊訓〉「惟太甲元年十有二月乙丑朔」，〈畢命〉「惟十有二年六月庚午朏」，書年、書月、書日，並書朔、朏，絕不繫以時。大

[148]張岩：《審核古文尚書案》，頁 196。

[149]案：張岩《審核古文尚書案》一書多采用「無罪推定」之法來論述，此方法存在之謬誤可參何銘鴻〈《審核古文尚書案》述評──兼談《古文尚書》之真偽問題〉一文，見林慶彰編：《經學研究論叢》（臺北：臺灣學生書局，2009 年 12 月），第十七期，頁 102。

> 抵史各有例，《書》不可以為《春秋》，猶《春秋》不可以為《書》。今曰：「惟十有三年春」，豈古史例耶？（頁757）

王氏誠擅長史學，但此條所運用史例辨析《偽孔》〈太誓〉之誤者，實全襲閻若璩之說。《疏證》卷四第五十四條云：

> 朱子有古史例不書時之說。以二十八篇《書》考之，如〈康誥〉「惟三月哉生魄」，〈多方〉「惟五月丁亥」，書三月、五月，皆不冠以時。〈洪範〉「惟十有三祀」，〈金滕〉「既克商二年」，書十三祀、二年，皆不繼以時。確哉，朱子見也。唐孔氏謂《春秋》主書動事，編次為文，於法日、月、時、年皆具，其不具者，史闕耳。《尚書》惟記言語，直指設言之日，如〈牧誓〉等篇皆言有日無月，史意不為編次，故不具也。更以逸《書》考之，〈伊訓〉「惟太甲元年十有二月乙丑朔」，〈畢命〉「惟十有二年六月庚午朏」，書年、書月、書日，並書朔、朏，絕不繫以時。不益見朱子確耶？大抵史各有體，文各有例。《書》不可以為《春秋》，猶《春秋》不可以為《書》。今晚出〈泰誓〉上開卷大書曰：「惟十有三年春」，豈古史例耶？予故備論之，以伸朱子，以待後世君子。[150]

兩相比較，可知王氏此論全襲閻氏，而閻氏「史例」之說，則承自朱熹，王氏但去閻氏引朱子名處而已。雖然王氏此條全襲閻氏，但亦可見王氏對於「史例」說之認可。今人楊善群對閻氏此論大肆批評，云：「第 54 條言古文〈泰誓上〉『惟十有三年春』繫以時，非史例。其後解釋說：『《尚書》惟記言語，直指設言之日』，『絕不繫以時』。這又是閻氏找到的古文『作偽』的

[150]清・閻若璩：《尚書古文疏證》，卷 4，頁 149。

證據。的確，《尚書》中很少記『時』（即『四時』春夏秋冬），惟今文〈金縢〉有云：『秋，大熟。』難道此篇也是『偽書』？閻氏辨偽不以科學的態度而是吹毛求疵，終究會落空。」[151]案：《尚書》各篇非成於一時，難言有統一之史例；但閻、王此說，意為年或月後面不繫以時（春夏秋冬），而楊氏舉〈金縢〉「秋，大熟」者，「秋」之前未有「年」或「月」，況〈金縢〉此文若無「秋」字，不知竟成何語，知楊氏此駁，不足為反證。

(4) 就曆法制度，以斷增多之二十五篇為偽

在王氏之前，閻若璩早已多用曆法、制度，以判二十五篇《古文尚書》為偽，〈後辨〉亦多采閻氏之說，可見王氏亦信以曆法、制度辨偽之法，而又加以補充。如〈後辨・胤征〉「乃季秋月朔」於「辨曰」下先引《疏證》第八條「言《左傳》載夏日食之禮今誤作季秋」條，並云：

> ……。閻氏此辨是。但又言「仲康在位十三年，始壬戌，終甲戌」，因據《授時》、《時憲》二曆，推得日食當在仲康十一年閏四月朔，此則閻氏之誤也。夏商年數本無可考，此日食，《左傳》引〈夏書〉但言其典禮，不指何王何世。〈夏本紀〉雖言仲康時羲和廢時亂日，而劉歆《三統曆》不載仲康日食，則《左傳》云云，未見必為仲康。（頁724）

換言之，王氏雖肯定閻氏所謂晉人偽造「乃季秋月朔」的結論，卻不認同閻氏直接將日食定於太康之時。原因為：此日食，《左傳》引〈夏書〉但言其典禮，不指何王何世；而〈夏本紀〉雖言仲康時羲和廢時亂日，但劉歆《三統曆》不載仲康日食，則《左傳》所載，未見必為仲康；與王氏同時之學者盛百二（1720－？）亦云：「自近日歷元，逆推前古氣朔交食，無不可得。

---

[151] 楊善群：〈辨偽學的歧途——評《尚書古文疏證》〉，《淮陰師範學院學報（哲學社會科學版）》27卷3期（2005年5月），頁398。

但其所值為何王之世，則難言矣。」[152]所說與王氏近同。而今人李學勤即據〈夏本紀〉:「太康崩，弟中康立，是為帝中康。帝中康時，羲和湎淫，廢時亂日，胤往征之，作〈胤征〉。」謂當時必定是日食，才有「羲和廢時亂日」之說，故《左傳》所引〈夏書〉就是〈胤征〉。[153]雖然此問題仍未有定論，但足見王氏對於曆法之重視。

又〈後辨・咸有一德〉「七世之廟，可以觀德」下，「辨曰」云：

> 《呂覽》卷十三〈諭大覽〉引〈商書〉云:「五世之廟，可以觀怪。萬夫之長，可以生謀。」莫知為何篇語也，作偽者取其文而加以改竄。不知七廟始于周，夏、商以前未有也。〈王制〉云:「天子七廟，三昭三穆，與太祖之廟而七。」鄭云:「此周制。七者，太祖及文王、武王之祧，與親廟四。太祖，后稷。殷則六廟，契及湯與二昭二穆。夏則五廟，無大祖，禹與二昭二穆而已。」鄭據《禮緯・稽命徵》及〈鉤命決〉云:「唐虞五廟，親廟四，與始祖五。禹四廟，至子孫五。殷五廟，至子孫六。周六廟，至子孫七。」故七廟獨周制為然。(頁748)

王氏據鄭玄說，指出「七廟」為周制，可見《偽孔》本〈咸有壹德〉之偽。案：觀《禮記・緇衣》「君吉曰……」，鄭玄注云:「『吉』當為『告』。『告』，古文『誥』，字之誤也。〈尹告〉，伊尹之誥也。〈書序〉以爲〈咸有壹德〉，今亡。」可知〈尹告〉即〈咸有壹德〉。今據出土之《清華簡・尹誥》一篇，與《偽孔》本〈咸有壹德〉相較，內容全然不同，清華簡整理者即定《偽孔》本〈咸有壹德〉為「後世偽作」;[154]或有研究者即云:「清華簡

---

[152]清・盛百二:《尚書釋天》,《續修四庫全書》本，卷5，頁9b，總頁328。

[153]李學勤:〈仲康日食的文獻學研究〉,《煙台師範學院學報(哲學社會科學版)》第17卷第1期(2000年3月)，頁3。

[154]清華大學出土文獻研究與保護中心編:《清華大學藏戰國竹簡(壹)》(上海:中西書局，2010年)，頁133。

〈尹誥〉的出現，使這一樁千古公案塵埃落定——孔傳本〈咸有壹德〉與清華簡本全然不同。由此，孔傳本〈咸有壹德〉之不可信可謂板上釘釘，庶幾成定讞矣。」[155]雖然有學者持不同意見，如張岩云：「《呂氏春秋・諭大》引〈商書〉曰：『五世之廟，可以觀怪；萬夫之長，可以生謀。』傳世本〈咸有壹德〉作『七世之廟，可以觀德；萬夫之長，可以觀政。』對勘上文不難看出，在語義方面，後者更加準確、得體。在傳世本〈咸有壹德〉中，這段話與其前後文彼此貫通，在論說的主旨和邏輯方面相互吻合。這是引文與原文的正常關係。也是傳世本〈咸有壹德〉真實可信的一個重要證據。」[156]張氏推論邏輯僅就個人對語意之體會而論，並未指出切確之制度記載作為證據，其論證效力不足，實難作為反證。

以上四點，大抵為〈後辨〉中辨析偽《古文尚書》二十五篇中所使用方式之較著者，以及其中之問題。當然王氏所使用之方式不惟此四種，但從本文所舉之例，可知王氏所辨析之法，其實多承前人。而觀其內容，王氏甚至多有全段明引而未多加補充、評論者，如〈後辨・太甲中〉「惟三祀十有二月朔，伊尹以冕服奉嗣王歸于亳」條、〈後辨・太甲上〉「營于桐宮」條下，「辨曰」引「閻若璩曰」云云，全引卷四第五十三條以及六十條；又時有暗襲者，如上第三點〈後辨・太誓上〉「惟十有三年春，大會于孟津」條、「天佑下民，作之君」條，亦全采閻氏《疏證》卷四第五十四條、五十一條，但未見舉閻氏姓名者。謝庭蘭（生卒年不詳）《古文尚書辨》卷七多有指出王氏襲閻氏之說，如謂「〈君陳〉用閻說而沒其名」，[157]即是。

因此，〈後辨〉雖為王氏《尚書》辨偽學上之主要論著，但內容上多襲閻氏之說，此點晚清謝庭蘭已先云：「王氏鳴盛斥《古文尚書》，亦以閻說為

---

[155]陳民鎮：〈清華簡《尹誥》集釋〉，頁 5。http://www.gwz.fudan.edu.cn/SrcShow.asp?Src_ ID=1648，2011 年 9 月 12 日。

[156]張岩：〈清華簡《咸有一德》《說命》真偽考辨（二）〉http://www.guoxue.com/?p=15611，2013 年 11 月 1 日。

[157]清・謝庭蘭：《古文尚書辨》，《四庫未收書輯刊》本，卷 7，頁 1a，總頁 248。

藍本。」[158]程師元敏亦云：「事實上乾嘉學者像惠棟很少辨偽古文，王鳴盛雖較細密，但很多都是抄閻若璩的。」[159]就以上所分析，謝庭蘭、程師之說殆是。而程師所云「較細密」者，蓋如上文王氏糾正閻氏云日食不必定於太康之時說。要之，王氏於〈後辨〉中辨析偽《古文尚書》二十五篇，大多采《疏證》之說以入各篇，偶爾采梅鷟、惠棟說，因此整體而言，繼承之意義多於創新。

(二) 王氏於《後案》中對《偽孔》經、傳之批評

王氏作〈後辨〉辨析《古文尚書》為偽作，因此捨棄偽古文篇目以及偽孔《傳》，只於《後案》注解今古文皆有之二十九篇以及〈太誓〉，共三十三篇。然而王氏亦如江聲所見，認為此三十三篇中，也有經偽孔氏整理過之痕跡，而非原貌，故於《後案》中對這些疑似經偽孔改動之處，進行辨析。此外，又於集古義注解的過程中，辨析偽孔《傳》詮釋之非，並析論其作者問題。由此可見王氏從實際之注經實踐中，辨析《偽孔》經、《傳》之非。

以下，即就王氏於《後案》中對《偽孔》經、傳之批評，分點論述，以見王氏於問題之辨析，及其辨偽學之得失。

1. 對《偽孔》本改易經文之討論

對於《偽孔》本，王氏指出偽孔氏有改易《尚書》經文之事，如《後案．康誥》「汝亦罔不克敬典，乃由裕民，惟文王之敬忌，乃裕民，曰：我惟有及則，予一人以懌」，王氏於「案曰」云：

> 《荀子》卷八〈君道篇〉云：「有治人無治法，法不能獨立，得其人則存，故明主急得其人，勞于索之，而休于使之。《書》曰：

---

[158] 清．謝庭蘭：《古文尚書辨》，《四庫未收書輯刊》本，卷 7，頁 1a，總頁 243。

[159] 程師元敏說，見〈「清乾嘉學術研究之回顧」座談會紀要〉，《中國文哲研究通訊》（臺北：中央研究院中國文哲研究所，1994 年 3 月），第 4 卷，第 1 期，頁 30。

> 『惟文王敬忌，一人以擇。』此之謂也。」據此，則懌當作擇，謂擇人而用也。擇得其人，一人已足致治。……《僞孔》作「懌」以爲「悅懌」，且多「乃裕民」二句，疑皆《僞孔》所增改也。（卷15，頁401）

王氏此據《荀子・君道篇》引文，認為今本「予一人以懌」本應作「一人以擇」，作「懌」者，乃《偽孔》所改；並謂《荀子》無「乃裕民，曰：我惟有及則」之句。案：王氏此說之失，亦同上節論江氏據先秦典籍以改經者，蓋先秦諸子或為闡發一已思想而改易經文，斷章取義，實不必據先秦諸子所引，即認定今本《尚書》為《偽孔》本增改。

此外，如《後案・高宗肜日》「天既孚命正厥德」，王氏「案曰」云：

> 〈孔光傳〉所引及蔡邕《石經》「孚」作「付」，《史記》作「附」，與「付」通也。《說文》卷八上〈人部〉付字注云「与也。从寸，持物對人。寸，手也。」……孔光既引此文，而釋之云：「言正德以順天也。」民不順德，天既付命罰之，人宜正德以順天，文義甚明。《僞孔》改付爲孚，訓爲信，其意以正德爲天之德，乃曲說也。（卷7，頁266）

王氏據〈孔光傳〉所引蔡邕《石經》作「付」，以及《史記・殷本紀》「天既附命正厥德」，斷定今本作「孚」，訓為「信」，為《偽孔》所改。案：段玉裁《撰異》認為「孚」為古文，「付」為今文。[160]姑且不論段氏之說是否得當，王氏之意，殆謂《偽孔》作者不喜「付」之詮釋，故改「付」為「孚」；然而，據吳汝綸云：「柯劭忞云：『《集韻》「附音敷，古孚字」，是附、孚一字。』」[161]又楊筠如（1903-1946）更舉《淮南子・俶真》注「苻，

[160]清・段玉裁：《古文尚書撰異》，《續修四庫全書》本，卷9，頁2b，總頁155。

[161]清・吳汝綸：《尚書故》，《吳汝綸全集》本，卷2，頁581。

讀如䴯䴬之䴬」、《禮記・聘義》注「孚或作姇」，證明「孚」、「付」聲相近，可通。[162]由此可有兩種可能：一、偽孔氏讀「付」為「孚」，遂據讀改字，並訓為「信」；二、古本或有作「孚」，偽孔氏據以解經訓「信」。換言之，雖然就經義而論，「付」義較長，但若是第二種可能，則不得謂之《偽孔》改經也。

又《後案・洪範》「于其無好德，汝雖錫之福，其作汝用咎」，王氏「案曰」云：

> 鄭云「無好于女家之人」者，蓋《史記》本無德字，鄭本亦無德字，而以「于其無好女」爲句。……僞《傳》妄增德字，改易鄭義，《疏》曲附之，皆非也。（卷12，頁331）

案：王氏據鄭《注》及《史記》，知〈洪範〉此句作「于其無好德」，「德」為衍文，是也。然古書流傳過程，往往有衍文、脫文情形，若以《偽孔》本與鄭《注》不同，就斷定「德」字為僞《傳》妄增，恐亦涉武斷。

從以上三例，大抵可知王氏對於今本《尚書》經文，與古《注》、史籍不同處之討論，其思維模式蓋與江氏相同，皆「以傳就經」，只要相異於前代典籍所引，皆一律視為《偽孔》本改經。雖然王氏不同江氏之任意改經字，但從「案曰」之討論，即知其思維與江氏同；二家最大之問題乃不明古書流傳情形之複雜。茲再舉一例。今本〈皋陶謨〉「在治忽」，王氏「案曰」云：

> 在治忽，《史記》作「來始滑」，裴駰云：「《尚書》滑字作曶，音忽。」引鄭《注》云云。裴駰親見鄭《注》，據其說，則「在治忽」鄭作「在治曶」。司馬貞《索隱》則云：「古文『在治忽』，今

---

[162]楊筠如：《尚書覈詁》，卷2，頁180。

文作『采政忽』，今云『來始滑』。來、采字相近，滑、忽聲相亂，始又與治相似，因誤。當依今文采政忽三字。」愚謂：司馬貞所謂古文，即今僞本，不足信。所謂今文，則唐時伏生本已亡，亦不知其何本也。且「采政忽」義與「在治忽」何別？其說非是。此經當依鄭作「在治曶」，未敢輒改，其義則《注》中詳之。至《漢・律歷志》引《書》作「七始詠」，則別是一說，與鄭《注》及僞孔氏皆不合。（卷2，頁73）

就王氏此說，今本〈皋陶謨〉「在治忽」，鄭《注》作「在治曶」，《史記》作「來始滑」，《漢書・律曆志》作「七始詠」，《史記・夏本紀・索隱》作「采政忽」。案：除了上述五種異文，漢石經殘字作「七始滑」，《隋書・律曆志》作「七始訓」，〈漢唐山夫人房中歌〉引作「七始華」。換言之，至少有八種異文，[163]歷來支持上述各種說法者多有，本文舉此例，目的不在於考證孰是孰非，而是凸顯經典文獻的流傳，會經音近、形似等因素，造成不同異文，而詮釋者乃隨自已對經典之理解，選擇其中某一異文。如此例，王氏選擇鄭本「在治曶」，但江氏《集注音疏》則選擇「七始詠」，並云：「『七始詠』之本乃當時博士所傳，其原出于伏生者，實是今文矣。」[164]由此可見，異文之認定，或隨各人之理解而采用，不必是某人某家所私改。王氏謂當依鄭本作「在治曶」，而謂「七始詠」乃別是一說，實未有其他較有力之論述，所反映者，只是王氏佞鄭之思維而已。既然王氏認為《漢書・律曆志》作「七始詠」是「別是一說」，為何上文所舉例《偽孔》本與其他本不同者，不能是「別是一說」？因此，合上節江氏與本節王氏之論，若考慮經典之形成及其流傳，則二家對偽孔氏改經字之指摘，恐較難得學者之認同。

---

[163] 參劉起釪：《尚書校釋譯論》，頁 450。

[164] 清・江聲：《尚書集注音疏》，《清經解》本，卷 2，頁 3a，總頁 3000。

2. 對偽孔《傳》釋經之批評

王氏於《後案》中，除論及偽孔氏之改經字外，於偽孔《傳》之釋經尤多批評。此因王氏認為今傳之孔《傳》為偽，因此廣輯古注，並折中於鄭玄。以下舉例說明。

如《後案・堯典》「五刑有服，五服三就」條，王氏先分別引鄭、馬《注》及偽孔《傳》云：

> 【鄭曰】三就，原野也、市朝也、甸師氏也。《尚書疏》
>
> 【馬曰】三就，謂大罪陳諸原野，次罪于市朝，同族適甸師氏。既伏五刑，當就三處。《史記・五帝本紀・集解》
>
> 【傳曰】五刑，墨、劓、剕、宮、大辟。服，從也，謂服罪也。行刑當就三處，大罪于原野，大夫于朝，士于市。（卷1，頁46）

其「案曰」云：

> 鄭、馬以三就爲原野、市朝、甸師者，〈文王世子〉：「公族有死罪，則罄于甸人，其刑罪則纖剸，亦告于甸人。獄成，有司讞于公，其死罪，則曰某之罪在大辟。其刑罪，則曰某之罪在小辟。」公宥之三，「不對，走出，致刑于甸人。」甸人掌郊野之官，不于市朝者，刑于隱處，不以滅同類示國人也。然則甸師正刑人處之一，不容遺漏，故鄭、馬以此配原野、市朝爲「三就」，王肅亦同。僞孔《傳》則據〈魯語〉改之，《傳》多取馬、王而間立異以泯其迹，此解是也。但〈魯語〉五刑，一甲兵，則征討諸侯，刑之至重，不在五刑內者也。二斧鉞，則大辟也。三刀鋸，則劓、剕、宮也。四鑽笮，則墨也。五鞭扑，則又至輕，亦不在五刑內者也，與《尚書》五刑不同。又〈魯語〉原野指用兵征討，市朝方指斧鉞等；鄭、馬則以原野爲用墨劓等刑處所之一，

> 又各不同。作僞《傳》者不知鄭、馬之意，又未明〈魯語〉與《書》不同，妄引爲說，非也。（卷1，頁46-47）

王氏此論之意，謂馬、鄭之說同，且二家之依據為《禮記．文王世子》；然僞孔《傳》之說與馬、鄭異，不同處在於馬、鄭謂三就為「原野也、市朝也、甸師氏也」，但僞孔《傳》則云：「大罪于原野，大夫于朝，士于市。」孔《疏》指出：「〈魯語〉云：『刑五而已，無有隱者。大刑用甲兵，次刑斧鉞，中刑刀鋸，其次鑽笮，薄刑鞭扑，以威民。故大者陳之原野，小者致之市朝，五刑三次，是無隱也。』孔用彼爲說，故以『三就』爲原野與朝、市也。」是僞孔《傳》說乃本諸〈魯語〉。王氏認為〈魯語〉之「五刑」為「一甲兵，二斧鉞，三刀鋸，四鑽笮，五鞭扑」，此與《尚書》之五刑「墨、劓、剕、宮、大辟」不同，僞孔《傳》乃引以為說，不合經義。案：〈魯語〉之五刑非五種刑法，而是五種刑具，王氏未予指明。[165]又〈堯典〉時代著成偏晚，已為公認事實，且經文亦未對此「三就」多所說明，是否定如《禮記．文王世子》所說，今已難考。因此王氏此批評偽孔《傳》「不知鄭、馬之意」者，並云「妄引爲說」，其實只是凸顯出王氏信馬、鄭不信偽孔之思維。

又《後案．金縢》「惟爾元孫某，遘厲虐疾」，王氏先引鄭《注》、偽孔《傳》及孔《疏》云：

> 【鄭曰】諱之者，由成王讀之也。
>
> 【傳曰】元孫，武王。某，名。臣諱君，故曰某。厲，危；虐，暴也。
>
> 【疏曰】本云元孫發，諱曰某。〈牧誓〉不諱發，此獨諱之，孔惟言臣諱君，不解其意。鄭云：「成王讀之」，當謂成王開匱得書，

---

[165] 參劉起釪：《尚書校釋譯論》，頁243。

> 王自讀之，至此字口改爲某，史錄爲此篇，因遂成王所讀，故諱之。〈牧誓〉王自稱者，令入史制爲典，故不須諱。（卷13，頁360）

其「案曰」云：

> 鄭云云者，此冊周公作之，以告三王，父前子名，斷無諱發而稱某者。厥後成王得此冊，讀其文，必不敢稱名，必言某矣。史官記成王感悟迎公之事，追敘其始，詳錄冊文，因成王之讀，而改發爲某，鄭說確不可易。《傳》惟言臣諱君，不知所謂臣者爲誰。若謂初時作冊卽諱，則武王尚在，而諱其名，是預死其君也。……今武王未沒，又當三王前，安得諱其名乎？若謂錄此篇書時乃諱之，則成王得此冊時，已當舍故諱新之後，猶直斥武王名乎？《僞孔》欲求異于鄭，而不顧其說之動輒有違也。（同上）

案〈曲禮上〉：「《詩》、《書》不諱，臨文不諱，廟中不諱。」知周公若於父祖之靈前諱武王之名，則違此法。故當時必定云「元孫發」，而〈金縢〉作「元孫某」者，王氏據鄭《注》「由成王讀之」，謂其後成王開金縢之匱讀禱文，史官記之，故改「發」為「某」。案：王氏此說是也。然云：「《傳》惟言臣諱君，不知所謂臣者爲誰。……《僞孔》欲求異于鄭，而不顧其說之動輒有違也。」則未見中肯。偽孔《傳》云「臣諱君」，雖未指「臣」為誰，但王氏何以知偽孔《傳》所說非史官因諱言先王，故曰「某」？如此則與鄭玄說同。王氏乃因認定偽孔《傳》為王肅所作（詳下小節），欲與鄭玄立異，故批評僞孔《傳》不顧鄭玄之說，而動輒有違。

3. 對《偽孔》經、傳作者問題之討論

王氏批評偽孔《傳》，其流露出問題之思維，乃先認為孔《傳》為偽，

故所論與鄭玄不同時，必鄭是而孔非，於「案曰」中論述偽孔《傳》詮釋之誤。此問題關鍵，即王氏認為偽孔《傳》之作者，應為王肅，並以為王肅好與鄭玄立異。職是之故，若鄭、王異說時，王氏必然否定偽孔《傳》之說。王氏於《後案》中，對偽孔《傳》作者之討論頗多，茲取主要論述者，分析如下。

首先，王氏認為《僞孔》本經、《傳》實出王肅。其說如下：

> 僞本孔《傳》皆出王肅臆造，不足據也。（卷19，頁461）
>
> 經、《傳》本出一手。（卷22，頁488）

既然王氏認為僞本孔《傳》作者為王肅，又云「經、《傳》本出一手」，知《偽孔》本經文亦王肅所偽。

王氏此論，於其注經實踐中，且多有發揮。《後案‧多方》「周公曰：王若曰：猷告爾四國多方，惟爾殷侯尹民。我惟大降爾命，爾罔不知。」條，辨析王肅《注》與偽孔《傳》實出一手，其先引王肅《注》與偽孔《傳》：

> 【王曰】周公攝政，稱成王命以告；及還政，稱王曰，嫌自成王辭，故加周公以明之。
>
> 【傳曰】周公以王命，順大道，告四方殷之諸侯正民者。我大降爾命，謂誅紂也。言天下無不知紂暴虐以取亾。（卷23，頁502）

其「案曰」云：

> 王注云云，其意以〈多方〉作在歸政後，則僞《傳》謂再叛、再征與王肅合。僞《傳》疑卽肅撰，或皇甫謐依放肅《注》爲之，故其合如此。……「降命」疑謂下令，卽指作誥也，未見有誅殺義。《僞孔》必以君爲民命，「降爾命」爲誅汝君，王肅于〈多

> 士〉已作此解。此經下文「大降爾四國民命」王肅又以爲「苟有此罪，則必誅之，戒其將來」。亦以降命爲誅其君，足徵僞《傳》之出于肅也。又「乃有不用我降爾命」不可云「不用我下誅汝君」，因言「汝其不用我命，我乃大下誅汝君」。如其解，則經當云「乃有不用我命，我乃降爾命」矣，豈復成文理乎！且下句言「大罰殛之」，《傳》又不得不解，乃旣言「大下誅汝君」，又卽云「乃其大罰誅之」，是誅而又誅也，豈有此理乎！此皆王肅妄解，而《僞孔》從之者，因鄭《注》已亾，姑存僞《傳》無駁，聊此見例。（同上）

此說之重點有三：（一）認為僞孔《傳》與王肅《注》說類同，故「其合如此」。並疑僞孔《傳》為肅撰，或皇甫謐依仿肅《注》為之。（二）「降命」，偽孔《傳》釋為「誅殺」，王氏指出王肅於〈多士〉已作此解（案：「予大降爾四國民命」，《正義》引王肅云：「君為民命，為君不能順民意，故誅之也」），可見兩說相同。（三）〈多方〉「乃有不用我降爾命，我乃其大罰殛之」，偽孔《傳》云：「我乃大下誅汝君，乃其大罰誅之。」王氏認為既言「大下誅汝君」，又卽云「乃其大罰誅之」，是誅而又誅也，無此理，此因王肅妄解，而僞孔《傳》從之之故。案：王氏此三辨，先不論其辨「降命」是否有「誅殺」之意，其辨析思維皆指向王肅《注》與偽孔《傳》說相同，故謂偽孔《傳》之作者殆為王肅。

知王氏將偽孔《傳》之作者指向王肅，乃因二說多同。如《後案・堯典》「納于大麓」條，偽孔《傳》與王肅《注》皆云：「麓，錄也」。王氏云：

> 《傳》出王肅，故同其說，其實非也。（卷1，頁22）

又王氏認為，偽孔《傳》與王肅《注》之說多同，目的乃是為了與鄭玄立異，故說法多與鄭說相背，如《後案．禹貢》「又東至于澧」，下引注：

【鄭曰】醴，陵名也。

【馬曰】澧，水名〇王及《傳》同（卷3，頁207）

其「案曰」云：

鄭云「醴，陵名也」者，鄭例以言「至于」者，皆非水名故也。馬、王以爲水名，僞孔每事必與鄭立異，故從馬、王。（同上）

又如《後案．費誓》「公曰：嗟！人無譁聽命」，王氏引鄭《注》及孔《傳》云：

【鄭曰】人，謂軍之士衆及費地之民。

【傳曰】伯禽爲方伯，監七百里內之諸疾，帥之以征，嘆而勑之，使無喧譁，欲其靜聽誓命。（卷26，頁576）

知鄭《注》與孔《傳》對經文「人」之對象解釋不同，對此，王氏於「案曰」云：

蓋《僞孔》實有意欲與鄭立異耳。（同上）

合以上諸例，知王氏以為：偽孔《傳》與王肅《注》多與鄭《注》立異，故說法往往不同。然而，若案王氏之說，則王肅《注》與僞孔《傳》之說理應相同，但亦有說法相背者，如《後案．洪範》「次三曰農用八政」，引鄭、馬、王、偽孔《傳》說：

【鄭曰】農讀爲醲。

【馬曰】食爲八政之首，故以農名之。

【王曰】農，食之本也，故以農言之。

【傳曰】農，厚也。厚用之，政乃成。（卷12，頁309）

其「案曰」云：

> 鄭云「農讀為醲」者，《說文》卷十四下〈酉部〉云：「醲，厚，酒也。」鄭意訓農爲厚也。馬、王主田農，《漢書》張晏《注》同，顏師古曰：「此說非也。農，厚也。羞、用義例皆同，非田農之義也。」……農訓厚，則是《說文》卷三上〈晨部〉作「䢉」，「从晨，囟聲。徐鍇曰當从㐫乃得聲。」隸變作農。此字雖訓耕，而卷十一上〈水部〉濃爲「露多」，引《詩》「零露濃濃」，卷八上〈衣部〉襛爲「衣厚貌」，引《詩・何彼襛矣》；又醲爲酒厚，諸字皆從農得聲，而亦兼取其義。且古字多同用，則農訓厚可知。《傳》多從馬、王，偶或從鄭，違馬、王，此其一也。（同上）

王氏指出此條鄭《注》與僞孔《傳》說同，皆訓「農」為「厚」；而馬、王則訓為「田農」。案：以文義觀之，此二說恐皆非是，故王念孫並不之從，而訓為「勉」。[166]此條之重點並非在於訓詁字義，而是王氏認為僞孔《傳》多從馬、王，偶或違馬、王而從鄭。

王氏如何解釋僞孔《傳》與肅《注》不一之情形？觀《後案・立政》「周公若曰：『拜手稽首，告嗣天子王矣。』用咸戒于王，曰王左右常伯、常任、準人、綴衣、虎賁。周公曰：『嗚呼！休茲，知恤鮮哉！』」引肅

[166]清・王念孫：《廣雅疏證》（北京：中華書局，2004年），卷3上，頁21a，總頁84。

《注》、偽孔《傳》說：

> 【王曰】于時周公會羣臣共戒成王。其言曰「拜手稽首」者，是周公讚群臣之辭。「休茲」，此五官美哉！
>
> 【傳曰】順古道盡禮致敬，告成王言：「嗣天子，今已爲王矣，不可不慎。」又用王所立政之事，皆戒于王，曰常所長事，常所委任，謂三公六卿。準人平法，謂士官。綴衣掌衣服，虎賁以武力事王，皆左右近臣，宜得其人。嘆此五者，知憂得其人者少。（卷24，頁512）

其「案曰」云：

> 王云「周公會羣臣，共戒成王」又以「拜手稽首」爲「贊群臣」者，王意以「咸戒于王」卽群臣之言。言未終，周公遽承其言而進戒，故言「休茲」云云也。《傳》以「拜手稽首」爲周公自拜自言，非贊羣臣。「咸戒」亦周公言，與王肅異。今翫經文，自「休茲」至下「乂我受民」，雖俱係周公言，而其下總以「予旦受人徽言」，則是周公授意羣臣，倡率同進陳戒。又若使其言本出羣臣，已受之而轉述于王者，蓋一人言之，不如眾人言之為可聽，故為此以求深感動之。王肅說是，《傳》非也。《傳》多出王肅，偶或立異，欲以掩其迹也。（同上）

王氏指出王肅之說為周公會羣臣共戒成王，因此「拜手稽首」者，是周公導引群臣；而偽孔《傳》所說，以「拜手稽首」爲周公自拜自言。而王氏認為：「休茲」至「乂我受民」乃下總以「予旦受人徽言」，故認為是周公導引群臣，同進陳戒，故王肅說是，《傳》非也。先不論此二說之是非，此段引文之末王氏云：「《傳》多出王肅，偶或立異，欲以掩其迹也。」知王氏認為肅《注》，偽孔《傳》說法本應一樣，偶爾相異，是因《偽孔》經、傳作者（王氏認為是王肅）欲掩蓋作偽之痕跡，而故為不同說法。

可見，王氏對於偽孔作者之論點，實與上節所論江氏之說同，其意，不外乎：一、肅《注》、偽孔《傳》說法同。二、王肅欲與鄭玄之說立異。而此二說之難以成立之因，本文已於第一節多所討論，於此不再贅述。要之，王氏於《後案》中對《尚書》經、《傳》之辨偽，說法雖或與江氏不同，但辨偽之視角與方式，則一也。只是綜合今人之研究成果與撤除意識形態後的邏輯推論，江、王對於《偽孔》經、傳作者之析論較有難成立之處。以學術史之觀點而言，二家之論，大抵作為代表繼承閻、惠之說，並加以修正、補強證據效力者，相較於詮釋經義，在辨偽學上可視為《尚書》辨偽學史中的一段歷程，開啟後人對此問題作更深入之研究。

總結以上所論，大抵可知二家所側重者互有同異。在觀念部分：首先，二家皆表現出對《偽孔》經、傳之不信任，故於《偽孔》本不通之處，直斥以「亂經」；其次，二家皆認為《偽孔》經、傳作者為王肅，並於著作中提出論證。在實踐部分：江氏據傳世經傳逕改《尚書》經字，並蒐羅《尚書》佚文、重新釐訂《尚書》篇次，企圖恢復《古文尚書》之原貌；而王氏則專就今、古文《尚書》皆有之篇章詮釋，對於《偽孔》本錯誤不通之處，於「案曰」下逐一辨析，並另作〈尚書後辨〉，辨析史籍所載《古文尚書》篇目之流傳，以及疏通、辯駁二十五篇偽《古文尚書》之內容。要之，二家所論雖非完善，然而從二家之論述以及引用之材料，可使今人理解於閻、惠之後，《尚書》辨偽學史之研究，作為研究其後《尚書》辨偽學之資糧。

第五章
江聲、王鳴盛注解《尚書》之原則考索

江、王二家詮釋《尚書》的相同精神之一，為建立以「古義」為主之《尚書》學。二家注解，基本是以蒐集「古義」並發揮經書、聖人之義為主，並同以跨文本之方式，以發揮經義，可見「古義」正是二家詮釋經書之本。而二家最大之差別，即是雖同以「古義」作為治經之基礎，但江氏非全然墨守一家之注，而是以訓義之長短作為詮釋經義之標準；王氏則是以鄭《注》作為經義之最高原則，除非經文無鄭《注》，才采他注。此乃王欣夫所指出：江氏若不同意鄭玄說法，則「改從他說」；而王氏則「確守師法」，也就是恪守鄭《注》。這種歧異性，或可說明同為吳派學者，於治經思維上，雖同采「以古求是」之方式，但對於「古」之認定，以及「求古」之內涵呈現不同形態的尺度。本章再重申所謂「古義」，當如劉文清先生所定義：「『古義』當指聖人、經書之古義而非漢儒訓詁之義，亦即其著書的宗旨本在闡發經典原意而非僅止於漢儒之學。」[1]也就是「古義」存乎於「訓」，「訓」能發揮聖人、經書之義即可視作「古義」。而所謂「訓」，即劉文清先生云：「泛指一切訓詁，時代可以涵蓋自先秦至清代之諸家說，以及一己之訓解，唯其中特為注重漢儒古訓耳，故以漢儒古訓為最多。」[2]以及張素卿

---

[1] 劉文清：〈從惠棟《九經古義》論其「經之義存乎訓」的解經觀念〉，《臺日學者論經典詮釋中的語文分析》，頁 277。

[2] 劉文清：〈從惠棟《九經古義》論其「經之義存乎訓」的解經觀念〉，《臺日學者論經典詮釋中的語文分析》，頁 301。

云：「『訓』兼指古訓和訓解。古訓，尤指漢儒古訓。」[3]據此，「訓」之範圍涵蓋甚廣，絕不止於漢代，重要的是要能發明經書、聖人之古義，故欲明「古義」必當輯「訓」。有了此一層之認識，本章首先所要論述的，即從《集注音疏》與《後案》蒐輯以及疏通「訓」之內容以及注解原則加以考索，探討二家之異同，更加深入論證江、王之《尚書》學。

對於江、王《尚書》著作所引之文獻，前人並未作過全面之考索，唯一有作過片面研究的，據筆者所知，惟陳品卿《尚書鄭氏學》，[4]將清代輯佚鄭《注》之作，進行比較，然亦僅限於指出各本鄭《注》輯佚上之差異，並未深入析論其中之學術意義。前二節所論，旨在剖析二家對於訓解之蒐討及其注解原則。末一節，則是對前兩節之綜評，旨在探討二家輯訓之特色、意義及內容之檢討。

一、江氏《集注音疏》所引文獻及集注原則之考索

江氏撰《集注音疏》之體例，分「注」與「疏」兩部分。「注」所輯之「訓」，乃集前人或時人之說，或亦間用己說；「疏」乃博引諸文獻，疏通證明「訓」之來源，兼以批評其所否定的解釋，並詮釋經文。本節首先對《集注音疏》「注」、「疏」兩部份所引之文獻進行考索；其次再闡述《集注音疏》注解之原則。

(一) 江氏《集注音疏》所引文獻之考索

江氏著《集注音疏》，乃先由「集注」始。觀其著書歷程，從乾隆二十六年（1761）至乾隆二十七年（1762）完成〈堯典〉、〈咎繇謨〉、〈禹貢〉、

---

[3] 張素卿：〈「經之義存乎訓」的解釋觀念──惠棟經學管窺〉，《乾嘉學者的義理學》，頁 281。

[4] 陳品卿：《尚書鄭氏學》（臺北：文史哲出版社，1973 年）。

〈甘誓〉、〈湯誓〉諸篇，㝅百篇〈敘〉之「集注」；既而復於乾隆三十一年（1766）至乾隆三十二年（1767），完成〈盤庚〉以下二十餘篇之注，並對之前所輯者加以釐正，閱六、七寒暑。可見「訓」正為江氏注解《尚書》之基礎，尤其於注解體例上師法其師惠棟「融會」古訓之法，彰皇經義，故欲明其《尚書》學，則當深入探討《集注音疏》所輯之訓為何。江氏於《集注音疏‧堯典》「尚書亼（集）注音疏卷一」下，自疏云：

> 亼（集），三合也，讀若集。注者，箸也。亼（集）合先儒之解并己之意，並注于經下，所以箸明經誼，故曰「亼（集）注」。字有數誼，則彼此異音，初學難辨，爲之反切，以發明之；解有微恉而證據不詳，後學莫信，爲之引申，以疏通之，故曰「音疏」。（卷1，頁1a）

所謂「集合先儒之解并己之意」，當泛指前人之訓以及自己之見解。對於一己之見，江氏於《集注音疏》中多用「聲謂」云云表示，以顯自己對訓解之解釋，或認為先儒之說未善，進而修正，但並非每條注解皆有已見；其次，江氏指出，字有數義，而彼此異音，初學者難以辨識，故江氏對這些難辨之字，標示反切，此為「音」；又江氏集合眾解，恐後學莫信，故立「疏」疏通「注」之來源，故合之稱「音疏」。要之，在《集注音疏》中，「先儒之解」實為江氏注解最重要之資糧；又江氏為疏通「注」，引了許多文獻疏通證明。據此，為更落實第三章論江氏注解《尚書》之精神，此章即對《集注音疏》所引之文獻進行考索。

要特別說明者，江氏往往於「注」中設置訓解，論述經義，再於「疏」中指出「注」之來源，以及引其他文獻對「注」加以闡發。因此，本節所考索《集注音疏》所引之文獻，並不分「注」、「疏」兩部分，而是綜合此兩部分，依經、史、子、集分類，以考察江氏所引清代以前文獻；其次，再考察江氏引述清代時人之論，作為檢視的基礎，庶於江氏著《集注音疏》的思維，能有更深入之了解。

1. 所引清代以前文獻

⑴經部

（1）《周易注疏》，魏王弼（226－249）、晉韓康伯（332－380）注，唐孔穎達（574－648）正義。《集注音疏》所引不下 16 次（筆者不敢自謂統計無誤，僅舉約略數字，下仿此）。綜觀江氏引《周易》（包含注疏），內容有：荀爽《周易注》、《周易》鄭《注》、虞翻《周易注》。

（2）《尚書注疏》，舊題漢孔安國傳，唐孔穎達正義。《集注音疏》所引不下 461 次，其中又以〈堯典〉、〈皋陶謨〉、〈禹貢〉三篇最多。綜觀江氏引《尚書正義》，大致集中在三方面：一、引《尚書》古注，以鄭《注》、馬《注》、王《注》最多；次為南北朝人顧彪、劉焯、劉炫等說。二、據他書互相比勘，指出《正義》本以及衛包改字之誤。三、引孔穎達對《尚書》之詮釋，如《集注音疏・堯典》「日中星鳥以殷中春」條，江氏於「疏」中引孔《疏》:「孔穎達《正義》云『天之晝夜以日出入爲分，入之晝夜以昏明爲限……』」云云。

（3）《尚書大傳》，舊題伏生（生卒年不詳）口授，漢鄭玄（127－200）注。《集注音疏》所引不下 227 次。綜觀江氏引《尚書大傳》，大致集中在兩方面：一、以《大傳》文考訂《尚書》，如今本〈皋陶謨〉「在治忽」，江氏認為當作「七始詠」，《集注音疏》云:「據《書大傳》有六律、五聲、八音、七始之文，則『七始詠』之本乃當時博士所傳，其原出于伏生者，實是今文矣。」二、引《大傳》鄭《注》注《尚書》，如〈堯典〉「肇十有二州」，《集注音疏》云:「『垗，域也。爲營域以祭十二州之分星也』者，則采用《大傳》之鄭《注》也。」

（4）《逸周書》。《集注音疏》所引不下 43 次，綜觀江氏引《逸周書》文，皆為補充《尚書》史事。如〈多士〉「凡四方小大邦喪」，《集注音疏》云「《逸周書・世俘解》云『武王遂征四方，凡憝國九十有九國』，是當時滅亡者正多也。」

（5）《書古文訓》，宋薛季宣（1134－1173）撰。《集注音疏》所引不下 25 次，綜觀江氏引《書古文訓》文，皆為考訂經字。如今本〈無逸〉「惟耽樂是從」，《集注音疏》云「《正義》本作『耽』，衛包所改也。《論衡・語增篇》引作『湛』，《書古文訓》亦作『湛』，故从『湛』。」江氏認為薛季宣此書，即隸古定本。又如今本〈多士〉「惟天不畀允罔固亂」，江氏認為當作「忎（怙）亂」，《集注音疏》云「怙或作忎者，薛季宣《書古文訓》作忎也。案孔穎達《正義》本乃開元時所改今文本，非《僞孔》原本，《書古文訓》乃《僞孔》本也。」但清人頗多不信薛氏此書，如段玉裁云：「公武刻石於蜀，薛季宣取為《書古文訓》，此書偽中之偽，不足深辨。」[5]又如孫星衍〈答江處士聲書論中星古今不異〉云：「薛本即隸古定本，星衍不敢從。……是其書終不可信。」[6]

（6）《尚書纂傳》，元王天與（1475－1519）撰。《集注音疏》所引不下 1 次，觀江氏引《尚書纂傳》，目的為考字用。如今本〈皋陶謨〉「懋遷」，《集注音疏》謂「宋王天與《尚書纂傳》、元吳澂《尚書纂言》皆云伏生《大傳》作『貿遷』，今《大傳》未見引此經，葢明闕逸矣！宋元人及見其全，故得偁之。」

（7）《尚書纂言》，元吳澄（1249－1333）撰。《集注音疏》所引不下 1 次，《集注音疏》引《尚書纂言》說同上條，茲不贅述。

（8）《毛詩注疏》，漢毛亨傳，鄭玄（127－200）箋，唐孔穎達正義。《集注音疏》所引不下 413 次，綜觀江氏引《毛詩正義》之內容：一、引《毛詩》經文解《尚書》字義，如〈立政〉「文王維厥度心」，《集注音疏》云：「心能制誼曰度。《詩》云『帝度其心』。」二、引《尚書》古注，以輯鄭《注》、馬《注》、王《注》最多。三、引毛《傳》及鄭《箋》解《尚

[5] 清・段玉裁：《古文尚書撰異・序》，頁 1b

[6] 清・孫星衍：《問字堂集》，卷 4，頁 100。

書》。

（9）《周禮注疏》，漢鄭玄注，唐賈公彥（生卒年不詳）疏。《集注音疏》所引不下 374 次，綜觀江氏引《周禮注疏》之內容：一、引《周禮》經文解《尚書》，多為解釋制度，如〈無逸〉「文王受命」，《集注音疏》云：「受命，受殷王嗣位之命者，《周禮．典命》云『凡諸侯之適子，誓于天子。』」二、多為引《周禮》古注，如鄭玄、鄭眾、杜子春，亦有如《鄭志》等書。三、引《尚書》鄭《注》、馬《注》。

（10）《大戴禮記》，漢戴德（生卒年不詳）編。《集注音疏》所引不下 25 次。綜觀江氏引《大戴禮記》之內容皆為說解《尚書》，如解釋鯀之身份，《集注音疏．堯典》「僉曰於鯀哉」，江氏於「疏」中云：「《大戴禮．五帝惪》云：『宰我問禹，孔子曰：高陽之孫，鯀之子也。』又〈帝系〉云『鯀產文命，是爲禹』，故知鯀是禹父也。」

（11）《禮記注疏》，漢鄭玄注，唐孔穎達正義。《集注音疏》所引不下 460 次。綜觀江氏引《禮記注疏》之內容：一、引《禮記》經文解《尚書》，如〈酒誥〉「爾大克羞耇惟君」，《集注音疏》云：「『耇謂老成有悳者，若三老五更是也』者，《禮記．樂記》云『食三老五更于太學』。」二、《禮記》鄭《注》，此類最多。三、《尚書》鄭《注》；四、《正義》引他書，如《禮緯含文嘉》、《禮記．大傳》、崔靈恩《疏》、《存經緯援神契文》、《禮記》盧植《注》、熊安生《疏》、顧彪說。

（12）《儀禮注疏》，漢鄭玄注，唐賈公彥疏。《集注音疏》所引不下 59 次。綜觀江氏引《儀禮注疏》內容，一、《儀禮》經文解《尚書》，如〈顧命〉「王乃洮沬水相被冕服凭玉几」，《集注音疏》云：「《儀禮．覲禮》云『天子袞冕』者，以受計侯朝覲于廟中。」二、《儀禮》鄭《注》；三、《尚書》鄭《注》。

（13）《禮書》，宋陳祥道（1042－1093）撰。《集注音疏》所引不下 1 次。江氏引《禮書》內容為鄭《注》。《集注音疏．禹貢》「下土墳壚」條，自注云：「鄭康成曰：壚，疏也。」並自疏云：「鄭《注》見陳祥道《禮書》

三十四卷。」

（14）《左傳注疏》，晉杜預（222－285）注，唐孔穎達正義。《集注音疏》所引不下 115 次。綜觀江氏引《左傳注疏》內容：一、引《左傳》文解《尚書》，如〈大誥〉「民獻有十夫予翼以于敉寧武圖功」，《集注音疏》云：「僖二十六年《左傳》云『凡師能左右之曰以』，言能以之左以之右也，故云以謂左右之也。」二、《尚書》馬、鄭《注》。三、《左傳》服虔《注》與杜預《注》。

（15）《公羊注疏》，漢何休（129－182）注，唐徐彥（生卒年不詳）疏。《集注音疏》所引不下 54 次。綜觀江氏引《公羊注疏》內容：一、引《公羊傳》文解《尚書》，如〈堯典〉「望于山川」，《集注音疏》云：「《公羊》僖三十一年傳曰：『三望者何？望祭也。然則曷祭？祭泰山、河、海。』是望爲祭山川之名。」二、何休《公羊注》。三、《尚書》鄭《注》。三、《五經異義》之鄭玄說。

（16）《穀梁注疏》，晉范甯（339－401）集解，唐楊士勛（生卒年不詳）疏。《集注音疏》共引不下 4 次。綜觀江氏引《穀梁注疏》內容，有：一、《尚書》鄭《注》，二、《穀梁》范甯《注》。

（17）《論語注疏》，魏何晏（196?－249）注，宋邢昺（932－1010）疏。《集注音疏》所引不下 28 次。綜觀江氏引《論語注疏》內容，除了引《論語》經文解《尚書》外，皆為《論語》古注，有：《論語》馬融《注》、《論語》孔安國《注》、《論語》何晏《注》、《論語》鄭玄《注》、《論語》包咸《注》。

（18）《孝經注疏》，唐玄宗（685－762）注，宋邢昺疏。《集注音疏》所引不下 32 次。綜觀江氏引《孝經注疏》之重點，一、以《孝經》解《尚書》，如以〈無逸〉「周公曰：於戲！我聞曰：古之人猶胥訓告，胥保惠，胥教誨，无或譸張爲幻」，江氏自注云「古之君臣，猶相告以正道。有道則相安順，道失則相曉以爲教，无有欺誑相詐惑者。」江氏自疏云「《孝經・事君章》云『將順其美，匡救其惡』，此云『有道則相安順』，將順其美也；

『道失則相曉』，以爲敎匡救其惡也。」二、引《孝經》鄭玄《注》；三、引他書，如《孝經援神契》、蔡邕《辨名記》等等。

（19）《爾雅注疏》，晉郭璞（276－324）注，宋邢昺疏。《集注音疏》所引不下 51 次。綜觀江氏引《爾雅注疏》，皆為考字。除了《爾雅》本文外，所引注疏有：孫炎《注》、李巡《注》、郭璞《注》、邢氏《疏》。

（20）《孟子注疏》，漢趙岐（約 108－201）注，宋孫奭（962－1033）疏。《集注音疏》共引不下 89 次。綜觀江氏引《孟子注疏》者重點：一、孟子引《尚書》經文：如引〈太誓〉、引〈湯誓〉，並據孟子所引校訂經字，如〈洛誥〉「惟曰不享」，《集注音疏》：「聲謂『惟』衍字也者，據《孟子》所引无『惟』字」。二、引《孟子》趙岐注。三、引《孟子》對於某制度之說，以解《尚書》制度。如〈公孫丑篇〉「周起于百里」、〈滕文公〉「夏后氏五十而貢，殷人七十而耡，周人百畝而徹，其實皆什一也」，以說（禹貢）之賦稅制度。

（21）《說文解字》，漢許慎（約 58－約 147）撰。《集注音疏》所引不下 737 次。綜觀江氏引《說文》內容，主要集中在於考訂經字方面，因此多有以《說文》所引經文以改今本《尚書》經字，如《偽孔》本〈堯典〉「采秩東作」，《集注音疏》作「采㚔東作」，江氏自云「玆从《說文》所引」。本書第二章已論江氏生平，知江氏深好《說文》，治學、書字均以《說文》為準則，故引《說文》次數之多，實合其所好。

（22）《釋名》，漢劉熙（生卒年不詳）撰。《集注音疏》所引不下 13 次。綜觀江氏引《釋名》內容皆在於考字之義。如〈禹貢〉「厥田維中中」，《集注音疏》引《釋名》「已耕者曰田」，謂「是田之則謂之田也」，以釋「田」之義。

（23）《廣雅》，魏張揖（生卒年不詳）撰。《集注音疏》所引不下 8 次。綜觀江氏引《廣雅》內容皆在於考字之義。如〈大誥〉「予造天役，遺大投艱于朕身」，《集注音疏》云「役，使；《廣雅》文。」

（24）《字林》，晉呂忱（生卒年不詳）撰。《集注音疏》所引不下 3

次。綜觀江氏引《釋名》內容皆在考字之義，如〈金滕〉「禾盡偃」，《集注音疏》云「《字林》云『仆，僵也』，則偃、仆同誼，故云『偃，仆也』。」

（25）《玉篇》，南朝顧野王（519－581）撰。《集注音疏》所引不下 3 次。綜觀江氏引《玉篇》內容，皆為考字之義。如上章論江氏引《玉篇》，謂「『言人掖扶其行有九德』者，顧野王《玉篇》說也。」

（26）《經典釋文》，唐陸德明（约 550－630）撰。《集注音疏》所引不下 195 次。綜觀江氏引《釋文》內容：一、據《釋文》定經字，如〈大誥〉，《集注音疏》引《釋文》云「馬本作『大誥繇爾多邦』」、〈無逸〉「嚴恭寅畏，天命自度」，《集注音疏》謂「儼《僞孔》本作『嚴』，《釋文》云『馬作儼』，玆从馬。」又如〈洛誥〉「訝衡不迷」，《集注音疏》云：「唐開元時遂于《正義》本改『御』爲俗『訝』字。《釋文》云『馬、鄭、王皆音魚據反』，則馬、鄭王、本皆作御矣。」二、引《尚書》馬、鄭《注》。

（27）《汗簡》，後周郭忠恕（？－977）撰。《集注音疏》所引不下 3 次。綜觀江氏引《汗簡》內容，皆為考字而引。如今本〈多士〉「惟天不畀允罔固亂」，《集注音疏》認為「固亂」應作「怙亂」，而今本作「固亂」，江氏認為乃因偽孔《傳》云「信无固治」，是《偽孔》本讀「忐」爲「固」，而後人無知，遂誤作「忐」爲古「固」字。江氏更引郭忠恕《汗簡》，云《汗簡・心部》「忐」字釋爲「固」，並云「見《尚書》」。江氏認為此蓋郭忠恕惑於僞孔《傳》「信無固治」之云，故訓釋「忐」爲「固」。但藉此更加認定《僞孔》本原作「怙」，不作「固」。

（28）《佩觿》，後周郭忠恕撰。《集注音疏》所引不下 1 次。綜觀江氏引《佩觿》內容，乃為考字。〈禹貢〉「淮海維揚州」，《集注音疏》謂當作「楊」，云：「郭忠恕《佩觿》云『楊，柳也，亦州名』，據此楊當从木。」

（29）《集韻》，宋丁度（990－1053）撰。《集注音疏》所引不下 4 次。綜觀江氏引《集韻》內容，皆為考字。如〈堯典〉「寅餞納日」，《集注音疏》云：「《正義》本作『寅餞』，丁度《集韻》引作『夤淺內日』，且偁馬融讀，則是馬本如此，玆从馬从古也。」又引《集韻》考字音以定字義，今本

〈堯典〉「如五器」,《集注音疏》云:「如據丁度《集韻》音,此經如字爲乃箇反,且云鄭康成讀。以《集韻》所偁合諸此鄭《注》之誼,則『如』實爲『篏』字也。」

（30）《廣韻》,宋陳彭年（961－1017）撰。《集注音疏》所引不下 2 次。綜觀江氏引《集韻》內容,皆為考論字音。

⑵ 史部

（1）《史記》（含三家《注》）,漢司馬遷（約前 145－前 87 年）撰,劉宋裴駰（生卒不詳）《集解》、唐司馬貞（生卒年不詳）《索隱》、唐張守節（生卒年不詳）《正義》。《集注音疏》所引不下 375 次。綜觀江氏引《史記》內容,有:一、據《史記》考訂《尚書》經文,例如《集注音疏・大誥》云「〈呂刑〉『兩造具備』,《史記》作『兩遭具備』,《史記》以詁訓代經文也。」江氏多有據《史記》改經文,如〈臯陶謨〉「毋若丹朱傲」,《集注音疏・臯陶謨》則作「帝曰毋若丹絑奡」云:「此『帝曰』及下『禹曰』(昇按:指下文「禹曰:予娶塗山」)《僞孔》本皆无之。《史記》錄此文則有『帝曰』,下文亦有『禹曰』。」江氏遂據以改經文。有關《史記》引述《尚書》內容,包括《古文尚書》、《今文尚書》、解釋經義、保存佚文等等,對於《尚書》學之貢獻甚巨,有關司馬遷《尚書》學之研究,可參古國順《史記述尚書研究》,[7]茲不贅引。二、《史記》三家《注》所引之《尚書》馬、鄭《注》,如〈堯典〉「胤子朱啟明」,江氏引鄭康成曰:「帝堯胤嗣之子,名曰丹朱」,自疏云:「鄭《注》見〈五帝本紀〉張守節《正義》。」又如〈呂刑〉「剕辟疑赦,其罰倍差」,江氏引馬《注》云:「倍者,倍二百爲四百。差又加四百之三分一,凡五百三十三鍰,三分鍰一也」,江氏自疏云「馬《注》見〈周本紀〉《注》。」三、引三家注說以解《尚書》,如〈召誥〉「王朝步自周,則至于酆」,江氏自注云:「酆,文王廟所在。」並自疏云:「云『酆,文王廟所在』者,《史記索隱》云『酆,文王所作邑。後武王都鎬,

---

[7] 古國順:《史記述尚書研究》(臺北:文史哲出版社,1985 年),頁 1-41。

于豐立文王廟』，是也。」

（2）《漢書》（含顏師古《注》），漢班固（32－92）撰，唐顏師古（581－645）《注》。《集注音疏》所引不下 349 次。綜觀江氏引《漢書》內容，有：一、據《漢書》考訂經文，例如引《漢書・翟方進傳》所錄〈莽誥〉考訂〈大誥〉文。《集注音疏》云：「莽雖矯詐，然其時《尚書》今文古文具在，其所依仿者，乃〈大誥〉之舊文，是可援以究〈大誥〉之文誼矣。」二、采漢人之說，解釋經義，如〈大誥〉「天棐諶辭」，《集注音疏》云：「《漢書・孔光傳》光〈日食對〉云：『《書》曰「天棐諶辭」，言有誠道，天輔之也。』故云『天輔有誠道』者，用孔光誼。」又如〈太誓〉「維四月，太子發上祭于畢下，至于孟津之上」，《集注音疏》云：「《漢書・蘇竟傳》延岑護軍鄧仲況擁兵據南陽陰縣爲寇，劉龔爲其謀主，竟以書曉龔，其書有云『畢爲天网，主网羅無道之君，故武王將伐紂，上祭于畢，求天助也。』是正說此經之事，故用其誼以說。」三、引《漢書》應劭、顏師古《注》解經，如《集注音疏・洪範》「鯀堙洪水，汩陳其五行」，江氏注云：「堙，塞；汩，亂也。水性流行而鯀障塞之，失其本性，其餘所陳列皆亂，故曰亂陳五行。」自疏云「『堙，塞』至『五行』，《漢書・五行志》應劭注也。葢〈五行志〉引此經，故采用其注。」又如〈無逸〉「自時厥後，亦罔或克壽，或十年，或七、八，年或五、六年，或四、三年」，江氏自注云「言佚欲之生害也」，自疏云：「《漢書・杜欽傳》欽說大將軍王鳳引此『或四、三年』句，而說之云：『言失欲之生害也』，師古曰：『失讀曰佚』，玆用其誼。」

（3）《後漢書》（含李賢《注》），南朝宋范曄（398－445）撰，唐李賢（654－684）注。《集注音疏》所引不下 46 次。綜觀江氏引《後漢書》內容，有：一、李賢《注》所引之《尚書》馬、鄭《注》，如〈呂刑〉「告女詳刑」，《集注音疏》引鄭康成曰：「詳，審察之也」，江氏自疏云：「鄭《注》見後漢書劉般子愷附傳注。」二、據《後漢書》所載漢人之說考訂經文，如〈皋陶謨〉「毋教佚欲有邦」，江氏自注云：「欲或爲游」，自疏云：「云『欲或爲游』者，《後漢書・陳蕃列傳》蕃上疏諫獵，引咎繇戒舜無教逸游。」三，據《後漢書》所載漢人之說解經，如〈皋陶謨〉「天工人其代之」，江氏自注云「人謂君也。言君代天官人，不可不得其人也。」江氏自疏云：「《後漢書・馬援列傳》援兄子嚴上封事云：《書》曰「毋曠庶官，天工人其代之」，言王者代天官人也。是解此經人字爲王者，故云人謂君也。」

（4）《三國志》（含裴松之《注》），西晉陳壽（233－297）撰，東晉裴松之（372－451）注。《集注音疏》共引不下 5 次。綜觀江氏引《三國志》內容，有：一、裴松之《注》所引之《尚書》馬、鄭《注》，如〈堯典〉「帝曰：龍，朕堲讒說殄行，震驚朕師」，《集注音疏》引馬《注》云：「殄，絶也。絶君子之行」，江氏自疏云：「馬《注》見《三國志・吳主傳》裴松之《注》。」二、據《三國志》所載內容說解《尚書》，如《集注音疏・顧命》「上宗奉同瑁，由阼階躋」，江氏引《三國志・虞翻傳》注載虞翻別傳，虞翻奏鄭解《尚書》違失事以解「同瑁」。

（5）《國語》（含賈逵、韋昭《注》），舊題左丘明撰，東漢賈逵（174－228）解詁、三國韋昭（204—273）注。《集注音疏》所引不下 160 次。綜觀江氏引《國語》內容，有：一、據賈逵、韋昭《國語注》解釋《尚書》，如說解字義：〈大誥〉「爽邦由哲」，《集注音疏》自注云：「爽之言貳，貳猶輔也」，自疏云：「〈氓詩〉云『女也不爽，士貳其行』，則爽有貳誼，故賈逵注《國語》云『爽，貳也』，貳則副貳有輔左之誼，故轉一解云：『爽之言貳，貳猶輔也』。」又如解釋名物：〈禹貢〉「齒、革、羽、毛惟木」，江氏注云：「齒，象齒，所以爲弭。革，犀兕也，所以爲甲冑。羽，鳥羽，所以爲旌。毛，犛牛尾，所以注干首」，並自疏云：「『齒，象齒』至『注干首』，采用韋昭《國語注》也。」二、引《國語》文以注《尚書》，如〈呂刑〉「乃命重黎，絶地天通，罔有降格」，江氏自注引《國語》云「《國語》觀躲父曰：少皞之衰也，九黎亂悳，民神雜糅，不可方物。……是謂絶地天通」，自疏云：「引《國語》者，〈楚語〉昭王問于觀躲父曰『〈周書〉所謂重黎實使天地不通者何也？若无然，民將能登天乎？觀躲父對詞有此云云也。然則《國語》此文正說此經之誼，故取以爲注焉。」

（6）《戰國策》，漢劉向（前 77－前 6）編。《集注音疏》所引不下 11 次。綜觀江氏引《戰國策》內容，有：一、引《戰國策》之文證明經注，如〈多士〉「予惟四方罔攸賓」，《集注音疏》引馬融《注》云：「賓，卻也」，江氏自疏云：「《戰國策》蘇秦說趙王曰：『六國從親以擯秦，秦必不敢出兵于函谷關以害山東矣。』則擯謂拒卻之也。」二、引《戰國策》之文考經字，如〈洛誥〉「汝乃是不蘉」，江氏肯定錢大昕之說，認為「蘉」字本作「孟」，音如「芒」，云：「孟之古音近芒，……聲按《淮南·氾論訓》曰『孟卯妻其嫂』，高誘注云『孟卯，齊人也』，《戰國策》作『芒卯』，信乎『孟』音如『芒』，此經作『孟』。」

（7）《列女傳》，舊題劉向編。《集注音疏》所引不下 3 次。綜觀江氏引《列女傳》皆為考史而引，如〈堯典〉「女于時，觀厥型于二女」，江氏自注云：「二女，長曰娥皇；次曰女英」，自疏云：「云『二女，長曰娥皇；次曰女英』者，劉向《列女傳》文。」

（8）《晉書》，唐房玄齡（579－648）等撰。《集注音疏》所引不下 1 次。觀江氏引《晉書》內容為考證《尚書》經義。〈皋陶謨〉「光天之下至于海隅蒼生」，江氏自注云：「蒼生未聞。《傳》以爲蒼蒼然生艸木，姑如其說。禹然帝語，遂呼帝而言曰：『充天之下，至于四海之隅，艸木所生之地』，言其廣也。」自疏云：「《晉書》山巨原謂王衍誤天下蒼生，《世說》云『安石不肎出，將如蒼生何？』此皆晉人之言。晉人輒謂民爲蒼生，漢以前无是語，不可以說此經，且此經蒼生實非謂民也。」

（9）《世本》，《集注音疏》所引不下 7 次。綜觀江氏引《世本》內容皆為考證經文，如伊陟之身份，〈君奭〉「在太戊時，則有若伊陟臣扈」，江氏引鄭康成曰：「伊陟，伊尹之子」，江氏自疏云：「云『伊陟，伊尹之子』者，葢據《世本》而知。」

（10）《竹書紀年》，《集注音疏》所引不下 5 次。綜觀江氏引《竹書紀年》內容皆為考史。如〈顧命〉「維四月哉生霸」，江氏引鄭康成曰：「此成王二十八年」，又自疏云：「案《竹書紀年》『成王三十七年陟』，是以武王崩之明年爲成王元年。統周公尻東二年、攝政七年，凡九年，故三十七年。若除此九年，則適二十八年，正合鄭說。」然值得注意者，江氏實不信《竹書紀年》，故有云；「《紀年》僞書，未足據也」、[8]「顧《竹書》出于東晢，託言汲郡人不準，發魏安釐王冡于，所得自是虛妄，其書又荒誕不經，不可爲據。」[9]其引之者，殆視為一說而作檢討。

（11）《水經》（含《水經注》），東漢桑欽（生卒年不詳）撰，後魏酈道元（？－527）注。《集注音疏》所引不下 82 次。綜觀江氏引《水經注》內容，一、多為考證地理，尤其是〈禹貢〉；二、引《尚書》鄭《注》，如〈禹貢〉「織皮西傾，因桓是來」，江氏引鄭康成曰：「織皮，謂西戎之國也」，自疏云：「鄭《注》見《水經注》三十六卷及〈夏本紀〉《注》。」

（12）《崇文總目》，宋王堯臣（1003－1058）等編。《集注音疏》所引不下 2 次。綜觀江氏引《崇文總目》內容皆為陳鄂改《釋文》一事。如〈堯典〉「教冑子」，《集注音疏》作「教育子」，江氏注引馬融《注》云：「育，長也」，自疏云：「馬注見《釋文》。……《釋文》引『馬云：冑，長也』者，葢宋時所改也。《崇文總目》云『開寶中，詔以陸德明所釋《尚書》乃古文，與唐明皇所定今文駁異，令陳鄂刪定其文，改从穎達書。然則今之〈尚書釋文〉非陸氏之舊，陳鄂改以合唐本，故改馬《注》之『育』爲『冑』也。」

（13）《隸釋》，宋洪适（1117－1184）撰。《集注音疏》所引不下 2 次。綜觀江氏引《隸釋》內容，一、為《漢石經》。如〈盤庚〉「乃奉其恫，汝悔身何及」，江氏自注云：「今文身爲命」，並自疏云「『今文身爲命』者，漢蔡邕所書石經《尚書》作『女悔命何及也』。石經謂之今文者，……其碑石久已毀壞，宋洪适《隸釋》錄其殘碑之文。……今文卽據《隸釋》所載

---

[8] 《集注音疏・無逸》「其在祖甲，不誼惟王」條，卷 8，頁 59b，總頁 3091。

[9] 《集注音疏・君奭》「在太戊時，則有若伊陟臣扈」條，卷 8，頁 61a，總頁 3094。

也。後凡言今文某爲某者，皆同。」若再檢《集注音疏》，江氏引蔡邕《石經》，而不言者《隸釋》，所引不下 68 次。可見此 68 次引蔡邕《石經》皆引自《隸釋》。二、據碑文考經字，如〈無逸〉「無皇曰：今日湛樂」，江氏自注云：「今文皇爲兄。兄，古况字也」，並自疏云：「〈樊毅脩華嶽碑〉云『兄乃盛德』，《隸釋》云『以兄爲况』。」

（14）《嘯堂集古錄》，宋王俅（生卒年不詳）撰。《集注音疏》所引不下 2 次。綜觀江氏引《嘯堂集古錄》內容為考證經字。〈高宗肜日〉「王司敬民」，江氏自疏云：「『王司敬民』，《史記》作『王嗣敬民』。案〈晉姜鼎銘〉云『晉姜曰余隹司朕先姑君晉邦』，《宣和博古圖》、吕大臨《攷古圖》、王俅《嘯堂集古錄》、薛尚功《鐘鼎款識》皆載此鼎銘，皆釋『司』爲『嗣』，是古文省『嗣』爲『司』。」

（15）《宣和博古圖》，宋徽宗（1082－1135）敕撰，王黼（1079－1126）编纂。《集注音疏》所引不下 1 次。用意同上條。

（16）《攷古圖》，宋吕大臨（1044－1091）撰。《集注音疏》所引不下 1 次。內容見引《嘯堂集古錄》條。

（17）《歷代鐘鼎彝器款識》，宋薛尚功（生卒年不詳）撰。《集注音疏》所引不下 2 次。江氏引《歷代鐘鼎彝器款識》皆為考證經字而引。除〈高宗肜日〉「王司敬民」條外，又如〈堯典〉「允恭克讓」，《集注音疏》認為古字作「允龔」，云：「〈周父敦〉『恭伯作[illegible][illegible]』，見王俅《嘯堂集古錄》；〈[illegible]和鐘〉『嚴恭』作『[illegible][illegible]』見辥尚功《鐘鼎款識》。」

⑶ 子部

（1）《荀子》，《集注音疏》所引不下 14 次。綜觀江氏引《荀子》內容：一、據《荀子》引《尚書》考訂經文，如今本〈康誥〉「宏于天」，《集注音疏》作「宏覆乎天」，江氏云：「《僞孔》本无覆字，乎作于，玆从《荀子・富國篇》所引。」二、據《荀子》解釋《尚書》，如詮釋刑殺，〈康誥〉「王曰汝陳時臬事，罰蔽殷彝，義刑義殺，勿庸以次汝封，惟曰未有順事」，江氏據《荀子・致仕篇》作「王曰女陳時臬事，罰蔽殷彝，誼刑誼殺，勿庸以即，女惟曰未有順事」，自注云：「勿庸以即刑殺，女惟曰未有順導民之事，言當先教後罰也。」又自疏云：「《荀子》兩引此經而說之，皆云『言先教也』，先教則後罰，故解『勿庸以即』爲『勿用以即荆殺』；『未有順事』謂『未有順導民之事』，且申之云：『言當先教後罰也』。」按此，知江氏據《荀子》之說詮釋《尚書》經文。

（2）《莊子》，《集注音疏》所引不下 2 次。綜觀江氏引《莊子》內容皆藉《莊子》解釋《尚書》，如說「箕子」之名：〈洪範〉「維十有三祀，王訪于箕子」，江氏自注云：「箕子，紂諸父，名胥餘」，並自疏云：「云『名胥餘』者，《莊子・大宗師》云『箕子胥餘』。司馬彪《注》以胥餘爲箕子名也。」又如說字義：〈臯陶謨〉「敷納以言」，《集注音疏》據《左傳》引作「賦內以言」，自注云：「賦，猶取也。取內以言，觀其志也。」又自疏云：「云『賦，猶取也』者，賦是上取下之名。《莊子・齊物論》『狙公賦芧，朝三莫四，衆狙皆怒』，是賦有取誼。」

（3）《墨子》，《集注音疏》所引不下 55 次。綜觀江氏引《墨子》內容：一、藉《墨子》解釋《尚書》經文，如〈太誓〉「惡乎君子」，江氏注云：「《墨子》曰『昔者紂執有命而行，武王爲〈太誓〉發以非之』。」並自疏云：「《墨子・非命・下篇》云〈太誓〉之言也。」二、據《墨子》引《尚書》經文改經，如今本〈呂刑〉「絕地天通，罔有降格」下作「群后之逮在下，明明棐常，鰥寡無蓋。皇帝清問下民，鰥寡有辭于苗。德威惟畏，德明惟明。」然江氏《集注音疏・呂刑》則作「皇帝淸問下民，有辭有苗曰：羣后之肆在下」。對此，江氏云：「自此以下至『維假于民』，據《墨子・尚賢篇》所引如是也。曰『羣后』云云，在『有辭有苗』之下，《正義》言鄭以『皇帝哀矜』至『罔有降假』說顓頊之事，『皇帝清問』以下乃說堯事・然則鄭君之本『降假』下，即接『皇帝淸問』云云，與《墨子》所引適合。自是古文如此。僞孔氏削去『曰』字而以『羣后』至『無葢』十四字迻置『黃帝淸問』之上，又改『肆』爲『逮』，又于『有辭』之上增『鰥寡』字，又改『有苗』爲『于苗』，任意亂經，肆无忌憚，賴有《墨子》得據以刋正之。」此據《墨子》改經之例。

（4）《管子》，《集注音疏》所引不下 5 次。綜觀江氏引《管子》內容：一、據《管子》解釋《尚書》，說解制度，如〈禹貢〉「厥賦維上上錯」，江氏《集注音疏》云：「一夫之地，惟稅五十畝，故《管子・幼官篇》云『田租百取五』，卽此制也。地力肥墽，古今如一，推之夏制，田賦之法當亦一夫惟稅五十畝。」二、據《管子》蒐集佚文，如《集注音疏・太誓下》「紂有臣億萬人，亦有億萬之心。武王有臣三千而一心」，江氏自疏云：「《管子・法禁篇》引〈太誓〉文如此。」

（5）《韓非子》，《集注音疏》所引不下 3 次。綜觀江氏引《管子》內容皆為解釋《尚書》，說解經文文義，如《集注音疏・酒誥》「毋彝酒」，江氏自注云：「《韓非子》曰：『彝洒，常酒也。常洒者，天子失天下，匹夫失其身。』」並自疏云：「引《韓非子》者，〈說林篇〉文。」

（6）《山海經》（含郭璞《注》），《集注音疏》所引不下 19 次。綜觀江氏引《山海經》內容，皆為考證地理而引。如〈堯典〉「曰幽都」，江氏自注云「《山海經》曰『北海之內有山，名曰幽都之山』，蓋是與？」又如〈禹貢〉「織皮昆侖」，江氏自注云：「鄭康成曰『衣皮之民居此。昆侖、析支、渠搜三山之野者，皆西戎也。』西戎別有昆侖山，非河所出者也。」江氏自疏云「《山海經》云『海內昆侖之虛在西北』，郭璞《注》云『言海內者，明海外復有昆侖山也。』」是江氏引《山海經》證明西戎別有昆侖山。

（7）《司馬法》，《集注音疏》所引不下 1 次。觀江氏引《司馬法》內容，為考訂經字，如〈禹貢〉「齒、革、羽、毛惟木」，江氏自注云：「革，犀兕也，所以爲甲胄」，並自疏云：「《司馬法》胄字作 䩜 ，从革，是胄亦以革爲之也。」

（8）《呂氏春秋》，秦呂不韋（約前 290－前 235）編，漢高誘注。《集注音疏》所引不下 4 次。綜觀江氏引《呂氏春秋》內容皆藉以解釋《尚書》，說解經文文義，如：〈禹貢〉「彭蠡旣豬，陽鳥攸居」，江氏自注云：「彭蠡豬而爲湖，則陽鳥得安所居矣」，自疏云：「《呂氏春秋・孟春紀》云

『候雁北』，高誘《注》云：『候時之雁，從彭蠡來，北過至北極之沙漠。』〈仲秋紀〉云『候雁來』《注》云：『從北漠中來，南過周、洛，之彭蠡。』〈季秋紀〉注亦云『從北方來，南之彭蠡。』〈季冬紀〉云『雁北鄉』，《注》云：『雁在彭蠡之澤，是月皆北鄉，將來至北漠也。』是則彭蠡爲鴻雁之所常居處，故云『彭蠡豬而爲湖，則陽鳥得安所居矣』。」按此，江氏據《呂氏春秋》及高誘《注》，使〈禹貢〉「彭蠡既豬，陽鳥攸居」之義得以暢曉。

（9）《淮南子》，漢劉安（前 179－前 122）撰，高誘（生卒年不詳）注。《集注音疏》所引不下 28 次。綜觀江氏引《淮南子》內容皆藉《淮南子》解釋《尚書》，說解字義，如〈堯典〉「曰幽都」，江氏自注云：「幽，闔；都，聚也。」並自疏云：「《淮南・地形訓》曰『西北匸曰不周之山，曰幽都之門。』高誘《注》云：『幽，闔；都，聚也。玄冥將始用事，順陰而聚，故曰幽都之門。』此幽都誼當同彼，故用彼訓。」

（10）《春秋繁露》，漢董仲舒（前 179－前 104）撰。《集注音疏》所引不下 1 次。觀江氏引《春秋繁露》內容藉以考訂經字，如今本〈堯典〉「二十有八載，帝乃殂落」，《集注音疏・堯典》作「弍十有八載放勳乃殂落」，江氏云：「放勳，《僞孔》本作一『帝』字，是妄改尒。《孟子》及《春秋繁露》及《說文》皆引作『放勳』，吾從之。」

（11）《說苑》，漢劉向撰。《集注音疏》所引不下 3 次。綜觀江氏引《說苑》內容為：一、蒐集佚文，如《集注音疏・太誓中》「附下而罔上者死，附上而罔下者刑；與聞國政而無益于民者復，在上位而不耐進臤（賢）者逐」，江氏自疏云：「此經見劉向《說苑》第二卷。」二、解釋《尚書》風俗制度，如《集注音疏・禹貢》「氒田維上下，氒賦中上，氒貢鹽絺」，江氏自注云：「鹽，煮海爲之。古者宿沙初作，煮海爲鹽」，並自疏云：「《說苑》云『夙沙之民，自攻其主，而歸神農氏』，然則宿沙在神農前矣。」知江氏引《說苑》以證古者有宿沙氏煮海爲鹽。

（12）《白虎通》，漢班固編。《集注音疏》所引不下 52 次。綜觀江氏引

《白虎通》內容為：一、藉《白虎通》解釋《尚書》，說解詞義，如〈君奭〉「故一人有事于四方」，江氏自注云：「一人，天子也。」並自疏云：「《白虎通・號篇》云『臣謂之一人何？所以尊王者也。以天下之大，四海之內，所共尊者一人爾。』是天子有一人之號，故云『一人，天子也』。」又如〈洛誥〉「周公曰王肇稱殷禮，祀于新邑，咸秩無文」，江氏自注云「王者未制禮樂，恆用先王之禮樂」，並自疏云：「《白虎通・禮樂篇》云：『王者始起，何用正民？以爲且用先王之禮樂，天下太平，乃更制作焉。《書》曰「肇修習殷禮，祀新邑。」此言太平去殷禮。』是亦據此經，以爲用先王禮樂，葢漢時經師誼然也。」二、藉《白虎通》蒐集逸文，如《集注音疏・无佚》「厥兆天子爵」，江氏自疏云：「《白虎通・爵篇》引〈无佚〉文如此。伏生《大傳》亦引之，今〈无佚〉見在，而无此文，葢僞孔氏于此篇輒妄增妄改，寧不亦妄刪乎！此文在其所刪中不得聞，其上下文云何，无由知其意恉，不敢強爲之說，姑闕。」

（13）《論衡》，漢王充（27－97）撰。《集注音疏》所引不下 36 次。綜觀江氏引《論衡》內容為：一、考訂經字，如今本〈無逸〉「惟耽樂之從」，江氏對此云：「湛，多含反。《正義》本作耽，衛包所改也。《論衡・語增篇》引作『湛』，《書古文訓》亦作『湛』，故从『湛』。《僞孔》本『是』作『之』，《漢書・鄭崇傳》及《論衡》、《中論》皆引作『是』，當从『是』。」又如今本〈呂刑〉「虐威庶戮，方告無辜於上」，《集注音疏》本作「虐威庶戮，旁告無辜于上」，江氏云：「《正義》本作『方』，玆从《論衡》所引。」二、藉《論衡》解釋《尚書》，如王充引今文家說：《集注音疏・呂刑》「虐威庶戮，旁告無辜于上」，江氏自注云：「今文曰：庶僇旁告无辜于天帝」，江氏自疏云：「云『今文曰：庶僇旁告无辜于天帝』者，據王充《論衡・變動篇》所引也。知所引是今文者，以其文不與此同，且充書引《尚書》率用今文家說也。據彼文言『旁告无辠于天帝』，則此必言于上帝可知，故引以證。」又如詮釋經文意涵：《集注音疏・堯典》「叶龢萬邦」，江氏自注云：「言堯之德大，所化者眾，中夏蠻貉莫不雝龢，故曰萬國。」江氏自疏云：

「此注用王充《論衡・埶增篇》文，而稍易其字也。」

（14）《法言》，漢揚雄（前 53－18 年）撰。《集注音疏》所引不下 1 次。觀江氏引《法言》內容為藉《法言》解釋《尚書》，如說解羲和之職：〈堯典〉「乃命羲和」，江氏自疏云：「揚子《法言》云『羲近重，和近黎』，是羲承重司天之職，和承黎司地之職也。」

（15）《風俗通》，漢應劭（约 153－196）撰。《集注音疏》所引不下 14 次。綜觀江氏引《風俗通》內容：一、藉《風俗通》解釋《尚書》，說解字義，如〈禹貢〉「降丘宅土」，江氏自注云：「聲謂：宅或爲度。或說民乃下邱，營度爽塏之場而邑落之。」並自疏云：「偁或說者，《風俗通・山澤篇》引作『度』，且說云『堯遭鴻水，萬民皆山西巢居，以避其害。禹決江疏河，民乃下邱，營度爽塏之場而邑落之』，是其文也。」二、藉《風俗通》引《尚書》考訂經字，如今本〈康誥〉「天畏棐忱」，《集注音疏》作「天威棐諶」，江氏自云：「《僞孔》本『威』作『畏』，『諶』作『忱』。朱倀〈表〉引作『天威棐諶』，見《風俗通誼》五卷。」

（16）《新論》，漢桓譚（前？－公元 56）撰。《集注音疏》所引不下 2 次。綜觀江氏引《新論》內容，為藉《新論》解釋《尚書》，說解文義，如《集注音疏・堯典》「舜假于文祖」，江氏自注云：「卽位于明堂也」，並自疏云：「恒君山《新論》云：『明堂，堯謂之五府。』」

（17）《潛夫論》，漢王符（约 85－163）撰。《集注音疏》所引不下 8 次。綜觀江氏引《潛夫論》內容為：一、考訂經字，如今本〈西伯戡黎〉「格人元龜，罔敢知吉」，《集注音疏》作「假尒元龜，网敢知吉」。江氏對此云：「王符《潛夫論・卜列篇》引作『假爾元龜』，古爾字止作『尒』，此所以譌爲人也，是足以正《正義》本之謬，玆从之。《史記》必亦作『假尒元龜』。今《史記》作『假人』，乃後人惑于《僞孔》書而誤改之者。」二、藉《潛夫論》解釋《尚書》，說解文義，如《集注音疏・康誥》「有小辠非眚，乃惟終，自作不典，式爾，有氒罪小，乃不可不殺」，江氏自注云：「言人有小罪，非以過差爲之，乃欲終身行之」，並自疏云：「云『言人有小罪，非以過差爲之，乃欲終身行之』者。王符《潛夫論・述赦篇》引此經而說之云：『言惡人有罪雖小，然非以過差爲之也，乃欲終身行之，故雖小不可不殺也』，茲用其說。」

（18）《世說新語》，南朝劉義慶（403－444）撰。《集注音疏》所引不下 3 次。綜觀江氏引《世說新語》內容為解釋《尚書》，說解《尚書》詞義，如〈皋陶謨〉「光天之下，至于海隅蒼生」，江氏認為以「蒼生」代人民，漢人甚至漢以前無說，故云：「《世說》云『安石不肎出，將如蒼生何？』此皆晉人之言。晉人輒谓民爲蒼生，漢以前无是語，不可以說此經。」

（19）《初學記》，唐徐堅（659－729）編。《集注音疏》所引不下 2 次。綜觀江氏引《初學記》內容：一、引《尚書》鄭《注》，如《集注音疏・禹貢》「三江既入」，江氏自注云：「江自彭蠡分爲三：左合漢爲北江，會彭蠡爲南江，岷江在其中，則爲中江。」並自疏云：「鄭《注》見《初學記》六卷及《兼明書》二卷。」二、引某書佚文解釋《尚書》，說解文義，如《集注音疏・皋陶謨》「天討有罪，五刑五用哉」，江氏自注云：「唐虞象荆以冡巾當墨，以艸纓當劓，以履屝當跀，以艾韠當宮。布衣无領，當大辟，此之謂五用」，並自疏云：「今本《白虎通》有闕文，其引見于徐堅《初學記》二十卷者，有云『犯墨者冡巾，犯劓者赭其衣，犯髕者以墨冡其髕處而畫之，犯宮者履屝，犯大辟者布衣无領。』伏生《大傳》說唐虞象刑，惟不見犯官者之象，其四象悉與《白虎通》逸文同。」是以徐堅《初學記》引《白虎通》佚文解釋「五用」。

（20）《北堂書鈔》，唐虞世南（558－638）編。《集注音疏》所引不下 1 次。觀江氏引《北堂書鈔》內容為引某書佚文解釋《尚書》中之刑罰制度，如《集注音疏・皋陶謨》「天討有罪，五刑五用哉」，江氏自疏云：「虞世南《北堂書鈔》卌四卷引《愼子》曰『以畫跪當黥，以草纓當劓，以履屝當跀，以艾韠當官。』此說象荆之制，不及大辟，其四荆之象，與《白虎通》所說不同，今互擇其近是者，以當此經五用，故云『此之謂五用』。」

是以虞世南《北堂書鈔》引《愼子》文解釋「五用」。

（21）《通典》，唐杜佑（735－812）撰。《集注音疏》所引不下 1 次。觀江氏引《通典》內容為引《尚書》鄭《注》以說地理，如《集注音疏・禹貢》「道黑水，至于三危，入于南海」，江氏自注云：「鄭康成曰：〈地理志〉益州滇池有黑水祠，而不記此山水所在，今中國无之矣。《地記》曰：『三危山在鳥鼠之西，而南當岷山，又在積石之西南。』」江氏自疏云：「注見〈夏本紀〉注及杜佑《通典》百七十五卷。」

（22）《太平御覽》，宋李昉（925－996）等編。《集注音疏》所引不下 7 次。綜觀江氏引《太平御覽》內容，一、引《尚書》鄭《注》，如《集注音疏・顧命》「蛾常」，江氏自注云：「鄭康成曰：蛾，謂色玄也」，並自疏云：「鄭《注》見《太平御覽》六百八十六卷〈服章部〉及《正義》。」二、引佚書說《尚書》地理，如《集注音疏・禹貢》「道黑水，至于三危，入于南海」，江氏自注云：「《地記》曰：『三危山在鳥鼠之西，而南當岷山，又在積石之西南。』」並自疏云：「引《地記》者，《河圖括地象》文。以〈地理志〉不言黑水、三危，故引《地記》爲說。案《太平御覽》弟五十卷〈地部十五〉引《河圖括地象》曰：『三危山在鳥鼠之西南，與汶山相接，上爲天苑星，黑水出其南。』與此注所引不同，葢引者取節異尒，實一書也。」知江氏認為《地記》即《河圖括地象》。

（23）《廣博物志》，明董斯張（1587－1628）撰。《集注音疏》所引不下 1 次。觀江氏引《廣博物志》內容為解釋禹受河圖一事，觀《集注音疏・顧命》「河圖在東序」條，江氏自疏云：「《廣博物志》十四卷引《尸子》曰『禹理鴻水，觀于河，見白面長人魚身出，曰：「吾河精也」，授禹河圖，而還于淵中。』是不獨虙羲受河圖也。」可見古書記載受河圖者不惟伏羲。

⑷ 集部

（1）《楚辭》，漢劉向編，漢王逸（生卒年不詳）注。《集注音疏》所引不下 5 次。綜觀江氏引《楚辭》（含《注》）內容皆為解釋《尚書》字義，如《集注音疏・召誥》「毕既得卜則經營」，江氏自注云：「南北爲經，東西爲營」，又自疏云：「云『南北爲經，東西爲營』者，王逸注《楚詞・九歎》云然也。」又如《集注音疏・洪範》「沈漸剛克」，江氏自注云：「漸，積也」，並自疏云：「王逸注《楚詞》云『稍積曰漸』，故云『漸積，也』。」

（2）《昭明文選》，梁蕭統（501－531）編，唐李善（630－689）注。《集注音疏》所引不下 30 次。綜觀江氏引《文選》（含《注》）內容為：一、引《尚書》鄭《注》以證字義，如《集注音疏・禹貢》「厥土赤戠墳」，江氏自注云：「鄭康成曰：戠讀爲熾。熾，赤也。」並自疏云：「鄭《注》見《釋文》及《文選・蜀都賦注》。」二、考訂經字，如《集注音疏・立政》「常故」，今本作「常伯」，江氏自云：「《文選・劉越石荅盧諶詩》注引楊雄〈侍中箴〉曰『炎炎常伯』；〈藉田賦〉又注引應劭《漢官義》曰『侍中，周成王常伯任侍中，殿下儞制。』故與伯古今字，然則常伯即漢之侍中也。」三、據《文選注》證《尚書》字義，如《集注音疏・皋陶謨》「尟食」，江氏自注云：「尟，少」，並自疏云：「《文選・張平子西京賦》云『慘則尟于驩』，李善《注》亦云『尟，少也。』」又如《集注音疏・大誥》「矧曰其有能格」，江氏自注云：「格，量度也」，並自疏云：「云『格，量度也』者，〈蒼頡篇〉文，見《文選・蕪城賦注》。」三、未明確稱《文選》，但實引自於《文選》，如《集注音疏・盤庚》「今我其敷優臤（賢）揚」，江氏云：「劉淵林注左思〈魏都賦〉引《尚書・般庚》曰『優臤（賢）揚歷』。」來源應為《文選六臣注》。

據上述粗略統計，《集注音疏》引清代以前經部著作 30 部，史部著作 17 部，子部著作 23 部，集部著作 2 部，共 72 部著作。惟要特別說明者，江氏引許多文獻，時常是透過轉引方式，如引明董斯張《廣博物志》是為了轉引該書所載《尸子》文；或是某單篇文獻出於某本書中，如引劉越石〈荅盧諶詩〉，但此詩實出自《文選》。據此，本章處理方式皆採標明原始來源，而非所轉引之文獻。

2. 引述清儒論著

以下，茲便考察《集注音疏》中，江氏所引時人之論或著作。所引人名，皆按生卒年排序，並以生年早晚為排序前後之標準。

（1）顧炎武（1613-1682）。顧炎武之說，《集注音疏》所引不下 1 次。觀《集注音疏・顧命》「狄設黼扆綴衣」，江氏自疏云：「鄭仲師注《周禮・司几筵》及《天府職》皆引此篇，以設几席及陳寶是癸酉日事，則『狄設黼扆』與『士須材』同日受命于伯相矣。近世有顧氏炎武，謂自此以下是康王踰年即位之事。案天子七月而葬，葬則有謚。成王以四月崩，踰年則既葬，而再閱月矣，何下文猶稱新陟王乎？且先王之顧命不宜遲之，踰年而後傳于嗣王，丁卯命作冊度，必不踰年，而始傳顧命矣。推顧氏之意，以陳設華美非初喪所宜，故有是說。曾不思《周禮・天府職》有大喪陳寶器之文；〈典路職〉有大喪出路之文乎？則周公之制固然也，顧氏豈不信《周禮》爲周公作乎？不然何疑乎此篇耶！」江氏所引者，為《日知錄》卷二〈顧命〉條。

（2）閻若璩（1636-1704）。閻若璩之說，《集注音疏》所引不下 1 次。觀《集注音疏・述》云：「時僞古文初出，大異先儒之說，（皇甫）謐喜聞所未聞，采入《帝王世紀》，流俗遂因而咸尊信之矣。閻若璩謂左思〈三都〉得謐之一敘，猶競相贊述，况得孔書載于《世紀》，有不因之而重者乎？是使此書首信于世者，皇甫謐之辠。誠哉是言！」江氏所引閻說，為《尚書古文疏證》卷二第十七條。

（3）惠棟（1695-1758）。惠棟之說，《集注音疏》所引不下 33 次。江氏所引惠氏之說，分別見《周易述》、《明堂大道錄》、《九經古義》。觀江氏引《周易述》說，主要用以解釋《尚書》，如〈皋陶謨〉「予欲觀古人之象……作服汝明」，《集注音疏》云：「師說云：『衣常取諸乾坤』」，此師說即采自《周易述》第十七卷。而《明堂大道錄》，《集注音疏》所引不下 6 次。有關江氏引《明堂大道錄》解經之內容，已詳見第二章。《九經古義》，《集注音疏》全文並未有明確指出引自《九經古義》之文，江氏采《九經古義》

皆云采自「惠先生說」、「松厓師」。有關江氏對《九經古義》說法之採納，已詳見第二章。

（4）王鳴盛（1722-1797）。王氏之說，《集注音疏》所引不下 1 次。《集注音疏‧康誥》「若保赤子」條，疏曰：「王光祿鳴盛嘗曰〈康誥〉「若保赤子」須用《孟子》誼，乃始允合」。今檢王氏《後案》，王氏確實用《孟子》說。然正如本書第二章所推測，此極可能是二人共商疑義之論，非引自《後案》。而檢王氏《後案》，則未見江聲之名或著作，或因江氏著作尚未脫稿，故王氏雖就正于江聲，而未著其名及其著作也。

（5）戴震（1724-1777）。戴震之說，《集注音疏》所引不下 5 次。江氏所引戴氏之說，皆為《原象》之文。《戴震全書》編者據段玉裁《戴東原先生年譜》所云，推測《原象》八篇成書在乾隆壬午（1762）之前。江氏所引《原象》內容，如《集注音疏‧洪範》「五紀：一曰歲，二曰月，三曰日，四曰星辰，五曰曆數」，江氏自注云：「分至启閉，以紀歲；朔望朏晦，以紀月；永短昏昕，所紀日；列星見伏昏旦中，日月躔逡，以紀星𠩺（辰）；羸縮經緯，終始相差，以紀厤數。」並自疏云：「此注用戴氏震說也。震字東原，徽州休寧人。善天文，精于厤數。所著有《原象》、《迎日推策記》等書，玆采用其《原象》誼也。」按此，江氏所引為《原象‧四》之文。又如《集注音疏‧洪範》「日月之行，則有冬有夏」，江氏自疏云：「戴氏震曰：月道出入黃道內外，二十七日有奇，而交道[10]一終也。交終不復于原處，其差一度又幾半度。……戴氏善天文，又長于厤算，故能言之精審如此也。」則引自《原象‧迎日推策記》。

（6）金榜（1735-1801）。金氏之說，《集注音疏》所引不下 1 次。江氏所引金氏之說，《集注音疏‧禹貢》「東迆北會于匯，東爲中江，入于海」條自注云：「聲謂：〈地理志〉分江水，首受江于丹楊石城東，至餘姚入海，此所謂南江也。〈志〉又云『南江在會稽吳南，東入海』；又云『中江出丹陽無

[10]按：今本《原象》「交道」作「月道」。

湖西南，東至會稽，陽羨入海』。」並自疏云：「引〈志〉文者，〈地理志〉于丹揚無湖云『中江之西南，東至陽羨入海，楊州水是也此。』南江、中江之原皆有明文可據者，金狀元榜據以箸〈三江攷〉。聲卽據金氏〈攷〉以爲說。」江氏所引〈三江攷〉，即金榜《禮箋》卷一〈三江〉。

（7）段玉裁（1735-1815）。段氏之說，《集注音疏》所引不下 6 次。江氏所引段氏之說，雖無注明出處，但比勘段氏著作，皆與《古文尚書撰異》內容相同。然而，據江氏自云《集注音疏》十二卷之「疏」乃成於乾隆三十八年（1773）；而段氏《古文尚書撰異》則始著於乾隆五十三年（1788），迄於乾隆五十六年皋月（1791 年 5 月），故《集注音疏》所引段氏語蓋非《撰異》。而段氏在此之前，則有《書經小學》一書。據段氏〈寄戴東原先生書〉云：

> 玉裁入蜀數年，幸適有成書。而所為《詩經小學》、《書經小學》、《說文考證》、《古韻十七部表》諸書，亦漸次將成。[11]

《書經小學》撰著時間不明，然段氏於乾隆三十七年（1772）八月至成都，[12]而〈寄戴東原先生書〉作書於乾隆四十年（1775），[13]是以《書經小學》當撰於這期間。《書經小學》一書今佚，若以《詩經小學》度之，其書內容應該不脫羅列異文、校勘一類。陳鴻森先生就此認為，《撰異》蓋即就《書經小學》而廣蒐補闕，更益以今古文經字之同異而成，[14]是以《書經小學》為《撰異》之前身。考慮到江氏《集注音疏》成書時間，則所引段氏語似出自《書經小學》較為合當。

---

[11] 此文附於《六書音韻表》卷首，《經韻樓集》、《經韻樓文集補編》皆失收。見《新添古音說文解字注．六書音韻表》卷首，頁 813。

[12] 劉盼遂：《段玉裁先生年譜》，收入《段玉裁遺書》（臺北：大化書局，1977 年 5 月），頁 1251。

[13] 段氏於〈寄戴東原先生書〉下自注「乙未十月」。

[14] 陳鴻森先生雖據推想，當合情理，見陳鴻森：〈段玉裁年譜訂補〉，《中央研究院歷史語言研究所集刊》60 本 3 分（臺北：中央研究院歷史語言研究所，1989 年 9 月），頁 613。

今考《集注音疏》引段氏之說，〈禹貢〉「淮夷蠙珠臮魚」、「逾于雒」、「滎潘既都」；〈皋陶謨〉「堋淫于家」；〈堯典〉「日短星昴」等五條，皆合《撰異》之說，知或出於《書經小學》，而日後收入《撰異》者。惟〈秦誓〉「惟古之謀人，則曰來就惎惎；惟今之謀人，姑將以爲親」條，江氏云：「『來就惎惎』，《正義》本作『未就予忌』，隸古定本作『未就予忎』。案隸古定書凡『其』字皆作『亓』，則『忎』即『惎』也。《說文・心部》引〈周書〉曰『來就惎惎』，詳翫文誼，于此正合。然未敢決，質之段氏玉裁，段曰：『固是此篇文也，何疑焉』，遂定从之。」按此，則此條江氏所引段氏語，並非出自於段氏書中，而是以書函或口頭形式就教於段氏。

（8）錢大昕（1728-1804）。錢氏之說，《集注音疏》所引不下 5 次。江氏所引錢氏之說，見於《養新錄》、《唐石經考異》。如《集注音疏・呂刑》「民興胥漸，泯泯紛紛，罔中于信以覆詛盟」，江氏云：「錢少詹大昕曰『《漢書・敘傳》云「風流民化，湎湎紛紛」，雖不偁《書》曰，其實引用此文』，予从之改。」又如《集注音疏・洛誥》「女乃是不孟，乃時惟不永哉」，江氏云：「錢少詹事大昕據〈釋詁〉有『孟，勉』之誼，謂《爾雅》所以訓釋六經，必六經有是誼，而後《爾雅》有是詁。尋六經之中『孟』之爲『勉』也，未有見。意『孟』之古音近『芒』，〈洛誥〉『蘉』字本是『孟』字，故漢人皆訓『勉』。」皆出於《養新錄》。而《集注音疏・尚書續補誼・大誥敘》「將黜殷命」條，江氏云：「近見錢少詹《唐石經考異》云『將黜殷』下本有命字，後摩改。因取舊藏之石經檢視之，作字之旁猶留命字ㄋ偏之波磔，誥字既迻弟二行之末矣。弟三行之首，猶有摩未盡之誥字具存，此摩改石經之明驗也。」此則出於《唐石經考異》。

按：錢氏《養新錄》自序其書撰於嘉慶四年（1799）十月，陳鴻森先生據諸家志目所錄錢氏題跋年月證之，知《養新錄》編成迄於嘉慶九年（1804）。[15]而《養新錄》卷一「蘉」條文末錢氏云「江處士聲、邵學士晉

[15] 陳鴻森：〈錢大昕年譜別記〉，收入《乾嘉學者的治經方法》，頁 959。

涵皆采予說」[16]者，乃謂江聲《集注音疏》、邵晉涵《爾雅正義》皆采《養新錄》之說。[17]江氏《集注音疏》「疏」成於乾隆三十八年（1773）；而據邵晉涵乾隆三十八年〈與朱笥河學士書〉云：「《爾雅正義》隨時編輯，尚未得定本。」[18]又《爾雅正義・序》云：「歲在旃蒙協洽，始具簡編。……十載於茲，未敢自信。」[19]「歲在旃蒙協洽」為乾隆四十年（1775），過十年為乾隆五十年（1785），故《爾雅正義》撰作時間可能為乾隆三十八年（1773）至乾隆五十年（1785）。[20]無論是乾隆三十八年（1773），或乾隆五十年（1785），皆早於嘉慶九年（1804），而江、邵二氏卻得以採用，知錢氏《養新錄》此條必定成於乾隆三十八年前，而後才收入《養新錄》中。

（9）袁廷檮（1764-1810）。袁氏之說，《集注音疏》所引不下 1 次，見於《集注音疏・尚書續補誼》「〈大誥・敘〉將黜殷命」條，江氏云：「袁氏廷檮曰：『今《尚書》諸本皆无命字，《詩・豳譜・正義》引此則有命字。』……聲于是特詣袁君家索石經觀之，乃歸而書以識之。」

（10）江藩（1767-1831）。江藩為江聲弟子，江藩之說，《集注音疏》所引不下 1 次。江氏所引江藩之說，未見於江藩之作。《集注音疏・禹貢》「禹錫玄圭，告厥成功」條，江氏自注云「于是上帝錫禹玄圭，告成功于天下」，並自疏云：「必知玄圭錫自天者，同宗子藩謂余曰：『漢武梁祠堂石刻畫像祥瑞圖云：「玄圭，水泉流通，四海會同則至。」』則玄圭乃治水功成之瑞，應天所以寵錫禹者。」今觀江藩《半氈齋題跋》有〈武梁祠堂畫像〉一

---

[16] 清・錢大昕：《十駕齋養新錄》（上海：上海書店出版社，2011 年），卷 1，頁 12。

[17] 案：《爾雅正義》卷一「亹亹，蠠沒、孟、敦、勗、釗、茂、劭、勔，勉也」條，「正義」云：「錢詹事曰『〈洛誥〉云「汝乃是不蘉」，孟、蘉聲之轉。《釋文》引馬融云「蘉，勉也」，孔《疏》謂鄭、王皆訓為「勉也」。』」見清・邵晉涵：《爾雅正義》（上海：上海古籍出版社，2002 年，《續修四庫全書》冊 187，影印南京圖書館藏清乾隆五十三年邵氏面水層軒刻本），卷 1，頁 35b，總頁 55。

[18] 引自《乾嘉學術編年》（石家庄：河北人民出版社，2005 年），頁 228。

[19] 清・邵晉涵：《爾雅正義・序》，頁 3b-4a，總頁 36。

[20] 案：黃雲眉推測作于乾隆三十九年至乾隆四十年間。見氏著：《邵二雲先生年譜》（臺北：廣文書局，1971 年），頁 60。

篇，[21]推測江藩對此畫像有所研究，故語於江聲也。

（11）顧廣圻（1770-1839）。顧氏為江聲弟子，顧氏之說，《集注音疏》所引不下 5 次。四見於《集注音疏．尚書補誼、尚書續補誼》，一見於《集注音疏．尚書逸文》。江氏所引顧氏之說，未見於今存顧氏著作。案：顧氏〈書江艮庭先師遺札冊後〉云：「廣圻自乾隆庚戌春執摯於先生，在門下者十年，見於手札，時時有之，每隨得即散置所讀書帙中。嘉慶己未，先生歿，撿點出之，僅此十餘通耳。」[22]乾隆庚戌（1790）顧氏拜江聲為師，而〈尚書補誼〉亦完成於此年；又〈尚書續補誼〉完成於乾隆五十八年（1793）七月六日。觀江氏引顧氏之論，全分佈在〈尚書逸文〉、〈尚書補誼〉、〈尚書續補誼〉，符合顧氏執摯於江聲之時，則江氏所引顧氏之說，很可能即二人往來之論學書札。如《集注音疏．尚書續補誼．呂刑》「湎湎紛紛」條，江氏云：「余于經文既承錢少詹教，據《漢書．敘傳》作『湎湎紛紛』，以改正《僞孔》本之謬矣！顧生廣圻告余曰：『近又得一證：王充《論衡．寒温篇》云「古之用刑者，蚩尤、亡秦甚矣。蚩尤之民，湎湎紛紛。」庌言蚩尤之民，是實據〈呂刑〉之文也。』以此爲證，《漢書．敘傳》尤明確矣，當補入之。余遂續補于此。」此「告余」者，或為當面告知，或為往來書信。

（12）程世銓（生卒年不詳）。程氏之說，《集注音疏》所引不下 1 次，見於《集注音疏．尚書補誼》「君奭　甘般」條，云：「程氏世詮曰：『據哀二年《左傳》則郵無卹卽王良；據《國語．晉語》則郵無卹卽伯樂一人也。乃〈古今人表〉分列爲三人，又晉士會卽范武子，齊賓媚人卽國佐。而〈古今人表〉皆分列爲二人。則傅說、甘般安得據班氏分列爲二？」江氏所引程氏之說，未知出於何處。據顧廣圻〈刻易林序〉：「廣圻十六、七歲時，從游於長洲張白華師，假館程子念鞠家，鄙性不耽尚時藝，每問師讀古書之法，

[21] 可見於漆永祥整理：《江藩集》（上海：上海古籍，2006 年），頁 162。

[22] 清．顧廣圻著，王欣夫輯：《顧千里集．書江艮庭先師遺札冊後》（北京：中華書局，2007 年），卷 24，頁 387

師指誨靡倦，念鞠既同門而頗蓄書，甚相得也。」[23]「念鞠」為程世銓之號，據此，則程世銓為顧千里同門，年齡應與顧氏相仿，居於吳門，故得以與江氏論學。

（13）徐承慶（生卒年不詳）。徐氏之說，《集注音疏》所引不下 2 次，分別見於《集注音疏・禹貢》「禹錫玄圭告厥成功」條、《集注音疏・尚書補誼》「酒誥　弗惟悳馨香祀」條。而江氏所引徐氏之說，未知出於何處。

（14）徐頲（？-1823）。徐氏為江聲弟子，[24]徐氏之說，《集注音疏》所引不下 5 次。江氏所引徐氏之說，見於《集注音疏・尚書逸文》、《集注音疏・尚書補誼》，而江氏所引徐氏之說未知出於何處。

按以上 14 家為出於《集注音疏》中之清代學者。扣除掉如顧炎武、閻若璩等已故之學人外，其餘 12 家皆為江氏友人或門生，且多居於吳門，故江氏得以與之論學，或引用其著作。

要之，總結江氏《集注音疏》所引用之古義出處以及清人之說，可得數點結論：

一、江氏所定義之「集注」為「集合先儒之解并已之意」，其中「先儒之解」是集注之核心，而觀《集注音疏》摭取諸說之目的有三：

⑴力圖恢復心中認為的先秦《尚書》文本，故江氏從典籍中引《尚書》經文校訂經字，釐訂經文，也就是江氏改字之依據。茲將江氏校訂經字，所利用之清代以前文獻，並附以改字一例，製簡表如下：

[23] 清・顧廣圻著，王欣夫輯：《顧千里集・刻易林序》，卷 10，頁 160。

[24] 《清儒學案》卷 76〈艮庭學案〉：「徐頲字述卿，一字少鶴，長洲人。……少從艮庭游，傳《說文》之學，著有《經進文》及《詩文》。」又《清朝先正事略》卷 36：「（江聲）弟子數十人，元和顧廣圻、長洲徐頲最知名。」

書名	作者	例證（《正義》本）	例證（《集注音疏》本）
《尚書大傳》	舊題伏生口授	《正義本・呂刑》「哀敬折獄」	《集注音疏・呂刑》「哀矜折獄」
《書古文訓》	宋薛季宣	《正義本・無逸》「惟耽樂是從」	《集注音疏・无佚》「惟湛樂是從」
《尚書纂傳》	元王天與	《正義本・皋陶謨》「懋遷」	《集注音疏・皋陶謨》「貿遷」
《尚書纂言》	元吳澄	同上	同上
《禮記注疏》	漢鄭玄注，唐孔穎達正義	《正義本・呂刑》「德威惟畏，德明惟明」	《集注音疏・呂刑》「悳威惟威，悳明惟明」
《孟子注疏》	漢趙岐注，宋孫奭疏	《正義本・康誥》「罔弗憝」	《正義本・康誥》「凡民罔不憝」
《說文解字》	漢許慎	《正義本・禹貢》「隨山刊木」	《集注音疏・禹貢》「隨山栞木」
《經典釋文》	唐陸德明	《正義本・君奭》「我道惟寧王德延」	《集注音疏・君奭》「我迪惟寧王悳延」
《佩觿》	後周郭忠恕	《正義本・禹貢》「淮海維揚州」	《集注音疏・禹貢》「淮海維楊州」
《集韻》	宋丁度	《正義本・堯典》「寅餞納日」	《集注音疏・堯典》「夤淺內日」
《史記》	漢司馬遷撰，劉宋裴駰《集解》、唐司馬貞《索隱》、唐張守節《正義》	《正義本・禹貢》「至于大伾」	《集注音疏・禹貢》「至于大邳」
《漢書》	漢班固撰，唐顏師古《注》	《正義本・皋陶謨》「在治忽」	《集注音疏・皋陶謨》「七始詠」
《後漢書》	南朝宋范曄撰，唐李賢注	《正義本・呂刑》「天齊於民，俾我一日」	《集注音疏・呂刑》「天齊乎人，假我一日」
《隸釋》	宋洪适	《正義本・盤庚中》「予丕克羞爾」	《集注音疏・盤庚中》「予不克羞爾」

書名	作者	例證（《正義》本）	例證（《集注音疏》本）
《嘯堂集古錄》	宋王俅	《正義本・高宗肜日》「王嗣敬民」	《集注音疏・高宗肜日》「王司敬民」
《宣和博古圖》	宋徽宗	同上	同上
《攷古圖》	宋呂大臨	同上	同上
《歷代鐘鼎彝器款識》	宋薛尚功	同上	同上
《荀子》		《正義本・康誥》「宏于天」	《集注音疏・康誥》「宏覆乎天」
《墨子》		《正義本・呂刑》「伯夷降典，折民惟刑」	《集注音疏・呂刑》「伯夷降典，悊民維刑」
《春秋繁露》	漢董仲舒	《正義本・堯典》「帝乃殂落」	《集注音疏・堯典》「放勳乃殂落」
《論衡》	漢王充	《正義本・微子》「我舊云刻子，王子弗出」	《集注音疏・微子》「我舊云孩子，王子不出」
《風俗通》	漢應劭	《正義本・康誥》「天畏棐忱」	《集注音疏・康誥》「天威棐諶」
《潛夫論》	漢王符	《正義本・西伯戡黎》「格人元龜」	《集注音疏・西伯戡黎》「假尒元龜」
《昭明文選》	梁蕭統編	《正義本・堯典》「舜讓于德弗嗣」	《集注音疏・堯典》「舜攘于德不台」

從此簡表大抵可知，江氏《集注音疏》據以改經字之文獻，多為先秦兩漢典籍，可見江氏希冀藉此恢復《尚書》經文原貌。但只要先秦兩漢文獻引《尚書》經文與《偽孔》本不同，江氏一概認為是偽孔氏改經、亂經，此種思維實不可取。然誠如李零指出：「如果說，只有古書引文是真，或古書引了才是真，沒引就是假，那麼，任何一部古書都無法承受這樣的標準。在方法論上肯定有問題。因為任何一本古書，蒐輯引文和佚文，幾乎都有矛盾，

不但古本和今本矛盾，古本之間也有矛盾。」[25]李零此論及辨偽之方法，足以顯示江氏《集注音疏》改字之失，知惠、江一派對於古典文獻辨偽方法實有待商榷之處

(2)從所引典籍中，采《尚書》古注，尤其是以馬融、鄭玄為首之古文家之說；而其他如王肅《注》、偽孔《傳》亦偶而有用，顯示江氏欲藉「古訓」通「古義」之思維。茲再進一步細檢《集注音疏》，將江氏引馬、鄭、王《注》之來源，製簡表如下：

馬融《注》	鄭玄《注》	王肅《注》
《尚書注疏》	《尚書注疏》	《尚書注疏》
《經典釋文》	《尚書大傳注》	《經典釋文》
《史記三家注》	《毛詩注疏》	《史記三家注》
《三國志注》	《禮記注疏》	
	《周禮注疏》	
	《儀禮注疏》	
	《左傳注疏》	
	《公羊注疏》	
	《禮書》	
	《史記三家注》	
	《後漢書・注》	
	《三國志注》	
	《經典釋文》	
	《水經注》	
	《太平御覽》	
	《文選注》	

由此簡表大致可見江氏在輯佚《尚書》馬、鄭、王《注》的來源，仍以傳統經部、史部文獻之《注》為主。較值得注意者，在鄭《注》的輯佚上，

[25] 李零：《簡帛古書與學術源流》（北京：生活・讀書・新知三聯書店，2008年），頁255。

引宋陳祥道《禮書》，觀《集注音疏・禹貢》「下土墳壚」條，自注云：「鄭康成曰：壚，疏也。」並自疏云：「鄭《注》見陳祥道《禮書》三十四卷。」以及引《太平御覽》。《集注音疏・顧命》「蛾常」，江氏自注云「鄭康成曰：蛾，謂色玄也」，並自疏云：「鄭《注》見《太平御覽》六百八十六卷〈服章部〉及《正義》。」由此可見，江氏治《尚書》雖以先秦兩漢典籍為主，但仍注意宋代文獻。又江氏時有采《尚書大傳注》當《尚書》鄭《注》，此點涉及鄭玄對於今古文說的理解，在本章第三節有所論。

⑶「集注」未限於《尚書》古注（馬、鄭《注》），而是遍及他書以及時人說中，有益於《尚書》者，解釋經義，意即以「古義」為基礎，並以「跨文本」方式解經。

二、江氏所謂「己之意」，《集注音疏》中皆用「聲謂」表示。粗略考察全書中用「聲謂」約 279 次，內容上大致分為幾種情形：

⑴敷陳前人之說，如《集注音疏・大誥》「寧王遺我之大寶龜」，江氏自注引鄭《注》云：「受命曰寧王」，然並未言文王或武王，而下接「聲謂：然則文王武王皆是也」，是江氏所論乃敷陳鄭玄之義。又如《集注音疏・太誓上》「師尚父」，江氏自注引鄭康成曰：「師尚父，文王于磻谿所得聖人吕尚，立以爲大師，號曰尚父，尊之，號令之軍瀍重者。聲謂：師之、尚之、父之，故曰『師尚父』。」是江氏以「師之、尚之、父之」敷陳鄭《注》。

⑵考論《尚書》相關問題，如《集注音疏・多方》「維五月丁亥，王來自鄣，至于宗周」，江氏自注云：「聲謂：〈多士〉云『昔朕來自鄣』，卽謂此時。然則〈多方〉在〈多士〉前且不比也。」江氏自疏云：「聲謂：〈多士〉云『昔朕來自鄣』，卽謂此時者，〈多士篇〉云『昔朕來自鄣，予大降爾四國民命』，卽此下文所云『誥爾四國多方』、『我惟大降爾命』，是也。故引彼文之『來自鄣』，以當此經之『來自鄣』，于以見〈多方〉之誥先于〈多士〉，因遂云『然則〈多方〉在〈多士〉前且不比也。』云『不比』者，謂〈多方〉後閱數篇，而及〈多士〉不相比接也。」據此，江氏以「聲謂」論述〈多方〉之誥先于〈多士〉，且兩篇不相比接。

⑶別據他書解釋經義，如《集注音疏・多方》「因甲于內亂，不克靈承于旅」條，江氏先引鄭《注》「習爲鳥獸之行于內爲婬亂」後，接云：「聲謂：靈，善；旅，眾也。不能善承于眾。」江氏自疏云：「鄭《注》見《正義》。……『靈，善』，《詩・定之方中》鄭《箋》誼也；『旅，眾』，〈釋詁〉文。」按此，鄭《注》只解釋「因甲于內亂」，並未解釋「不克靈承于旅」，然江氏則另引《詩・定之方中》鄭《箋》義以及《爾雅》〈釋詁〉文，解釋「不克靈承于旅」義為「不能善承于眾」。

⑷批評前人之說。如《集注音疏・君奭》「其崇出于不詳」條，江氏自注云：「馬融曰：『崇，充也』。聲謂：崇，終也。《書》亦或爲終。詳，善也。言殷不善乎。」江氏自疏云：「馬《注》見《釋文》。『崇，充』亦〈釋詁〉文。聲不从馬『崇，充』之訓，而訓『崇』爲『終』者，以經『其崇』與『𠦪基』爲對，基爲始，則崇爲終。《毛詩・蝃蝀・傳》云『崇，終也』，崇固有終誼也。云『《書》亦或爲終』者，僞孔本作終也。〈釋詁〉云『祥，善也』。《易・履・上九》『眡履攷祥』，《釋文》云『祥本亦作詳』，則古字祥、詳通，故云『詳，善也』。」是江氏以為「其崇出于不詳」，與上文「𠦪基永孚于休」相對，故不從馬《注》。以上四點，大致為《集注音疏》中「聲謂」之用法。然而此無論哪種形式，江氏皆有所本。換言之，江氏所謂的「己之意」，亦建立於古訓、古義之上，而非憑空所論。江氏謂「集合先儒之解并己之意」，所引之文獻皆不出上述所考。

三、《集注音疏》所引傳統書目，經部份量最多，子部次之，史部次之，集部最少。《尚書》作為五經之一而言，有此結果甚為自然。因為漢代經學大師如馬融、鄭玄，乃至於魏晉如王肅之經說，多保存於經書注疏中。且如第三章所論，清代經師在詮釋經書上，多使用「以經解經」之法，或詮釋經義，或解說制度等等，故採用經部文獻份量最多；但江氏亦多用史部、子部文獻解經，只是份量較經部文獻為少而已。

四、《集注音疏》所引之書目時代，唐以後之作，不含清人之說，共二十部，約佔所引書目近三成，且內容幾乎都是關於考字以及確定文本方面，如今本〈皋陶謨〉「懋遷」，《集注音疏》對此云：「宋王天與《尚書纂傳》、元吳澂《尚書纂言》皆云伏生《大傳》作『貿遷』，今《大傳》未見引此經，葢明闕逸矣！宋、元人及見其全，故得偁之。」而在於經義解釋方面，幾乎未見采用宋元明學者對於《尚書》經義之詮解。就連《集注音疏‧顧命》「河圖在東序」條引明董斯張《廣博物志》，重點也是《廣博物志》所引《尸子》之文，而非董斯張之說法。此似可說明江氏就經義闡發這部分，並不用宋代以後之說法。然而，陳澧則謂江氏有暗襲蔡沈《書集傳》之說。關於此問題，詳見下文所論。

(二) 江氏《集注音疏》注解原則之考索

對《集注音疏》所引文獻經詳細考索後，便可進一步探討其集注原則。江氏著《集注音疏》，除了自述其集注之法乃師法其師惠棟《周易述》外，更於《集注音疏‧述》自言其「集注」的取捨原則：

> 聲竊愍漢學之淪亡，傷聖經之晦蝕，于是幡閱羣書，搜拾漢儒之注，惟馬、鄭、王三家廑有存焉。此外則許慎之《五經異誼》載有今文、古文家說，然其書已亡，所存廑見。它如伏生之《尚書大傳》，則體殊訓注，間有解詁而已。爰取馬、鄭之《注》，及《大傳》、《異誼》，參酌而緝之，更傍采它書之有涉于《尚書》者以益之。（自疏：謂諸子百家之流，本非解《尚書》之書，或有引及《尚書》而畧解之者，則亦采之。若「假于上下」用《說文》誼；「叶合萬邦」采《論衡》文是也。）其王肅《注》與晚出之孔《傳》，本欲勿用，不得已，姑謹擇其不謬于經者間亦取焉，皆以己意為之疏，以申其誼，然猶廑得什之三四也。（卷13，頁93a，總頁3155）

「愍漢學之淪亡」、「傷聖經之晦蝕」，指《偽孔》之興對《尚書》所造成的影響，即：漢儒今古文說廢、經字文本之改異，馴致漢人今古文經說之亡佚。因此江聲剔除偽孔《傳》，加以搜集漢儒舊說，欲作為一部體現「漢學」的作品。

其次，江氏於《集注音疏·後述》云：

> 聲不揆檮昧，綜覈經傳之訓故，采摭諸子百家之說，與夫漢儒之解，以注《尚書》。言必當理，不敢衒奇；誼必有徵，不敢欺世，務求愜心云爾。顧自唐宋以來，漢學微甚，不旁證而引申之，匙不以為孟浪之言，奚以信今而垂後？則疏其弗可已也矣。（卷13，頁93b，總頁3156）

江氏謂「自唐宋以來，漢學微甚」，則是不愜於《偽孔》，尤不喜宋人性理之學。[26]認為唐宋以來的學者，治經空泛無徵，多屬「不旁證而引申之」的「孟浪之言」，此亦全書少見徵引宋人詮解之因，故從上文所統計，宋人著作遠比秦漢著作為少。從此文可知，江氏集注眾說之一大原則為標明出處，力求「誼必有徵，不敢欺世」，務與唐宋以來「不旁證而引申之」的著作有所區別。合上引之說，可條列江氏集注的原則如下：

其一，江氏在「愍漢學之淪亡，傷聖經之晦蝕」下，接言「于是幡閱羣書，搜拾漢儒之《注》」，即是欲恢復漢學，而幾乎不用以《偽孔》為主之文本、傳注。據江氏自云，彼時可見之漢《注》惟馬、鄭、王三家而已；但實際上，《集注音疏》於注則以馬、鄭《注》為宗，尤其是鄭《注》。然他如許慎《五經異義》、伏生《尚書大傳》及諸子百家之書有益於解《尚書》義者皆可入《注》，此即「傍采它書之有涉于《尚書》者以益之」者。換言之，江氏集注乃以馬、鄭《注》為主，但馬、鄭《注》不備、未盡者，並以他說

[26] 按：江氏曾對孫星衍所作〈原性篇〉云「不能知其是，亦不欲議其非，蓋性理之學，純是蹈空，無從捉摸。宋人所喜談，弟所厭聞也。」見陳鴻森輯：〈江聲遺文小集·與孫淵如書一〉，《中國經學》第四輯，頁23。

增之、補之；或予刪節，使切合經義。

其二，無論先秦漢人舊說是否存亡，王肅《注》與偽孔《傳》只要「不謬于經」亦可入《注》，是知「不謬于經」是江氏在集注上的一條重大原則。

其三，雖然「不謬于經」指的是王肅《注》與偽孔《傳》，但細量所謂的「不謬」，雖指不悖經義而言，若放大到整體集注來看，若一條經文中同時有多家詮釋，而各說不同，則度知江聲是以「經義長短」作為其取捨標準。從江聲集注的內容來看，雖然其大致肯定先秦、兩漢人之說，但若有與經文不合，或是比較諸說後，其經義較遜者，多不取；反之，若經義較長而符合經文脈絡者，則用之。

其四，江氏注解，必定註明出處，義必有徵，此欲與唐、宋以來「不旁證而引申之」的「孟浪之言」加以區別，故所集之「注」，無論是古人、今人之說，必定於「疏」中交代來源。也因此，江氏對於「不得詳聞」之說法，或不用，或以有根據之說補充。

以下，即循此四條原則，分述並舉例說明：

1. 以馬、鄭《注》為主，而以他說增補刪潤

《集注音疏》全書以馬、鄭《注》為核心，尤其是鄭《注》；若馬、鄭《注》未佚，然僅備存於「疏」而不置於「注」，而「注」改用他說者，據筆者粗計，約僅 45 處上下，與入「注」者比例相當懸殊。故知《集注音疏》乃主馬、鄭《注》，並輔以其他如伏生《尚書大傳》及諸子百家書之有益於解《尚書》義者，此意即第三章所論之「跨文本詮釋」。下舉數例說明江聲引他說以對馬、鄭《注》的補充與貫通。

今馬、鄭說有不完備之處，而取他說補充，江氏多以「增成其誼」、「足成其誼」（案：此與王引之《經義述聞》論「增字解經」之「增成其義」、「足成其義」不同）方式呈現，如《集注音疏・禹貢》「隨山栞木」條，江氏自注云：

> 鄭康成曰：「必隨州中之山而登之，除木為道，以望觀所當治者，

> 則規其形而度其功焉。」聲謂：「栞，槎識也。」謂槎其木為表識，以表其道也。《史記》曰：「行山表木。」（卷3，頁17a，總頁3008）

並自疏云：

> 此於篇首紀禹治水施功之始，故鄭君云「除木為道以望」，解栞木為除木也。但以栞為除，於誼未盡，故聲增成其誼。云「栞，槎識也」者，《說文·木部》文。槎，斫也；識與志同。木新斫處色白，遠望見之，能知其處，是可記志，故云「謂槎其木為表識，以表其道也。」引《史記》者，〈夏本紀〉全載此篇，所云「行山表木」，實即此文，故引以證栞木為表識之誼。（同上）

鄭玄解「栞木」為「除木」，未能將禹除木的目的完整道出，故江聲認為鄭說「於誼未盡」而「增成其誼」。其將「栞」釋為「槎識」者，乃以《說文》為依據；並以《史記·夏本紀》「行山表木」作為旁證，「槎識」即「表木」。按此，江聲謂「槎其木為表識，以表其道也」者，實乃融彙鄭《注》、《說文》與《史記》之說。

又如《集注音疏·洪範》「皃曰龔，言曰从，眂曰明，聽曰聰，思曰睿」，江氏自注云：

> 馬融曰：「發言當使可从。睿，通也。」睿，通也。鄭康成曰：「睿通于政事，此龔、明、聰、睿，行之于我身，其从則是彼人从我，似與上下章者。我是而彼从，亦我所爲不乖剌也。」聲謂：从，順也；睿，深明也。（卷5，頁39a，總頁3051）

並自疏云：

> 馬《注》見〈宋世家〉注。叡，通，《說文・𣦼部》文。叡訓通，故鄭君以爲通于政事。鄭《注》見《詩・愷風・正義》及《(書・洪範・) 正義》。馬、鄭皆解从爲聽从，則从是就人說，與龔、明、聰、叡就己身說者不同。鄭欲明其不異，故反覆以決之，云「此龔、明、聰、叡，行之于我身，其从則是彼人从我，似與上下韋者」，此特設難詞也。乃後解之云:「我是而彼从，亦我所爲不乖刺也。」是固然矣，聲竊以爲費解，故別解爲「从，順」，則从謂其言之順，亦是就己身說，與龔、明、聰、叡不韋，誼似差勝也。《禮記・孔子閒(閑)居》云:「气志旣从」，鄭彼注云:「从，順也」，此亦當爲是解也。文十四年《左傳》:「晉人內捷，菑于邾。邾人曰:『齊出貜且長。』宣子曰:『其辭順。』」《禮記・冠誼》云:「順詞令」，是言詞取其順。此訓从爲順，實爲允愜也。《說文・𣦼部》云:「叡，深明也，通也。」叡字有此二誼，馬《注》止云「通也」，其誼未備，故聲足成之，云「叡，深明也」。(同上)

此條之注，江氏先引馬、鄭之說，後附以己說云:「从，順也；叡，深明也」。從江氏自疏認為馬、鄭解釋「言曰從」之「從」為「聽從」，意為能聽從他人之言論，與「龔、明、聰、叡」就自己而言不同，故云:「从是就人說，與龔、明、聰、叡就己身說者不同」。而鄭玄又云:「此龔、明、聰、叡，行之于我身，其从則是彼人从我，似與上下韋者」，江氏認為鄭氏是故設難辭，故下鄭玄又解釋云:「我是而彼從，亦我所爲不乖刺也。」對鄭玄所釋，江氏仍然認為費解，故別據《禮記・孔子閒居》、《左傳》、《禮記・冠義》等，別解「從」為「順」，認為「从謂其言之順，亦是就己身說，與龔、明、聰、叡不韋」，是江氏此解，將「從」解釋為「己言之順從」，與「龔、明、聰、叡」皆就己身說耳。此外，「睿」，馬融止云:「通也」，但江氏據《說文・𣦼部》「叡」字云「深明也，通也」，指出「叡」有「通」義，馬說未備，故據以足成之。

《集注音疏》又或雖主鄭《注》，但認為稍作刪節當更切合經義者，如〈堯典〉「眚烖肆赦」條，自注云：

> 眚，過；烖，害；肆，佚也。鄭康成曰：「過失雖有害，則赦之。」（卷1，頁7a，總頁2988）

並自疏云：

> 《周易》《釋文》引《易・訟》九二鄭《注》云：「眚，過也。」茲用其誼。又引〈復〉上六《子夏傳》云：「傷害曰烖。」鄭《注》云：「害物曰烖」，故云「烖，害。」莊二十二年《公羊春秋》云：「肆大省」，《釋文》云：「肆，本或作佚。」《穀梁》「肆大眚」，《傳》云：「肆，失也。」案古「佚」字通作「失」，則「失」乃古「佚」字，故云「肆，佚」也。鄭《注》見〈五帝本紀〉《注》，其上尚有「眚烖，爲人作患害者也」九字。如其說，則似怙終不可赦者，聲以爲未安，故刪節之。（同上）

此條，江聲先引眾說以定「眚、災、肆」之意，並引鄭說「過失雖有害，則赦之」，以通說全文。然鄭《注》二句上原有「眚災，爲人作患害者也」九字，江聲予刪節不引；認為「為人作患害」非「過失有害」之「眚災」者，乃屬於下文「怙終賊刑」的「不可赦」之類，與「肆赦」之義不合，故江氏「以為未安」而刪之。足見江聲著重上下語意之貫串無弊，而非徒求其說之完整。

相反地，《集注音疏》中亦有主鄭《注》，但認為稍增潤之當更切合經義者，如《集注音疏・康誥》「乃洪大誥治」條，江氏自注云：

> 鄭康成曰：「鴻，代也。周公代成王，大誥康尗（叔）以治道。」（卷6，頁47a，總頁3067）

又自疏云：

> 《正義》云：「鄭《注》以鴻爲代，言周公代成王誥。」茲用鄭《注》，而稍增潤之。（同上）

今檢《正義》云：「鄭玄以洪為代，言周公代成王誥」，而江氏則稍增潤之作「周公代成王，大誥康尗（叔）以治道」，顯然是補足了周公代成王誥命的對象以及內涵，使讀者了解周公代誥命之內容。

2. 引王肅《注》、偽孔《傳》之「不謬于經」者

雖然江聲明確對偽孔《傳》、王肅《注》表達出不滿，甚至幾以為偽孔《傳》出於王肅之手，如《集注音疏・述》：「梅賾奏上《古文尚書孔氏傳》，析二十八篇為三十三，增益二十五篇……雖未由知為之者為誰，而其說輒與王肅合，竊以為當作俑于肅也。」又如《集注音疏》「釆在朔易」條《疏》云：「孔穎達、陸德明皆言肅注《尚書》頗類孔氏，疑其竊見孔《傳》而秘之。案肅偽造《孔子家語》及《孔叢子》，輒與《偽孔》書應合，則《偽孔》書直是肅所為爾，故曰肅于《尚書》有大罪焉。」[27]在在顯示在江聲將偽孔《傳》作者與王肅劃上等號，因此才云「王肅《注》與晚出之孔《傳》，本欲勿用」。然而，江聲在這句話又接言「不得已，姑謹擇其不謬于經者間亦取焉。」云「不得已」者，意為經說闕佚，在沒有馬、鄭《注》及其他可信的先秦兩漢經說的情況下乃用之；而擇採偽孔《傳》及王肅《注》的標準是「不謬于經」。茲通檢《集注音疏》全書，計採偽孔

---

[27] 《集注音疏・堯典》「釆在朔易」條，卷1，頁3b，總頁2981。

《傳》者 15 處、王肅《注》24 處，計 39 處。[28]其采用比例，自然較馬、鄭《注》為低，雖然，仍足見江氏集注之思維：「傳」、「注」只要「不謬于經」，皆可作為集注之內容，就算偽孔《傳》及王肅《注》亦不例外。故焦循對此亦云：「江艮庭處士作《集注音疏》，搜錄漢人舊說，而於《傳》說亦多取之」，[29]亦是觀察到江氏對孔《傳》有所採用。

今細究江聲之用偽孔《傳》者，情況可分：

一、無馬、鄭《注》可據，即馬、鄭於《尚書》該條無注，或《注》已佚。如《集注音疏・秦誓》「予誓告女羣言之首」條，江氏自注云：

> 首，本也。《傳》曰：「眾言之本要。」（卷10，頁79b，總頁3130）

自疏云：

> 《禮記・曾子問》篇云：「今之祭者，不首其誼。」鄭君注云：「首，本也。」茲用其誼。偽孔《傳》云：「眾言之本要」，正合此誼，故采用之。（同上）

---

[28] 採偽孔《傳》者，計有：〈堯典〉「百姓昭明」、「賓淺內日」、「帝曰：俞！咨！禹女平水土」；〈皋陶謨〉「帝曰：吁！臣哉鄰哉，鄰哉臣哉」、「禹曰：俞哉！帝光天之下至於海隅蒼生」；〈禹貢〉「厥賦維上上錯」、「浮于濟、漯，達于河」；〈盤庚上〉「今我大享于先王」；〈微子〉「我祖底陳于上」、「我用沈酗于酒」；〈金縢〉「今我其即命于元龜」、「爾不許我，我乃屏璧與圭」；〈君奭〉「在祖乙時則有若巫賢」；〈粊誓〉「乃越逐不復，女則有常刑」；〈秦誓〉「予誓告女羣言之首」。

採王肅《注》者，計有：〈堯典〉「釆在朔易」、「稘弎百有六旬有六日」、「禋于六宗」、「帝曰：俞！咨！禹女平水土」；〈皋陶謨〉「予思日孜孜」；〈禹貢〉「厲底砮丹」；〈高宗肜日〉「典祀無豐于昵」；〈太誓〉「司馬在前」；〈洪範〉「革土爰稼穡」、「人之有耐有為」、「是順是行」、「民用僭忒」；〈大誥〉「我有大事休」；〈召誥〉「旦曰：其作大邑」；〈雒誥〉「王賓」；〈立政〉「周公若曰」；〈顧命〉「彤伯」、「粵七日癸卯」、「曰皇后凭玉几，道揚末命」、「太保率西方諸侯入應門左」、「今王敬之哉」；〈粊誓〉「魯人三郊三隧，峙乃楨幹」；〈呂刑〉「在今而安百姓」；〈文侯之命〉「烏戲！閔予小子嗣」。

[29] 清・焦循：《尚書補疏・敘》（上海：上海古籍出版社，2002 年，《續修四庫全書》冊 48，影印復旦大學圖書館藏清道光六年半九書塾刻焦氏叢書本），頁 1a，總頁 1。

江聲舉《禮記・曾子問》「不首其誼」，鄭《注》訓「首」為「本」，此「本」之意置於〈秦誓〉「予誓告女羣言之首」正為確詁。然鄭非釋〈秦誓〉此句，而偽孔《傳》「眾言之本要」亦將「首」訓為「本」，合鄭彼《注》，故用之，並以鄭君彼《注》證偽孔《傳》之有據。

又《集注音疏・柴誓》「乃越逐不復，女則有常刑」條，江氏自注云：

> 《傳》曰：「越逐為失伍，不還為攘盜，女則有此常刑。」（卷10，頁75a，總頁3121）

自疏云：

> 偽孔氏此《傳》无害于經，姑錄之。（同上）

此條亦無馬、鄭《注》可據，又「《傳》無害于經」，故「姑錄」入「注」。又《集注音疏・金縢》「爾之許我，我乃屏璧與珪」條，江氏自注云：

> 《傳》曰：「屏，藏也，言不得事神。」（卷6，頁43b，總頁3060）

自疏云：

> 《說文・尸部》云：「屏，屏蔽也。」鄭注〈曲禮〉曰：「屏猶退也、隱也。」是屏有隱蔽之意，故得為藏也。《禮記・曾子問》篇：「孔子曰：『天子、諸侯將出，必以幣帛皮圭告于祖禰，遂奉以出。』」「反必告，設奠卒，斂幣玉，藏諸兩階之間。」然則以玉禮神，事畢必藏其玉。《傳》訓屏為藏，當不謬，姑用其說。（同上）

此條馬、鄭《注》亦無說。江聲引《說文》、〈曲禮〉鄭《注》以證「屏」有隱蔽義，故可引申為「藏」；偽孔《傳》曰「屏，臧（藏）也」，於訓有徵。又引《禮記・曾子問》，謂古代以幣帛（玉）禮神，事畢必藏玉於兩階之間，亦證「藏」璧、珪之義。故江氏以為偽孔《傳》之訓「當不謬」而「姑用其說」。

二、馬、鄭雖有注，然迂迴難解者。如《集注音疏・堯典》「夤淺內日」條下，江聲云：

> 僞古文作「寅淺」；《正義》本作「寅餞」；丁度《集韻》引作「夤淺內日」，且偁馬融讀，則是馬本如此。玆从馬从古也。（卷1，頁3a，總頁2980）

在經字上，江聲並列《偽孔》本、《正義》本、《集韻》本，而終從《集韻》本，理由是《集韻》所引為馬融讀；其言「从馬从古」，則見其在選擇經字上從漢、從古的觀念。又江氏自注云：

> 淺讀當爲餞。《傳》曰：「餞，送也。」（同上）

自疏云：

> 《釋文》引馬融《注》云：「淺，滅也；滅猶没也。」蓋馬意以淺滅之誼施之于此未安，故又轉一誼爲没。然没猶內也，「內日」上不須言没，故不用其《注》。案鄭注〈成王政敘〉訓踐爲滅。馬云「淺，滅」是以淺爲踐，淺踐字通矣。又案鄭注《義（儀）禮・士虞禮》云：「古文餞爲踐」，是踐餞同字，則淺又通餞矣。此文《僞孔》本字作淺，而其《傳》訓爲送，則是以淺爲餞，故讀淺爲餞而采用僞孔《傳》也。鄭箋〈韓奕〉詩云：「餞，送之。」又

> 注〈士虞禮〉云：「餞，送行者之酒。」《傳》云「餞，送」，誼可取也。（同上）

在經字上，江聲從馬融作「夤淺」，以其本最古；而在詮釋上，江聲認為：馬融將「淺」訓「滅」，則「淺內日」即「滅內日」於義難解而「未安」，故「又轉一誼」，訓「滅」為「沒」；然下云「內日」，「內」即「沒」義，是「沒內」義複，故江氏不用其《注》。江聲以為：淺、踐、餞並可通；馬融說不合經義，故不取。而鄭玄注《儀禮．士虞禮》謂「古文餞爲踐」，是「餞、踐」可通假，又基於同聲符可通假的理論，故「淺」亦可通「踐」；而《詩．韓奕》「顯父餞之」，鄭《箋》：「餞，送之」，〈士虞禮〉《注》云：「餞，送行者之酒。」皆可證偽《古文尚書》作「淺」，偽孔《傳》假借為「餞」，並云「餞，送也」之義，是偽孔《傳》之訓當合經義，故江氏捨馬訓而取偽孔《傳》。是知就算經字從古，但詮釋上若謬於經，雖漢人之說亦可不用；反之，偽孔《傳》雖是「亂經」者，亦非全然無據，若有不謬于經者，亦可用之。

要之，從以上兩種江氏用偽孔《傳》入「注」的情況，可知其使用偽孔《傳》的原則：一、切合經義；二、其訓解可得其他古注（漢人於他經之注）之證明者。其用偽孔《傳》，或逕云「誼可取」，或云「正合此誼」，為積極肯定的用語；其云「姑錄之」、「當不謬，姑用其說」者，則語帶保留，為消極用語，因無其他漢人之說可用之耳。此與江氏尊漢之旨並不矛盾；反之，其用漢人他經之注以證明偽孔《傳》之有據，則此類偽孔《傳》，亦可視為漢注之一，以無其他漢注，故「姑用之」。

江氏除了引用偽孔《傳》外，尚引用王肅《注》，其採用情況與原則與上述論偽孔《傳》相當。如《集注音疏．堯典》「采扗（在）朔易」條，江氏自注云：

> 扗，督也。肅曰：「易者，謹約蓋臧，循行積聚。」聲謂冬時政

令，助天地閉臧，冬官辦詧之也。言易者，臧則內，故更新有革易之誼也。朔易或爲伏物。（卷1，頁3b，總頁2981）

自疏云：

「在，詧」，〈釋詁〉文。「肅曰」者，王肅注也，見《正義》。去其氏者，貶也。《春秋》書翬帥師，不偁公子，以翬弒隱公，故終隱之篇，輒去族以示貶。肅于《尚書》有大辠焉，故倣《萅烌》（《春秋》）之例以貶之。肅字子雝，東海蘭陵人，王朗之子也。附見《三國魏志・王朗傳》。陳壽《三國志》平引劉寔之言，謂肅方于事上而好下佞已，此一反也；性耆榮貴而不求苟合，此二反也；吝惜財物而治身不穢，此三反也。卽此三反以觀，則其詐僞矯飾之情狀可見矣。孔穎達、陸德明皆言肅注《尚書》頗類孔氏，疑其竊見孔《傳》而祕之。案肅僞造《孔子家語》及《孔叢子》，輒與《僞孔》書應合，則《僞孔》書直是肅所爲爾，故曰肅于《尚書》有大辠焉也。肅又作《聖證論》與鄭君爲難，語多乖謬；又注《易》、《詩》、《禮》、《論語》諸書，今皆不傳，不足惜也。云「謹約葢臧，循行積聚」者，文出〈月令〉而多一「約」字爾。伏生《大傳》引舊傳以說朔易之誼，曰「天子以冬，命三公謹葢臧，閉門閭，固封竟，入山澤日[30]狁，以順天道，以左冬固臧也。」肅注此二語與《大傳》誼合，故節取之。〈月令〉：「仲冬」云：「涂闕廷門閭，築囹圄，此所以助天地之閉臧也。」故云冬時政令，助天地閉臧也。又「孟冬」云：「命有司曰：『土事毋作，慎毋發葢，毋發室屋。』」又云：「命奄尹，申宮令，審門閭，謹房室，必重閉」，皆是助天地閉臧之令也。云「朔易或爲伏

[30] 按：「日」，陳壽祺《尚書大傳輯校》作「田」，疑《尚書大傳輯校》是也。

> 物」，《史記》云：「便在伏物。」《索隱》謂《大傳》云：「『便在伏物』，太史公據之而書。」然則今《大傳》作「朔易」者，乃後人所改。伏本實作「伏物」，推之《尚書》當亦作「伏物」矣。案《大傳》云「北方，伏方也」，萬物之方伏，是伏物之誼也。（同上）

此段文字，前大半在簡述王肅的生平及學術，並謂王肅人格不足取，其《孔子家語》、《孔叢子》等書皆係偽造，與《偽孔》書合，不足取也；又著《聖證論》以與鄭玄為難，皆透顯出江聲對王肅的不滿。然而其下言王肅《注》：「易者，謹約蓋臧，循行積聚」，意為和叔為居北方之官，職在巡察人民，使改易之際能「謹約蓋臧，循行積聚」，雖多一「約」字，然出於〈月令〉文，並與《尚書大傳》「天子以冬，命三公謹蓋藏」云云之說合，故取之。又其引〈月令〉「孟冬」之文，證明古時冬季，皆有官員助人民藏物閉室之事，以此說〈堯典〉此文。然而其據《大傳》、《史記》「伏物」以推測《尚書》「朔易」為後人所改者，恐失之輕率。按此，雖然江聲對王肅之人格與學術不滿之意甚重，然而在經學實踐上，卻仍主詮釋不謬于經的思維以注經，因此才引用王肅《注》。

又《集注音疏・洪範》「是順是行」條，江氏自注云：

> 肅曰：「民內言于上而得中者，則順而行之。」（卷5，頁40b，總頁3053）

自疏云：

> 注亦見〈宋世家〉《注》。案肅誼是謂天子順行民言，奈鄭《注》不可得聞，無可折衷。據云「民內言于上」，與上條馬《注》合，則順行民言，誼蓋不謬，姑仍其說。（同上）

此條江聲謂雖無鄭《注》可供比勘，但王肅之說與馬融注「是彝是訓」，云：「是大中而常行之，用是教訓天下，于天為順也」，意思相合，此是用肅說的積極原因，皆是訓「皇極」為「大中」，君主得此皇極以常行之，並以訓示天下，使天下順而行之。是知江氏以為王肅之說於經義不謬，且合馬《注》，故仍其說。

以上所舉江聲用偽孔《傳》及王肅《注》之說，除了其詮釋合經文外，重要的是有多方證據作為補充證明，而非只單憑其說。這顯示了江聲固然主先秦漢儒舊說以解經，但在無舊說可據，而偽孔《傳》及王肅《注》又「不謬于經」的情況下，仍可酌採。

3. 以「經義長短」為取捨標準

江氏集先秦、漢儒之說，或證明、補正馬、鄭《注》，其意當是使漢儒之《注》更為完備，甚至王《注》、偽孔《傳》之「不謬于經」者亦可入《注》。此充分顯示江氏主先秦、漢儒之說解經的漢學思維中，是以經說意義的長短作為取捨標準。此點，本書已於第三章有所論述，提出江氏於《集注音疏》中的注解，會隨著對經義理解之不同，而安置不同之注解，即以「集注」形式作為經典之引導人，而非一味墨守馬、鄭一家之言。本書於第三章已對江、王所立訓義之差異有所比較，認為江氏不墨守鄭《注》，而王氏則絕對恪守鄭《注》。其實不惟不墨守鄭《注》，本書再進一步舉他例，以證江氏以「經義長短」作為「集注」之原則。

(1) 如《集注音疏・召誥》「於戲！有王雖小，元子哉。其丕耐諴于小民」條，自注云：

> 言王雖幼小，乃天之首子哉。其大能和于小民……。丕或為不。（卷7，頁53b，總頁3080）

自疏云：

> 云「丕或為不」者，《說文．言部》引云「不能諴于小民」。蓋古「丕」、「不」字通也，茲不从《說文》作「不」者，此經誼當从「丕」也。（同上）

江氏此例，乃從「經義」定字，非從版本、師承。既然古丕、不字通，江氏何以不據《說文》所引「不」字，而從經義定為「丕」字？疑江氏之意，豈恐人將誤以「不」為否定副詞之故？此說見江氏好改經字之弊，雖然，卻透露出江聲在集注上，乃以經義長短作為擇取標準，就算是傳古文說之《說文》，亦可不用。其方法，實不符校勘原則，然可見其重「經說」、「文義」之思維，得失參半。

⑵ 又如《集注音疏．堯典》「愼徽五典」條，自注云：

> 徽，咊也。（卷1，頁5a，總頁2984）

自疏云：

> 《釋文》引馬《注》云：「徽，善也」，又引肅《注》云：「美也」，茲皆不用，而云「徽，和也」者，據《史記》云：「愼和五典」，則此「徽」當訓「咊」。《文選．文賦》《注》引許叔重《淮南注》云：「鼓琴循絃謂之徽」，則「徽」故有調咊之誼也。（同上）

在「徽」的解釋上，馬《注》曰「善」，王《注》曰「美」，善、美義近，二家之訓本可據，然江聲依《史記》「愼和五典」及許慎《淮南注》「鼓琴循絃謂之徽」之說而訓為「咊」，意以《史記》、《淮南注》之說較馬、王《注》為長。

⑶ 又《集注音疏．堯典》「叶龢萬邦」條，自注云：

> 言堯之德大，所化者眾。中夏蠻貊，莫不雝穌，故曰萬國。（卷1，頁1b，總頁2977）

自疏云：

> 此《注》用王充《論衡・埶增篇》文，而稍易其字也。……充以萬為盈數，萬國言其多，不必準一萬國。案鄭君〈咎繇謩〉《注》，計九州之內實有萬國。茲不用鄭君彼《注》誼者，上文「光被四表」是言堯德及四海之外，若以九州計萬國實數，則不出中夏，反狹小矣。王充所說該廣，故用充誼。（同上）

江聲不取鄭《注》而用王充《論衡》說者，乃因鄭《注》將「萬國」釋為實數，而王充則釋為虛數，言其多也，非實指一萬國。其用王充說者，乃應上句「光被四表」義，言堯德充於四海之外，若將萬邦解為實數，不免小哉。可見江聲注解《尚書》對經義體會上的重視。

⑷《集注音疏・多士》「予惟率肆矜爾，非予罪，時維天命」條，自注云：

> 今文肆為夷，矜為憐。（卷7，頁57b，總頁3088）

自疏云：

> 云「今文肆為夷，矜為憐」者，王充《論衡・靁虛篇》引云：「予惟率夷憐爾。」案夷之言常，憐與矜同誼。「率夷憐爾」謂率循常典，矜憐爾商，于誼亦通。但此承「夏迪簡在王庭」而言；「率肆矜爾」，肆之言故，謂率循殷承夏故事，矜恤爾商，此誼尤長，故不从今文。（同上）

本句在文字上，江氏知道《論衡．雷虛篇》作「率夷憐爾」，是漢代今文作此；又若單看「率夷憐爾」之意，其實說解亦通。然而，江氏卻不用《論衡》所引，是他認為本句承「夏迪簡在王庭」而言，將「率夷憐爾」與「率肆矜爾」置於此處比較，「率肆矜爾」較符合經義，故不用漢代今文所引。按不論江聲訓「夷」（常典）或「肆」（故事）之對錯，從本條可見江氏在注解之選擇上並非「主於墨守」（張舜徽批評吳派語），而是將經說置於經文之下，仔細推敲其脈絡，再從中擇取說法對經義較長者。

4. 取可按覈出處之說

江氏注解，必定註明出處，義必有徵，此欲與唐、宋以來「不旁證而引申之」的「孟浪之言」（見《集注音疏．後述》）加以區別，故所集之「注」，無論是古人、今人之說，必定於「疏」中交代來源，從上文所舉諸例，莫不如此。對此，本文不再贅述。但檢《集注音疏》，多見江氏對某說云「不得詳聞」者，對此，江氏或不採用，或更改注解所示。此種作法，乃凸顯江氏重視所集說法之來源。茲舉例以實之。

《集注音疏》若采鄭《注》，必定標示「鄭康成曰」，然若遇到無法得知出處者，則更改注解所示。如《集注音疏．坶誓》「時甲子昧爽」條，江氏自注云：

> 鄭康成說以《詩》曰：「肆伐大商，會朝清明。」（卷5，頁36b，總頁3046）

又自疏云：

> 鄭《注》引《詩》者，〈大明篇〉文。案鄭箋〈大明〉詩云：「肆，故，今也。會，合也。以天期已至，兵甲之彊，師帥之武，故今伐殷合兵以清明。《書．坶誓》曰『時甲子昧爽』」云云，蓋鄭以《詩》言清明，卽此經昧爽，故箋《詩》引此經，而

> 于此亦引《詩》交相爲證。又案鄭注此經必先解昧爽之義，乃後引《詩》以證。但〈大明〉《正義》止偁鄭注〈坶誓〉引《詩》，不具引鄭《注》。今不得詳聞其《注》，故不云「鄭康成曰」，而變文言「鄭康成說以《詩》曰」云云。（同上）

此條江氏於「注」不言「鄭康成曰」者，謂〈大明〉《正義》不具引鄭《注》之故。觀〈大明〉《正義》云：「引〈牧誓〉證清明之時是昧爽之義，〈牧誓〉注亦引此《詩》，交相為證，以明其事同也。」[31]是知鄭玄箋〈大明〉有引〈牧誓〉；而注〈牧誓〉亦引〈大明〉，交相為證。但孔穎達並未引出〈牧誓〉鄭《注》之文，故江氏才云「今不得詳聞其《注》，故不云『鄭康成曰』」，由此可見江氏對於注解源流之重視，力求注必有徵。

又或直接不予不採用，如《集注音疏・堯典》「師錫帝曰有矜在下曰虞舜」條，江氏自注云：

> 師，眾。（卷1，頁4b，總頁2983）

又自疏云：

> 「師，眾」，〈釋詁〉文。鄭以師爲諸矦之師，不得詳聞其說，故不用。據《史記》云「眾皆于堯曰」，則師當訓眾也。（同上）

此例可見江氏雖然知鄭《注》訓「師」為「諸矦之師」，但卻不用，原因為「不得詳聞」鄭氏之說，故不用也。今推測鄭氏作此訓，應是從文意上加以推測，故以為是「諸侯之師」。但江氏認為並無證據顯示「師」必視作「諸侯之師」，故從《史記》訓「眾」。是知，江氏對於注解說法之源十分重視，若無可徵，縱使是經學大師鄭玄之注解，亦可不用。

---

[31] 唐・孔穎達：《毛詩注疏》，卷 16 之 2，頁 11b，總頁 545。

附論：後人論江氏《集注音疏》引《書集傳》之商榷

江、王《尚書》研究，雖大抵以漢人古訓為基礎，但亦有引唐以後說法，王氏尤多。就江氏而言，從上論對《集注音疏》引書之考索，知江氏雖有引唐以後諸說，但觀所引諸文獻的內涵，不論是從中引鄭《注》，或引先秦古籍佚文，或考經字等等，其實皆非唐、宋人之經說。換言之，江氏在經說的採用上，其實只採唐以前之文獻而已。然而，清人陳澧卻指出，江氏《集注音疏》有襲蔡沈《書集傳》之說，而未明言者。其說之是非如何？請先引陳澧之說：

> 近儒說《尚書》，考索古籍，罕有道及蔡仲默《集傳》者矣！然《僞孔》不通處，蔡《傳》易之，甚有精當者，江艮庭《集注》多與之同。〈大誥〉「若兄考，乃有友伐厥子，民養其勸弗救」，偽孔《傳》云：「以子惡故。」（自注：孔《疏》云：「民皆養其勸伐之心不救之。」）此甚不通。蔡《傳》云：「蘇氏曰：『養，廝養也。』謂人之臣僕。言若父兄有友攻伐其子，為之臣僕者，其可勸其攻伐而不救乎？」江氏注云：「長民者，其相勸止不救乎？」（自注：江訓「養」為「長」，與蔡異，然不及蔡引蘇氏訓為「廝養」也。）〈召誥〉「王敬作所，不可不敬德。」《僞孔》云：「敬爲所不可不敬之德。」蔡云：「所，處所也。猶所其無逸之所。王能以敬爲所，則無往而不居敬矣。」江云：「王其敬爲之所哉。言處置之得所也。」〈召誥〉「我不敢知曰。」《僞孔》云：「我不敢獨知，亦王所知。」蔡云：「夏商歷年長短，所不敢知。我所知者，惟不敬厥德，卽墜其命也。」江云：「夏殷歷年長短，我皆不敢知。惟知其皆以不敬德，故早墜其命。」〈君奭〉「襄我二人。」《僞孔》云：「當因我文武之道而行之。」蔡云：「王業之成，在我與汝而已。」江云：「二人，己與召公也。」〈多方〉「我惟時其

戰要囚之。」《僞孔》云：「謂討其倡亂，執其朋黨。」蔡云：「我惟是戒懼而要囚之。」江云：「戰，懼也。」〈康王之誥〉「惟新陟王。」《僞孔》云：「惟周家新升王位。」蔡云：「陟，升遐也。成王初崩，未有謚，故稱新陟王。」江云：「陟，登遐也。謂崩也。成王初崩，未有謚，故稱新陟王。」〈秦誓〉「昧昧我思之。」《僞孔》云：「惟察察便巧善爲辨佞之言，使君子迴心易辭。我前多有之，以我昧昧思之不明故也。」蔡云：「昧昧而思者，深潛而靜思也。以昧昧我思之屬下文。」江云：「昧昧我思者，是穆公自道思此一介臣，非謂前日之昧昧于思也，此文當爲下文緣起。」此皆蔡《傳》精當，而江氏與之同者，如爲暗合，則於蔡《傳》竟不寓目，輕蔑太甚矣。如覽其書，取其說而沒其名，則尤不可也。[32]

陳澧此論，意為江氏若從無見過蔡《傳》，但所云卻與蔡《傳》暗合，則對蔡《傳》輕蔑太甚；但若是見過蔡《傳》之說而引用之，卻未標明來源，則即為抄襲，尤為不可。

今為了方便觀察陳澧此論，將本段引文所舉七例以表格形式呈現如下：

經文	偽孔《傳》	蔡《傳》	江氏《集注音疏》
〈大誥〉「若兄考，乃有友伐厥子，民養其勸弗救」	以子惡故。	蘇氏曰：「養，廝養也。」謂人之臣僕。言若父兄有友攻伐其子，為之臣僕者，其可勸其攻伐而不救乎？	長民者，其相勸止不救乎？
〈召誥〉「王敬作所，不可不敬德。」	敬爲所不可不敬之德。	所，處所也。猶所其無逸之所。王能以敬爲所，則無往而不居敬矣。	王其敬爲之所哉。言處置之得所也。

[32] 清．陳澧：《東塾讀書記》，收入《陳澧集》，冊 2，卷 5，頁 99-100。

經文	偽孔《傳》	蔡《傳》	江氏《集注音疏》
〈召誥〉「我不敢知曰。」	我不敢獨知，亦王所知。	夏商歷年長短，所不敢知。我所知者，惟不敬厥德，卽墜其命也。	夏殷歷年長短，[33]我皆不敢知。惟知其皆以不敬德，故早墜其命。
〈君奭〉「襄我二人。」	當因我文武之道而行之。	王業之成，在我與汝而已。	二人，己與召公也。
〈多方〉「我惟時其戰要囚之。」	謂討其倡亂，執其朋黨。	我惟是戒懼而要囚之。	戰，思（懼）也。
〈康王之誥〉「惟新陟王。」	惟周家新升王位。	陟，升遐也。成王初崩，未有謚，故稱新陟王。	陟，登遐也。謂崩也。成王初崩，未有謚，故稱新陟王。
〈秦誓〉「昧昧我思之。」	惟察察便巧善爲辨佞之言，使君子迴心易辭。我前多有之，以我昧昧思之不明故也。	昧昧而思者，深潛而靜思也。以昧昧我思之屬下文。	昧昧我思者，是穆公自道思此一介臣，非謂前日之昧昧于思也，此文當爲下文緣起。

以上七例，乃蔡沈以為偽孔《傳》所論未善，故另外詮釋。然而，陳澧看出江氏《集注音疏》於此七例之注，與蔡《傳》所云同。對此，今人許華峰先生考索此七例，指出〈多方〉「我惟時其戰要囚之」，蔡《傳》與《集注音疏》皆將「戰」訓為「懼」，江氏於疏中指出「戰，思，〈釋詁〉文。」又如〈康王之誥〉「惟新陟王。」蔡《傳》：「陟，升遐也。」江氏《集注音疏》：「陟，登遐也」，又於疏中指出《禮記．曲禮》有「天王登假」，是天子崩為「登假」。又如〈秦誓〉「昧昧我思之」，蔡《傳》與江氏《集注音疏》皆否定孔《傳》以「昧昧我思之」與上句連文（案：指「惟截截善諞言，俾君子易辭，我皇多有之」），而認為當屬下句。並於疏中取《公羊傳》、〈秦本紀〉，謂「『昧昧我思』云者，是穆公自道思此一介臣，非謂前日之昧昧于思也。則此文當為下文緣起，故不从《偽孔》誼，而以『昧昧』為深思之意也。」許先生續云：

[33] 案：《皇清經解》本《集注音疏》作「修短」。

> 江聲這些說明，無異為我們找出蔡沈《傳》文的依據。其餘四個例子，江聲的疏文雖未明確注明文獻依據，但對比《書集傳》的傳文，皆出自宋儒的意見，並非蔡沈首先提出。如〈大誥〉之例實乃蘇軾《東坡書傳》之說。〈召誥〉二例，「以敬為所」之說出自張九成，「夏、殷歷年長短」云云，出自王安石《尚書新義》。〈君奭〉之例亦出自蘇軾《東坡書傳》。換言之，陳澧所舉的例子，皆是蔡沈集自前人之說，並非蔡沈的創見。尤其值得注意的是，江聲注《尚書》亦采「集注體」。雖然與蔡沈所訂定的集注標準並不相同，對於經注體式的理念卻可能有相通之處。可見除了陳澧所懷疑的，江聲或有刻意隱沒蔡沈的可能外，江聲的表現方式，也有可能是堅守自己所訂定的集注原則的結果。[34]

許先生指出此七例所引蔡《傳》之解，在蔡沈之前皆已有說，並非蔡沈的創見。蔡《傳》集注問題與本書討論的範圍無關，姑先不論；但許先生云「江聲的表現方式，也有可能是堅守自己所訂定的集注原則的結果」。對此，許先生指出江氏之集注原則：

> 他（江氏）所自陳的取材對象，最重要的為馬融、鄭玄之說，以及《尚書大傳》、《五經異誼》的相關內容。其次為先秦兩漢諸書中，與《尚書》相關的意見。至於魏晉時期的王肅注、偽孔《傳》，則在不得已的情況下，才謹慎地採用。宋代的《書集傳》並不在他所訂定的取材標準之中，故江聲的書中不直接引用《書集傳》，可能與他自己所定下的「集注」原則有關。[35]

---

[34] 許華峰：《蔡沈《朱文公訂正門人蔡九峰書集傳》的注經體式與解經特色》，頁 22-23。

[35] 許華峰：《蔡沈《朱文公訂正門人蔡九峰書集傳》的注經體式與解經特色》，頁 18。

許先生認為，江氏集注之原則，最重要的為馬融、鄭玄之說，以及《尚書大傳》、《五經異誼》的相關內容。其次為先秦兩漢諸書中，與《尚書》相關的意見。至於魏晉時期的王肅注、偽孔《傳》，則在不得已的情況下，才謹慎地採用。除此之外，則不在江氏的取材標準，故雖有采《書集傳》，亦可「不直接引用」，換言之，江氏乃「間接引用」。然而，回歸江氏《集注音疏・後述》自云：「誼（義）必有徵，不敢欺世，務求愜心云爾」，知他注解必定註明出處，義必有徵，此欲與唐、宋以來「不旁證而引申之」的「孟浪之言」（見《集注音疏・後述》）加以區別，故所集之「注」，無論是古人、今人之說，必定於「疏」中交代來源。也因此，上述許先生所考察的七例中，〈多方〉「我惟時其戰要囚之」、〈康王之誥〉「惟新陟王」、〈秦誓〉「昧昧我思之」，江氏所說雖與蔡《傳》同，但無論是否暗襲，皆有標明訓解來源。其實細檢其他四例，也都有商榷餘地，茲分述之：

⑴〈大誥〉「若兄考，乃有友伐厥子，民養其勸弗救」，江氏自注云：「長民者，其相勸止不救乎？」又自疏云：「〈夏小正〉曰：『執養宮事』，《傳》曰：『養，長也。』茲據王莽擬誥云：『民長其勸弗救』，則養之誼當爲長，故云『養，長也。』」[36]雖然江氏將〈莽誥〉「民長其勸弗救」倒文讀為「長民者，其相勸止不救乎」，但來源確實為〈莽誥〉，而非蔡《傳》。

⑵〈召誥〉「王敬作所，不可不敬德」，江氏自注云：「王其敬爲之所哉。言處置之得所也。」雖未於疏中表明出處，但江氏亦未云「所」為「處所」，知江氏所注者，實為經文之直譯，非暗襲蔡《傳》。

⑶〈召誥〉「我不敢知曰」，江氏自注云：「夏殷歷年修短，我皆不敢知。惟知其皆以不敬德，故早墜其命。」然江氏此注，實為經文「我不可不監于有夏，亦不可不監于有殷。我不敢知曰，有夏服天命，惟有歷年。我不敢知曰，不其延，惟不敬厥悳，乃早墜厥命。我不敢知曰，有殷受天命，惟有歷年，我不敢知曰，不其延，惟不敬厥悳，乃早墜厥命」意義之概括，不

[36] 清・江聲：《尚書集注音疏》，《清經解》本，卷 6，頁 46a，總頁 3065。

見有特別針對某字、某句作訓解，非暗襲蔡《傳》。

(4)〈君奭〉「襄我二人」，江氏自注云：「二人，己與召公也」，自疏云：「云『二人，己與召公也』者，與召公言而云『我二人』，則一人是我，一人是所與言者，故云『己與召公』。」知此句之注，乃江氏對經文邏輯之判斷，並不需另有根據，非暗襲蔡《傳》。

合上引許先生已考出來源之三例，此七例足見江氏皆有根據或是對於經文的理解而注，並不構成陳澧說「於蔡《傳》竟不寓目」、「如覽其書，取其說而沒其名」之證據。度測陳澧所論，乃因不滿惠棟一派，又學術思維偏向調和漢宋，[37]故認為江氏暗襲《書集傳》。此外，許先生所指出江氏不引《書集傳》乃因「並不在他所訂定的取材標準之中」，此言誠是；但因此斷定江氏「不直接引用《書集傳》」，則可待商榷。其實，從第三章引《集注音疏・臯陶謨》「亦行有九德」，江氏自注云：「言人掖扶其行有九德」，又自疏云：「『言人掖扶其行有九德』者，顧野王《玉篇》說也。」顧野王《玉篇》並非許先生所指的取材標準，但江氏用其說後，於「疏」中標明來源；又如《集注音疏・般庚中》「其有顛越不龔」條，江氏自注云：「顛越不龔，縱橫不承命者也。劓，割；殄，絕；育，長；俾，使也。易種，轉生種類。言屰亂之人，當割絕之，毋遺長其類，毋使轉生種類于此邑。」並自疏云：「『顛越不龔』至『轉生種類』采杜預《左傳・哀十一年》注也。」[38]杜預晉人，亦非許先生所指的取材標準，但江氏仍採用之，足見其「義必有徵」之解經原則。按此，本文認為若江氏真用蔡《傳》，他也一定會在「疏」中交代出處，而非暗襲而有意不引；也非不在江氏所訂定的取材標準之中，故不直接引用。

---

[37] 有關陳澧的學術思維，可見何佑森：〈陳蘭甫的學術及其淵源〉，收入《清代學術思潮：何佑森先生學術論文集・下》（臺北：臺大出版中心，2009年），頁413-443。

[38] 清・江聲：《尚書集注音疏》，《清經解》本，卷4，頁31b，總頁3036。

二、王氏《後案》所引文獻及注解原則之考索

王氏著《後案》之目的，正如《後案・自序》云：「《尚書後案》何為作也？所以發揮鄭氏康成一家之學也。」王氏雖尊鄭說，然不惟輯鄭玄一家之學，故又云：「予徧觀群書，搜羅鄭《注》，惜已殘闕，聊取馬、王、《傳》、《疏》益之，又作案以釋鄭義。馬、王、《傳》、《疏》與鄭異者，條析其非，折中于鄭氏。」又《蛾術編・先鄭後馬》云：「予采鄭康成《尚書注》及馬融、王肅三家為一編，以鄭為主，馬、王與鄭不合者駁之。」可見《後案》以鄭玄之說為主，並批評馬、王、《傳》、《疏》與鄭異者；若無鄭《注》，不得已才代以他注。杭世駿序《後案》，即特別指陳《後案》錄馬融、王肅、偽孔《傳》、孔《疏》之說，謂此四家之說為鄭說之附庸，與鄭說異者，當條析其非，折中于鄭氏。今人顧寶田、劉連朋校點《後案》，亦指出王氏此書之特色，云：

> 此書價值要放在清初《尚書》學研究的大背景下考察。自東晉偽《書》、偽《傳》通行，長久佔據統治地位，其間雖有疑者，如宋代吳棫、朱熹，明代梅鷟等，但均為成規模，不足以撼動其牢固的地位。直到清初閻若璩經二十多年潛心研究，著《古文尚書疏證》，提出一百二十八條證據，才完成東晉古文《尚書》的證偽工程，把《尚書》研究推到一個新階段。從《尚書》中剔除偽書，解讀真品，要全面超越偽孔《傳》的解釋系統，必須廣泛參照漢儒說經的豐富資料，而這些資料早已散落淹沒於古籍的海洋中，且多殘缺不全，搜尋不易。王氏乃勾稽輯錄漢唐以前各種子書、經史箋注、《太平御覽》前各種類書等，徵引漢儒解讀《尚書》之文，鑑別分類，分綴於每篇每句下，匯成一部漢唐間之《尚書》

集注。[39]

此言即謂王氏《後案》在注解上，除了尊鄭極力搜羅鄭《注》外，更采馬、王、偽孔《傳》、孔《疏》，而於「案曰」中，采古義、諸說以疏通「注」，或駁難與鄭相異之說。今除了偽孔《傳》、孔《疏》尚存外，馬、鄭、王《注》皆佚，欲知其說，必從諸書輯佚，也因此王氏於《後案・自序》後，羅列〈《尚書後案》采取鄭、馬、王注書目〉，以明此三家注解之來源出處。

以下，首先考索王氏於卷首所錄之書目，並核諸《後案》內容；以及「案曰」中，王氏為了疏通、析論注解，而引之文獻。其次，再探討《後案》疏通注解之原則，藉此對王氏《書》學有完整之理解。

(一) 王氏《後案》所引文獻之考索

王氏《後案》之體例，於注解上不似江氏集各家之說，而是先列注解，內容為：鄭、馬、王、偽孔《傳》、孔《疏》，並於「案曰」中疏通注解。因此，王氏於《後案》中所錄之古訓可分兩部分：一是為注解而引之古訓，即馬、鄭、王《注》，來源為其書卷首所附〈《尚書後案》采取鄭、馬、王注書目〉；二是為了疏通、析論注解，而引之文獻。以下，首先對王氏〈《尚書後案》采取鄭、馬、王注書目〉進行考察；其次再對疏通、析論注解而引之文獻予以析論。

1. 經部

序號	書名	作者	引用次數
1	《尚書疏》	唐孔穎達（574－648）	427 次
2	《書傳》	宋蘇軾（1037－1101）	2 次
3	《拙齋尚書全解》	宋林之奇（1112－1176）	86 次
4	《書裨傳》	宋吳棫（約 1100－1154）	1 次
5	《增修東萊書說》	宋時瀾（1156－1222）	4 次

[39] 清・王鳴盛著，顧寶田、劉連朋校點：《尚書後案・點校說明》，頁 2。

序號	書名	作者	引用次數
6	《尚書說》	宋黃度（1138－1213）	8 次
7	《書古文訓》	宋薛季宣（1134－1173）	14 次
8	《書集傳》	宋蔡沈（1167－1230）	10 次
9	《尚書詳解》	宋陳經（生卒年不詳）	1 次
10	《書集傳或問》	宋陳大猷（生卒年不詳）	8 次
11	《初學尚書詳解》	宋胡士行（生卒年不詳）	5 次
12	《尚書表注》	元金履祥（1232－1303）	2 次
13	《書纂言》	元吳澄（1249－1333）	5 次
14	《尚書集注纂疏》	元陳櫟（1252－1334）	15 次
15	《書集傳輯錄纂注》	元董鼎（生卒年不詳）	16 次
16	《讀書叢說》	元許謙（1270－1337）	1 次
17	《尚書纂傳》	元王天與（生卒年不詳）	56 次
18	《尚書通考》	元黃鎮成（约 1260－约 1334）	未見
19	《書蔡傳旁通》	元陳師凱（生卒年不詳）	10 次
20	《尚書句解》	元朱祖義（生卒年不詳）	1 次
21	《書傳會選》	明劉三吾（1313－1400）	15 次
22	《禹貢論》	宋程大昌（1123－1195）	8 次
23	《禹貢山川地理圖》	宋程大昌	3 次
24	《禹貢指南》	宋毛晃（生卒年不詳）	9 次
25	《禹貢集解》	宋傅寅（1148－1215）	11 次
26	《周書王會解補注》	宋王應麟（1223－1296）	1 次
27	《尚書大傳》	漢伏生（生卒年不詳）	1 次
28	《尚書大傳注》	漢鄭玄（127－200）	1 次
29	《周易輯聞》	宋趙汝楳（生卒年不詳）	1 次
30	《毛詩疏》	唐孔穎達	104 次
31	《毛詩集解》	宋李樗（生卒年不詳）、黃櫄（生卒年不詳）	3 次
32	《詩地理考》	宋王應麟	2 次
33	《逸齋詩補傳》	宋人失名	1 次
34	《周禮疏》	唐賈公彥（生卒年不詳）	47 次
35	《周禮訂義》	宋王與之（生卒年不詳）	1 次

序號	書名	作者	引用次數
36	《儀禮疏》	唐賈公彥（生卒年不詳）	5 次
37	《禮記疏》	唐孔穎達	42
38	《禮記集說》	宋衛湜（生卒年不詳）	4 次
39	《三禮圖》	宋聶崇義（生卒年不詳）	1 次
40	《春秋左傳疏》	唐孔穎達	9 次
41	《春秋公羊傳疏》	唐徐彥（生卒年不詳）	21 次
42	《春秋穀梁傳疏》	唐楊士勛（生卒年不詳）	1 次
43	《論語義疏》	南朝皇侃（488－545）	1 次
44	《論語疏》	宋邢昺（932－1010）	5 次
45	《論語通證》	元張存中（生卒年不詳）	1 次
46	《爾雅疏》	宋邢昺	6 次
47	《孟子注》	漢趙岐（？－201）	1 次
48	《孟子音義》	宋孫奭（962－1033）	1 次
49	《孟子疏》	宋邵武士人[40]	1 次
50	《七經小傳》	宋劉敞（1019－1068）	1 次
51	《六經奧論》	宋鄭樵（1103－1162）	1 次
52	《六經正誤》	宋毛居正（生卒年不詳）	3 次
53	《六經天文編》	宋王應麟	12 次
54	《經說》	宋熊朋來（生卒年不詳）	未見
55	《七經孟子考文》	[日]山井鼎（生卒年不詳）	3 次
56	《考文補遺》	[日]物觀等（生卒年不詳）	2 次

[40] 案：王氏此云《孟子疏》為邵武士人作，非孫奭作，乃據朱熹說。朱熹《語類》云：「《孟子疏》，乃邵武士人假作，蔡季通識其人。當孔穎達時，未尚《孟子》，只尚《論語》、《孝經》爾。其書全不似疏樣，不曾解出名物制度，只繞纏趙岐之說耳。」見宋．黎靖德編：《朱子語類》（北京：中華書局，1986 年），卷 19，頁 443。既然蔡元定識邵武士人，則其人自為宋人。又《四庫全書總目．孟子正義提要》云：「今考《宋史．邢昺傳》稱『昺于咸平二年，受詔與杜鎬、舒雅、孫奭、李慕清、崔偓佺等校定《周禮》、《儀禮》、公羊、穀梁《春秋傳》、《孝經》、《論語》、《爾雅》義疏』，不云有《孟子正義》；《涑水紀聞》載奭所定著，有《論語》、《孝經》、《爾雅》正義，亦不云有《孟子正義》。其不出奭手，確然可信。」見《四庫全書總目》，卷 35，頁 290。又近人余嘉錫進云：「獨朱緒曾〈開有益齋經說〉卷二引呂南公《灌園集》云『出自閩人徐生』。余因求《灌園集》讀之，其卷十七〈雜著〉內，果有〈讀孟子疏〉一篇。」見氏著：《四庫提要辨證》（昆明：雲南人民出版社，2004 年），卷 2，頁 63。

序號	書名	作者	引用次數
57	《說文解字》	漢許慎（30－124）	1 次
58	《白虎通德論》	漢班固（32－92）	3 次
59	《經典釋文》	唐陸德明（550－630）	201 次
60	《群經音辨》	宋賈昌朝（998－1065）	2 次
61	《集韻》	宋丁度（990－1053）	1 次
62	《類篇》	宋司馬光（1019－1086）	1 次
63	《六書故》	宋戴侗（1200－1285）	1 次

※注解所引之古訓來源（書名以及次序按王氏〈《尚書後案》采取鄭、馬、王注書目〉，「引用次數」則為筆者之統計）

案：經部文獻共計 63 種。以作者時代分：計漢代 5 種，南朝 1 種，唐代 9 種，宋代 35 種，元代 10 種，明 1 種，日本學者之作 2 種。若進一步觀察王氏引此 63 部文獻，值得討論者有下列幾種現象：

一、王氏於經部文獻引馬、鄭、王《注》之來源，以文獻時代為序，先標明原始來源，並於「○」後，再標明其他文獻某卷亦有引。就上引書目而論，唐代注疏文獻及《釋文》作為原始來源者最多，而次要來源則多為宋代文獻。

二、經部文獻中，漢、唐以後之文獻，惟宋黃度《尚書說》有引馬融說為原始出處者。王氏於《後案・禹貢》「導河積石，至于龍門」條，先引馬《注》「北條行河，中條行渭、洛、濟、淮，南條行江、漢。」指出來源為《尚書說》2 卷；再於「案曰」云：「馬云云者，亦如導山分三條也。此黃度所引，不知何本，以近是存之。」今檢《四庫全書》本《尚書說》「導岍及岐……至于敷淺原」，黃度云：「班固、馬融、王肅皆言岍為北條，西傾為中條，嶓冢為南條。北條行河，中條行渭、洛、濟、淮，南條行江漢。葢約經文也。」[41]馬融之說，除見於黃度之作外，未見其他文獻徵引，故王氏蓋疑之，但仍以近是存之。此外，黃度引馬融之說，繫於「導岍及岐……至于

[41] 宋・黃度：《尚書說》，《文淵閣四庫全書》本，卷 2，頁 19b。

敷淺原」下，但王氏則將之繫於「導河積石，至于龍門」。則馬融此說，是否合於王氏所繫之經文，仍有可疑。

三、王氏所引經部文獻，於《後案》中未見元代黃鎮成《尚書通考》及宋代熊朋來《經說》有引馬、鄭、王《注》者。前書未見於《後案》；後書於《後案》出現三次，惟三次皆於「案曰」引熊氏《經說》之說，[42]並非標示為馬、鄭、王《注》之來源。

四、經部文獻中，王氏於《尚書大傳》、《尚書大傳注》、《孟子注》、《說文解字》、《白虎通德論》著者姓名旁加「采太誓」三字。檢所引內容，皆為〈太誓〉馬、鄭《注》。

2. 史部

序號	書名	作者	引用次數
1	《史記》	漢司馬遷（约前 145－前 87 年）	5 次
2	《史記集解》	劉宋裴駰（生卒年不詳）	226 次
3	《史記索隱》	唐司馬貞（生卒年不詳）	14 次
4	《史記正義》	唐張守節（生卒年不詳）	3 次
5	《漢書》	漢班固（32－92）	3 次
6	《漢書注》	唐顏師古（581－645）	未見
7	《漢書藝文志考證》	宋王應麟	4 次
8	《後漢書》	未標作者姓名	2 次
9	《後漢書注》	唐李賢（654－684）	3 次
10	《司馬彪續漢書注》	梁劉昭（生卒年不詳）	2 次
11	《兩漢刊誤補遺》	宋吳仁傑（生卒年不詳）	1 次
12	《三國志》	晉陳壽（233－297）	6 次
13	《三國志注》	晉裴松之（372－451）	13 次
14	《晉書》	未標作者姓名	1 次
15	《宋書》	梁沈約（441－513 年）	4 次
16	《隋書》	未標作者姓名	2 次

[42] 案：分別見於《後案・洪範》「曰豫恒燠若」條；《後案・金縢》「惟朕小子其新逆，我國家禮亦宜之」條；《後案・無逸》「其惟不言，言乃雍」條。

序號	書名	作者	引用次數
17	《舊唐書》	五代劉昫（888－947）	1 次
18	《新唐書》	宋歐陽修（1007－1072）	未見
19	《宋史》	元脫脫（1314－1355）	1 次
20	《路史發揮》	宋羅泌（1131－1189）	1 次
21	《路史餘論》	宋羅泌	5 次
22	《路史後紀注》	宋羅苹（生卒年不詳）	8 次
23	《路史國名紀注》	宋羅苹	7 次
24	《漢紀》	漢荀悅（148－209）	1 次
25	《通鑑外紀》	宋劉恕（1032－1078）	7 次
26	《通鑑地理通釋》	宋王應麟	4 次
27	《通鑑前編》	元金履祥	7 次
28	《通鑑音注》	元胡三省（1230－1302）	1 次
29	《綱目集覽》	元王幼學（1275－1368）	5 次
30	《史通》	唐劉知幾（661－721）	1 次
31	《漢制考》	宋王應麟	5 次
32	《通典》	唐杜佑（735－812）	9 次
33	《唐律疏義釋文》	元王元亮（生卒年不詳）	1 次
34	《禮書》	宋陳祥道（1042－1093）	5 次
35	《通志》	宋鄭樵（1104－1162）	2 次
36	《水經注》	北魏酈道元（？－527）	15 次
37	《元和郡縣志》	唐李吉甫（758－814）	1 次
38	《太平寰宇記》	宋樂史（930－1007）	2 次
39	《齊乘》	元于欽（1283－1333）	1 次

案：史部文獻共計 39 種。以作者時代分：計漢代 3 種，晉代 2 中，南北朝 4 種，唐代 7 種，宋代 14 種，元代 6 種，未標明作者 3 種。若進一步觀察王氏引此 39 部文獻，值得討論者有下列幾種現象：

一、王氏〈《尚書後案》采取鄭、馬、王注書目〉末，附有自己統計共經史子集一百三十一部，所列書目體例「書名」後皆續「作者姓名」，惟

《後漢書》、《晉書》、《隋書》三部未見「作者姓名」，原因不得知。

二、史部文獻中，王氏於《史記》、《漢書》著者姓名旁加「采太誓」三字。檢所引內容，皆為〈太誓〉馬、鄭《注》。

三、王氏所引史部文獻，於《後案》中未見《漢書注》、《新唐書》有引馬、鄭、王《注》。王氏引《漢書注》、《新唐書》，皆見於「案曰」，而非引馬、鄭、王《注》。

四、史部文獻中，漢、唐以後之文獻，宋劉恕《通鑑外紀》及陳祥道《禮書》有引鄭、王說為原始出處者。檢《後案・顧命》「越翼日乙丑，王崩」條，王氏引王肅《注》云：「成王二十八年崩」，並註明原始出處為宋劉恕《通鑑外紀》卷三，於「案曰」云：「王《注》云云，見《外紀》。王《注》在宋當已無全本，但劉恕博學，所引宜不謬。」[43]然檢《四庫全書》本《通鑑外紀》卷三「乙丑王崩」條下，劉恕自注云：「在位三十年，通周公攝政三十七年。鄭玄曰『成王二十八年崩。』」[44]據此，則劉恕所引乃鄭玄《注》，非王肅《注》，王氏所據，不知為何本。又《後案・禹貢》「厥土惟壤，下土墳壚」條，王氏引鄭《注》曰：「壚，疏也。」並註明原始出處為陳祥道《禮書》三十四卷。檢《禮書》，確然有云：「〈禹貢〉有墳壚，孔安國、鄭康成皆以壚為疏，蓋有傳然也。」[45]而王氏《後案》則未標明「孔安國」。此外，《禮書》於四部分類明為經部，王氏則置於史部中。

3. 子部

序號	書名	作者	引用次書
1	《北堂書鈔》	唐虞世南（558－638）	3 次
2	《藝文類聚》	唐歐陽詢（557 － 641）	3 次
3	《初學記》	唐徐堅（659－729）	4 次
4	《太平御覽》	宋李昉（925－996）	18 次

[43] 清・王鳴盛：《尚書後案》，卷 25，頁 531-532。

[44] 宋・劉恕：《資治通鑑外紀》，《文淵閣四庫全書》本，卷 3，頁 21a。

[45] 宋・陳祥道：《禮書》，《文淵閣四庫全書》本，卷 34，頁 10a。

序號	書名	作者	引用次書
5	《冊府元龜》	宋王欽若（962－1025）	12 次
6	《事文類聚》	宋祝穆（1221－？）	1 次
7	《山堂群書考索》	宋章如愚（生卒年不詳）	24 次
8	《玉海》	宋王應麟	85 次
9	《小學紺珠》	宋王應麟	13 次
10	《文獻通考》	元馬端臨（1254－1323）	4 次
11	《竹譜》	晉戴凱之（生卒年不詳）	1 次
12	《聞見記》	唐封寅（生卒年不詳）	1 次
13	《兼明書》	五代丘光庭（907－960）	1 次
14	《聖賢群輔錄》	晉陶潛（365－427）	2 次
15	《宋景文公筆記》	宋宋祁（生卒年不詳）	1 次
16	《廣川書跋》	宋董逌（生卒年不詳）	1 次
17	《隸釋》	宋洪适（1117－1184）	1 次
18	《容齋隨筆》	宋洪邁（1123－1202）	未見
19	《野客叢書》	宋王楙（1151－1213）	1 次
20	《讀書雜抄》	宋魏了翁（1178－1237）	1 次
21	《西山讀書記乙集》	宋真德秀（1178－1235）	2 次
22	《困學紀聞》	宋王應麟	11 次
23	《學齋佔畢》	宋史繩祖（1192－1274）	2 次
24	《羅氏識遺》	宋羅璧（生卒年不詳）	1 次

案：子部文獻共計 24 種。以作者時代分：計晉代 2 種，唐代 4 種，五代 1 種，宋代 16 種，元代 1 種。若進一步觀察王氏引此 24 部文獻，值得討論者有下列幾種現象：

一、子部文獻中，《北堂書鈔》、《太平御覽》有引鄭、王《注》為原始出處者。檢《後案・堯典》「命汝作納言，夙夜出納朕命，惟允」條，王氏引鄭《注》：「納言，如今尚書，管主喉舌也。」指出來源為虞世南《北堂書鈔》卷五十九。又於此注下作「案曰」云：「此稱為《尚書注》，孔無之。此書引孔皆稱『傳』，獨此稱『注』，疑必鄭《注》。」[46]案：王氏此推測過於武斷，檢《漢書・百官公卿表上》「龍作納言出入帝命」句，應劭注云：「龍，臣名也。納言，如今尚書，管王之喉舌也。」[47]知《北堂書鈔》所引乃應劭《注》，非鄭《注》；陳喬樅即云：「案虞世南《北堂書鈔》五十九卷引《尚書注》云『納言，如今尚書，管主喉舌也。』與應劭說同。《後漢書・李固傳》:『固言陛下之有尚書，猶天之有北斗也。斗爲天喉舌，尚書亦爲陛下喉舌。斗斟酌元氣，尚書出納王命。』李固舉漢法以況，蓋皆今文家之言也。」[48]又《後案・皋陶謨》「予决九川，距四海，濬畎澮，距川」條，王氏引王肅《注》云：「九川者，九州之川也。」指出來源為《太平御覽》六十八卷地部。

二、檢《後案》中所引《容齋隨筆》，非為馬、鄭、王《注》之來源。《後案》引《容齋隨筆》惟一條，見《後案・太誓》「附下而罔上者死，附上而罔下者刑，與聞國政而無益于民者退，在上位而不能進賢者逐」句，經文下王氏自注「劉向《說苑》二卷〈臣術篇〉○洪邁《容齋續筆》一卷。」[49]表示〈太誓〉此句經文出處，知《容齋隨筆》為〈太誓〉經文來源，而非馬、鄭、王《注》。

4. 集部

序號	書名	作者	引用次數
1	《離騷草木疏》	宋吳仁傑（生卒年不詳）	未見
2	《文選注》	唐李善（630－689）	17 次
3	《古文苑注》	宋章樵（生卒年不詳）	2 次
4	《文苑英華》	宋宋白（936－1012）	1 次
5	《唐柳先生集注釋》	宋童宗說（生卒年不詳）	1 次

[46] 清・王鳴盛：《尚書後案》，卷 1，頁 52。

[47] 漢・班固：《漢書・百官公卿表上》（北京：中華書局，1997 年），卷 19 上，頁 724。

[48] 清・陳喬樅：《今文尚書經說考》，《續修四庫全書》本，卷 1 下，頁 75a-b，總頁 143。

[49] 清・王鳴盛：《尚書後案》，卷 10，頁 290。

案：集部文獻共計 5 種。以作者時代分：計唐代 1 種，宋代 4 種。若進一步觀察王氏引此 5 部文獻，值得討論者，惟《後案》中未見引《離騷草木疏》。

王氏於此書目後云「通計抄撮群書經史子集一百三十一部」，然以此書目復覈《後案》，可發現於注解上偶有誤植來源或失收等現象，如：

⑴ 檢《後案・太誓》「至于五日，有火自上復于下，至于王屋，流之爲鵰。其色赤，其聲魄，五至以穀俱來。武王喜，諸大夫皆喜。周公曰：茂哉茂哉！天之見此以勸之也，恐恃之」句，王氏引馬《注》云：「王屋，王所居屋。流，行也。魄然，安定意也。鵰，摯鳥也。明武王能伐紂。」[50]先註明原始出處為《尚書大傳注》，再以「〇」標示以下書目皆有引馬《注》。觀「〇」下書目，有「董仲舒《春秋繁露》卷十三〈同類相動篇〉」，意謂《春秋繁露》有引馬《注》，按理應當列於卷首〈書目〉，然王氏卻未列。進一步檢核《春秋繁露・同類相動篇》，云：「《尚書大[51]傳》言周將興之時，有大赤鳥銜穀之種，而集王屋之上者。武王喜，諸大夫皆喜。周公曰：茂哉茂哉！天之見此以勸之也，恐恃之。」[52]據此，則《春秋繁露・同類相動篇》所引者，為《尚書大傳》引〈太誓〉經文，非馬《注》，王氏《後案》不應於「〇」下列此書。

⑵《後案・立政》「三亳阪尹」，王氏引鄭《注》云：「三亳者，湯舊都之民服文王者，分為三邑，其長居險，故言阪尹。蓋東成皋，南轘轅，西降谷也。」下標氏原始出處為「《尚書疏》」，再以「〇」標示以下書目皆有引鄭《注》，而其中有《周書・王會解》一書。然今檢《周書・王會解》內容卻無〈立政〉此句之鄭《注》，而其他「〇」下書目皆有引此鄭《注》，可知王氏誤收《周書・王會解》為鄭《注》來源。

---

[50] 清・王鳴盛：《尚書後案》，卷 10，頁 286。

[51] 按：此「大」字，鍾哲點校《春秋繁露義證》據凌曙注本補。見《春秋繁露義證》，（北京：中華書局，2010 年），卷 13，頁 361。

[52] 漢・董仲舒著、蘇輿義證：《春秋繁露義證》，卷 13，頁 361。

⑶檢《後案・太誓》「正稽古立功立事，可以永年丕天之大律」句，王氏引鄭《注》云：「丕，大也；律，法也。」先註明經部鄭樵《六經奧論》有引鄭《注》，再以「○」標示以下書目皆有引鄭《注》。觀「○」下書目，有「《翻譯名義集》九卷」一書，然此書卷首〈書目〉未見。今按：《翻譯名義集》為宋代釋法雲（1088－1158）所編，全書分為七卷，而此書所引鄭《注》出於卷四，王氏所引不知何本。觀原文作：「《尚書大傳》曰：『丕天之大律』，《注》云『奉天之大法』，法亦律也。」[53]按此，則卷首〈書目〉理應置《翻譯名義集》，而王氏失收。

(二)「案曰」中疏通、析論注解，所引之文獻

王氏《後案》之體例乃先列注解：鄭、馬、王、偽孔《傳》、孔《疏》，次列「案曰」博考眾說，或疏通注解，發揮經義；或對某家說法進行商榷，此即王氏〈自序〉所云：「予徧觀群書，搜羅鄭《注》，惜已殘闕，聊取馬、王、《傳》、《疏》益之，又作『案』以釋鄭義。馬、王、《傳》、《疏》與鄭異者，條析其非，折中于鄭氏。」今既已明王氏蒐討鄭、馬、王《注》之來源，進而可考察王氏於「案曰」中為了疏通、析論、辯駁注解，而引之文獻。藉此，理解王氏解釋《尚書》，重視哪些材料，對於研究王氏《尚書》學，當有所裨益。以下，即先列王氏於「案曰」中所引材料，並於可考書名後加註朝代作者；其次，再對材料進行綜論，並對其中值得討論者，進行考索。

1. **經部**（案：本小節所列作者，已見於上述者，不再標示生卒年）

序號	書名	作者	備註
1	《周易注疏》	唐・孔穎達	
2	《周易參同契》	漢・魏伯陽	
3	《易緯通卦驗》	漢鄭玄注	

[53] 宋・釋法雲：《翻譯名義集》（臺北：臺灣商務印書館，1965 年，《四部叢刊初編》影印南海潘氏藏宋本），卷 4，頁 3a。

序號	書名	作者	備註
4	《周易集解》	唐・李鼎祚	
5	《尚書大傳》	舊題伏生口授、漢鄭玄注	
6	《逸周書》		
7	《中侯・握河紀》	漢鄭玄注	
8	《尚書注疏》	唐・孔穎達	
9	《尚書全解》	宋・林之奇	
10	《書傳》	宋・蘇軾	
11	《書集傳或問》	宋・陳大猷	《後案》未標示書名、作者，互見《始存稿・洪範後案》「睿作聖」條
12	《書傳會選》	明・劉三吾	《後案》未標示書名、作者，互見《始存稿・洪範後案》「睿作聖」條
13	《尚書日記》	明・王樵	《後案》未標示書名、作者，互見《始存稿・洪範後案》「睿作聖」條
14	《禹貢集解》	宋・傅寅（1148－1215）	
15	《禹貢論》	宋・程大昌	
16	《禹貢錐指》	清・胡渭	《後案》多稱「近人」，而不引書名、作者
17	《尚書古文疏證》	清・閻若璩	
18	《韓詩外傳》	漢・韓嬰	
19	《毛詩注疏》	唐・孔穎達	
20	《周禮注疏》	唐・賈公彥	
21	《儀禮注疏》	唐・賈公彥	
22	《禮記注疏》	唐・孔穎達	
23	《大戴禮記》	漢・戴德	
25	《禮緯・稽命徵》	魏・宋均注（生卒年不詳）	
26	《禮說》	清・惠士奇（1671－1741）	

序號	書名	作者	備註
27	《左傳》		
28	《公羊傳》		
29	《穀梁傳》		
30	《春秋緯》	魏・宋均注	
31	《論語注疏》	魏何晏集解、宋邢昺疏	
32	《孟子注》	漢・趙岐	
33	《爾雅注疏》	晉郭璞注、宋邢昺疏	
34	《孝經鄭注》	漢鄭玄注	
35	《樂緯》	魏・宋均注	
36	《說文解字》	漢・許慎	
37	《五經異義》	漢・許慎	
38	《駁五經異義》	漢・鄭玄	
39	《鄭志》	魏・鄭小同	
40	《七經考文》	日・山井鼎	
41	《小爾雅》		
42	《釋名》	漢・劉熙	
43	《方言》	漢・揚雄	
44	《字林》	晉・呂忱	
45	《廣雅》	魏・張揖	
46	《玉篇》	南朝・顧野王	
47	《經典釋文》	唐・陸德明	
48	《五經文字》	唐・張參（生卒年不詳）	
49	《匡謬正俗》	唐・顏師古	
50	《汗簡》	宋・郭忠恕	
51	《詛楚文》		
52	《廣韻》	宋・陳彭年	
53	《集韻》	宋・丁度	
54	《群經音辨》	宋・賈昌朝	
55	《類篇》	宋・司馬光	

序號	書名	作者	備註
56	《洪武正韻》	明・樂韶鳳（生卒年不詳）	
57	《律呂新書》	宋・蔡元定（1135－1198）	

2. 史部

序號	書名	作者	備註
1	《國語》		
2	《戰國策》		
3	《世本》		
4	《竹書記年》		
5	《吳越春秋》	漢・趙曄	
6	《史記》	漢・司馬遷	
7	《漢書》	漢・班固	
8	《後漢書》	劉宋・范曄	
9	《三國志》	晉・陳壽	
10	《續漢書・郡國志》	晉・司馬彪	
11	《晉書・地理志》	唐・房玄齡	
12	《宋書・州郡志》	梁・沈約	
13	《陳書》	唐・姚思廉（557－637）	
14	《南史》	唐・李延壽（生卒年不詳）	
15	《魏書・地形志》	北齊・魏收	
16	《隋書・地理志》	唐・魏徵（580－643）	
17	《舊唐書》	五代・劉昫	
18	《新唐書》	宋・歐陽脩	〈呂刑〉「其罪惟均」條，引唐太宗問劉德威之語，未標明出處
19	《元史・地理志》	明・宋濂（1310－1381）	

序號	書名	作者	備註
20	《明史・地理志》	清・張廷玉（1672－1755）	
21	《通典》	唐・杜佑	
22	《續通典》	宋・宋白	
23	《通志》	宋・鄭樵	
24	《文獻通考》	元・馬端臨	
25	《水經注》	北魏・酈道元	
26	《十三州記》	北魏・闞駰（生卒年不詳）	
27	《華陽國志》	晉・常璩（291－361）	
28	《元和郡縣志》	唐・李吉甫	
29	《太平寰宇記》	宋・樂史	
30	《吳中水利書》	宋・單鍔（1031－1110）	
31	《輿地紀勝》	宋・王象之（生卒年不詳）	
32	《長安志》	宋・宋敏求（1019－1079）	
33	《景定建康志》	宋・周應合（生卒年不詳）	
34	《路史》	宋・羅泌	
35	《承天府志》	明・孫文龍（生卒年不詳）	
36	《池州府志》	明・王崇（生卒年不詳）	
37	《漢官儀》		
38	《唐六典》	舊題唐玄宗撰、李林甫等注	
39	《律注要略》	晉・張斐（生卒年不詳）	
40	《隸釋》	宋・洪适	
41	《宣和博古圖》	宋・王黼編纂	

序號	書名	作者	備註
42	《攷古圖》	宋・呂大臨	
43	《歷代鐘鼎彝器款識》	宋・薛尚功	
44	《嘯堂集古錄》	宋・王俅	
45	《鐘鼎款識》	宋・秦熺（1117－1161）	

3. 子部

序號	書名	作者	備註
1	《老子》		
2	《莊子》		
3	《管子》		
4	《荀子》		
5	《墨子》		
6	《韓非子》		
7	《列子》		
8	《吳子》		
9	《尉繚子》		
10	《穆天子傳》		
11	《山海經》		
12	《內經素問》		
13	《司馬法》		
14	《呂氏春秋》	秦・呂不韋	
15	《淮南子》	漢・劉安	
16	《說苑》	漢・劉向	
17	《新序》	漢・劉向	
18	《太玄》	漢・揚雄	
19	《渾天說》	漢・張衡	
20	《論衡》	漢・王充	
21	《白虎通》	漢・班固	
22	《風俗通》	漢・應劭	

序號	書名	作者	備註
23	《鹽鐵論》	漢・桓寬	
24	《獨斷》	漢・蔡邕（133－192）	
25	《中論》	漢・徐幹（生卒年不詳）	
26	《數術記遺》	漢・徐岳（生卒年不詳）撰、南朝・甄鸞注（生卒年不詳）	
27	《潛夫論》	漢・王符	
28	《申鑒》	漢・荀悅	
29	《孔子家語》	魏・王肅	
30	《顏氏家訓》	北齊・顏之推（531－591）	
31	《初學記》	唐・徐堅	
32	《太平御覽》	宋・李昉	
33	《輟耕錄》	明・陶宗儀（1329－约 1412）	
34	《居易錄》	清・王士禛（1634－1711）	

4. 集部

序號	書名（篇名）	作者	備註
1	《楚辭》	漢劉向編、王逸注	
2	《文選》	梁・昭明太子、唐李善注	
3	〈平賦書〉	唐・李翱（772－841）	
4	《古文苑》		
5	〈洪範五事說〉	宋・蘇轍	《後案》未標示來源，而用「俗儒」代稱，見〈洪範〉「睿作聖」條
6	《朱文公文集》	宋・朱熹	《後案》引「朱子云」，但未

			標示來源，見〈無逸〉「三年不言」條
7	《文忠集》	宋・周必大 （1126－1204）	《後案》引「周必大謂」，但未標示來源，見〈秦誓〉「我心之憂」條
8	《原象・九道八行說》	清・戴震	

粗計以上「案曰」中所引文獻，經部 57 種，史部 45 種，子部 34 種，集部 8 種，共 144 種文獻。細索王氏所引文獻，將值得討論者，分論如下：

一、王氏於「案曰」中引諸多文獻，數量上以經部最多，史子集三部依次遞減。此種統計結果，正如同上述論江氏引書情況相彷，王氏、江氏皆重視所謂「以經解經」之法，故經部文獻皆多於其他三部。其實不惟「以經解經」而已，王氏亦同江氏引其他三部文獻治經，此種作法實印證第三章所論「跨文本」之解經方式。

二、王氏於「案曰」中所，引諸典籍，時有隱蔽作者、或書名之現象。例如《後案・洪範》「睿作聖」句，「案曰」云：「相配與相屬不同，〈洪範〉以其形象之相配者言，醫經以其氣質之相屬者言。」對比《始存稿・洪範後案》「恭作肅……睿作聖」條，可知是明王樵《尚書日記》卷九之文，但王氏卻未引出處。又同篇「睿作聖」句，「案曰」云：「俗儒又別造一說云：……」，對比《始存稿・洪範後案》「恭作肅……睿作聖」條，可知出於蘇轍〈洪範五事說〉，然王氏卻未引出處，而止以「俗儒」標示。此外，又如《後案・禹貢》標示「近人」者，多為胡渭《禹貢錐指》，而未明示出處。換言之，王氏於「案曰」所引文獻並非如同注解引馬、鄭、王《注》那麼在意來源。

三、王氏治經，除了經部文獻的運用外，特重其他文獻，此為王氏作為史家之特色，若將王氏所引其他三部文獻與江氏相比，可明顯發現王氏引用文獻範圍更寬，不惟先秦、兩漢文獻，亦多有用唐以後文獻者，尤其重視有關地理以及制度史料，此乃與王氏重視地理以及制度有關。王鳴盛《十七史商榷・序》云：

> 讀史者不必以議論求法戒，而但當考其典制之實。[54]

又序徐文範〈東晉南北朝輿地表〉云：

> 予撰《十七史商榷》百卷，一切典故無所不考，而其所盡心者，地理也。蓋人欲考古，必先明地理。地理既明，千古形勢情事皆如目睹，然後國運之強弱、政治之得失、民生之利害、人才之賢否，皆可口講指畫，不出戶庭而知四海九州之遠，立乎今日而知數千百年之久，皆在是矣，此其所以為通儒也。[55]

以上二文，皆反映王氏對地理及制度之重視。值得注意者，王氏重視地理及制度，不惟用於考史，治經亦然。此點，施建雄已論及：「（王氏）在經學研究過程中，擅長運用歷史的方法對經典傳授，文字、名物， 相關制度、地理等方面進行考證，已呈現出日後轉向史學研究的趨向。」[56]知王氏在「案曰」中多引用地理以及制度文獻，並非偶然。觀王氏考證地理所引文獻者，除了經部文獻外，歷代志書尤多，粗計有：《漢書・地理志》、《續漢書・郡國志》、《晉書・地理志》、《宋書・州郡志》、《魏書・地形志》、《隋書地理志》、《明史・地理志》、《水經注》、《十三州記》、《華陽國志》、《元和郡縣志》、《太平寰宇記》、《吳中水利書》、《景定建康志》、《輿地紀勝》、《長安志》、《元史・地理志》、《承天府志》、《池州府志》等等，足見王氏重視歷史地理。因此，若從《後案》觀王氏對於歷史地理之考察，王氏重視以下幾

---

[54] 清・王鳴盛：《十七史商榷・序》，《嘉定王鳴盛全集》，冊 4，頁 2。

[55] 陳鴻森輯：〈王鳴盛西莊遺文輯存〉，《嘉定王鳴盛全集》，冊 11，頁 433。

[56] 施建雄：〈乾嘉學術兩種風格的統一——略論王鳴盛的治史特點〉，《西南師範大學學報（人文社會科學版）》（2006 年 7 月），第 23 卷第 4 期，頁 42。

點：

(1)論歷代文獻中所載地理之演變，如《後案・禹貢》「三江既入」，除了引鄭《注》外，更引《初學記》、《漢書・地理志》、《續漢書・郡國志》、《水經注》、《景定建康志》、《池州府志》等，以考論「三江」，據此知王氏考察地理，能重視歷代記載以及流變。

(2)批評前代志書所載，如王氏謂「河源」之流向為「于寘之西，水西流；其東，水東流，注鹽澤。潛行地下，南出為河源」，其說據《史記・大宛傳》、《漢書・西域傳》。並批評杜佑《通典》之論，云「唐人忽創新說，謂河源昆侖在吐蕃境內，杜佑主之，駁漢古義。」[57]又如對漢水源頭之考證，魏收、李吉甫、杜佑皆以沔陽縣之嶓冢山為漢水之源，而不從鄭《注》、〈地理志〉西縣（隴西）之說，王氏皆加予以駁難。[58]

(3)著重考察地理在歷史事蹟上之因革。如《後案・禹貢》「沿于江、海，達于淮、泗」句，王氏認為禹必沿江入海，自海入淮，乃因禹時「江、淮未通，卽朱方江口入吳之道亦未有，故必于沿江入海之後，再自海入淮，自淮入泗，然後巡行州境徧也。」[59]但歷史上通江淮之迹為何，王氏仍做了一番詳考。故先引《左傳・哀公九年》「吳城邗溝，通江淮」，杜《注》:「于邗江築城穿溝，東北通射陽湖，西北至末口入淮，通糧道也。」次引《國語》云:「夫差起師北征，爲深溝于商魯之間，北屬之沂，西屬之泲，以會晉公午于黃池。旣退，使告勞于周曰：余沿江泝淮，闕溝深水，出于商魯之間。」王氏認為，此兩項記載證明:「邗溝雖開，但通糧道，其水未能深廣，吳人戰艦必不由此。」換言之，此時江、淮尚未完全通。王氏再引程大昌《禹貢論》，云:「至大業初，大發淮南兵夫十餘萬開邗溝，自山陽至揚子入江，三百餘里，闊四十步，可通龍舟，而後淮始達江也。」可見，江淮完

[57] 清・王鳴盛:《尚書後案》，卷3，頁187-188。

[58] 清・王鳴盛:《尚書後案》，卷3，頁200。

[59] 清・王鳴盛:《尚書後案》，卷3，頁137。

全互通，實始於隋。王氏所敘通江淮始末，乃自周季下迄隋代，以此論證禹必沿江海達淮泗。

又觀王氏為考證制度，其所引文獻者，遍及四部，除廣引專門論述之著外，且具歷史之觀念。如：

(1)《後案・皋陶謨》「惟荒度土功」條，論古代里數之計量，先引〈王制〉:「古者以周尺八尺爲步，今以周尺六尺四寸爲步。古者百畝當今百四十六畝三十步，古者百里當今百二十一里六十步四尺二寸二分。」但王氏不同意此說，云:「〈王制〉漢文帝博士作，古謂周，今謂漢，不得以古為夏，今爲周。」[60]換言之，王氏既以〈王制〉為漢代之作，其制自無法套用於夏、周。王氏接下來即博引眾籍，計引宋代秦熺《鐘鼎款識》、蔡元定《律呂新書》、王士禛《居易錄》等，以證明周尺之制；又引《司馬法》、《鹽鐵論》、《文獻通考》、〈平賦書〉、《輟耕錄》、《洪武正韻》等，考論「尺數、步數、畝數、里數皆古小今大」，並批評〈王制〉之說不足據，[61]以此知王氏論制，實具有古今之歷史觀念。

(2)又如《後案・呂刑》「宮辟疑赦，其罰六百鍰，閱實其罪」條，王氏先於注解中引孔《疏》云:「大隋開皇之初，始除男子宮刑，婦人猶閉于宮也。」再於「案曰」中引賈公彥《周禮疏》云:「漢除肉刑，宮刑猶在，隋始除者。」知賈、孔皆主隋時始除男子宮刑。然王氏所考不僅於此，更引北魏崔浩〈漢律序〉云:「文帝時除肉刑而宮不易」，張斐注云:「以淫亂人族序，故不易也。」王氏於是認為賈、孔之說蓋本崔浩、張斐。此外，王氏又考《漢書》鼂錯對策曰:「除去陰刑。」張晏曰:「宮刑也。」王氏據此謂:「漢文亦除宮刑矣，或後仍復之。」[62]知王氏不僅能考察賈、孔論制度之來源，又能對一制度之演變加以考察，深具歷史眼光。

---

[60] 清・王鳴盛:《尚書後案》，卷 2，頁 83。

[61] 清・王鳴盛:《尚書後案》，卷 2，頁 83-84。

[62] 清・王鳴盛:《尚書後案》，卷 27，頁 606-607。

(三) 王氏《後案》注解原則之考索

王氏《後案》雖為發揮鄭玄《注》而作，然鄭《注》散佚，不得已而採他書，故《後案・自序》云：「予徧觀群書，搜羅鄭《注》，惜已殘闕，聊取馬、王、《傳》、《疏》益之。」知王氏《後案》於注解上不限於鄭《注》。今在細檢王氏所引文獻後，可考察《後案》注解上之幾點原則。

1. 力求鄭、馬、王《注》之完備

王氏《後案》雖力主鄭《注》，但於注解上，則力求鄭、馬、王《注》之完備。除了從《釋文》、孔《疏》、《史記》三家注等宋以前文獻找出古訓佚文外，尚遍及諸多宋代以後文獻，經史子集共 86 種。然而，王氏對此曾表示追悔之意，云：

> 取一切雜書益之，然逐條下但采其最在前之書名注于下，以明所出，如此已足。若宋、元人書亦爲羅列，徒以炫博，予甚悔之，而書已行世不及删改。[63]

今觀王氏《後案》引馬、鄭、王《注》之來源，以經史子集為序列，先標明原始來源，並於「〇」後，再標明其他文獻並引者。而王氏此云「但采其最在前之書名注于下，以明所出」者，意謂應當只標示古訓最原始之來源即可，而不用列宋、元、明人之書，認為此舉徒以炫博而已，然已追悔不及。

雖然王氏表達出後悔之意，但從蒐討古訓角度完備的角度而論，王氏不限於宋以前文獻，對鄭、馬、王《注》之蒐集，仍具貢獻。如《後案・禹貢》「導河積石，至于龍門」條，所引馬《注》者，即從宋人黃度《尚書說》中所引。然而，此並非代表王氏對於宋元明儒經說重視，細檢王氏引宋以後資料，絕多數是為了鄭、馬、王《注》之完整性而已，此符合第三章論

---

[63] 清・王鳴盛：〈采集群書引用古學〉，《蛾術編》，卷 2，頁 58。

王氏對於唐以後儒者經說之意見。這與前論江氏引宋元明儒者作品，內容幾乎都是關於考字以及確定文本方面相仿。

王氏輯鄭、馬、王《注》，由於力求完整而遍及諸多宋代以後文獻，若有異文，則憑己意綴合。如此，實考驗王氏在輯佚上，對於逸文之考證以及文意上之理解。如孫星衍對此即有所批評，云：「（王鳴盛）博搜群籍，連綴成文，或頗省改。且馬、鄭《注》亡于北宋，惟《太平御覽》引有數條，出前人之外，餘則展轉捃摭，非見全書，無煩採錄。」[64]類此批評，涉及王氏之輯佚思維、方法，下文會有詳論。

2. 若無鄭《注》，則採他《注》補之，或予批評

《後案・自序》云：「予徧觀群書，搜羅鄭《注》，惜已殘闕，聊取馬、王、《傳》、《疏》益之。」輯鄭《注》並加以發揮雖為王氏作《後案》之第一義，但取馬、王、《傳》、《疏》乃不得已之狀況。因此，《後案》中或有未見鄭《注》，而採其他四家之《注》之情形，可見王氏仍有採他注之情形；或列舉其他四家之《注》，並對其內容加以批評。茲分別舉例如下。

(1) 採馬融《注》、王肅《注》、孔《傳》、孔《疏》

王氏對《偽孔》（包涵經、傳）之辨偽受惠棟、閻若璩影響，力辨孔《傳》為偽，並如江氏，批評偽孔《傳》「亂經」[65]。但若無其他古注，仍會列舉孔《傳》，如《後案・立政》「立政……亞旅」條，王氏先列王肅、孔《傳》後云：「鄭《注》已亡，無可依據，偽《傳》行來已久，今不得已，宜且仍之可也。」[66]又《後案・呂刑》「刑罰世輕世重」條，王氏於「案曰」云：「《傳》雖魏晉人偽撰，大略亦本漢經師古訓，非盡臆造。」[67]知王氏並非完全捨棄孔《傳》。其次，雖然王氏主孔《傳》為王肅臆造（相關討

---

[64] 清・孫星衍：《古文尚書馬鄭注・序》（北京：國家圖書館，2010 年，《經學輯佚文獻彙編》影印《岱南閣叢書》本），頁 6a-b。

[65] 如《後案・禹貢》「餘波入于流沙」條，王氏云：「《傳》之亂經如此」。

[66] 清・王鳴盛：《尚書後案》，卷 24，頁 517。

[67] 清・王鳴盛：《尚書後案》，卷 27，頁 609。

論見第四章），[68]並云「王肅之學，專與鄭爲難」，[69]但仍於注解中列王肅之說，故盡力蒐求王《注》。第三，馬融雖為鄭玄之師，但鄭玄能通今古文，不墨守家法，故以為馬說不如鄭說宏通，此如杭世駿序《後案》云：「馬融，鄭所師也，馬之言鄭不盡從也。存馬之說，知鄭之不墨守家法也。」雖然如此，馬融畢竟傳《古文尚書》，存漢儒古義，故王氏仍採之。第四，王氏之所以能輯鄭、馬、王《注》，孔《疏》實有存古之功，雖孔《疏》因信孔《傳》為真，故時而從孔《傳》而批評鄭《注》。然孔《疏》對於《尚書》經文以及古注仍有存古之功。要之，《後案》於注解上，雖主鄭《注》，但時有採其他四家說法之現象，並加以疏通證明，知王氏亦同意此四家之說。

又王氏因尊鄭之故，因此所有經文下列古注，皆將鄭《注》居首；而馬融因傳古文，故居次；而王氏以為孔《傳》出於王肅，故王《注》、孔《傳》分居三、四；而孔《疏》則為了疏通孔《傳》，故墊居最後。以下，列舉鄭《注》有關而採馬融《注》、王肅《注》、孔《傳》、孔《疏》意見之情形。

(A) 但陳列注解，未有其他評論

此種方式可視為王氏默認引注之內容。此種情形，綜觀《後案》全書，以孔《傳》最多。焦循對此論云：「王西莊光祿作《後案》，力屏其偽（昇案：指偽孔《傳》），而於馬、鄭、王《注》外，仍列孔《傳》。」[70]知焦氏看出《後案》雖主古文家學，但只要孔《傳》說合理，亦可採用，而非全然捨棄。而引王肅《注》，粗檢亦有三條，為單列注解，而未有其他評論。茲隨舉一、二例：

就孔《傳》而論，如《後案・皋陶謨》「惟幾惟康，其弼直；惟動丕應。徯志以昭受上帝」，王氏只列「傳曰」，云：「念慮幾微，以保其安，其

---

[68] 《後案・洛誥》「在十有二月，惟周公誕保文武受命，惟七年」句，王氏於「又案曰」云：「若偽本孔《傳》，皆出王肅臆造，不足據也。」見《後案》，卷 19，頁 461。

[69] 清・王鳴盛：《尚書後案》，卷 30，頁 674。

[70] 清・焦循：《尚書補疏・敘》，頁 1a，總頁 1。

輔臣必用直人。徯，待也。帝先安所止，動則天下大應之，順命以待帝志。但人應之，又乃明受天之報施。」[71]而並未有其他注解、或是「案曰」等論述。又如《後案．文侯之命》「丕顯文武，克慎明德」王氏只列「傳曰」，云：「大明乎！文王、武王之道，能詳慎顯用有德。」[72]而並未有其他注解、或是「案曰」等論述。

就王肅《注》而論，如《後案．洪範》「水曰潤下」句，只單列「王曰」：「水之性潤萬物而退下」，而並無其他評論。又如《後案．多方》「克閱于乃邑謀介，……有服在大僚」句，引「王曰」云：「其無成，雖五年亦不得反也」，而並無其他評論。按此，皆可視作王氏同意孔《傳》以及王肅《注》之意見。

(B) 陳列注解，並於「案曰」中予以疏通、補充

此類內涵，實同意注解內容，惟進一步徵引其他文獻予以證明、補充。茲就此四家，分別舉例說明。

(1) 就馬融《注》而論，如《後案．呂刑》「其罪惟均，其審克之」，王氏引馬融《注》云：「以此五過出入人罪，與犯法者等。」王氏於「案曰」云：

> 馬云：「出入人罪，與犯法者等」者，唐太宗問劉德威：「比刑網寖密，咎安在？」對曰：「律失入者減三，失出者減五，今坐入者無辜，坐出者有罪，所以吏務深文為自安計。」劉德威唐初人，所引律必是漢以來相傳古律文，故入人罪比罪人減三等，故出人罪比罪人減五等。是雖減而相去不甚遠，幾與犯法者等矣。與馬義合也。[73]

---

[71] 清．王鳴盛：《尚書後案》，卷 2，頁 67。

[72] 清．王鳴盛：《尚書後案》，卷 28，頁 615。

[73] 清．王鳴盛：《尚書後案》，卷 27，頁 601。

唐太宗問劉德威之言，出於《新唐書》卷一百一十九，今王氏取以解馬融《注》。觀其內容，所謂「出罪」是指把有罪判為無罪或重罪判為輕罪，所謂「入罪」指把無罪判為有罪或輕罪判為重罪。法官若過失出入人罪的，減等處罰。唐律失入罪者，各減三等；失出罪者，各減五等。對比馬云：「出入人罪，與犯法者等」，意謂司法官出入人罪而減等者，與犯法者相差不遠，故王氏以為唐律與馬義合；劉德威居唐初，於時唐律猶未備，故王氏以為所引律必是漢以來相傳古律文。此引唐初律例以解釋馬融《注》。

⑵就王肅《注》而論，如《後案．立政》「周公若曰：拜手稽首，告嗣天子王矣。用咸戒于王，……知恤鮮哉！」並引王肅《注》云：「于時周公會群臣，共戒成王，其言曰『拜手稽首』者，是周公贊群臣之辭。『休茲』，此五官美哉。」王氏「案曰」云：

> 王云：「周公會羣臣，共戒成王」，又以「拜手稽首」爲「贊群臣」者，王意以「咸戒于王」即群臣之言。言未終，周公遽承其言而進戒，故言「休茲」云云也。《傳》以「拜手稽首」爲周公自拜自言，非贊羣臣。「咸戒」亦周公言，與王肅異。今翫經文，自「休茲」至下「乂我受民」，雖俱係周公言，而其下總以「予旦受人徽言」，則是周公授意羣臣，倡率同進陳戒。又，若使其言本出羣臣，已受之而轉述于王者，葢一人言之，不如眾人言之為可聽，故為此以求深感動之。王肅說是，《傳》非。（卷24，頁512）

王氏認為「周公若曰：拜手稽首，告嗣天子王矣。用咸戒于王」云云者，當用王肅「于時周公會群臣，共戒成王」之說，意為周公領導群臣，共戒成王，故經文「咸戒于王」者，非單指周公一人，而是周公與群臣。王氏推度經意，認為下經文「予旦受人徽言」句，是總結周公率領群臣一同進戒，非周公一人爾。又認為若只有周公一人言之，不如眾人言更為感動，故以為王肅說是也。並批評孔《傳》以「拜手稽首」、「咸戒于王」皆爲周公自拜自言，非贊群臣之說。按此，王氏實贊成王肅之說，並從推度經文文意角度闡發王肅之意。[74]

⑶就孔《傳》而論，如《後案・多方》「亦惟有夏之民叨懫日欽，劓割夏邑」，王氏引孔《傳》云：「有夏之民，貪叨忿懫而逆命，于是桀日尊敬其能劓割夏邑者，謂殘賊臣。」王氏接於「案曰」云：

> 《傳》以叨懫爲貪叨忿懫者，《說文》卷五下〈食部〉：「饕，貪也。」重文作「叨」。又卷十二上〈至部〉：「𦤶，忿戾也。〈周書〉曰：『有夏氏之民叨𡐓𦤶。』𦤶，讀若摯。」是也。《傳》又云「桀尊敬其劓割夏邑殘賊臣」者，《史記》卷一百二十八〈龜策列傳〉云：「桀有諛臣，名曰趙梁。教爲無道，勸以貪狼。繫湯夏臺，殺關龍逢。」《韓非子》卷十七〈說疑篇〉云：「桀有侯侈，亾國之臣也。」《墨子》卷一〈所染篇〉云：「夏桀染于羊辛、推哆。」《呂氏春秋》卷二〈仲春紀・當染篇〉云：「夏桀染于羊辛、歧踵戎。」高誘《注》云：「羊辛、歧踵戎，桀之邪臣。」又卷十五〈愼大篇〉云：「桀爲無道，暴戾頑貪，天下顫恐而患之。干辛任威，凌轢諸侯，以及兆民。」《漢書》卷二十〈古今人表・序〉云：「桀，龍逢欲與爲善則誅，干莘與爲惡則行，是爲下愚。」師古曰：「干莘，桀之勇人也。」又〈表〉干莘、推侈俱在第八格，此皆所謂殘賊臣。〈立政〉云：「桀惟任暴德」，是也。（卷23，頁504）

王氏此論，先據《說文》以證孔《傳》訓「叨懫」為「貪叨忿懫」之意；其次，孔《傳》云：「桀尊敬其劓割夏邑殘賊臣」，但未指出「殘賊臣」之對象

[74] 案：蔡沈《書集傳・立政》亦云：「言周公帥群臣，進戒於王，贊之曰：『拜手稽首，告嗣天子王矣。』」是用王肅之意。

為何。王氏據〈龜策列傳〉、《韓非子》、《墨子》、《呂氏春秋》、〈古今人表・序〉，指出不同文獻所記載桀所尊敬之「殘賊臣」，而結曰「此皆所謂殘賊臣」，則桀之「殘賊臣」實多。此即王氏於「案曰」中對孔《傳》之說加以補充。

⑷就孔《疏》而論，較上述三者不同之處是孔《疏》為「疏」體，非「傳」、「注」體。孔《疏》之作是為了疏通經文以及孔《傳》，故杭士駿序《後案》云：「《疏》之與《傳》，若禰之繼祖」。因此，《後案》並無單舉孔《疏》為注之情形，乃多與他注並舉，而後於「案曰」中加以述評。如《後案・顧命》「越七日癸酉，伯相命士須材」句，王氏引孔《傳》云：「召公命士致材木，須待以供喪用」，又引孔《疏》云：「……致材木供喪用，謂椁與明器。〈士喪禮〉『將葬，筮宅之後，始作椁及明器。』此既殯卽須材者。天子禮大，須預營之。《禮記》云：『虞人致百祀之木，可為棺椁者斬之。』是與〈士禮〉不同。」對此，王氏於「案曰」云：

> 《疏》又兼言明器者，〈檀弓上篇〉云：「旣殯，旬而布材與明器。」材卽椁材；明器，鬼器，竹木瓦皆有之，以送葬。夏備物不可用，殷則用生人器，周兼之，加偶人也。（卷25，頁534-535）

按此王氏對於經文云「須材」者，乃同意孔《傳》所云「致材木」。但孔《疏》又加以補充，謂「材木」者，為「椁與明器」。王氏贊同孔《疏》對於孔《傳》之補充，又引〈檀弓上篇〉，解釋材卽椁材，明器即鬼器，並稍對此制度解釋歷史演變。

⑵引馬融《注》、王肅《注》、孔《傳》、孔《疏》，並予批評

王氏除了採用馬融、王肅、孔《傳》、孔《疏》，並予以補充說明外，若不贊同此四家之說，亦於「案曰」中予以批評，茲各舉一例。

⑴就馬融《注》而論，如《後案・秦誓》「仡仡勇夫」句，引馬融

《注》云：「訖訖，無所省錄之貌」；次引孔《傳》云：「仡仡，壯勇之夫。雖射御不違，我庶幾不欲用，自悔之至。」王氏於「案曰」云：

> 《傳》以仡仡為壯勇者，《說文》卷八上〈人部〉云：「仡，勇壯也。从人气聲。〈周書〉曰：『仡仡勇夫。』魚訖切。」《說文》引《書》皆孔氏古文，《漢書．李尋傳》云：「秦穆公任仡仡之勇。」與《說文》及《傳》合。宣六年《公羊傳》「祁彌明，力士也。仡然從趙盾而入。」何休《注》云：「仡然，壯勇貌。」馬作「訖訖」，訓為「無所省錄」，非也。（卷29，頁623）

「仡仡」，馬本作「訖訖」，馬融《注》云：「無所省錄之貌」，意為「無所省察之貌。」然王氏據《說文》引《書》、《漢書．李尋傳》皆作「仡仡」，意為「勇壯」；又《公羊傳》「仡然」，何休《注》云：「仡然，壯勇貌。」皆較馬說合理，故王氏不用馬《注》。

⑵就王肅《注》而論，如《後案．洛誥》「乃汝其悉自教工」，引王肅《注》云：「此其盡自教百官，謂正身以先之」；次引孔《傳》：「乃汝新卽政，其當盡自教眾官躬化之」，王氏於「案曰」云：

> 伏生《大傳》：「《書》曰『乃汝其悉自學功。』悉，盡也；學，效也。《傳》曰『當其效功也，于卜洛邑，營成周，改正朔，立宗廟，序祭祀，易犧牲，制禮作樂，一統天下，合和四海而致諸侯，皆莫不依紳端冕以奉祭祀者。其下莫不自悉以奉其上者，莫不自悉以奉其祭祀者，此之謂也。盡其天下諸侯之志，而效天下諸侯之功也。』此經上言記功宗，視功載，且〈康誥〉言「侯、甸、男、采、衛、播民，和見士于周」，則使天下諸侯盡效功，正此時情事。所引《傳》，伏生據未焚書以前傳記，蓋七十子緒言，自為可信，王及《傳》非也。（卷19，頁446）

王肅《注》及孔《傳》所論，意為周公對成王云當自正其身，以教百官。然王氏引伏生《大傳》為說，謂「學」當為「效」，意為「其效功也」。案：「斆工」，內野本作「𢽾工」。[75]《大傳》此論，意為成王命周公使天下諸侯盡效周公之功，即「卜洛邑，營成周……合和四海而致諸侯。」換言之，王肅《注》、孔《傳》與《大傳》所論，說話之對象、情境不同。王氏更認為，《大傳・洛誥》之記載，即〈康誥〉首段之情形。而《大傳》乃伏生據未焚書以前所記，是七十子緒言，當比王肅《注》以及孔《傳》可信，故云「王及《傳》非也」。

⑶就孔《傳》而論，如《後案・梓材》「王啟監，厥亂為民」，王氏引孔《傳》云：「言王者開置監官，其治為民，不可不勉」，王氏繼於「案曰」云：

> 《傳》以監爲監官。考《周官・太宰》：「乃施典于邦國，而建其牧，立其監。」鄭《注》曰：「監謂、公、矦、伯、子、男各監一國。《書》曰：『王啟監，厥亂爲民』。」然則監指諸矦而言。啟監，猶立其監也。《傳》云監官，非是。（卷17，頁420）

此條王氏不從孔《傳》訓監爲監官，乃另據《周官・太宰》之鄭《注》，認為「監」指諸侯而言。啟監，意即立其諸侯。據此，王氏雖於注解中引孔《傳》，但於「案曰」對孔《傳》有所批評，不從孔說。

⑷就孔《疏》而論，如《後案・堯典》「帝曰我其試哉」，王氏引鄭《注》云：「試以爲臣之事」，次引王肅《注》云：「試之以官」，次引孔《傳》云：「言欲試舜，觀其行迹」，次引孔《疏》云：「妻以女，觀其治家。是試舜，觀其行迹也。」王氏於「案曰」云：

[75] 見顧頡剛、顧廷龍編：《尚書文字合編》，冊3，頁2033。

> 鄭云：「試以爲臣之事」者，指下「慎徽」等。王與鄭合，《傳》、《疏》非也。（卷1，頁20）

從王氏所引，知鄭《注》、王肅《注》所論相同；而孔《疏》則是申論孔《傳》之論，將堯以女妻舜，觀其治家，作為「試舜，觀其行迹」之內涵。案：「試以爲臣」、「試之以官」為鄭、王之詮釋，《傳》、《疏》亦有其詮釋。王氏今以《傳》、《疏》為非，理由只是其詮釋與鄭不同，實為偏見。但是，王氏確實於「案曰」中批評《傳》、《疏》，並提出自己之意見。

3. 列各家之說，條析其非，折中於鄭《注》

王氏《後案》注解原則最要者，其實為發揮鄭氏一家之學。若於經文下列舉諸說（鄭、馬、王、《傳》、《疏》），即於「案曰」中予以疏通，而必折中於鄭氏，此即〈自序〉云「作案以釋鄭義。馬、王、《傳》、《疏》與鄭異者，條析其非，折中于鄭氏。」此云「折中」者，即本書第三章論王氏治經「實以鄭《注》作為經義最終之標準」。此舉在詮釋上之勝處為分析諸說，使讀者了解諸說於詮釋上之異同；然其蔽則過於崇奉鄭說，不免佞鄭之嫌，此點於第三章已論及。本小節所論，乃欲從實例中，見王氏疏通眾注、折中鄭氏之原則。

如《後案．堯典》「五流有宅，五宅三居」，王氏先引「鄭曰」：「宅，讀曰咤，懲艾之器。謂五刑之流，皆有器懲艾。五咤者，是五種之器，謂拴一、梏二、拲三。三處者，自九州之外，至于四海，三分其地，遠近若周之夷服、鎮服、蕃服也。」次引「馬曰」：「謂在八議，君不忍刑，宥之以遠。五等之差亦有三等之居：大罪投四裔，次九州之外，次中國之外。」次引「王曰」：「八議之辟，不忍殺，宥之以遠。」次引「傳曰」：「謂不忍刑，則流放之，若四凶者。五刑之流，各有　所居。五居之差，有三等之居，大罪四裔，次九州之外，次千里之外。」王氏於「案曰」云：

> 鄭以宅爲「懲艾之器」者；孔以宅卽居，文義複疊。《史記》作度，亦似紆回，故鄭破讀也。鄭又云「三處者，自九州之外」云云者，以夷、鎮、蕃于九服爲遠，故分爲三居也。《傳》則以爲：一、四裔，二、九州之外，三、千里之外。《疏》云：「四裔最遠。〈調人職〉云『父之讎，辟諸海外。』卽與四裔為一也。次九州之外，卽〈王制〉云『入學不率教者，屏之遠方，西方曰僰，東方曰寄。』《注》云：『僰寄于邊遠』，與此『九州之外』同也。次千里之外，卽〈調人職〉云『兄弟之讎，辟諸千里之外』也。〈立政〉云『中國之外』，不同者，言中國，據罪人所居之國定千里。據其遠近，其實一也。」愚謂《傳》、《疏》非也。〈調人〉云云，乃謂殺人之賊，王法所當討，卽合殺之。但未殺之間，雖已會赦，猶當使離鄉辟讎耳。此乃赦後之事，非刑法之正，何容牽合以爲三居之制。其上文言過而殺傷人，此爲赦令所及，則亦過而殺傷人者耳。若非過殺，赦尚不及，安得有辟讎之事。三居者，乃是平日執法定罪，因其于八議猶有可援，故入之五流，與〈調人〉赦後事迥別。且其中竝無九州之外一條，則不可執以附會孔《傳》明矣！況「入學不率教」猶且屏之九州之外，此犯五刑者，皆罪惡重大，本當斷肢體、刻肌膚，今乃但徙之千里之外，何足蔽厥辜耶。當從鄭居之夷、鎮、蕃爲確，馬、王卽《傳》所本，皆非也。(卷1，頁47-48)

王氏此論，可簡單歸納幾點：一、王氏認為孔《傳》以宅卽居，文義複疊，而《史記》作度，亦似紆回，故鄭氏讀宅為咤，意為「懲艾之器」；且鄭氏將「三居」解為三處，意為自九州之外，至于四海，三分其地，依遠近若周之夷服、鎮服、蕃服。二、孔《傳》將「三居」釋作「大罪四裔，次九州之外，次千里之外。」三、注中雖未列孔《疏》，但王氏於「案曰」中引《疏》語，謂孔《疏》引〈調人職〉疏通孔《傳》之「三居」為非，認為

〈調人職〉所論與〈堯典〉此處情形不同，故「不可執以附會孔《傳》」。四、孔《疏》引〈王制〉「入學不率教」者為說，謂犯此罪者猶流放至遠方，何況犯五刑者，皆罪惡重大，縱使徙之千里之外，何能隱蔽其罪？故以為當從鄭居於夷、鎮、蕃較為正確。五、王氏認為孔《傳》所云，即本諸馬、王之說。既然孔《傳》所論為非，故馬、王之論亦為非。總結上述所論，知只要說法與鄭《注》不同者，王氏皆「條析其非」。雖然王氏並未說明為何鄭玄之說如何優於其他三者，但卻同意鄭氏之說為是，此即「折中於鄭氏」。由此可看出王氏對於鄭玄之說，實完全同意。

又如《後案．皋陶謨》「暨稷播，奏庶艱食鮮食」，王氏先引「鄭曰」：「禹復與稷教民種澤物菜蔬難厄之食。授以水之眾鱻食，謂魚鼈。」次引「馬曰」:「根食，根生之食，謂百穀。」次引「傳曰」:「艱，難也。眾難得食處，則與稷教民播種之。決川有魚鼈，使民鮮食之。」王氏於「案曰」云：

> 鄭以艱食爲「菜蔬難厄之食」者，古以菜食爲艱食，《白虎通》引伏生《大傳》云:「神農種䅆疏」，䅆卽穀字。疏，古蔬字。穀、蔬上古已兼種，鄭以此艱食獨爲蔬者，是時水患未平，故先食鳥獸、菜蔬、魚鼈，至播種百穀，意則于下「烝民乃粒」句見之。鄭《注》是也。馬作根，以艱爲根，見劉熙《釋名》卷四〈釋言語篇〉，亦見〈唐扶頌〉，是古有此訓，其義不如鄭密也。(卷2，頁66)

王氏謂鄭玄解釋「艱食」為「菜蔬難厄之食」，也就是蔬菜。王氏根據伏生《大傳》:「神農種䅆疏」，以為上古穀類與蔬菜同種植，故鄭氏所說有據。而馬融則訓「艱食」為「根食」,「艱」、「根」音近可通，故劉熙《釋名》云:「艱，根也。」又見〈唐扶頌〉，是古有此訓。又《釋文》引馬《注》

云：「根生之食，謂百穀。」[76]王氏對此認為「其義不如鄭密」，故不用。是知於一句經文下之眾說，只要與鄭《注》不同，王氏必「折中於鄭氏」，即取正於鄭說也。

又如《後案・堯典》「曰若稽古」句，王氏先引「鄭曰」：「稽，同；古，天也。言堯能順天而行之，與之同功。」次引「馬曰」：「堯順考古道。」次引「傳曰」：「若，順；稽，考也。能順考古道而行之者帝堯。」王氏於「案曰」云：

> 鄭以稽爲同者，《說文》卷六下云：「稽从禾。」「禾，木曲頭，止不能上也。」極于上而止，是上同之意也。〈儒行〉：「古人與稽。」《注》：「稽猶合也。」合亦同也。古爲天者，《逸周書・周祝解》云：「天爲古。」《毛詩・商頌・玄鳥》云：「古帝命武湯。」《箋》云：「古帝，天也。」虞翻述八卦逸象，亦云：「天爲古」，是也。若爲順者，〈釋言〉文。據《論語・泰伯篇》云：「唯天爲大，唯堯則之，巍巍成功。」故鄭云：「順天而行，與之同功。」馬、孔非也。（卷1，頁1）

此句鄭與馬、孔《傳》解釋不同。馬、孔《傳》皆訓「曰若稽古」為「順考古道」，而鄭訓為「順天而行之，與之同功」。對此，王氏遍考經籍為鄭說找證據，引〈儒行〉證明「稽」可訓「同」。引《逸周書・周祝解》、《毛詩・商頌・玄鳥》、虞翻之說證明「古」可訓「天」。最末引《論語・泰伯篇》云堯之法天，猶如此句云「順天而行，與之同功。」然後謂馬、孔非也。王氏並未指出馬、孔之非為何，但以為此條顯然鄭說於經典有據，符合王氏重視「古義」之特徵。然重要的是，眾說與鄭《注》不同，王氏一概取正於鄭說，即「折中於鄭氏」也。

---

[76] 唐・陸德明撰，黃焯彙校：《經典釋文彙校》（北京：中華書局，2006年），卷3，頁87。

三、江、王《尚書》研究之訓解成就及其商榷

清代諸儒對經典所作的考證工作，無論辨偽、輯佚、校勘等等，目的皆力求恢復經典原貌，即所謂「回歸原典」。然而在詮釋經典上，部份清儒實著眼於蒐集一代經說，並加以發揮，梁啟超對此稱之為「新疏」，云：

> 清學自當以經學為中堅，其最有功於經學者，則諸經殆皆有新疏也。……其在《書》，則有江聲之《尚書集注音疏》，孫星衍之《尚書今古文注疏》，段玉裁之《古文尚書撰異》，王鳴盛之《尚書後案》。……此諸新疏者，類皆擷取一代經說之菁華，加以別擇結撰，殆可謂集大成。[77]

任公此論揭示出江、孫、段、王《尚書》「新疏」著作之特徵，皆為「擷取一代經說之菁華，加以別擇結撰」；換言之，此四家皆於「一代經說」有所別擇，進而結撰成書。對此，張素卿先生即謂清儒治經，往往另據漢儒之舊注古訓加以申說辨證，所以別稱為「新疏」。[78]是張氏認為清人所擷取的「一代經說」為「漢儒之舊注古訓」。

今從第三章所論可知江、王皆以「古義」治《尚書》，故並采跨文本方式詮釋《尚書》；且就上兩節所論，更知江、王於「一代經說」之擷取上，確實著重於兩漢經師之說，尤其是馬、鄭《注》。若再細論，江氏對《尚書》經義的詮釋上，絕大多數是採馬、鄭《注》，其次才是先秦以及其他漢人、王肅及孔《傳》之說，再其次才是清代時人之說，唐以後說則幾乎未

---

[77] 梁啟超：《清代學術概論》（臺北：里仁書局，2005 年），頁 44。

[78] 張素卿：《清代漢學與左傳學——從「古義」到「新疏」的脈絡》，頁 2。

見；而王氏於注解上，徒列馬、鄭、王《注》，以及孔《傳》、孔《疏》，而於「案曰」中博引諸籍疏通注解。要之，王氏於「案曰」中所引諸籍，雖是為了證明、疏通、批評古注，但亦是為了詮釋、疏通注解而引。若他注與鄭《注》不同，王氏絕對以鄭《注》為是，而力辨他說之非；若他說與鄭《注》相同，王氏則多引文獻疏通證明。

既然馬、鄭，乃至於王肅之說為江、王詮釋《尚書》之基石，然此三家之說早佚，故江、王首要之務便是蒐集此三家遺說。換言之，雖然江、王於詮釋《尚書》多有旁采其他古訓，但馬、鄭乃至於王肅說無疑為最重要者。因此本節所要討論者：其一，為綜合江、王《尚書》研究，指出二家輯《尚書》馬、鄭、王《注》之成就，觀其如何能成為乾嘉時期《古文尚書》學之代表；其二，二家皆據古義治《尚書》，因此「古訓」之蒐集、考證甚為重要。若「古訓」之內容有誤，或引「古訓」有意刪減，則彼等據之而作之詮釋亦可待商榷。因此，本節欲對二家輯古訓之內容進一步檢討；其三，江、王《尚書》研究中所引之訓解，不惟馬、鄭、王《注》而已。然對二家所引用之文獻，後人或有批評。對這些批評，實透顯出對江、王二家《尚書》研究之特色。對此，本文一併檢討。

(一) 江、王輯《尚書》馬、鄭、王《注》之成就

江、王既以古訓為「新疏」之基礎，故「輯佚」實成為二家《尚書》研究所需之前提。皮錫瑞《經學歷史》稱清朝經師有功於後學者有三事，首稱「輯佚書」。[79]特別在乾嘉時期，漢學復興的學風下，「輯佚」成了經師治經的基礎工作，無論在內容或方法上，都漸趨豐富完備。李源澄云：「古文之學，馬、鄭、王之書，清儒王鳴盛、江艮庭、孫星衍、段玉裁並有采輯，亦所謂存十一于千百耳。然今日不治《尚書》則已，若治《尚書》，則此數家

[79] 清．皮錫瑞著，周予同注釋：《經學歷史》（臺北：藝文印書館，2004 年），頁 363。

之書，為不可廢也。」[80]知此數家治《尚書》以採輯馬、鄭、王等古注為要。

輯佚在清代作為專門之學，實與「漢學」之興有很大關係，尤以惠棟為首之「吳派」，更將輯佚之學落實於注經上。梁啟超云：

> 輯佚之舉，本起於漢學家之治經。惠定宇不喜王、韓《易》注而從事漢《易》，於是有《易漢學》八卷之作。從唐李鼎祚《周易集解》中剌取孟、京、干、鄭、荀、虞諸家舊注分家疏解，後又擴充為《九經古義》十六卷，將諸經漢人佚注益加網羅。惠氏弟子余仲林（蕭客）用其師法，輯《古經解鈎沈》三十卷，所收益富。此實輯佚之嚆矢，然未嘗別標所輯原書名，體例仍近自著。[81]

任公謂清代輯佚之學，肇端於惠棟蒐羅漢《易》，並因之衍為《易漢學》、《九經古義》之作；而其弟子余蕭客亦輯諸經漢注，成《古經解鈎沈》。可見吳派之輯佚活動，為清代輯佚學之先聲。以「吳派」鼻祖惠棟論之，其解經實建立於「經之義存乎訓」的觀念上。以《九經古義》而論，惠棟引用的解經材料，多是先秦、兩漢之書，占全書三分之二以上，魏晉以後至清則較少；[82]《周易述》亦同。此因惠棟以為「漢猶近古，去聖未遠故也。」[83]其輯古訓，乃欲依準古訓以通經，希望能據古義而得經書之義。

由於惠棟以輯佚古訓治經，其弟子、友人莫不受其影響。今人朱淵清即言「清代輯佚學之盛，與吳派考據學密切相關」，並稱惠棟、余蕭客等為

---

[80] 李源澄：《經學通論・論讀尚書》，收入《李源澄著作集》（臺北：中央研究院中國文哲研究所，2008 年），冊 1，頁 56。

[81] 梁啟超：《中國近三百年學術史》，頁 366。

[82] 參劉文清：〈從惠棟《九經古義》論其「經之義存乎訓」的解經觀念〉，《臺日學者論經典詮釋中的語文分析》，頁 279-300。

[83] 清・惠棟：《松崖文鈔・上制軍尹元長先生書》，收入漆永祥點校《東吳三惠詩文集》，頁 315。

「輯佚學派」。[84]而在《尚書》的董理上，世傳古文本及孔《傳》被判定為偽作後，當務之急便是成一部可信之注疏。治經以「漢學」為準的惠棟一派，自然以漢代學說為蒐羅對象。事實上，鄭玄在經學史上的貢獻，當時學者莫不尊之，且歐陽、夏侯之學早經永嘉之亂而並亡，少有遺說，故注解實以馬、鄭為主。張舜徽即云：「乾、嘉中，學者盛張許、鄭之幟，治經之士尤佞鄭氏，故輯鄭氏遺書者風起雲湧。」[85]而此一風尚，實與「吳派」有緊密關聯，故江、王輯古訓首著眼於馬、鄭《注》，尤特重鄭《注》，並以此為新疏之基石，故如何秋濤云：「乾隆以來，王西莊氏、江艮庭氏、孫淵如氏為《尚書》今古文之學，咸以鄭《注》為主。」[86]換言之，相較於其他注解，鄭《注》同為二家所重視，這也是二家在輯古訓上最重要之貢獻。以下先論二家對於輯鄭《注》之成就，次論對輯馬、王《注》之成就。

1. 江、王輯《尚書》鄭《注》之成就

鄭玄《尚書注》之輯佚，或謂宋代王應麟為最先，如盧文弨（1717－1796）云：

> 宋厚齋王氏辛勤掇拾於墜失之餘，於《易》輯為三卷，於《論語》輯為二卷，於《尚書》更輯成十一卷，尤斑斑可考。[87]

李調元（1734－1803）亦云：

> 宋浚儀王應麟裒集群籍，為鄭氏《易》一卷，《古文尚書》十一卷，以補其缺，庶二經之亡，得王氏而復還舊觀，不但為鄭幸已

[84] 朱淵清：《書寫歷史》（上海：上海古籍出版社，2009 年），頁 230。

[85] 張舜徽：《廣校讎略》（武漢：華中師範大學出版社，2004 年），卷 4，頁 87。

[86] 清．何秋濤：《禹貢鄭氏略例》（上海：上海古籍出版社，2002 年，《續修四庫全書》冊 55，影印清光緒十四年南菁書院刻《皇清經解續編》本），卷 1a，總頁 431。

[87] 清．盧文弨：《抱集經堂文．王厚齋輯鄭氏注尚書序》（北京：中華書局，2006 年），卷 2，頁 12。

> 也。故《周易》□（闕）書，前明胡震亨[88]曾刊，附資州李氏傳後，近惠定宇以所集尚有遺漏，重採諸說，增為三卷，……而所集《古文尚書》則祇有寫本，訛誤頗多。不為之校而行之，則五經鄭義終缺而不全，而亦恐訛以傳訛，勢必至魯豕亥魚，不可卒讀，遺誤後學匪淺也。[89]

盧文弨〈鄭氏注論語序〉云：「金陵嚴侍讀用誨自秦中歸，從三原王端毅後人處，鈔得王深寧所輯《古文尚書鄭氏注》、《古文左傳》賈、服各家義，而此書亦其所編綴者也。」[90]盧氏據嚴用誨、王端毅所見《古文尚書鄭氏注》，皆謂王應麟所輯，學者所傳如此，故盧氏亦信此書為應麟所輯，爾後李調元亦沿前人之說。由李氏之〈序〉，可知惠棟之輯鄭氏《易》，乃因王氏所輯「尚有遺漏」；王氏於《易》已輯為三卷，李氏云惠棟「增為三卷」者，乃就舊輯三卷而予增補。至惠氏所集鄭氏《古文尚書》，據盧、李二說，王氏已輯有十一卷，惠棟亦據舊輯而增補。因「祇有寫本」，又多訛誤，故李氏纔加以校定，並予梓行。

然其後王鳴盛則直云鄭玄《古文尚書》實乃惠棟所輯，而託名於王應麟耳。其云：

> 古學已亡，後人從羣書中所引，采集成編，此法始于宋王應麟《周易》鄭康成《注》及《詩考》。昔吾友惠徵士棟仿而行之，采鄭氏《尚書注》，嫁名于王以為重。[91]

王鳴盛乃惠棟之友，其說當非無據；且時人亦有謂應麟是書為惠棟所作，如

---

[88] 案：原文作「享」，應為「亨」，今訂正。

[89] 清・李調元：《童山文集・鄭氏古文尚書序》（上海：上海古籍出版社，2002 年，《續修四庫全書》影印上海辭書出版社圖書館藏清乾隆刻《函海》道光五年增修本），卷 3，頁 7b-8a。

[90] 清・盧文弨：《抱經堂文集・鄭氏注論語序》，卷 2，頁 22。

[91] 清・王鳴盛：《蛾術編・采集羣書引用古學》，《嘉定王鳴盛全集》，冊 7，卷 2，頁 58。

盧文弨〈鄭氏注論語序〉文末孫詒穀（志祖）附語：「此三書（案：指王應麟《古文尚書鄭氏注》、《論語鄭注》、《古文左傳》）非深寧所輯，疑惠定宇託名也」，[92]又北京國家圖書館藏《古文論語注》丁杰手跋，亦言應麟輯鄭氏《尚書注》中之「應麟案」者，乃出惠氏《尚書古義》中；[93]且應麟是書並未收於《玉海》中，疑非應麟所輯也。[94]爾後，李調元《古文尚書證訛》（以下簡稱《證訛》）為之校訂，雖為清代校訂《尚書》鄭《注》之嚆矢，[95]然仍粗略，如孫星衍即云：「今所傳宋王應麟撰集《古文尚書》鄭氏《注》本，李君調元曾刊于蜀中，……誤以盤庚『優賢揚歷』為〈大誓〉之文；以〈粊誓〉次〈文侯之命〉」，[96]又其所輯之鄭《注》，就各方面而論，亦遜於江、王，足見考訂之疏。

---

[92] 清．盧文弨：《抱經堂文集．鄭氏注論語序》，卷 2，頁 23。

[93] 轉引自陳鴻森：〈余蕭客編年事輯〉，《中國經學》第十輯（桂林：廣西師範大學出版社，2012 年），頁 76。

[94] 《續修四庫全書總目．通德遺書所見錄提要》云：「浚儀王應麟伯厚，留意古學，不拘於時，輯鄭君《周易注》，刻于《玉海》中。惟又見所輯《尚書注》、《駁異義》、《鍼膏肓》、《發墨守》、《釋廢疾》、《鄭志》六種，不列於《玉海》中，或云為惠氏所輯，因與惠氏《九經古義》參證，輯中案語多與相同，知非王氏手輯矣。」見中國科學院圖書館整理：《續修四庫全書總目提要》，冊 30，頁 479。謹案：然須思考幾點：1、惠棟為何要托名？托名即是偽書。以惠棟為一時學術領袖，何須「嫁名于王以為重」？2、惠棟（1697-1758）比李調元（1734-1803）時代早，殆李氏見及惠棟「寫本」中有「應麟案」，因誤以為應麟著而惠棟增補？

[95] 《續修四庫全書總目．鄭氏古文尚書十一卷提要》倫明云：「調元以前，未見其他傳本，王鳴盛、孫星衍皆依據是本。」

[96] 清．孫星衍：《古文尚書馬鄭注．序》（北京：國家圖書館，2010 年《經學輯佚文獻彙編》影印《岱南閣叢書》本），頁 4。然而倫明《續修四庫全書總目．鄭氏古文尚書十一卷提要》云：「孫星衍《古文尚書馬鄭注．序》稱王應麟撰集《古文尚書》鄭氏《注》本，李君調元曾刊于蜀中，誤以盤庚『優賢揚歷』為〈大誓〉之文；以〈粊誓〉次〈文侯之命〉。按今本並不如此，不知何所見而妄說也。」見《續修四庫全書總目提要．經部》（北京：中華書局，1993 年），頁 207。而今人古國順對此則云：「（孫星衍）所言與今宏業書局景印《函海》本正同，而《續修四庫提要》云：『按今本並不如此，不知何所見而妄說也。』豈江氏（案：應是倫明，古氏誤以為江瀚）所見本有異耶！」見氏著《清代尚書學》（臺北：文史哲出版社，2010 年），頁 137。案：今檢清乾隆李調元寫刻本《函海》收十卷本《古文尚書證訛》，確如倫明所言；而宏業書局景印《函海》本，則是十一卷清光緒刊本，即同於孫星衍所見本，是知不同版本內容亦有所異。有關《函海》的版本，鄧長風有詳考，見〈《函海》叢書的版本及其編者李調元〉，《國立中央圖書館館刊》新 27 卷第 1 期（1993 年 6 月），頁 163-180。

除了李調元，惠棟弟子余蕭客作《古經解鉤沈》（以下簡稱《鉤沈》），其卷三至卷五輯《尚書》古訓，亦對馬、鄭《注》多有所輯。據陳鴻森先生所考，余氏於乾隆二十四年己卯（1759）輯《易》、《尚書》古注略徧，[97]但內容實多遺漏、錯誤，如戴震即言余氏是書「有鉤而未沈者，有沈而未鉤者」，[98]可見一斑。然而余氏此書有創始之功，開清人輯古訓之先，陳鴻森先生即謂江氏輯《尚書》佚注之成，乃見《鉤沈》遺漏之故。[99]以下，即以李調元、余蕭客之作與江、王所輯略作比較，以見江、王在輯佚鄭《注》上的貢獻。

⑴輯佚內容更完整

李調元、余蕭客雖為鄭《注》之輯佚做出校訂等貢獻，但所輯內容實為不足。如〈堯典〉「帝曰吁咈哉方命圮族」，李氏《證訛》、余氏《鉤沈》無鄭《注》，而江、王同引鄭《注》：「方讀爲放，謂放棄教命」。[100]又如〈禹貢〉「沱潛既道」，《證訛》本錄鄭《注》：「二水亦謂自江漢出者，〈地理志〉在今蜀郡郫縣江沱及漢中安陽皆有沱水、潛水，其尾入江漢耳，首不於此出，江原有𨛬江，首出江，南至犍爲武陽又入江，豈沱之類與？潛蓋漢西，出嶓冢，東南至巴郡江州入江，行二千七百六十里。」[101]李氏採自《尚書正義》；然江、王本此段下，更多了「漢別爲潛，其穴本小，水積成澤，流與漢合。大禹自廣漢疏通，卽爲西漢水也，故曰『沱潛既道』」。而《鉤沈》注此，但云「潛水，禹疏通為西漢水」，[102]對沱水等《注》一字未輯，更陋於

97 陳鴻森：〈余蕭客編年事輯〉，《中國經學》第十輯，頁 75。

98 清・江藩著、漆永祥箋釋：《漢學師承記箋釋》，卷 2，頁 231。

99 陳鴻森〈余蕭客編年事輯〉：「江聲采輯《尚書》佚注，〈般庚〉以下中輟者，蓋是年（1762）古農《鉤沈》刊布，江氏見古農所輯不無遺漏，仍復續輯成之。」見《中國經學》第十輯，頁 79。

100 清・江聲：《尚書集注音疏》，《清經解》本，卷 1，頁 4b，總頁 2983；清・王鳴盛：《尚書後案》，卷 1，頁 19。

101 清・李調元：《古文尚書證訛》（北京：國家圖書館出版社，2010 年《經學輯佚文獻彙編》影印清乾隆李調元寫刻本《函海》），卷 3，頁 360。本文所引《古文尚書證訛》皆據此本。

102 清・余蕭客：《古經解鉤沈》（北京：國家圖書館出版社，2010 年《經學輯佚文獻彙編》影印《四庫全書》本），卷 4，頁 8b，總頁 390。本文所引《古經解鉤沈》皆據此本。

《證訛》，[103]可見江、王擴大了鄭《注》佚文的蒐集範圍。

今進一步以乾隆朝李調元寫刻本《函海》中之《古文尚書證訛》與江、王二著比較，江、王同有鄭《注》而《證訛》本無者，計〈堯典〉五處，〈禹貢〉八處，〈盤庚上〉一處，〈盤庚中〉一處，〈微子〉五處，〈牧誓〉二處，〈洪範〉二處，〈金縢〉一處，〈酒誥〉一處，〈洛誥〉一處，〈無逸〉一處，〈君奭〉一處，〈多方〉一處，〈文侯之命〉一處，共計三十一處。

再取《四庫全書》本《古經解鉤沈》與江、王二著比較，江、王同有鄭《注》而《鉤沈》本無者，計〈堯典〉三十四處，〈皋陶謨〉二十七處，〈禹貢〉二十一處，〈甘誓〉一處，〈湯誓〉二處，〈盤庚上〉七處，〈盤庚中〉三處，〈盤庚下〉三處，〈高宗肜日〉二處，〈微子〉二處，〈牧誓〉三處，〈洪範〉十處，〈金縢〉八處，〈大誥〉三處，〈康誥〉八處，〈酒誥〉四處，〈梓材〉兩處，〈召誥〉七處，〈洛誥〉六處，〈多士〉三處，〈無逸〉八處，〈君奭〉五處，〈多方〉三處，〈顧命〉二十處，〈康王之誥〉一處，〈費誓〉六處，〈呂刑〉八處，〈文侯之命〉二處，〈秦誓〉二處，共計二百一十一處，可見江、王在鄭《注》輯佚的完整度上，已大幅超越《證訛》及《鉤沈》。

(2) 佚文考證更精確

輯佚工作最重要的莫過於考證佚文，以達精確無誤。曹書杰謂考究佚文的原則，要「求真、求實、求博、求當、求法、求簡」，[104]其中「求真」居首，自然是首應恪守的原則。也因此，輯佚與考據緊密連結，故汪啟明認為輯佚的過程也就是考據的過程，有翔實的考據才會有確實的輯佚結果。[105]前引李調元謂惠棟所集鄭注《古文尚書》寫本訛誤頗多，故取而校之。但李氏

[103] 余蕭客《鉤沈》對舊注或有失收，文字間有誤漏情況，據許慈珍研究，論云：「余蕭客晚年病逝前，曾對弟子江藩談到自己病重而急欲成書，以致《鉤沈》未能盡善，可惜他『精力衰矣』，無力為之，『至今歉然』。可見余氏自身非常清楚《鉤沈》還有許多尚待增補刊正的地方。」見許慈珍：《余蕭客及其《古經解鉤沈》研究》（高雄：高雄師範大學經學研究所碩士論文，陳鴻森教授指導，2011 年），頁 191。

[104] 曹書杰：《中國古籍輯佚學論稿》（長春：東北師範大學出版社，1988 年），頁 344。

[105] 汪啟明：《考據學論稿》（成都：巴蜀書社，2010 年），頁 312。

所校，亦未善，余氏《鉤沈》亦同。如〈堯典〉「鳥獸毛毨」，《證訛》、《鉤沈》引鄭《注》作「毨，理也。毛更生整理」，[106]而江、王無此《注》，《證訛》、《鉤沈》蓋誤解《周禮・天官・司裘》之《疏》。案〈司裘〉云：「中秋獻良裘」，鄭《注》云：「良，善也。中秋鳥獸毴毨，因其良時而用之。」賈《疏》，云：

> 云「中秋鳥獸毴毨」者，此是《尚書・堯典》文。案彼《注》：「毨，理也。毛更生整理。」引之者，證仲秋有良裘意，故鄭云「因其良時而用之」也。[107]

〈司裘〉鄭《注》引〈堯典〉「中秋鳥獸毴（謹案：今本作『毛』）毨」，意謂於此時可取鳥獸之毛而為裘，故繼曰「因其良時而用之」，以釋〈司裘〉「中秋獻良裘」之意；賈《疏》謂「引之者，證仲秋有良裘意」，謂鄭引〈堯典〉文以釋〈司裘〉。至賈《疏》：「彼《注》『毨，理也。毛更生整理』」，所謂「彼《注》」者，指〈堯典〉偽孔《傳》（「毨，理也，毛更生整理」，孔《疏》云：「毛羽美悅之狀」）；賈引「彼《注》」者，乃為說明〈堯典〉「鳥獸毴毨」文。其繼云「引之者」，是釋鄭引〈堯典〉之意，而非鄭引「彼《注》」之意。《證訛》、《鉤沈》殆誤讀「引之者」，以為指鄭〈堯典〉「彼《注》」而言，故輯為「鄭《注》」，孫星衍、袁鈞、黃奭亦同，並非。江、王不以此為「鄭《注》」，見其不誤讀賈《疏》，去取至為精審。前賢有謂孫星衍《尚書今古文注疏》所輯古訓最佳，分析亦明；[108]然若以此例而言，知未必也。

又如〈禹貢〉「厥田惟中中」，《證訛》引鄭《注》云：

---

[106] 清・李調元：《古文尚書證訛》，卷 1，頁 342。

[107] 唐・賈公彥等：《周禮注疏》（臺北：藝文印書館，2001 年），卷 7，頁 6a。

[108] 案：如皮錫瑞云：「孫星衍《尚書今古文注疏》，於今古說搜羅略備，分析亦明，但誤執《史記》皆古文，……亦有未盡善者，然大致完善，優於江、王。」見氏著：《經學通論・書經》，頁 103。

> 地當陰陽之中。能吐生萬物者，曰土；據人功作力競得而田之，則謂之田。田著高下之等者，當爲水害備也。餘州先田後賦，此州先賦後田，亦如境界，殊於餘州也。[109]

然江、王本則無「餘州先田後賦」以下諸句。《證訛》、江、王本所據皆為《尚書正義》，今檢原書，知「餘州先田後賦……」云云乃孔《疏》語，[110]非鄭《注》原文，知《證訛》非是。

⑶ 經注位置之復元更貼切

輯佚工作者於蒐羅佚文後，繼之即在妥善安排佚文。劉咸炘論輯書之弊，其一即臆定次序，[111]可見復元佚文所屬位置對佚書整理之重要。而鄭杰文進一步提出，佚文的編排次序，「應依照佚書篇名所能推測的文理思路，依據主據本的文序去編排」。[112]即在佚文的綴合上，當注意文章文理脈絡的合理安排次序，否則易造成文理不通之情況。今觀《證訛》在經文次序上，或有次序錯亂之情形，如〈堯典〉原文應作：

> 帝曰：「疇咨若時登庸？」放齊曰：「胤子朱啟明。」……帝曰：「疇咨若予采？」驩兜曰：「都！共工方鳩僝功。」……帝曰：「咨！四岳。……」

然而《證訛》本在經文的順序上卻是「帝曰疇咨若時登庸」→「胤子朱」→「帝曰咨四岳」→「共工方鳩僝功」，可見其經文安排上的錯亂。

---

[109] 清・李調元：《古文尚書證訛》，卷 3，頁 356。

[110] 唐・孔穎達等：《尚書注疏》（臺北：藝文印書館，2001 年），卷 6，頁 6b。

[111] 劉咸炘：〈輯佚書糾謬〉，收入黃曙輝編校：《劉咸炘學術論集・校讎編》（桂林：廣西師範大學出版社，2010 年），頁 184。

[112] 鄭杰文：〈談前輯古佚書的匯集整理與古佚書新輯新考〉，《中國典籍與文化》2008 年（總第 67 期），頁 100。

除了經文次序錯亂外，《證訛》、《鉤沈》對鄭《注》佚文與經文對應的復元上，尤多待商榷。如〈堯典〉「疇咨若時登庸」下，《證訛》引鄭《注》「堯之末年，羲、和之子皆死，庶績多闕而官廢。當此之時，驩兜、共工更相薦舉。」[113]然而就本句而論，並未提及驩兜及共工；反觀江、王本，將此鄭《注》繫於「驩兜曰：都！共工方鳩僝功」下，並與「共工」之鄭《注》合併。江氏《集注音疏》引作：

> 共工，水官名。其人名氏未聞，先祖尻此官，故以官氏。堯末，時羲、咊之子皆死，庶績多闕而官廢。當此之時，讙吺、共工更相薦舉。（卷1，頁4a，總頁2982）

而王氏《後案》引作：

> 共工，水官也。其人名氏未聞，先祖居此官，故以官氏也。堯末，時羲、和之子皆死，庶績多闕而官廢。當此之時，驩兜、共工更相薦舉。（卷1，頁16-17）

江、王文字幾同，兩者皆著眼於經注之對應，而將兩處之鄭《注》併繫於「驩兜曰：都！共工方鳩僝功」之下，使讀者既能了解共工之職名由來，又能了解驩兜、共工薦舉之背景，使經文與《注》文之關係緊密相連，實較《證訛》之安排來的適當。

又如〈堯典〉「金作贖刑」下，《鉤沈》鄭《注》作「正刑五，加之流宥、鞭、扑、贖刑，此之謂九刑。」[114]然觀此《注》，與經文「金作贖刑」關係實不緊密。而江氏《集注音疏》將之繫於「流宥五刑」條，乃因鄭《注》「正刑五」云云，是著眼於「五刑」之上；王氏《後案》則繫於「象

---

[113] 清・李調元：《古文尚書證訛》，卷 1，頁 343。

[114] 清・余蕭客：《古經解鉤沈》，卷 3，頁 378。

以典刑」，著眼於「典刑」之上，意謂「正刑五，加之流宥、鞭、扑、贖刑」等九刑，皆為「典刑」。江、王雖著眼點不同，而皆可言之成理；鄭《注》之確實位置雖難以確認，但江、王於經、注位置的安排上，顯較余氏《鉤沈》貼切。

2. 江、王輯《尚書》馬融及王肅《注》之成就

江、王輯古訓治經，即任公謂「擷取一代經說之菁華，加以別擇結撰」，成為所謂的「新疏」。彼等最重要的成就，即建立以馬、鄭為基礎之《古文尚書》學。上已論及江、王於輯鄭《注》之成就，而此小節則認為江、王輯《尚書》馬融及王肅《注》之成就，尤有篳路藍縷之功，使得清代的《尚書》研究，不惟只有崇尚鄭玄一家而已，而是建立起輯佚《尚書》古訓解經之風氣。縱使江、王解經立場仍重古文學，尤其是鄭《注》；但在輯古訓上，二家皆能旁采他說，條分縷析，進而加以詮釋。要之，馬、鄭、王三家之說，實為《尚書》學史上詮釋《尚書》最重要的學者。馬、鄭《注》固然為今日究明漢代《古文尚書》之資糧，然如王肅亦為漢魏時期大儒，其說不乏古訓而亦為時人所重視。江、王既采輯「古義」至「新疏」的研究進路，除了鄭《注》外，對於馬融及王肅《注》皆有采之，實屬自然。

江、王既建立以馬、鄭《注》為主之《古文尚書》學系統，尤尊鄭《注》。馬融《注》雖與鄭氏有不同之處，但身為鄭玄之師，亦傳《古文尚書》學，對《尚書》學史的研究也相當重要，故江、王《尚書》著作同置馬《注》。今觀江、王對馬《注》輯佚之成就，實為清代較全面輯佚馬《注》之先聲，並置之於經文下，與鄭《注》並觀，系統性的還原《古文尚書》學。馬融《尚書注》久佚，[115]清人王謨《漢魏遺書鈔．尚書注》為最先之單

[115] 案：程師元敏考史籍載馬融《尚書》學專著有：《尚書傳》、《尚書傳序》、《尚書注》，是題有傳、注之異。《書．大序》孔《正義》云：「馬融、王肅亦稱注為傳。」是傳、注名殊義同，皆謂解經而作。程師認為，雖然題有異名，但依馬氏《周官傳序》自云撰《尚書傳》，故書名當正作《尚書傳》。見程師元敏：《尚書學史》，頁 759。昇案：既然傳、注名殊義同，本書為行文方便，仍省稱為「馬（融）《注》」，不另稱「馬（融）《傳》」。

行輯本者。而王謨（1731－1817）自序云：

> 近西莊王氏專攻孔《傳》，別采馬、鄭、王三家注為《尚書後案》。[116]

又如晚清王樹枏云：

> 國朝治《尚書》者自王西莊氏搜輯馬、鄭之說，於是世之尊漢學、守家法者，遂執為真孔嫡傳。[117]

知王鳴盛《後案》為輯馬、鄭、王三家《注》之先者；王樹枏更將王鳴盛視作清代搜輯馬、鄭之先驅。不惟王氏，江氏《集注音疏》亦對馬融《注》之蒐討做出貢獻，如陳喬樅云：

> 江處士聲之《尚書集注音疏》，以叔重《說文》輔以季長《傳》誼，皆以鄭學為宗。[118]

雖然江氏采「集注」體，於注解上擇善而從，因此並非如王氏《後案》安置所有注解。然此正表示江氏對於馬、鄭以及他《注》皆有蒐集，因此才能從眾說中判斷經義長短。若仔細觀察《集注音疏》，江氏於「集注」中若無未安置馬、鄭《注》者，多另置於「疏」中，並自述不用的原因。可見，江氏對於馬融《注》之輯佚，亦有貢獻。

---

[116] 清・王謨：《尚書注・序錄》（北京：國家圖書館出版社，2010 年《經學輯佚文獻彙編》影印清乾嘉慶三年金溪王氏刻本《漢魏遺書鈔》），頁 1b。

[117] 清・王樹枏：《尚書商誼・序》（上海：上海古籍出版社，2002 年，《續修四庫全書》冊 53，影印湖北省圖書館藏清光緒十一年刻本），頁 1。

[118] 清・陳喬樅：《今文尚書經說攷・自序》（上海：上海古籍出版社，2002 年，《續修四庫全書》冊 49，影印華東師大圖書館藏清刻左海續集本），頁 2b，總頁 1。

今搜尋《後案》所輯之馬融《注》，粗計不下 279 條；《集注音疏》則不下 146 條。雖二家皆少於王謨輯本所輯之 333 條，[119]然而實有開創之功，使後人知馬融遺說，而得與鄭玄及他說並觀。

除了馬《注》外，江、王《尚書》著作多有用王肅《注》。其實清儒多將王肅視為《偽孔》之作者，並崇尚鄭學，故詆王肅說不遺餘力，江、王亦同。因此，清代輯鄭玄遺說者多，其輯王肅《注》而有單行輯本者，惟晚清馬國翰及王仁俊而已。[120]然而，事實上江、王雖不滿王肅《注》，卻非全然棄之。江氏《集注音疏・述》自云：「王肅注與晚出之孔《傳》本欲勿用，不得已，始謹擇其不謬于經者，間亦取焉。」又自疏云：「王肅《注》及偽孔《傳》多亂經之說，然亦間有是者。馬、鄭《注》不能備，不得不擇用其一二。」江氏既有用王肅《注》，意即有對王肅《注》加以蒐集，而後加以別擇。而王氏《後案》，更是清代首先全面蒐集王肅《注》者，取之與馬、鄭《注》並觀，以分析、疏通不同之說。按此，皆可知江、王對於王肅《注》之輯佚做出貢獻，開啟後人以古訓作為《尚書》研究之基石。

(二) 江、王所輯《尚書》古訓之商榷

江、王對輯《尚書》古訓做出貢獻，尤其對鄭《注》的蒐集上，無論是內容上更為完整，或對佚文考證更為精確，或對經注位置之復元更為貼切，皆為江、王輯《尚書》鄭《注》上之成就；另外，江、王亦對馬融、王肅《注》之輯佚有開創之功。雖然，今研究江、王之著，除了明其成就外，尚須對其輯佚之內容、方法、思想作深入檢討，才能對其學，甚至是乾嘉時期《尚書》學之脈絡有較完整的論述。因此，本小節即對江、王於《尚書》古訓內容，進行商榷，藉以深入探討二家《尚書》學之內涵。

---

[119] 據王謨《尚書注・序錄》云：「凡共鈔出《釋文》二百九條，《正義》十四條，《史記集解》一百十條。」知共計為 333 條。

[120] 案：分別見馬國翰《玉函山房輯佚書》；王仁俊《玉函山房輯佚書續編》。

1. 以孔《疏》及他說當《尚書》古訓

此點，於王氏《後案》中多見。如〈洛誥〉「乃文祖受命民」，二家所輯鄭《注》云：

> 《集注音疏》:「鄭康成曰：文祖者，周曰明堂，以偁文王。」（卷7，頁55b，總頁3084）
>
> 《後案》:「鄭曰：文祖者，周曰明堂，以偁文王，是文王德稱文祖也。」（卷19，頁451）

此條來源為《毛詩・維天之命・疏》，然王氏多了「是文王德稱文祖也」，此句明顯為孔《疏》語，非鄭《注》。

又如〈洛誥〉「周公曰王肇稱殷禮祀于新邑咸秩無文」，二家所輯鄭《注》云：

> 《集注音疏》:「鄭康成曰：王者未制禮樂，恆用先王之禮樂。」（卷7，頁54a，總頁3081）
>
> 《後案》:「鄭曰：王者未制禮樂，恆用先王之禮樂。伐紂已來，皆用殷之禮樂，非始成王用之也。」（卷19，頁445）

此條來源為孔《疏》，兩者相較，王氏所輯多了「伐紂已來，皆用殷之禮樂，非始成王用之也」，此句顯然為孔《疏》語。

又如〈皋陶謨〉「寬而栗」句，王氏輯鄭《注》云：

> 寬，謂度量寬宏。（卷2，頁58）

孫星衍《尚書今古文注疏》同王氏，而此條江氏未有輯鄭《注》。然《續修四庫全書總目・尚書今古文注疏提要》，江瀚（1857－1935）云：

> 〈皋陶謨〉：「皋陶曰：都！亦行有九德。」《正義》曰：「鄭注《論語》云：『剛，謂強志不屈撓。』即剛、強義同。此剛、強異者，剛是性也，強是志也，當官而行，無所避忌。剛也，執己所是；不為眾撓，強也。剛、強相近，鄭連言之。」孔《疏》所謂「鄭連言之」者，指鄭注《論語》也。「寬，謂度量寬弘」以下皆孔自下語，今乃作鄭康成曰，連言之，「寬，謂度量寬弘」，其誤實甚。王氏《後案》亦同此失。江氏《音疏》不載此條，蓋知其為孔說也。[121]

此條本為江瀚指出孫星衍《尚書今古文注疏》所輯鄭《注》之誤，而隨文指出王氏《後案》亦有此失。江瀚所論者，指孔《疏》解釋孔《傳》「無所屈撓，動必合義」，引《論語》鄭《注》云「剛，謂強志不屈撓」，意謂鄭玄以剛、強相近，故連言之。是「鄭連言之」者，指鄭注《論語》也。而孔《疏》下云：「寬，謂度量寬弘」，實為孔穎達對〈皋陶謨〉「寬而栗」之解釋，非鄭《注》。知王鳴盛、孫星衍皆將此段孔《疏》讀為「鄭連言之寬謂度量寬弘」，其誤實甚；江氏則不載此條，蓋知其為孔《疏》之說。

從以上三例，知在輯古訓上，王氏有以孔《疏》語以當鄭《注》。不惟鄭《注》，上論王氏注解之體例，引《後案・盤庚中》「汝萬民乃不生生」句，王氏據孔《疏》引王肅《注》云：「生生，進進。進進，同心願樂之意。」對此，李振興指出「進進，是同心願樂之意也」，乃《正義》語，非王肅《注》，[122]知王氏不僅有以孔《疏》語以當鄭《注》，且連王肅《注》也有這種情形。對此，王氏在輯佚古訓上，實多欠判斷。陳澧曾論後人引古書之誤：

---

[121] 《續修四庫全書總目・尚書今古文注疏提要》，見《續修四庫全書總目提要・經部》，頁 238。

[122] 李振興：《王肅之經學》，頁 205。

> 《正義》分別某句為鄭之言，《正義》引古書而伸釋之者，近人乃不分別，遂以《正義》之言為古書之言。[123]

知王氏輯古訓之誤，即陳澧所說的「以《正義》之言為古書之言」。相對於王氏，江氏在輯古訓上，則未見此誤，知二家於古訓輯佚上之得失。

王氏除了以孔《疏》語當鄭、王《注》外，又有以其他學者之說當鄭《注》之例。如〈堯典〉「歸，格于藝祖，用特」，《鉤沈》但引鄭云「每歸用特」，來源為《通典》；[124]而江氏《集注音疏》引鄭《注》云：「埶（藝）祖，文祖也。每歸用特牛，告于文祖矣。」[125]來源為《毛詩・周頌・我將・正義》及《公羊傳・疏》。[126]而王氏《後案》引鄭《注》云：「藝祖，文祖，猶周之明堂。每歸用特者，明每一嶽即歸也。如《尚書》、〈王制〉之文，所以不一嶽之後而云歸者，因明四嶽禮同，使其文相次，是以終巡守之後乃始云歸耳。」[127]案：王氏於鄭《注》後注明來源為：《毛詩・周頌・我將・正義》，並於「○」後註明「《通典》五十四卷〈吉禮〉篇」及「《玉海》九十五卷〈郊祀門〉」。然複檢《通典》，云：「鄭玄注《尚書》云『每歸用特』者，明每一岳即歸也。如《尚書・王制》之文，所以不一岳之後而云歸者，因明四岳禮同，使其文相次，是以終巡狩之後乃始云歸耳。」[128]知「鄭玄注《尚書》云『每歸用特』者」以下為杜佑語，非鄭《注》，而王氏誤以杜佑語為鄭《注》。

---

[123] 清・陳澧：《東塾雜俎》，《陳澧集》，冊 2，卷 12，頁 704。

[124] 清・余蕭客：《古經解鉤沈》，卷 3，頁 377。

[125] 清・江聲：《尚書集注音疏》，《清經解》本，卷 1，頁 6b，總頁 2987。

[126] 《集注音疏・堯典》：「《詩・我將・正義》偁鄭注此經以『埶祖』爲『文祖』，猶周之明堂。……『每歸』以下見《公羊・疏》。」

[127] 清・王鳴盛：《尚書後案》，卷 1，頁 33。

[128] 唐・杜佑：《通典》（臺北：新興書局，1965 年），卷 54，頁 309。

2. 以他書之注當《尚書》古訓

此點，實涉及江、王對於輯佚思維上之差異。王氏〈采集群書引用古學〉一文云：

> 偶見宋傅寅《禹貢集解》，于荊州「包匭菁茅」引鄭《注》「菁，蔓菁也。」此乃鄭《周禮注》。……《疏》明言鄭以菁茅爲一，傅乃誤以《周禮注》爲《尚書注》，……近人余蕭客遂據傅摭入《古經解鉤沈》，書此以爲好古，而不知所擇者戒。[129]

此文可見王氏認為輯古訓必當細別，並舉宋傅寅《禹貢集解》「包匭菁茅」條為例，謂傅寅所引鄭《注》「菁，蔓菁也」，並非《尚書》鄭《注》，而是《周禮注》。案：《周禮・醢人》「菁菹」，鄭《注》云：「玄謂菁，蔓菁也」[130]，而據《尚書正義》，孔《疏》云：「鄭玄以菁茅爲一物」，知二者有別也。傅寅但見《周禮》鄭《注》，以為鄭玄注《周禮》與《尚書》皆同，故有此誤。王氏又云余蕭客《古經解鉤沈》則據傅寅所輯，而不知其非也。另觀江氏《集注音疏》，此條所輯亦同王氏，知江氏雖未著有專文以論之，但從其輯佚之實踐，即可知其判斷。

然而，上例所呈現出之內涵，或指出輯佚者對古訓來源有不同看法。昔劉咸炘論輯佚書之誤，列「不考源流」一目；[131]後張舜徽論輯佚之難於別擇者，亦云：「學者苟有志乎蒐輯遺書，首必究心著述流別。」[132]知劉、張二氏皆著眼於佚書之源。蓋一作者往往不只單一著作，後人不知，輒以甲書當乙書；或注解上，不同對象所注內容亦隨之而異，後人逕以甲注作乙注，是不明所輯對象之源，則內容亂矣。江、王二書，咸以鄭學為宗，檢所輯鄭

---

[129] 清・王鳴盛：《蛾術編》，《嘉定王鳴盛全集》，冊 7，卷 2，頁 58。

[130] 唐・賈公彥：《周禮注疏》，卷 6，頁 1a，總頁 89。

[131] 劉咸炘：〈輯佚書糾謬〉，《劉咸炘學術論集・校讎編》，頁 186。

[132] 張舜徽：《廣校讎略》，卷 4，頁 85。

《注》，則有不同：或部份文字、順序稍異，然不影響文義，此蓋古人引書之常態；但另有一類，乃標明鄭《注》，而內容完全不同，若此之類者，當予細究。《注》既為解經之資，則《注》之是、非、真、假實為重要。治經者若以假為真，以非為是，則貽誤後學、厚誣古人；然治經者若有意取不同來源之《注》，則另當別論。此涉及治經者之治經思維，故憑己意擇取，而非不明是非。就此點來說，江、王時有不同處，今人可對二家輯古訓內容判斷進行商榷。

如〈堯典〉「納于大麓烈風雷雨弗迷」，《集注音疏》云：

> 【注】鄭康成曰：「山足曰麓。麓者，錄也。古者，天子命大事命諸矦，則爲壇國之外。堯聚諸侯，命舜陟位尻攝，致天下之事，使大錄之。」【疏】此鄭《注》是《大傳》注也。《大傳》云：「內之大麓之野」，即此經之文，故采用彼《注》。云「山足曰麓」者，《毛詩．旱麓》《傳》云：「麓，山足也。」云「麓者，錄也」者，古文麓作禁，禁、錄皆得彔聲，同聲者輒同誼，詁訓多通于音也。云「古者天子命大事、命諸侯，則為壇國之外」者，《周禮．司義（即「儀」字，下同）》云：「將合諸侯，則令為壇三成。」鄭彼《注》云：「合諸侯，謂有事而會也。為壇於國外，以命事。」《義禮．覲禮》云：「諸侯覲于天子為宮方三百步。四門，壇十有二尋，深四尺。」鄭《注》亦云：「為宮者於國外。」是命大事命諸侯必為壇之事也。《大傳》云：「堯推尊舜而尚之，屬諸侯焉，內之大麓之野。」故鄭君云：「堯聚諸侯，命舜陟位尻攝，致天下之事，使大錄之。」……云「逢暴風雷雨，舜行不迷惑」者，《史記》云：「堯使舜入山林川澤，暴風雷雨，舜行不迷。」王充《論衡．吉驗篇》云：「使入大麓之野，虎狼不搏，蝮蛇不噬；逢烈風疾雨，行不迷惑。」是漢人舊說皆然也。（卷1，頁5a，總頁2984）

此例前文已見，而此復引，旨在說明江聲引鄭《注》者，為鄭玄《大傳注》。鄭玄先謂「山足曰麓」，繼言「麓者，錄也。」江聲認為，「麓」古文作「𥶅」，與「錄」皆從「彔」聲，故可通。又「山足曰麓」者，毛《傳》文，此先釋「麓」之本義；而「麓者，錄也」當為下文「古者天子命大事、命諸侯，則為壇國之外……致天下之事，使大錄之」之義。兩者看似矛盾，然觀《大傳》云：「堯推尊舜而尚之，屬諸侯焉，致天下於大麓之野」、「堯推尊舜，屬諸侯，至天下於大麓之野」，皆言授錄之事；而從《周禮・司儀》、《儀禮・覲禮》可知古者天子有事而會諸侯，必於郊外為壇。知「內于大麓」者，乃於郊外麓野行授錄之事。竊謂鄭玄此《注》不僅無相互矛盾，更將舜至於大麓之野的本質解釋清楚，故江聲才加以結合《史記》、《論衡》之說，意謂舜入山林川澤、大麓之野行受錄之事，能不被烈風疾雨所迷惑。

同此條，王氏《後案》云：

> 【鄭曰】麓，山足也。《釋文》〇馬同。【案曰】鄭、馬云「麓，山足也」者，《說文》卷六上林部云：『林屬于山為麓』，是山足也。《史記》云「堯使舜入山林川澤，暴風雷雨，舜行不迷」，此司馬遷從安國問故而得者，與鄭、馬合。顏之推《家訓》卷下〈書證〉篇云：「柏人城東北有一孤山。闞駰《十三州志》以為舜納於大麓，即此山。上有堯祠，世俗或呼宣務山。余為趙州佐，共太原王邵讀柏人城西門內碑，是漢桓帝時，柏人縣民為縣令徐整。〈銘〉云『土有巏務山』，方知此巏務山也。」然則「納于大麓」，北齊人猶能實指其處，鄭、馬《注》不可易也。王破麓為錄，解為大錄萬機。王充《論衡》卷二十八〈正說篇〉引此經并引說曰：「言大麓，三公之位也。居一公之位，大總錄二公之事，眾多並吉，若疾風大雨。」此所引即當日博士之說。王肅號為傳古文，乃取今文家說，以與鄭立異。《傳》出王肅，故同其說，其實非也。（卷1，頁22）

王氏此條引鄭《注》之出處為《釋文》，並謂馬融說同，而未引鄭玄《大傳注》。其「案曰」，先引《說文》、《史記》文，證明「麓」意為「山足」，復引顏之推《家訓》文，以實際地理說明舜納於大麓，地點在柏人城東北一孤山，名為巏務山，是北齊人亦認為所謂的「大麓」為「山足」也。王氏以此辨王肅「麓，錄也」之說，認為馬、鄭乃至於北齊人皆以「麓」為「山足」，而非錄命之意，故謂王肅說非也。

從上述可知，雖然同樣標明鄭《注》，但江氏之根據為鄭玄《大傳注》，王氏則為《釋文》。尤可注意的是，兩人皆依據所採輯之《注》加以詮釋，故雖目為鄭《注》，但所論則異。這實際上也顯現了治經者對經文的理解、注經的思維及對《注》文的判斷。

又如〈堯典〉「旋機玉衡以齊七政」，《集注音疏》云：

> 【注】鄭康成曰：「七政，謂春、秋、冬、夏、天文、地理、人道，所以爲七政也。人道盡而萬事順成。」【疏】鄭注「七政」云云，《大傳注》也。《大傳》引此文，故采用彼《注》。《孟子・離婁下篇》云：「周公思兼三王，以施四事。」《大傳》則云：「周公兼思三王之道，以施于春秋冬夏。」據此，則《孟子》所言三王謂天地人三統，四事謂四時之事，是則帝王出政必參乎三才合乎四時，故鄭云「春、秋、冬、夏、天文、地理、人道，所以爲七政也。」（頁5a-b，總頁2984-2985）

江氏所采鄭《注》，未釋「旋機玉衡」；而其采鄭玄《大傳注》，謂七政為「春、秋、冬、夏、天文、地理、人道」云云。據鄭裕基所考，清人所輯《大傳》，未見鄭玄「七政」注，且其引鄭玄《大傳注》者，據《史記・五帝本紀》張守節《正義》所引，明標「《尚書大傳》曰」，而非鄭《注》，知江氏誤以《大傳》本文當鄭《注》。[133]又其引《孟子・離婁下篇》「三王」、

[133] 鄭裕基：《〈堯典〉觀象授時疑義述辨》（新北市：花木蘭文化出版社，2011年），頁57。

「四事」者，姑且不論是否與《大傳》合，今綜合江氏所論，實指出江氏欲牽引七政與人事相應也。

同此條，王氏《後案》云：

> 【鄭曰】其轉運者為機，其持正者為衡，皆以玉為之。璿璣玉衡，渾天儀也。七政，日月五星也。以機衡視其行度，以觀天意。《史記・五帝本紀》《集解》【案曰】：鄭云「璿璣玉衡，渾天儀」者，言天體者三家：一周髀，亦曰蓋天。二宣夜，三渾天。……鄭又云「七政，日月五星也」者，月距地最近，次水，次金，次日，次火，次木，次土，恒星最遠。……（卷1，頁24-25）

王氏采鄭《注》者，以渾天儀釋璿璣玉衡；以日月五星釋七政，與江氏所引比較，一則可知王氏不引《大傳注》，二則其引鄭《注》內容與江氏大異者，蓋以天文釋旋機玉衡、七政，而非從人事也。案王氏《蛾術編》論及七政，云「鄭注《尚書大傳》七政，以為天地人及四時……」，[134]可知王氏亦同江氏將《大傳》本文當鄭《注》，然卻未引之以當《尚書》鄭《注》，此因王氏認為《大傳》與《尚書》不同源之故，可見輯佚工作，首當重視佚文源流。江氏逕以采之以注《尚書》，凸顯江氏《書》學觀中，《大傳》乃傳《尚書》之先者；而鄭玄依《大傳》作《注》，義理層次亦先於其《尚書注》，故於《集注音疏》中，引「鄭康成曰」者，並非全為鄭玄《尚書注》。

又如〈堯典〉「歲二月東巡守」，《集注音疏》引鄭《注》：「歲二月者，正歲建卯之月也。巡守者，行視所守也，天子以天下爲守」[135]；而《後案》則作「歲二月者，正歲建卯之月也。巡守者，行視所守也」，[136]知《集注音

[134]清・王鳴盛：《蛾術編・儀象考略》，《嘉定王鳴盛全集》，冊9，卷72，頁1528。

[135]清・江聲：《尚書集注音疏》，《清經解》本，卷1，頁5b，總頁2985。

[136]清・王鳴盛：《尚書後案》，卷1，頁29。

疏》多了「天子以天下爲守」。江氏對此解釋云：「云『天子以天下爲守』者，鄭君《尚書大傳》之《注》也。以是申說所守之誼，故采以足成其意。」[137]知江氏以《大傳注》注《尚書》。

除了《大傳注》外，江、王對鄭《注》輯佚的來源尚有不同之處。如〈秦誓〉「如有一介臣，斷斷猗無它技，其心休休焉」條，《集注音疏》與《後案》同引鄭《注》「休休，寬容貌」；然「斷斷猗無它技」《後案》無注，而《集注音疏》則另對「斷斷猗無它技」作注，云：

> 【注】鄭康成曰：「斷斷，誠一之皃；它技，異耑之技也。」【疏】《禮記・大學篇》具引此經以迄下文「亦曰殆哉」。此條鄭《注》惟「休休，寬容皃」一句是此經之《注》，見《禮記》《釋文》，其餘皆《大學》之《注》，以均是鄭《注》，故取彼入此，合爲一介。（卷10，頁80a，總頁3131）

案此，江氏取《禮記・大學》鄭《注》之文，以注《尚書》；而王氏《後案》則未見，蓋王氏只取《尚書》鄭《注》也。

同篇「人之有技，冒疾以惡之；人之彥聖，而違之俾不達，是不能容。以不能保我子孫黎民，亦曰殆哉」條，《集注音疏》：

> 【注】鄭康成曰：「韋，猶戾也。俾，使也。佛戾賢人所爲，使功不通于君也。殆，危也。」【疏】……此鄭《注》亦《禮記・大學》《注》也。（卷10，頁80a，總頁3131）

此條江氏亦取《禮記・大學》鄭《注》，而王氏《後案》則未見鄭《注》，足見二氏雖同為鄭學，然輯鄭《注》之內涵實相異也。

---

[137]清・江聲：《尚書集注音疏》，《清經解》本，卷1，頁6a，總頁2986。。

知二家雖同為鄭學，但落實於治經實踐上則多有不同。然則，可再商榷者，乃江氏此種方式有自亂其例之嫌，《集注音疏·呂刑》「德威惟威，德明惟明」，江氏自注云：

> 德所威則人皆畏之，言服罪也；德所明則人皆尊寵之，言得人也。（卷10，頁76b，總頁3124）

又自疏云：

> 此鄭君《禮記注》也。《禮記·表記》引此文，故卽用〈表記注〉以注此，不偁「鄭康成曰」者，以采自它書，不可同于本書之《注》也。（卷10，頁76b，總頁3124）

由此可見，江氏此條用《禮記》鄭《注》，而不稱「鄭康成曰」，乃因「采自它書，不可同于本書之《注》」。換言之，只要用它書之鄭《注》，而非是《尚書》鄭《注》者，皆不應標示為「鄭康成曰」。但從上引〈秦誓〉經文之鄭《注》，出自於《禮記·大學》，卻還是標示了「鄭康成曰」，無疑與江氏自己所訂定之例相背，此為讀《集注音疏》所需留意者。

3.《尚書》古訓來源版本問題

現今《尚書》古注，除了孔《傳》外，並無完本。無論是馬、鄭、王《注》，皆為後人從眾書中所輯佚。然而，或有同一條古訓，因版本不同，而有內容不一之情形。此點，即可知輯佚者在古訓之輯佚上，對於輯佚來源版本之看法。如〈禹貢〉「厥田維中下，厥賦貞，作十有三年乃同」，江、王所輯鄭《注》皆為：

> 貞，正也。治此州正作不休，十三年乃有賦，與八州同，言功難也，其賦下下。

而在江、王之前的李調元本從「貞，正也」至「言功難也」同；惟「其賦下下」作「其賦中下」。對此，孫星衍云：

> 【注】鄭康成曰：「貞，正也。治此州正作不休，十三年乃有賦，與八州同，言功難也。其賦中下。」【疏】鄭《注》見《史記集解》。……江氏聲改鄭《注》「中下」為「下下」，云：「九州之賦當有九等，參八州八等，獨無下下，此州當下下也。」則《史記集解》所引，或誤作「中下」也。[138]

知孫氏認為當作「其賦中下」，《集注音疏》作「下下」為江氏所改。晚清俞樾亦同孫氏之說作「其賦中下」，更申之云：

> 夫兗州賦中下，經無明文，鄭何知之？且訓貞為正，而云「正作不休」，義亦難曉。及讀枚《傳》正與相當之說，始悟鄭意。鄭訓貞為正者，蓋謂正當也。……枚《傳》正與相當之說，蓋竊鄭舊義，謂賦第九則有意異鄭耳。鄭《注》又曰『治此州正作不休，十三年乃有賦，與八州同』者，正作之正，蓋涉上文「貞，正也」而誤。當云『治此州工作不休，十三年乃有賦，與八州同』，故繼之曰『言功難也』，自工作誤為正作，而鄭義晦矣。江氏聲《尚書集注音疏》乃改鄭《注》「中下」為「下下」，強鄭從枚，其失已甚。[139]

俞樾認為孔《傳》：「貞，正也」，乃竊鄭之說。又謂鄭云「正作不休」，乃涉上「貞，正也」而誤，應作「工作不休」。俞樾此言雖有理，但實為理校，

---

[138] 清・孫星衍：《尚書今古文注疏》，卷 3，頁 149。

[139] 清・俞樾：《群經平議》，收入《春在堂全書》（南京：鳳凰出版社，2010 年），冊 1，卷 3，頁 21a-b，總頁 47。

並無版本證據。然而，俞樾直指江氏乃改鄭《注》「中下」為「下下」，是「強鄭從枚」，此意為孔《傳》云：「州第九，賦正與州相當」，孔《疏》云：「諸州賦無下下，『貞』即下下，為第九也。……此州治水最在後畢，州為第九成功，其賦亦為第九。」知孔《傳》認為「貞」即下下，意為兗州之賦為第九等。今江氏云：「九州之賦當有九等，參彼八州八等，獨無下下，此州當下下也」，所說與孔《傳》同，故俞樾因此認為江氏是「強鄭從枚」，改「中下」為「下下」。

案：孫星衍、俞樾雖言江氏改鄭《注》，但王氏《後案》亦作「下下」。先不論孫氏、俞氏是否也認為王氏亦改鄭《注》，然孫、俞指稱江氏改鄭《注》作「下下」，究其因乃為江氏之說與孔《傳》同，故認為「中下」之說是，「下下」為非。今觀此條，鄭《注》之來源出於《史記・夏本紀・集解》所引，但檢江、王與孫、俞所引之鄭《注》來源之《史記》，疑為不同版本。以愚所見，黃善夫本作「中下」，[140]《四庫全書》本作「下下」。換言之，江、王與孫、俞兩方之異，有可能是因為所據版本不同而致，而非江氏改鄭《注》。又此句經文「厥賦貞」，屈萬里先生引金履祥《尚書表注》云：「貞，本下下。篆文重字，但於字下从二。兗賦下下，古篆作⿱下二；或誤作正，遂譌為貞」，[141]此說甚有理致。若案金履祥此說，經文本應作「厥賦下下」，是鄭《注》作「下下」者，誠符合經文。是江、王此句所輯鄭《注》較孫、俞是也。

4. 同條經文下所引之《注》，內容不一，立說兩歧

此點，專指《集注音疏》，可見江氏所引注解矛盾、不一的情況，造成經義理解之窒礙。如《集注音疏・禹貢》「三江既入」條，自注云：

---

[140] 漢・司馬遷：《史記》（臺北：臺灣商務印書館，2009 年，上海涵芬樓影印南宋慶元黃善夫刻本），總頁 20。

[141] 屈萬里：《尚書集釋》，頁 51。

鄭康成曰：「江自彭蠡分為三：左合漢為北江，會彭蠡為南江，岷江在其中，則爲中江。旣入者，入海也。」（卷3，頁19a，總頁3012）

江瀚於《續修四庫全書總目提要》批評孫星衍《古文尚書馬鄭注》云：「星衍補集，則全載經文，別擇體例，實自為一書。……然亦往往有未當者。如三江既入，先引徐堅《初學記》，後引孔穎達《尚書正義》，雖皆云鄭注，一言合，一言分，二說實不侔。且《初學記．地部》稱鄭玄、孔安國，語本欠析，殊有可疑。蓋江聲《尚書集注音疏》先混合為一，……」。[142]今觀江聲自疏云：「鄭《注》見《初學記》六卷及《兼明書》二卷下。」今檢《兼明書》二卷下引鄭玄云：「江自彭蠡分為三，既入者，入海也。」[143]與孔《疏》所引鄭《注》「三江分於彭蠡為三孔，東入海」[144]意同，言長江自彭蠡一分為三。然而《初學記》所引鄭《注》「左合漢為北江」云云，意為長江左合漢水為北江，南會彭蠡之後為南江，而岷江（即彭蠡以上之長江）在二者之中，是為中江，沒提到「江自彭蠡分為三」，與《兼明書》、孔《疏》所載意不同。今觀《初學記》云：「《周官》揚州，其川三江。按《漢書．地理志》《注》：『岷江為大江，至九江為中江，至徐陵為北江，蓋一源而三目』。」《注》云：「鄭玄、孔安國注云：『左合漢為北江，會彭蠡為南江，岷江在其中，則爲中江……。』」[145]此所謂的「三江」，是從彭蠡以上的長江、漢水而說，是一條江（漢水是長江上游的支流），所引鄭《注》，是用來證明此一說法；而孔《疏》及《兼明書》所引，是從彭蠡以下的長江而說，是分為三條江。三書作者都是唐人，但孔《疏》及《兼明書》所引意同，而《初學記》所引不同。《初學記》是奉敕而撰，亦當有據，不過，《注》云「鄭

[142] 中國科學院圖書館整理：《續修四庫全書總目提要．經部》，頁215。

[143] 五代．丘光庭：《兼明書》，《文淵閣四庫全書》本，卷2，頁4b。

[144] 唐．孔穎達：《尚書注疏》，卷6，頁12a，總頁82引。

[145] 唐．徐堅：《初學記》（北京：中華書局，2004年），卷6，頁123。

玄、孔安國注云」，未分別是鄭玄注還是孔安國注，而所謂孔安國注，也不見於今本偽孔《傳》，不知何據？檢《古今圖書集成》所引，但稱「孔安國云」，[146]未見鄭玄。要之，無論《初學記》所引孔安國是否為徐堅誤引，[147]今若將《兼明書》及《初學記》所引鄭《注》分釋經文，則從《兼明書》者，謂自彭蠡一分為三江入海；而從《初學記》者，謂長江一合漢水為北江，會彭蠡之後為南江，再加上岷江之中江，是為三江。二說實不相侔，江氏混為一說，讀者難以適從。

5. 經、注繫聯問題之商榷

本節第一小節指出江、王所輯古訓，在經、注位置的安排上，實較余氏《鉤沈》、李氏《證訛》貼切，但不代表二家所繫聯者，就不無值得商榷之處。本文認為，江、王對於內容理解不同，故有經、注繫聯不一之情況，茲舉一、二例論之。

如〈皋陶謨〉「予乘四載，隨山刊木，暨益奏庶鮮食。予決九川，距四海，濬畎澮距川；暨稷播，奏庶艱食鮮食。」江氏注引及鄭《注》，而鄭《注》來源為《毛詩・思文・疏》。孔《疏》云：

> 〈益稷〉云：「禹曰：『予暨稷播，奏庶艱食鮮食，烝民乃粒，萬邦作乂。』」《注》云：「禹復與稷教民種澤物菜蔬、難厄之食，授以水之眾。鮮食，謂魚鱉也。」[148]

---

[146] 清・陳夢雷、蔣廷錫：《古今圖書集成・方輿彙編山川典》（北京：中華書局，1934 年），卷 276，頁 16b。

[147] 案：王鳴盛《尚書後案・禹貢》對此有論，云：「鄭此注『左合漢』云云，出《初學記》。『三江分』云云，出本疏。今并合為一條」其自注：「《初學》引稱為鄭玄、孔安國注，殊不可解。予據紹興四年東陽麻沙劉朝宗宅刻，有右修職郎建陽縣丞福唐劉本〈序〉，雖宋板下品，究勝俗刻，當無誤。但徐堅不通經，稱引舛錯不足怪，而其為此節之注，則無可疑。」知王氏認為孔安國乃徐堅誤引。見《尚書後案》，卷 3，頁 131。清人亦對此多有考論，如焦循認為徐堅或本諸魏王賓客以致訛舛，阮元則指為訛文。相關討論，可參徐煒君：〈禹貢三江綜述〉，《傳統中國研究集刊（九、十合輯）》（上海：上海人民出版社，2012 年），頁 82-83。

[148] 唐・孔穎達：《毛詩注疏》，卷 19 之 2，頁 12a，總頁 721。

然江、王在此句上所繫鄭《注》內容不一，觀《集注音疏・皋陶謨》「暨益奏庶鮮食」句下自注云：

> 鄭康成曰：「鱻（鮮）食，謂魚鱉也。」聲謂：鱻（鮮）食，鳥獸魚鱉皆是。（卷2，頁12a，總頁2998）

江氏另增成鄭《注》為「鳥獸魚鱉」，而《後案》此句則無鄭《注》，但若復核上所引《毛詩・思文・疏》，知王氏所繫鄭《注》之位置是正確的。（並詳下條）不過王氏於「暨益奏庶鮮食」下云：「下『鮮食』（昇案：指「奏庶艱食鮮食」）鄭云『魚鱉』；此『鮮食』，鄭必以為『鳥獸』，此隨刊所得，下決川所得也。」[149]也就是王氏認為鄭玄將此句「鮮食」訓為「鳥獸」不訓「魚鱉」；而「奏庶艱食鮮食」為「魚鱉」。但是，並未有證據顯示「暨益奏庶鮮食」鄭玄訓為「鳥獸」，故王氏此論可待商榷。

再觀「奏庶艱食鮮食」句，江、王之注，云：

> 《集注音疏》【注】鄭康成曰：「禹復與稷教民種澤物菜疏、艱戹之食。」
>
> 《後案》【鄭曰】禹復與稷教民種澤物菜疏、難戹之食，授以水之眾。鮮食，謂魚鱉。

從此句未見江氏對「鮮食」之注，可推知江氏認為「暨益奏庶鮮食」與「奏庶艱食鮮食」，皆為「魚鱉」或「鳥獸魚鱉」（江氏增成鄭《注》），故先於前一「鮮食」下置注。但從孔《疏》所引之鄭《注》經文為「奏庶艱食鮮食」，並非「暨益奏庶鮮食」，江氏何由知「暨益奏庶鮮食」為「魚鱉」或「鳥獸魚鱉」？故知江氏對前後二「鮮食」之理解可待商榷。姑先不論二家

[149] 清・王鳴盛：《尚書後案》，卷2，頁64。

所述之是非，但此可看出江、王二家在經、注繫聯上之不同，或許涉及二家對經義理之異。

又如〈洪範〉「貌曰恭，言曰從，視曰明，聽曰聰，思曰睿」句，江、王將鄭《注》繫連經文之位置不一。觀《集注音疏．洪範》「貌曰恭，言曰從，視曰明，聽曰聰，思曰睿」句，江氏自注云：

> 鄭康成曰：「叡，通于政事。此龔、明、聰、叡，行之于我身，其从則是使人从我，似與上下韋者。我是而彼从，亦我所爲不乖剌也。」聲謂：从，順也；叡，深明也。（卷2，頁12a，總頁2998）

然此段鄭《注》，王氏《後案》則拆分為二，觀《後案．洪範》「言曰從」，王氏云：

> 【鄭曰】恭、明、聰、睿，行之于我身，其從則是彼人從我，以與上下違者。我是而彼從，亦我所爲不乖剌也。（卷12，頁317）

再觀《後案．洪範》「思曰睿」句，王氏云：

> 【鄭曰】睿，通于政事。（卷12，頁318）

兩相比較，江、王所置之鄭《注》文字稍有不同，但文義相同。又知王氏將兩段鄭《注》分別繫於「言曰從」與「思曰睿」上；而江氏則統之繫於「貌曰恭，言曰從，視曰明，聽曰聰，思曰睿」。

今案：經文作「貌曰恭，言曰從，視曰明，聽曰聰，思曰睿」，就文字順序而言，「思曰睿」於文末，但江氏卻將「叡（睿），通于政事」置於最先。竊謂江氏此意，「睿」為「五事」中最高者，能「深明」並「通于政事」者，才能有下「此龔（恭）、明、聰、叡（睿），行之于我身，其从則是使人从我，似與上下章者。我是而彼从，亦我所爲不乖剌也。」換言之，江氏此注，未據經文順序所繫，當有他對於經義之理解，故將「叡，通于政事」統繫於「此龔、明、聰、叡」云云之上。另觀王氏，則平實地將「此龔、明、聰、叡」云云以及「叡，通于政事」分繫於所應對的經文之下。按此，即可看出江、王二家在經、注繫聯上之不同，或許涉及二家對經義理解而異。

6. 對古注來源判斷之依據問題

捨棄偽孔《傳》，以馬、鄭古注為主，既為江、王注解之新標準，然二家於古注之判斷或有不同，如〈皋陶謨〉「禹曰……何憂乎驩兜、何遷乎有苗，何畏乎巧言令色孔壬。」二家作注云：

> 《集注音疏》【注】馬融曰：「禹為父隱，故言不及鯀也。」【疏】馬《注》見《正義》。（卷2，頁10b，總頁2995）
>
> 《後案》【鄭曰】禹為父隱，故言不及鯀也。《尚書疏》作馬《注》◯《史記．夏本紀．集解》作鄭《注》（卷2，頁57）

相比之下，知「禹為父隱，故言不及鯀也」一句，江氏作馬融《注》，王氏作鄭玄《注》。可注意者，從《集注音疏》之「疏」知江氏所判斷之依據為《尚書正義》，複檢孔《疏》此句下云：「馬融云：『禹為父隱，故不言鯀也。』」可知確為馬《注》；但王氏《後案》則指出此注《尚書疏》云為馬融《注》，然《史記．夏本紀．集解》作鄭《注》，複檢〈夏本紀〉此句下確實作：「鄭玄曰：『禹為父隱，故言不及鯀。』」案：換言之，江、王二家所注皆是，但江氏未指出《史記．夏本紀．集解》作鄭《注》，不知是否失檢或以為〈集解〉所引為非；而王氏雖然指出此注有兩個來源，但直指是鄭《注》。雖然馬、鄭為師生關係，此注極有可能為鄭玄繼承馬融之說，但王氏何以直接繫於鄭玄，而非馬融？又未有說明。是二家未能清楚說明古注來源判斷之依據。

又如〈堯典〉「采䵂南譌敬致」，江氏自注云：

> 鄭康成曰：「司馬之職，治南嶽之事，得則夏气和。」（卷1，頁3a，總頁2980）

又自疏云：

> 鄭《注》見〈七月〉《正義》。

但王氏《後案》此句只引偽孔《傳》未引鄭《注》。案：複檢〈七月〉《正義》云「〈堯典〉云：『日永星火，以正仲夏。』《注》云：『司馬之職，治南嶽之事，得則夏氣和。夏至之氣，昏火星中。』」知江氏將此〈七月〉《正義》所引之《注》以為是鄭《注》；但王氏卻不認為，故未引。其實，《正義》所引之《注》所繫經文為「日永星火，以正仲夏」，而非「采䵂南譌敬致」，故江氏所注非也。然從此可見，二家對於古注來源判斷之依據不同。

又如〈洪範〉「次八曰念用庶徵」句，江氏未引鄭《注》，但於自疏中云：

> 《禮記・禮器・正義》引此《注》，而不言誰氏注。以意度之，必是鄭《注》，弟不敢意必，故不偁鄭君也。（卷5，頁38b，總頁3050）

而王氏《後案》則自注云：

> 【鄭曰】庶，眾也；徵，驗也，謂眾行得失之驗。《禮記》卷二十四〈禮器疏〉（卷12，頁311）

檢《禮記・禮器・正義》:「云『庶徵得其序也』者，即《尚書・洪範》『八曰念用庶徵』。庶，眾也；徵，驗也，謂眾行得失之驗。」案：從此條可知，王氏以為《禮記・禮器・正義》所引作鄭《注》；但江氏指出《禮記・禮器・正義》所引不言誰氏注，雖心中以為是鄭《注》，卻不敢直稱。由此可見江氏此條注解之謹慎，而王氏卻未能說明判斷此《注》之依據。

7. 徵引古義錯亂今古文

劉逢祿《尚書今古文集解・自序》論是作之例，其二曰「徵古義」，並云：

> 馬、鄭、王《注》采自《後案》，不復疏其出典，其差繆過甚，如以夏矦等《書》轉為古文，孔壁本轉為今文之類，悉為釐正，嚴家法也。[150]

知劉氏是書馬、鄭、王《注》采自《後案》，但他觀察到王氏於徵引古《注》上之缺失為「以夏矦等《書》轉為古文，孔壁本轉為今文。」案：劉氏此說，雖未舉例，但蓋指如《後案・堯典》「宅嵎夷」下自注:「《疏》曰:『夏侯等《書》「宅嵎夷」，鄭為「宅嵎銕」。』」又對此作「案曰」云：

> 夏侯等《書》今文也，鄭所傳古文也。東晉晚出本自稱古文，而亦作「嵎夷」，反同于夏侯等《書》，何也？考「銕」即古文「鐵」字，鐵年黑金，古音通夷，故又從夷。(卷1，頁7)

王氏此論，實據孔《疏》之說，原文本作「鄭承其後，所注皆同賈逵、馬融之學，題曰《古文尚書》，篇與夏侯等同，而經字多異。夏侯等書『宅嵎夷』爲『宅嵎鐵』,『昧谷』曰『柳谷』,『心腹腎腸』曰『憂腎陽』,『劓刵劅

[150] 清・劉逢祿:《尚書今古文集解・自序》,《續修四庫全書》本，頁1b，總頁185。

剕』云『臏宮劓割頭庶剠』。」王氏因此認為「宅嵎夷」為夏侯今文，「宅嵎鐵」為鄭玄古文。其實不惟王氏，於王氏之前閻若璩已言，《疏證》云：

> 古文傳自孔氏，後唯鄭康成所註者得其真，今文傳自伏生後，唯蔡邕石經所勒者得其正。今晚出孔書「宅嵎夷」，鄭曰「宅嵎鐵」；「昧谷」，鄭曰「柳谷」；「心腹腎腸」，鄭曰「憂賢陽」；「劓、刵、劅、剠」，鄭曰「臏、宮、劓、割、頭庶剠」，其與真古文不同有如此者，不同於古文，宜同於今文矣！[151]

閻氏此說，乃謂「宅嵎鐵」、「柳谷」、「憂腎陽」、「臏、宮、劓、割、頭庶剠」皆為鄭玄《古文尚書》本，與偽孔本作「宅嵎夷」、「昧谷」、「心腹腎腸」、「劓、刵、劅、剠」不同。段玉裁即對閻氏此說提出糾正，云：

> 按《尚書正義》曰：「庸生、賈、馬之等惟傳孔學經文三十三篇，故鄭與三家同，以為古文。而鄭承其後，所注皆同賈逵、馬融之學，題曰《古文尚書》，篇與夏侯等同，而經字多異。夏侯等《書》（原注：句絕），『宅嵎夷』（原注：此謂古文）為『宅嵎（原注：禺之誤）鐵』（原注：此謂夏侯等書）；『昧谷』（原注：古文）曰『栁谷』（原注：夏侯等）；『心腹腎腸』（原注：古文）曰『憂（原注：優之誤）腎（原注：賢之誤）陽』（原注：揚之誤，夏侯等）；『劓、刵、劅、剠』（原注：古文）云『臏、宮、劓、割、頭庶剠』（原注：夏侯等），是鄭注不同也。」此四條皆上句古文，下句今文，本自明白，不意善讀古書，如閻百詩尚誤會而互易之（原注：《尚書古文疏證》第二十三），近注《尚書》

[151]清・閻若璩：《尚書古文疏證》，卷2，頁70。

者皆襲其誤，甚矣句度之難也。[152]

段氏此謂孔《疏》所舉之文，上為古文，下為今文。但閻若璩則誤讀而將其互易，謂下句皆為鄭玄之古文本，段氏更指出「近注《尚書》者皆襲其誤」，即指王氏《後案》。段氏此說，又可從他書引文證明其說，茲就舉兩例分述如下：

（一）「宅嵎夷」。《說文・土部》「堣」字下引作「宅堣夷」，蓋《古文尚書》字本從土，後轉寫成山；且《說文・土布》「堣夷」，〈山部〉「封嵎」，可見在《說文》中堣嵎二字分別劃然，《古文尚書》當作「宅堣夷」。而觀《史記・夏本紀》《索隱》曰：「嵎夷，《今文尚書》及《帝命驗》竝作禺鐵」，而《釋文》曰「《尚書考靈曜》及《史記》作禺銕」；《尚書正義》：「夏侯等《書》『宅嵎夷』為『宅嵎鐵』。」[153]可知《史記》及夏侯《書》皆作「禺銕」或「嵎鐵」，而「銕」字為古文鐵字。是《今文尚書》當作「宅禺鐵（銕）」。閻氏言鄭本作「宅嵎鐵」，是混淆今古文字也。

（二）「昧谷」。段氏引〈吳志・虞翻傳〉《注》：「〈虞翻別傳〉曰：『翻奏鄭注《尚書》違失四事，一曰古大篆丣字讀當為桺，古桺丣同字，而以為昧，甚違不知蓋闕之義。』」按此，可知鄭玄讀作「昧谷」。又《尚書大傳》作「柳穀」，徐廣注《史記》亦作柳。可知《今文尚書》作「柳」，《古文尚書》作「昧」，閻氏謂鄭曰「柳谷」，失之。

以上所論，皆足以證明孔《疏》所引者，前為古文，後為今文，而閻氏卻誤以為前為今文，後為古文，故造成今古文之混亂，而王氏《後案》亦循言閻說之誤云：

《疏》曰夏侯等《書》「宅嵎夷」鄭為「宅堣銕」。（卷1，頁7）

---

[152]清・段玉裁：《古文尚書撰異》，《續修四庫全書》本，卷1上，頁14b-15a。

[153]諸說並見段氏《撰異・堯典》「宅嵎夷」條，卷1上，頁13a-b。

> 《疏》曰夏侯等《書》「昧谷」，鄭為「柳谷」。又云：夏侯等《書》，今文也，鄭所傳古文也。東晉晚出本自稱古文而亦作「嵎夷」，反同於夏侯等《書》。（卷1，頁9）
>
> 夏侯等《書》「心腹賢腸」曰「憂賢陽」。夏侯等《書》乃今文，鄭所傳乃古文。今梅賾所獻孔本號稱孔壁古文，乃反同于夏侯等《書》，其妄明矣。（卷6，頁259）

從以上三條可知，王氏一如閻若璩之誤，即昧於孔《疏》句法，將古文看作今文。甚者，更批評偽孔本號稱古文，卻同於今文。如今《正義》本作「心腹賢腸」，同於鄭玄古文本，而王氏卻謂「今梅賾所獻孔本號稱孔壁古文，乃反同于夏侯等《書》」，殊不知乃自己昧於句法之故，錯倒孔穎達之語，而造成今古文之亂也。按此，知劉逢祿指出王氏於徵古義上，「以夏侯等《書》轉為古文，孔壁本轉為今文」之失，蓋是矣。

第六章
結 論

就《尚書》學史而言，乾嘉時期無疑為一重要之轉折期。由閻若璩、惠棟吸收宋、明學者之說而導其先路，成功考辨出《古文尚書》二十五篇及孔《傳》之偽後，《尚書》之研究即開啟新紀元。而後，無論是崔述、程廷祚等人踵武前賢，補充閻、惠二氏所未及，或是江、王、段、孫等人著手為《尚書》著作新注疏，其成果皆斐然可觀，為後人研究提供豐富之資糧。

筆者認為，學術史之發展猶如蜿蜒長河，對某家之研究固然可以明一時期之學術，但釐清源頭更為重要。江聲與王鳴盛二家作為有清一代《尚書》新疏之先導，其《尚書》學之專著——《集注音疏》與《後案》，足以當乾嘉古文《尚書》學之代表。縱使此二著在當時即被段玉裁、焦循等學者指出值得商榷之處，而民國之後，考古材料不斷出土，以及研究視域之改變，以至於學者對二家之作評價不高；甚至如章太炎云：「清儒之治《尚書》者，均不足取也。」[1]此一筆抹煞「清儒」，恐失之肆，而所云「清儒」，自然亦包括江、王。要之，二家之說雖有可待斟酌者，然於今日之《尚書》研究，並非全無足取。以屈萬里先生《尚書集釋》一書為例，屈先生此書作為臺灣教授《尚書》課程教材之代表，檢其中綜引江、王之說，約三十餘處，就全書徵引前人說之比例而言雖不高，但仍具有學術意義，非如太炎所說之「均不足取」。惜今日學界或許受梁啟超、章太炎評價影響，對二家《尚書》學之整體研究仍付之闕如，造成對清代《尚書》學史、學術史，乃至於「吳

[1] 章太炎：〈尚書略說〉，收入諸祖耿整理：《太炎先生尚書說》（北京：中華書局，2013年），頁21。

派」學術之研究未能全面之缺憾，也因此有舊說相因、事實不明之誤解。本書為彌補此學術上之空白，故以「求古與考據：江聲與王鳴盛《尚書》學研究」為題。本章「結論」取前文研究之主要成果，撮其要旨，扼要說明如下：

一、勾勒江、王於乾嘉時期《尚書》學之定位

眾多清儒已揭示在閻若璩、惠棟取得對偽《書》辨偽工作後，江聲、王鳴盛、段玉裁、孫星衍四人《尚書》研究之特點，即以收輯漢儒散殘之注，而為新疏。換言之，在屏除偽孔《傳》後，學者首先要恢復以伏、孔、鄭氏為主之漢儒古義。在此之前，清初《尚書》學界如王夫之、朱鶴齡等人，雖已突破明代一尊蔡沈《書集傳》與《書傳大全》之藩籬，指出蔡《傳》或《尚書》之誤。然而如王夫之、毛奇齡之著作中，仍不時可見其理學思想；乃至乾嘉時期，惠棟、江聲、王鳴盛、段玉裁等人則遠祧東漢古文，尤宗馬、鄭，一洗清初兼雜漢宋之風。其中，江、王二家為先導，間搜馬、鄭逸文，尤以鄭學為宗，並輔證以《說文》。因此，馬、鄭《尚書》學，於清代得以復甦，間接推動了對馬、鄭《尚書》之研究，《古文尚書》學之研究亦因之得以深化。可以說，江、王於乾嘉時期《尚書》學之定位與貢獻，即為復興馬、鄭之學，推動《古文尚書》之研究。縱使今時學界未能重視江、王《尚書》學之研究，然以學術史的角度觀之，爾後無論段玉裁、孫星衍、劉逢祿、王先謙、皮錫瑞等學者之《尚書》研究，或雜糅今古，或偏於今文，皆取江、王之研究成果為研究之資糧，知二家作為乾嘉時期《古文尚書》學之代表，自有其學術史之定位。

二、揭示江、王之生平及《尚書》研究之歷程

本書既為研究專家之學，自本「知人論世」之研究方式，故本文就江、王二家之生平考索及《尚書》研究之歷程進行考索。就江氏之生平與學術志趣，本文先從文獻記載中勾勒出江氏「尊古」之思維，如治學、書字均以《說文》為準則。其次，江氏自云「年三十五，師事同郡惠松崖先生。見先生所著《古文尚書攷》，始知古文及孔《傳》皆晉時妄人偽作，於是搜集漢儒之說，以注二十九篇」，知其《書》學實淵源于其師惠棟，並由三方面考察惠棟對江氏學術上之影響：一、「對惠棟《周易述》撰著方法及體例之繼承」二、「對惠棟不信《偽孔》及信西漢〈泰誓〉為真觀念之繼承」三、「注《尚書》見解對惠棟學術之繼承」，從此三方面之論，知惠棟對江氏《尚書》學之影響甚鉅，可以說江氏全面繼承惠棟之學術，並納入《集注音疏》中。

而論述王氏之生平與學術志趣，則本陳鴻森先生〈王鳴盛年譜〉一文，特呈現王氏從考據以通乎義理、經濟之用心，並論述王氏《尚書》學之淵源及其繼承，指出王氏治經最重要之理念——以鄭玄為宗。其次，謂王氏《尚書》學受惠棟、閻若璩、胡渭等影響，此從王氏對《古文尚書》辨偽之論述，以及〈禹貢〉地理之研究可知。又，王氏對《尚書》之詮釋，不惟受同時代學者影響，從《後案》可見王氏廣引宋、元、明儒之說，可見王氏對前人《尚書》經注研究之繼承。此方面，本文特取乾隆三十年（1765）初刻四十卷本《西莊始存稿》卷十九、二十之〈洪範後案〉以與今本《後案．洪範》相較，提出《始存稿．洪範後案》至《後案．洪範》，王氏治經思維、論點上確有轉變，最顯者，是在《尚書後案》中，尊「古文」學的思維比之前作《西莊始存稿．洪範後案》更為明顯。

又本文從二家著作中，輯鄭《注》之處進行比較，可發現二人說法互有

異同，但某些說法則如出一轍。本來詮釋意見相近誠不足怪，至若敘述語氣、用字遣詞、行文順序上幾乎相同，則某方即有襲彼方之可能。檢視江、王二著，兩人說解幾同者，皆為對鄭《注》之詮釋，故筆者頗疑文獻上所謂「延聲至家，商訂疑義」、「就正于有道江聲」者即此。知兩人於《尚書》研究、成書經過，誠為緊密，無法孤立而觀。

三、比較江、王詮釋《尚書》之精神

本書研究江、王之《尚書》學，乃著重於「精神」之展現。因此，先由大方向概論二家《尚書》學之精神。在精神相同部分：（一）二家同樣批判《偽孔》及唐以後《尚書》學者對於《尚書》說法之謬誤。因此，江、王之作，乃為了糾正《偽孔》及唐以後《尚書》學者，此為《集注音疏》、《後案》之作最主要之原因。（二）二家同不滿偽孔《傳》以及宋、元、明儒之說，因此乃以集「古義」作為詮釋《尚書》之法，此乃建立起以「古義」以及「跨文本」疏通經注為主之《尚書》學。

二家詮釋《尚書》精神最大相異之處，江聲繼承惠棟著《周易述》之法，以「集注」融會訓解，發揮《尚書》經義；王鳴盛則是尊古義並力宗鄭《注》。換言之，二家雖同為吳派學者，也同樣以「集古義」作為詮釋尚書的方法，但江聲若覺得馬融、鄭玄《注》之說不合經義，就會棄而不用或改用其他說法取代；而若同一句經文下，有馬、鄭、王等《注》，而其他說與鄭玄說相異，則王鳴盛必以鄭玄之說為是。此乃王欣夫所指出：江氏若不同意鄭玄說法，則「改從他說」；而王氏則「確守師法」，也就是恪守鄭《注》。

比較江、王詮釋《尚書》精神相異之處後，本文提出惠棟乃至於江、王二家，三者治經上所表現相同之一面，實朝「求古」方向進行。今觀王鳴盛云：「惠君之治經求其古，戴君求其是，究之舍古亦無以為是。」就「舍古亦無以為是」之命題而言，從共同面相而論，雖為吳派學者所同有；但「古」之內涵、層次為何？是否對所有吳派學者而言，有齊一之標準？則鮮為人所論。從本文對江、王二家於「求古」實踐之相異面，知所謂之「古」，絕非如梁啟超所言「愈古愈好」，也絕非如張舜徽所云「非漢則失」，或單以漢人之說或漢以前人為是，而是對於宋、明人說（如江氏采薛季宣《書古文訓》、王氏采朱子、王樵）以及時人之說（如戴震、閻若璩、胡渭）偶有採納，特比例較低而已。由此差異，即代表吳派經師對「古」之不同看法。換言之，清代漢學中，「吳派」治經上之以古求是型態，實存在兩種取向：對江氏而言，鄭《注》雖「古」，然不代表「是」，其他訓只要義長，即「是」；而對王氏而言，鄭《注》不僅「古」，且是絕對之「是」，其他古訓絕對不能取代鄭《注》。按此，可對於吳派治經精神應有較為完整之認識。

四、析論江、王對《偽孔》經、傳之批評以及刊正

在閻、惠之後，清代中葉之《尚書》研究要點之一，即對《古文尚書》辨偽學之再深入。而江、王《尚書》學既同以批判《偽孔》為詮釋《尚書》之精神，因此對《偽孔》經、傳之批評即為二家《尚書》學之重點。本文指出，江、王同論《偽孔》之「亂經」，其內容可涵括為「錯亂經文」以及「詮釋錯誤」。就前者而言，江氏直接就先秦諸子或兩漢學者所引經字，據以改經；而王氏作法較善，不隨意改字，但仍於「案語」中直指《偽孔》亂經。無論如何，二家多認為今本《尚書》經字不同先秦經傳諸子所引者，即《偽孔》本擅改。但本文認為：此因二家思維過於直線，多泥於《偽孔》亂經先入為主之思維。而就後者而論，無論是「真」或「假」孔《傳》，或馬、鄭、王《注》，都只對《尚書》之詮釋而已，即使傳《古文尚書》之馬、鄭《注》，也有值得商榷之處，非全然正確。因此以「亂經」批評偽孔

《傳》，恐失之過。

其次，江、王對《偽孔》經、傳作者問題之討論，二家之論點不外乎（一）王肅《注》、偽孔《傳》說法同。（二）王肅欲與鄭玄之說立異。但是，前者無論吳承仕〈尚書傳王孔異同考〉、李振興《王肅之經學》皆指出王肅、偽孔《傳》之說，相異者比相同者還多，故江、王以及清代眾多學者之說難信；而後者則就情理上來看，如劉起釪說：「（王肅）怎麼會自己預料到自己的《古文尚書》學將來會消失，特預先另外編撰一部孔安國《傳》、《古文尚書》放在一邊準備著，等待著自己的書消失後，會有人獻出自己編造的這部孔氏《古文尚書》來取代王氏《古文尚書》呢？」因此，江、王在對偽孔經、傳之辨偽上，雖互有得失，但大抵上，結論多站不住腳，不過就學術史之意義上，二家卻是立於先導之地位，開啟後人之研究，繼承之意義多於創新。

除了上述之外，江、王對於《偽孔》之批評尚各有側重之論點，本文亦分別探討。如江氏對《尚書》篇次之排序上，恪遵鄭氏《尚書》之順序，由此也看出對《偽孔》本之不信任。其次，江氏由於不信偽《古文尚書》二十五篇，故於經傳中廣搜佚文，呈現對《偽孔》本之修正，但其所蒐求之佚文及所作經義詮釋，其實亦存在若干問題。而王氏則是於〈尚書後辨〉辨析《尚書》篇目之流傳，以及《偽孔》本增多之二十五篇《古文尚書》兩部份。前者，王氏力辨《偽孔》本分伏生本為三十三篇，以及增多之二十五篇之非，以及辨真《書》與偽《書》篇數、卷數不合；後者，本文歸納王氏辨偽之方法：1、尋襲用文句之源，以斷增多之二十五篇為偽，2、就語言文字，以斷增多之二十五篇為偽，3、就史學觀點，以斷增多之二十五篇為偽，4、就曆法制度，以斷增多之二十五篇為偽。從本文所舉之例，可知王氏之說，內容實多承梅鷟及閻、惠之說，尤其是閻若璩，王氏甚至多有全段明引閻說而未多加補充、評論者。

五、爬梳江、王《尚書》著作徵引文獻及相關問題

江、王二家詮釋《尚書》相同精神之一，為建立以「古義」為主之《尚書》學，本文即爬疏二家集古義之內涵以及相關問題。首先對《集注音疏》「注」、「疏」兩部份所引之文獻進行考索，總結江氏《集注音疏》所引用之古義出處以及清人之說。內涵上，江氏力圖恢復心中認為的先秦《尚書》文本，故江氏從典籍中引《尚書》經文校訂經字，釐訂經文。又從所引典籍中采《尚書》古注，尤其是以馬融、鄭玄為首之古文家說；而其他如王肅《注》、偽孔《傳》亦偶而采用，顯示江氏欲藉「古訓」通「古義」之思維。其次，對《後案》所引文獻內容之考索，包括注解所引之古訓來源以「案曰」中疏通、析論注解，所引之文獻，提出討論。本文特別指出，王氏於「案曰」中所引諸典籍，時有隱蔽作者、或書名之現象；再者，王氏治經，除經部文獻之運用外，特重其他文獻，此為王氏作為史家之特色，若將王氏所引其他三部文獻與江氏相比，可明顯發現王氏引用文獻範圍更寬，不惟先秦、兩漢文獻，亦多有用唐以後文獻者，尤其重視有關地理及制度史料，此乃與王氏重視地理及制度有關。

筆者又對江、王所輯《尚書》古訓之商榷，提出七點：（一）以孔《疏》及他說當《尚書》古訓、（二）以他書之注當《尚書》古訓、（三）《尚書》古訓來源版本問題、（四）同條經文下所引之《注》，內容不一，立說兩歧、（五）經、注繫聯之問題、（六）對古注來源判斷之依據問題、（七）徵引古義錯亂今古文。本書特提出此七點問題，有兩個目的：1、研究一家之學術不僅要提出特色、精神，還要能指出學術上之問題，方能呈現一家一派之學的整體面貌。換言之，此點是由研究對象個人方面來凸顯問題。2、江、王所集古義，多為後人所採用，尤其是馬、鄭、王《注》。然若二家所集之《注》有問題，後人是否延續二家之錯誤？又或對二家之錯誤加

以修正補苴？因此，指出此七點問題，實有益於清人輯《尚書》古訓之研究。因為如孫星衍、劉逢祿、黃式三、王先謙、皮錫瑞等學者之著，所輯古訓其實多沿著江、王而來，故若能指出江、王輯古訓之問題，對研究江、王之後學者之《尚書》學，當有裨益。換言之，此點是從學術史之角度凸顯問題。

以上大抵為本書研究成果之概要，於《尚書》學，江、王作為有清一代《尚書》新疏之先導，與乾嘉時期《古文尚書》學之代表；於清代學術史，被視為「吳派」經師之代表，然迄今未有學者針對二家之《尚書》學進行完整性討論者。本文有鑑於二家之作於《尚書》學史、清代學術史之研究有重要意義，故以二家之《尚書》學為研究論題，本洪師國樑治學之教：「重實據而不尚空言。以歸納條例、確立解釋原則為前提，以諟正觀念、闡明學術方法為途徑，以傳承前賢、鉤幽發微為職任。」[2]以期就此完整之論述，作為研究清代《古文尚書》學之基石，且更欲擴展至清代《今文尚書》學、民國《尚書》學，或清代其他學術史之研究，是所深願！

[2] 洪師國樑：《詩經、訓詁與史學．自序》（臺北：國家出版社，2015 年），頁 8。

參考書目

＊本書目但舉引用文獻，其餘不悉備錄

壹、專書

一、經部

《周易述》　清・惠棟撰，鄭萬耕點校　北京：中華書局，2010 年
《周易虞氏義》　清・張惠言　上海：上海古籍出版社，2002 年，《續修四庫全書》本
《尚書注疏》　唐・孔穎達　臺北：藝文印書館，2001 年
《尚書全解》　宋・林之奇　臺北：臺灣商務印書館，1984 年，《文淵閣四庫全書》本
《尚書說》　宋・黃度　臺北：臺灣商務印書館，1984 年，《文淵閣四庫全書》本
《書集傳》　宋・蔡沈　臺北：世界書局，1981 年
《書纂言》　元・吳澄　揚州：江蘇廣陵古籍刻印社，1996 年，《通志堂經解》本
《尚書通考》　元・黃鎮成　揚州：江蘇廣陵古籍刻印社，1996 年，《通志堂經解》本
《書傳會選》　明・劉三吾　臺北：臺灣商務印書館，1984 年，《文淵閣四庫全書》本
《尚書考異》　明・梅鷟著，姜廣輝點校　上海：上海古籍出版社，2014 年
《尚書日記》　明・王樵　臺北：臺灣商務印書館，1984 年，《文淵閣四庫全書》本
《尚書辨解》　明・郝敬　上海：上海古籍出版社，2002 年，《續修四庫全書》本

《禹貢錐指》　清・胡渭著，鄒逸麟整理　上海：上海古籍出版社，2007 年

《尚書古文疏證》　清・閻若璩著，黃懷信等點校　上海：上海古籍出版社，2010 年

《古文尚書攷》　清・惠棟　上海：上海古籍出版社，2002 年，《續修四庫全書》本

《尚書大傳》　舊題漢・伏生撰，清・惠棟輯　臺北：不著出版年月，臺灣國家圖書館藏惠棟鈔本

《尚書釋天》　清・盛百二　上海：上海古籍出版社，2002 年，《續修四庫全書》本

《尚書集注音疏》　清・江聲　南京：鳳凰出版社，2005 年，《清經解》本

《尚書集注音疏》　清・江聲　上海：上海古籍出版社，2002 年，《續修四庫全書》本

《尚書集注音疏》　清・江聲　日本：名古屋大學附屬圖書館藏本

《尚書後案》　清・王鳴盛著　上海：上海古籍出版社，2002 年，《續修四庫全書》本

《尚書後案》　清・王鳴盛著，顧寶田、劉連朋校點　北京：北京大學出版社，2012 年

《尚書義考》　清・戴震　合肥：黃山書社，2010 年，《戴震全書》本

《尚書注》　清・王謨　北京：國家圖書館出版社，2010 年，《經學輯佚文獻彙編》影印清乾嘉慶三年金溪王氏刻本《漢魏遺書鈔》

《古文尚書證訛》　清・李調元　北京：國家圖書館出版社，2010 年，《經學輯佚文獻彙編》影印清乾隆李調元寫刻本《函海》

《古文尚書撰異》　清・段玉裁　上海：上海古籍出版社，2002 年，《續修四庫全書》本

《古文尚書馬鄭注》　清・孫星衍　北京：國家圖書館出版社，2010 年，《經學輯佚文獻彙編》影印《岱南閣叢書》本

《尚書今古文注疏》　清・孫星衍著，陳抗、盛冬鈴點校　北京：中華書局，2004 年

《尚書補疏》　清・焦循　上海：上海古籍出版社，2002 年，《續修四庫全書》本

《尚書大傳輯校》　清・陳壽祺　臺北：漢京文化事業有限公司，1980 年，《皇清經解續編》本

《尚書今古文集解》　清・劉逢祿　上海：上海古籍出版社，2002 年，《續修四庫全書》本

《尚書古注便讀》　清・朱駿聲　臺北：廣文書局，1977 年

《尚書啟幪》　清・黃式三　上海：上海古籍出版社，2002 年，《續修四庫全書》本

《尚書餘論》　清・丁晏　上海：上海古籍出版社，2002 年，《續修四庫全書》本

《禹貢鄭氏略例》　清・何秋濤　上海：上海古籍出版社，2002 年，《續修四庫全書》本

《尚書後案駁正》　清・王劼　北京：北京出版社，2000 年，《四庫未收書輯刊》本

《今文尚書經說攷》　清・陳喬樅　上海：上海古籍出版社，2002 年，《續修四庫全書》本

《尚書故》　清・吳汝綸　合肥：黃山書社，2002 年，《吳汝綸全集》本

《古文尚書辨》　清・謝庭蘭　北京：北京出版社，2000 年，《四庫未收書輯刊》本

《尚書孔傳參正》　清・王先謙撰，何晉整理　北京：中華書局，2011 年

《今文尚書考證》　清・皮錫瑞撰，盛冬鈴、陳抗點校　北京：中華書局，2009 年

《尚書商誼》　清・王樹枏　上海：上海古籍出版社，2002 年，《續修四庫全書》本

《尚書誼略》　姚永樸　上海：上海古籍出版社，2002 年，《續修四庫全書》本

《尚書鉤沈》　吳國泰　成都：巴蜀書社，2006 年，《居易簃叢書》本

《尚書覈詁》　楊筠如　西安：陝西人民出版社，2005 年

《尚書集注述疏》　簡朝亮　上海：上海古籍出版社，2002 年，《續修四庫全書》本

《古文尚書鄭氏注箋釋》　曹元弼　上海：上海古籍出版社，2002 年，《續修四庫全書》本

《尚書易解》　周秉鈞　上海：華東師範大學出版社，2010 年

《尚書集釋》　屈萬里　臺北：聯經出版事業公司，2003 年

《尚書校釋譯論》　顧頡剛、劉起釪　北京：中華書局，2005 年

《史記述尚書研究》　古國順　臺北：文史哲出版社，1985 年

《清代尚書學》　古國順　臺北：文史哲出版社，2010 年

《尚書研究》　朱廷獻　臺北：臺灣商務印書館，1987 年

《〈尚書〉鄭王比義發微》　史應勇　上海：華東師範大學出版社，2011 年

《《尚書・虞夏書》新解》　金景芳、呂紹綱　瀋陽：遼寧古籍出版社，1996 年
《尚書引論》　張西堂　臺北：崧高書社，1985 年
《尚書通論》　陳夢家　北京：中華書局，2005 年
《尚書綜述》　蔣善國　上海：上海古籍出版社，1988 年
《尚書鄭氏學》　陳品卿　臺北：文史哲出版社，1973 年
《書序通考》　程師元敏　臺北：臺灣學生書局，1999 年
《尚書學史》　劉起釪　北京：中華書局，1989 年
《尚書學史》　程師元敏　臺北：五南圖書出版有限公司，2008 年
《尚書周書牧誓洪範金縢呂刑篇義證》　程師元敏　臺北：萬卷樓圖書有限公司，2012 年
《尚書文字合編》　顧頡剛、顧廷龍輯　上海：上海古籍出版社，1996 年
《禹貢集成》　李勇先主編　上海：上海交通大學出版社，2009 年
《〈堯典〉觀象授時疑義述辨》　鄭裕基　永和市：花木蘭文化出版社，2011 年
《審核古文尚書案》　張岩　北京：中華書局，2006 年
《晚出古文尚書公案與清代學術》　吳通福　上海：上海古籍出版社，2007 年
《惠棟古文尚書考研究》　趙銘豐　永和市：花木蘭文化出版社，2008 年
《閻毛古文尚書公案》　戴君仁　臺北：中華叢書委員會出版，1963 年
《太炎先生尚書說》　諸祖耿整理　北京：中華書局，2013 年
《閻若璩尚書古文疏證的辨偽方法》　許華峰　永和市：花木蘭文化出版社，2005 年
《蔡沈《朱文公訂正門人蔡九峰書集傳》的注經體式與解經特色》　許華峰　臺北：臺灣學生書局，2013 年
《朱子尚書學研究》　陳良中　北京：人民出版社，2013 年
《逸周書彙校集注》　黃懷信等編　上海：上海古籍出版社，2008 年
《毛詩注疏》　唐・孔穎達　臺北：藝文印書館，2001 年
《詩經小學》　清・段玉裁　臺北：大化書局，1977 年，《段玉裁遺書》本
《周禮注疏》　唐・賈公彥　臺北：藝文印書館，2001 年
《周禮軍賦說》　清・王鳴盛　北京：中華書局，2010 年，《嘉定王鳴盛全集》本

《禮記注疏》　唐・孔穎達　臺北：藝文印書館，2001 年

《禮書》　宋・陳祥道　臺北：臺灣商務印書館，1984 年，《文淵閣四庫全書》本

《明堂大道錄》　清・惠棟　上海：上海古籍出版社，2002 年，《續修四庫全書》本

《考工記圖》　清・戴震　合肥：黃山書社，2010 年，《戴震全書》本

《禮記集解》　清・孫希旦撰，沈嘯寰、王星賢點校　北京：中華書局，2007 年

《禮書通故》　清・黃以周　北京：中華書局，2010 年

《四書章句集注》　宋・朱熹　臺北：大安出版社，1999 年

《惠氏讀說文記》　清・惠棟撰，清・江聲參補　上海：上海古籍出版社，2002 年，《續修四庫全書》本

《說文解字注》　清・段玉裁　臺北：洪葉文化事業有限公司，1998 年

《爾雅正義》　清・邵晉涵　上海：上海古籍出版社，2002 年，《續修四庫全書》本

《廣雅疏證》　清・王念孫　北京：中華書局，2004 年

《經傳釋詞/補/再補》　清・王引之撰，清・孫經世補　臺北：漢京文化事業有限公司，1983 年

《唐石經考異》　清・錢大昕　上海：上海古籍出版社，2002 年，《續修四庫全書》本

《經典釋文彙校》　黃焯　北京：中華書局，2006 年

《文字學筆記》，收入《黃侃國學講義錄》　黃侃講、黃焯記　北京：中華書局，2006 年

《古文字通假字典》　王輝　北京：中華書局，2008 年

《古書引語研究》　徐仁甫　北京：中華書局，2014 年

《六經奧論》　舊題宋・鄭樵　臺北：臺灣商務印書館，1984 年，《文淵閣四庫全書》本

《經義雜記》　清・臧琳　上海：上海古籍出版社，2002 年，《續修四庫全書》本

《九經古義》　清・惠棟　清光緒中吳縣朱氏槐廬家塾刻本

《古經解鉤沈》　清・余蕭客　北京：國家圖書館出版社，2010 年，《經學輯佚文獻彙編》影印《四庫全書》本

《經義述聞》　清・王引之　南京：江蘇古籍出版社，2000 年
《五經異義疏證》　清・陳壽祺　上海：上海古籍出版社，2012 年
《左海經辨》　清・陳壽祺　上海：上海古籍出版社，2002 年，《續修四庫全書》本
《群經平議》　清・俞樾　南京：鳳凰出版社，2010 年，《春在堂全書》本
《經學博采錄》　清・桂文燦　上海：華東師範大學出版社，2010 年
《經學歷史》　清・皮錫瑞著，周予同注釋　臺北：藝文印書館，2004 年
《經學通論》　清・皮錫瑞　北京：中華書局，1982 年
《經學源流考》　甘鵬雲　臺北：廣文書局，1977 年
《中國經學史》　吳雁南等　福州：福建人民出版社，2001 年
《經學通志》　錢基博　桂林：廣西師範大學出版社，2009 年
《經學抉原》　蒙文通　上海：上海人民出版社，2006 年
《中國經學史的基礎》　徐復觀　上海：上海書店出版社，2005 年
《經學通論》　李源澄　臺北：中央研究院中國文哲研究所，2008 年，收入《李源澄著作集》
《經典釋文序錄疏證》　吳承仕　北京：中華書局，2008 年
《王肅之經學》　李振興　上海：華東師範大學出版社，2013 年
《周予同經學史論》　朱維錚編　上海：上海人民出版，2010 年
《經學義理》　鄧國光　上海：上海古籍出版社，2011 年
《敦煌詩經卷子研究論文集》　潘重規　香港：新亞研究所出版，1970 年
《新學偽經考》　康有為　香港：三聯書店，1998 年
《清初的群經辨偽學》　林慶彰　臺北：文津出版社，1990 年
《中國經學研究的新視野》　林慶彰臺北：萬卷樓圖書有限公司，2012 年
《中國經學思想史・第四卷》　姜廣輝　北京：中國社會科學出版社，2010 年
《清代漢學與左傳學——從「古義」到「新疏」的脈絡》　張素卿　臺北：里仁書局，2007 年
《朱熹與四書章句集注》　陳逢源　臺北：里仁書局，2006 年

二、史部

《史記》　漢・司馬遷　臺北：臺灣商務印書館，2009 年，上海涵芬樓影印南宋慶元黃善夫刻本

《史記斠證》　王叔岷　北京：中華書局，2007 年

《漢書》　漢・班固　北京：中華書局，1997 年

《後漢書》　劉宋・范曄　北京：中華書局，1997 年

《通典》　唐・杜佑　臺北：新興書局，1965 年

《資治通鑑外紀》　宋・劉恕　臺北：臺灣商務印書館，1984 年，《文淵閣四庫全書》本

《千頃堂書目》　清・黃虞稷　臺北：臺灣商務印書館，1984 年，《文淵閣四庫全書》本

《四庫全書總目》　清・永瑢等　北京：中華書局，2008 年

《十七史商榷》　清・王鳴盛　北京：中華書局，2010 年，《嘉定王鳴盛全集》本

《揚州畫舫錄》　清・李斗　上海：上海古籍出版社，2002 年，《續修四庫全書》本

《列女傳補注》　清・王照圓　上海：上海古籍出版社，2002 年，《續修四庫全書》本

《昭代名人尺牘小傳》　清・吳修　臺北：明文書局，1986 年，《清代傳記叢刊》本

《復堂日記》　清・譚獻　北京：中華書局，2013 年

《今本竹書紀年疏證》　王國維　上海：上海古籍書店，1983 年，《王國維遺書》本

《蛾術軒篋存善本書錄》　王欣夫　上海：上海古籍出版社，2002 年

《古史辨運動的興起——一個思想史的分析》　王汎森　臺北：允晨文化出版社，1993 年

《近代中國的史家與史學》　王汎森　上海：上海復旦大學出版社，2010 年

《執拗的低音：一些歷史思考方式的反思》　王汎森　北京：生活・讀書・新知三聯書店，2014 年

《清代樸學大師列傳》　支偉成　臺北：藝文印書館，1970 年
《清儒學案》　徐世昌　北京：中華書局，2008 年
《四庫提要辨證》　余嘉錫　昆明：雲南人民出版社，2004 年
《先秦文史資料考辨》　屈萬里　臺北：聯經出版事業公司，1993 年
《漢學師承記箋釋》　清・江藩撰，漆永祥箋釋　上海：上海古籍出版社，2006 年
《書寫歷史》　朱淵清　上海：上海古籍出版社，2009 年
《邵二雲先生年譜》　黃雲眉　臺北：廣文書局，1971 年
《段玉裁先生年譜》　劉盼遂　臺北：大化書局，1977 年，收入《段玉裁遺書》
《清王西莊先生鳴盛年譜》　黃文相　臺北：臺灣商務印書館，1986 年
《黃河青山——黃仁宇回憶錄》　黃仁宇　臺北：聯經出版事業公司，2001 年
《中國史學史論文選集》　黃進興、杜維運編　臺北：華世出版社，1976 年
《童書業史籍考證論集（下）》　童書業　北京：中華書局，2005 年
《乾嘉學術編年》　陳祖武編　石家庄：河北人民出版社，2005 年
《清代通史》　蕭一山　臺北：臺灣商務印書館，1985 年
《清華大學藏戰國竹簡（壹）》　清華大學出土文獻研究與保護中心編　上海：中西書局，2010 年

三、子部

《初學記》　唐・徐堅　北京：中華書局，2004 年
《兼明書》　五代・丘光庭　臺北：臺灣商務印書館，1984 年，《文淵閣四庫全書》本
《翻譯名義集》　宋・釋法雲　臺北：臺灣商務印書館，1965 年，《四部叢刊初編》本
《古今圖書集成》　清・陳夢雷、蔣廷錫　北京：中華書局，1934 年
《蛾術編》　清・王鳴盛　北京：中華書局，2010 年，《嘉定王鳴盛全集》本
《十駕齋養新錄》　清・錢大昕　上海：上海書店出版社，2011 年
《履園叢話》　清・錢泳　上海：上海古籍出版社，2002 年，《續修四庫全書》本
《鄭堂讀書記》　清・周中孚　上海：上海書店出版社，2009 年

《蕙櫋襍記》 清・嚴元照 上海：上海古籍出版社，2002 年，《續修四庫全書》本

《東塾讀書記》 清・陳澧 上海：上海古籍出版社，2008 年，《陳澧集》本

《東塾讀書論學札記》 清・陳澧 上海：上海古籍出版社，2008 年，《陳澧集》本

《東塾雜俎》 清・陳澧 上海：上海古籍出版社，2008 年，《陳澧集》本

《春在堂隨筆》 清・俞樾 上海：上海古籍出版社，2002 年，《續修四庫全書》本

《越縵堂讀書記》 清・李慈銘 北京：中華書局，2009 年

《郎潛紀聞》 清・陳康祺 上海：上海古籍出版社，2002 年，《續修四庫全書》本

《墨子閒詁》 清・孫詒讓撰，孫啟治點校 北京：中華書局，2007 年

《籀廎述林》 清・孫詒讓 北京：中華書局，2010 年

《春秋繁露義證》 蘇輿撰，鍾哲點校 北京：中華書局，2010 年

《觀堂集林》（外二種） 王國維 石家庄：河北教育出版社，2002 年

《中國哲學簡史》 馮友蘭 北京：新世界出版社，2004 年

《中國近三百年學術史》 梁啟超 臺北：里仁書局，2005 年

《清代學術概論》 梁啟超 臺北：里仁書局，2005 年

《中國近三百年學術史》 錢穆 北京：商務印書館，2005 年

《從混沌到秩序：中國上古地理思想史述論》 唐曉峰 北京：中華書局，2010 年

《清代吳派學術研究》 王應憲 上海：華東師範大學出版社，2009 年

《鄭玄通學及鄭王之爭研究》 史應勇 成都：巴蜀書社，2007 年

《考據學論稿》 汪啟明 成都：巴蜀書社，2010 年

《清代文獻辨偽學研究》 佟大群 北京：人民出版社，2012 年

《簡帛古書與學術源流》 李零 北京：生活・讀書・新知三聯書店，2008 年

《歷史與思想》 余英時 臺北：聯經出版事業有限公司，2006 年

《中國傳統的創造性轉化》 林毓生 北京：生活・讀書・新知三聯書店，2011 年

《義理與考據：思想史研究中的價值關懷與實證方法》 姜廣輝 北京：中華書局，2010 年

《許廎學林》　胡玉縉　臺北：世界書局，2009 年

《詩經、訓詁與史學》　洪師國樑　臺北：國家出版社，2015 年

《王鳴盛學術研究》　施建雄　北京：中國社會科學出版社，2009 年

《皖派學術與傳承》　徐道彬　合肥：黃山書社，2012 年

《晚清民國的學人與學術》　桑兵　北京：中華書局，2008 年

《以禮代理——凌廷堪與清中葉學術思想之轉變》　張師壽安　臺北：中央研究院近代史研究所，1994 年

《十八世紀禮學考證的思想活力》　張師壽安　北京：北京大學出版社，2005 年

《廣校讎略》　張舜徽　武漢：華中師範大學出版社，2004 年

《清人筆記條辨》　張舜徽　武漢：華中師範大學出版社，2004 年

《愛晚廬隨筆》　張舜徽　武漢：華中師範大學出版社，2005 年

《偽書通考》　張心澂　臺北：鼎文書局，1973 年

《中國古籍輯佚學論稿》　曹書杰　長春：東北師範大學出版社，1988 年

《漢學更新運動研究——清代學術新論》　陳居淵　南京：鳳凰出版社，2013 年

《訄書》　章太炎著，徐復注　上海：上海古籍出版社，2008 年

《北京讀經說記》　喬秀岩　臺北：萬卷樓圖書有限公司，2013 年

《性命古訓辨證》　傅斯年　上海：上海古籍出版社，2012 年

《章太炎學術史論集》　傅傑編校　昆明：雲南人民出版社，2007 年

《思想史研究課堂講錄續編》　葛兆光　北京：生活·讀書·新知三聯書店，2012 年

《榆枋齋學林》　虞萬里　上海：華東師範大學出版社，2012 年

《乾嘉考據學研究》　漆永祥　北京：社會科學出版社，1998 年

《劉咸炘學術論集·子學編》　劉咸炘著，黃曙輝編校　桂林：廣西師範大學出版社，2007 年

《劉咸炘學術論集·校讎編》　劉咸炘著，黃曙輝編校　桂林：廣西師範大學出版社，2010 年

《世變、士風與清代京籍士人學術》　劉仲華　北京：中國人民大學出版社，2013 年

《孔子家語公案探源》　劉巍　北京：社會科學文獻出版社，2014 年

《從文士到經生——考據學風潮下的常州學派》　蔡長林　臺北：中央研究院中國文哲研究所，2010 年

《戴東原經典詮釋的思想史探索》　鄭吉雄　臺北：國立臺灣大學出版中心，2008 年

《明清學術思想史論集（上）》　戴景賢　香港：香港中文大學出版社，2012 年

《顧頡剛讀書筆記》　顧頡剛　北京：中華書局，2010 年，《顧頡剛全集》本

《清代思想史》　陸寶千　上海：華東師範大學出版社，2009 年

四、集部

《蘇轍集》　宋・蘇轍　北京：語文出版社，2001 年，《三蘇全書》本

《果堂集》　清・沈彤　臺北：臺灣商務印書館，1984 年，《文淵閣四庫全書》本

《松厓文鈔》，收入漆永祥點校《東吳三惠詩文集》　清・惠棟　臺北：中央研究院中國文哲研究所，2006 年

《道古堂文集》　清・杭世駿　上海：上海古籍出版社，2002 年，《續修四庫全書》本

《抱經堂文集》　清・盧文弨　北京：中華書局，2006 年

《西莊始存稿》　清・王鳴盛　北京：中華書局，2010 年，《嘉定王鳴盛全集》本

《春融堂集》　清・王昶　上海：上海古籍出版社，2002 年，《續修四庫全書》本

《戴氏雜錄》　清・戴震　合肥：黃山書社，2010 年，《戴震全書》本

《程瑤田全集》　清・程瑤田　合肥：黃山書社，2008 年

《趙翼全集》　清・趙翼　南京：鳳凰出版社，2009 年

《潛研堂文集》　清・錢大昕　上海：上海古籍出版社，2009 年

《潛研堂文集補編》　清・錢大昕　南京：江蘇古籍出版社，1997 年，《錢大昕全集》本

《童山文集》　清・李調元　上海：上海古籍出版社，2002 年，《續修四庫全書》本

《崔東壁遺書》　清・崔述撰，顧頡剛編訂　上海：上海古籍出版社，2013 年

《問字堂集》　清・孫星衍撰，駢宇騫點校　北京：中華書局，2006 年

《平津館文稿》　清・孫星衍　臺北：臺灣商務印書館，1967 年《四部叢刊》本

《五松園文稿》　清・孫星衍　臺北：臺灣商務印書館，1967 年《四部叢刊》本

《校禮堂文集》　清・淩廷堪撰，王文錦點校　北京：中華書局，2006 年

《江藩集》　清・江藩撰，漆永祥整理　上海：上海古籍，2006 年

《雕菰集》　清・焦循　揚州：廣陵書社，2009 年，收入劉建臻點校《焦循詩文集》

《揅經室集》　清・阮元撰，鄧經元點校　北京：中華書局，2006 年

《全上古三代秦漢三國六朝文》　清・嚴可均　北京：中華書局，1985 年

《王文簡公文集》　清・王引之　南京：江蘇古籍出版社，2000 年，《高郵王氏遺書》本

《拜經堂文集》　清・臧庸　上海：上海古籍出版社，2002 年，《續修四庫全書》本

《顧千里集》　清・顧廣圻撰，王欣夫輯　北京：中華書局，2007 年

《左海文集》　清・陳壽祺　上海：上海古籍出版社，2002 年，《續修四庫全書》本

《有竹居集》　清・任兆麟　清嘉慶二十四年兩廣節署刊本

《胡培翬集》　清・胡培翬撰，黃智明點校　臺北：中央研究院中國文哲研究所，2005 年

《七經樓文鈔》　清・蔣湘南　上海：上海古籍出版社，2002 年，《續修四庫全書》本

《劉申叔遺書》　劉師培　南京：鳳凰出版社，2009 年

《復禮堂文集》　曹元弼　臺中市：文听閣圖書公司，2008 年，收入林慶彰等編：《民國文集叢刊・第一編》

《曉傳書齋文史論集》　王利器　香港：香港中文大學出版社，1989 年

《走出中世紀二集》　朱維錚　上海：復旦大學出版社，2008 年

《清代學術思潮：何佑森先生學術論文集・下》　何佑森　臺北：臺大出版中心，2009 年

《三學集》　來新夏　北京：中華書局，2002 年

《訒庵學術論集》　張舜徽　武漢：華中師範大學出版社，2008 年

《金明館叢稿二編》　陳寅恪　北京：生活・讀書・新知三聯書店，2001 年

貳、論文

一、學位論文

尹　燁：《尚書今古文注疏訓詁研究》　福州：福建師範大學碩士論文，2008 年，徐啟庭教授指導

李威熊：《馬融之經學》　臺北：國立政治大學中國文學研究所博士論文，1976 年，高明、熊公哲教授指導

吳國宏：《孫星衍尚書今古文注疏研究》　嘉義：國立中正大學碩士論文，1994 年，莊雅州教授指導

洪博昇：《段玉裁之尚書學》　臺北：世新大學中國文學系碩士論文，2010 年，洪國樑教授指導

孫劍秋：《清代吳派經學研究》　臺北：國立政治大學中國文學研究所博士論文，1992 年，呂凱教授指導

張惠貞：《王鳴盛十七史商榷研究》　高雄：國立高雄師範大學國文學系博士論文，1997 年，周虎林教授指導

陳伯适：《惠棟易學研究》　臺北：國立政治大學中國文學研究所博士論文，2005 年，呂凱教授指導

許慈珍：《余蕭客及其《古經解鉤沈》研究》　高雄：高雄師範大學經學研究所碩士論文，2011 年，陳鴻森教授指導

劉人鵬：《閻若璩與古文尚書辨偽：一個學術史的個案研究》　臺北：國立臺灣大學中國文學研究所博士論文，1991 年，梅廣教授指導

鄭心荃：《孫星衍與莊述祖尚書學之比較研究》　臺北：世新大學碩士論文，2011 年，洪國樑教授指導

二、單篇論文

王重民：〈清代學者關于〈禹貢〉之論文目錄〉，收入顧頡剛等編：《禹貢半月刊》第1卷第10期　揚州：花山文藝出版社，1994年

王樹民：〈王鳴盛的經史之學〉，《河北師範大學學報（哲學社會科學版）》第21卷第3期，1998年7月

王俊義：〈關於乾嘉學派的成因及派別劃分之商榷〉，《中國社會科學院研究生院學報》1995年，第3期

孔祥軍：〈試論清代學者禹貢研究之總成績〉，《清史研究》2012年，第1期

史振卿：〈清儒對泰誓考辨的學術價值〉，《文藝評論》2013年，第6期

阮芝生：〈試論司馬遷所說的通古今之變〉，《沈剛伯先生八秩榮慶論文集》　臺北：聯經出版事業公司，1976年

李學勤：〈仲康日食的文獻學研究〉，《煙台師範學院學報（哲學社會科學版）》第17卷第1期，2000年3月，〈新整理清華簡六種概述〉，《文物》2012年，第8期

李健、孫少華：〈孔叢子的真偽問題〉，《渤海大學學報（哲學社會科學版）》，第27卷第4期，2005年7月，

沈信甫：〈論戴震《考工記圖》的明堂形制及其意義〉，《中國學術年刊》2012年9月，第34-2期

何銘鴻：〈《審核古文尚書案》述評——兼談《古文尚書》之真偽問題〉，《經學研究論叢》第17期臺北：臺灣學生書局，2009年12月

房德鄰：〈駁張岩先生對《尚書古文疏證》的『甄別』〉，《清史研究》2011年，第2期

吳承仕：〈尚書傳王孔異同考〉，收入于大成、陳新雄編：《尚書論文集》　臺北：西南書局，1979年

宗靜航：〈《尚書・說命》臆說〉，收入陳致主編：《簡帛・經典・古史》　上海：上海古籍出版社，2013年

胡明輝：〈法天之宮：清儒考証明堂的政治文化史意涵〉，收入劉鳳雲等編：《清代政治與國家認同》　北京：社會科學文獻出版，2012年

洪師國樑：〈王引之《經義述聞》「增字解經」說述論〉，收入《孔德成先生學術與薪傳研討會論文集》　臺北：國立臺灣大學中國文學系，2009 年

洪博昇：〈《詩經・商頌・殷武》之「景山」地望說商榷〉，《世新中文研究集刊》第 9 期，2013 年 7 月

〈江聲、王鳴盛之輯佚思維及其輯《尚書》鄭《注》之若干重要問題〉，《臺大中文學報》第 45 期，2014 年 6 月

〈江聲《尚書集注音疏》對惠棟學術之繼承及開展〉，《世新中文研究集刊》第 10 期，2014 年 9 月

施建雄：〈乾嘉學術兩種風格的統一——略論王鳴盛的治史特點〉，《西南師範大學學報（人文社會科學版）》第 23 卷第 4 期，2006 年 7 月

班吉慶：〈簡論 21 世紀前 10 年大陸學者《尚書》研究的特點〉，收入林慶彰等編：《首屆國際《尚書》學學術研討會論文集》　臺北：萬卷樓圖書有限公司，2012 年

徐煒君：〈禹貢三江綜述〉，《傳統中國研究集刊（九、十合輯）》　上海：上海人民出版社，2012 年 3 月

陳鴻森：〈錢大昕潛研堂遺文輯存〉，《經學研究論叢》第六期　臺北：臺灣學生書局，1999 年

〈錢大昕年譜別記〉，收入《乾嘉學者的治經方法》　臺北：中國文哲研究所籌備處，2000 年

〈江聲遺文小集〉，《中國經學》第四輯　桂林：廣西師範大學出版社，2009 年 1 月

〈段玉裁《說文解字讀》考辨〉，《第四屆中國經學國際學術研討會論文集》　臺北：國立臺灣大學文學院，2011 年

〈王鳴盛年譜（上）〉，《中央研究院歷史語言研究所集刊》　臺北：中央研究院歷史語言研究所，第 82 本第 4 分，2011 年 12 月

〈王鳴盛年譜（下）〉，《中央研究院歷史語言研究所集刊》　臺北：中央研究院歷史語言研究所，第 83 本第 1 分，2012 年 3 月

〈余蕭客編年事輯〉，《中國經學》第十輯　桂林：廣西師範大學出版社，2012 年

〈王鳴盛西莊遺文輯存〉，收入《嘉定王鳴盛全集》第十一冊

〈王鳴盛西莊遺文輯存剩稿〉，《古籍整理研究學刊》2014 年 1 月，第 1 期

〈段玉裁《說文注》成書的另一側面〉，《中國文化》第 41 期　北京：中國文化雜誌社，2015 年 5 月

陳鴻森、潘妍豔輯：〈周春遺文小集〉，《中國文哲研究通訊》第 22 卷第 4 期，2012 年 9 月

陳志峰：〈論王鳴盛、戴震〈堯典〉「光被四表」及其相關問題〉，《中國文學研究》第 30 期，2010 年 6 月

陳志輝：〈江聲恆星說考論——西方天文算學對乾嘉吳派學術之影響〉，《科學與管理》2012 年第 4 期

陳民鎮：〈清華簡《尹誥》集釋〉，http://www.gwz.fudan.edu.cn/SrcShow.asp?Src_ID=1648，2011 年 9 月 12 日

張素卿：〈「經之義存乎訓」的解釋觀念——惠棟經學管窺〉，《乾嘉學者的義理學》　臺北：中央研究院中國文哲研究所，2003 年

張師壽安：〈清儒的考證經世與禮制重建〉，收入賀照田主編：《在歷史的纏繞中解讀知識與思想》　長春：吉林人民出版社，2003 年

張　岩：〈清華簡《咸有一德》《說命》真偽考辨（二）〉http://www.guoxue.com/?p=15611，2013 年 11 月 1 日

張惠貞：〈王鳴盛經學思想探析〉，《成大宗教與文化學報》第 12 期，2009 年 6 月

許錟輝：〈太誓考辨〉，《東吳中文學報》第 6 期，2000 年 5 月

許華峰：〈《孔叢子》引《尚書》相關材料的分析〉，《先秦兩漢學術》第 1 期，2004 年 3 月

〈王劼《尚書後案駁正》對王鳴盛《尚書後案》的批評〉，中央研究院中國文哲研究所「四川學者的經學研究第二次學術研討會」，2006 年 11 月

〈江聲《尚書集注音疏》的版本與異文〉，《儒道國際學術研討會——明清》　臺北：國立臺灣師範大學，2014 年 11 月

程瞻廬：〈紀江艮庭遺事〉，《進步》第 1 卷第 1 期，1911 年

程師元敏：〈尚書多方篇著成於多士篇之前辨〉，《臺灣大學文史哲學報》第 23 期，1974 年 10 月

〈《尚書》「三科之條五家之教」稽義〉，《孔孟學報》第 61 期，1991 年 3 月

〈尚書輯佚徵獻〉，《國立中央圖書館館刊》新 24 卷第 1 期，1991 年 6 月

〈說偽古文尚書經傳之流傳〉,《漢學研究》第 11 卷第 2 期,1993 年 2 月
〈古文尚書之壁藏發現獻上及篇卷目次考〉,《孔孟學報》第 66 期,1993 年 9 月

曾榮汾:〈《經典釋文》編輯觀念析述〉,收入《潘重規教授百年誕辰紀念學術研討會論文集》 臺北:國立臺灣師範大學國文學系,2006 年

董志仁:〈醫媵瑣探・江艮庭之篆字藥方〉,《廣濟學刊》第 11 卷第 2 號,1934 年

童小鈴紀錄:〈「清乾嘉學術研究之回顧」座談會紀要〉,《中國文哲研究通訊》第 4 卷第 1 期,1994 年 3 月

楊晉龍:〈神統與聖統——鄭玄王肅「感生說」異解探義〉,《中國文哲研究集刊》第 3 期,1993 年 3 月

楊善群:〈辨偽學的歧途——評《尚書古文疏證》〉,《淮陰師範學院學報(哲學社會科學版)》第 27 卷第 3 期,2005 年 5 月

楊 華:〈楚簡中的諸「司」及其經學意義〉,《新出簡帛與禮制研究》 臺北:臺灣古籍出版公司,2007 年

廖名春:〈清華簡與尚書研究〉,《文史哲》2010 年第 6 期

劉笑敢:〈從注釋到創構:兩種定向兩個標準——以朱熹《論語集注》為例〉,《南京大學學報》(哲學・人文科學及社會科學版)2007 年第 2 期

劉文清:〈從惠棟《九經古義》論其「經之義存乎訓」的解經觀念〉,《臺日學者論經典詮釋中的語文分析》,臺北:臺灣學生書局,2010 年

劉 巍:〈積疑成偽——《孔子家語》偽書之定讞與偽《古文尚書》案之關係〉,《近代史研究》2014 年第 2 期

鄭杰文:〈墨家傳《詩》與戰國《詩》學系統〉,收入佘正松、周曉琳主編《詩經的接受與影響》 上海:上海古籍出版社,2006 年
〈談前輯古佚書的匯集整理與古佚書新輯新考〉,《中國典籍與文化》總第 67 期,2008 年 12 月

鄭憲仁:〈周代「諸侯大夫宗廟圖」研究〉,《漢學研究》第 24 卷第 2 期,2006 年 12 月

鄧長風:〈《函海》叢書的版本及其編者李調元〉,《國立中央圖書館館刊》新 27 卷第 1 期,1993 年 6 月

錢宗武:〈經典回歸的永恆生命張力——《尚書》學文獻整理研究及其當代價值〉,

《揚州大學學報（人文社會科學版）》第 17 卷第 4 期，2013 年 7 月

蔣師秋華：〈求古？求是？——王鳴盛的治經方法〉，收入《明清文學與思想中之主體意識與社會：學術思想篇》　臺北：中央研究院中國文哲研究所，2004 年

戴君仁：〈古文尚書作者研究〉，收入劉德漢編：《尚書研究論集》　臺北：黎明文化事業有限公司，1981 年

戴景賢：〈論戴東原章實齋認識論立場之差異及其所形塑學術性格之不同〉，《文與哲》第 10 期，2007 年 6 月

〈市鎮文化背景與中國早期近代智識群體——論清乾隆嘉慶時期吳皖之學之興起及其影響〉，《文與哲》第 13 期，2008 年 12 月

〈論清中以迄清晚期學術發展之變局與其中所蘊含之思想脈絡〉，《文與哲》第 15 期，2009 年 12 月

鄭吉雄：〈從乾嘉學者經典詮釋論清代儒學的屬性〉，收入彭林編：《清代經學與文化》　北京：北京大學出版社，2005 年

羅根澤：〈由墨子引經推測儒墨與經書之關係〉，收入《古史辨》冊 4　臺北：藍燈文化事業有限公司，1993 年

參、外文翻譯著作

一、專書

〔日〕本田成之著，孫俍工譯：《中國經學史》　臺北：廣文書局有限公司，2000 年

〔美〕艾爾曼著、趙剛譯：《從理學到樸學——中華帝國晚期思想與社會變化面面觀》　南京：江蘇人民出版社，2011 年

二、單篇論文

〔日〕橋本成文：〈清朝尚書學〉，收入《漢文學講座》，第 5 卷，1934 年

國家圖書館出版品預行編目(CIP) 資料

求古與考據 : 江聲與王鳴盛《尚書》學研究 / 洪博昇著. -- 初版. -- 臺北市 : 元華文創, 民107.09
面 ;　公分

ISBN 978-986-393-992-4(平裝)

1.書經 2.研究考訂

621.117　　107011236

求古與考據
——江聲與王鳴盛《尚書》學研究

洪博昇　著

發 行 人：陳文鋒
出 版 者：元華文創股份有限公司
聯絡地址：100 臺北市中正區重慶南路二段 51 號 5 樓
電　　話：(02) 2351-1607
傳　　真：(02) 2351-1549
網　　址：www.eculture.com.tw
E-mail：service@eculture.com.tw
出版年月：2018（民 107）年 09 月 初版
定　　價：新臺幣 680 元

ISBN：978-986-393-992-4 (平裝)

總 經 銷：易可數位行銷股份有限公司
地　　址：231 新北市新店區寶橋路 235 巷 6 弄 3 號 5 樓
電　　話：(02) 8911-0825　　傳　　真：(02) 8911-0801

封面圖片引用出處：freepik/wikipedia
https://goo.gl/gaiHp4
https://goo.gl/14t5KH